BIBLIOGRAPHIA PATRISTICA
XVI/XVII

PATRISTISCHE KOMMISSION
DER AKADEMIEN
DER WISSENSCHAFTEN IN DER
BUNDESREPUBLIK DEUTSCHLAND

BIBLIOGRAPHIA PATRISTICA

XVI/XVII

WALTER DE GRUYTER · BERLIN · NEW YORK

1978

BIBLIOGRAPHIA PATRISTICA

INTERNATIONALE PATRISTISCHE BIBLIOGRAPHIE

In Verbindung mit vielen Fachgenossen

herausgegeben von

Wilhelm Schneemelcher

XVI/XVII

Die Erscheinungen der Jahre

1971 und 1972

WALTER DE GRUYTER · BERLIN · NEW YORK

1978

ISBN 3 11 007371 4

© 1978 by Walter de Gruyter & Co., vormals G. J. Göschensche Verlagshandlung
J. Guttentag, Verlagsbuchhandlung – Georg Reimer – Karl J. Trübner – Veit & Comp., Berlin 30.

Printed in Germany.

Satz und Druck: Kupijai & Prochnow, Berlin · Einband: Mikolai, Berlin

VORWORT

Auch der vorliegende Band, der die Erscheinungen auf dem Gebiet der Patristik in den Jahren 1971/72 erfaßt, konnte nur durch die uneigennützige Hilfe vieler Fachgenossen erstellt werden. Zu danken habe ich vor allem: K. Aland – Münster, G. Astruc-Morize – Paris, J. B. Bauer – Graz, M. Bellis – Turin, H. Chr. Brennecke – Tübingen, J. Coman – Bukarest, G. Garitte – Louvain, B. Grabar – Zagreb, E. A. Livingstone – Oxford, G. Mayeda – Tokyo, A. Molnar – Prag, W. Myszor – Piastów, E. F. Osborn – Melbourne, H. Riesenfeld – Uppsala, W. Rordorf – Peseux, M. Schatkin – Chestnut Hill R. Trevijano – Burgos, Il. Zonewski – Sofia.

Dank gebührt auch den Mitarbeitern der Patristischen Arbeitsstelle Bonn, insbesondere Herrn cand. theol. Lutz Hustig, der die Redaktion des Bandes übernommen hat.

Allen Schwierigkeiten zum Trotz, die sich immer wieder erheben, wollen wir das Unternehmen weiterführen. Der nächste Doppelband, der die Erscheinungen der Jahre 1973/74 verzeichnet, geht in den nächsten Wochen in Druck und wird hoffentlich Ende des Jahres 1978 vorliegen.

Schließlich sei die schon oft vorgetragene Bitte wiederholt: da die Bibliographia Patristica die freundliche Mitarbeit aller Patristiker braucht, wäre ich dankbar, wenn man mich über Arbeiten in entlegenen Zeitschriften und Reihen unterrichten würde.

Bad Honnef, den 31. Dezember 1977   Wilhelm Schneemelcher
Böckingstraße 1

HINWEISE FÜR DEN BENUTZER

1. Zeitraum. Die obere zeitliche Grenze ist für den Osten das 2. Nicänische Konzil (787), für den Westen Ildefons von Toledo († 667).

2. Die Aufnahme der Titel erfolgt nach den im Bibliothekswesen üblichen Normen. Slawischen, rumänischen und ungarischen Titeln ist eine Übersetzung beigefügt.

3. Die Verfasservornamen sind im allgemeinen so angeführt, wie sie bei den Veröffentlichungen angegeben sind. Lediglich in Abschnitt IX (Recensiones) und im Register werden grundsätzlich nur die Anfangsbuchstaben genannt.

4. In Abschnitt III 2, der die Kirchenschriftsteller in alphabetischer Reihenfolge aufführt, finden sich alle Arbeiten, die sich mit einzelnen Kirchenschriftstellern befassen, einschließlich der Textausgaben.

5. Verweise. Kommt ein Titel für mehrere Abschnitte in Frage, so ist er lediglich unter einem Abschnitt vollständig angegeben, während sich unter den anderen nur der Autorenname findet und in eckigen Klammern auf die Nummer verwiesen wird, unter welcher der vollständige Titel zu suchen ist.
   Bei Verweisen nach Abschnitt I 10 b ist das Wort und bei Verweisen nach III 2 oder III 3 b der Kirchenschriftsteller bzw. Heilige angegeben, unter dem der entsprechende Titel zu finden ist.

6. Bei Rezensionen ist stets auf den Jahrgang unserer Bibliographie und die Nummer des rezensierten Werkes verwiesen. Kurze Buchanzeigen bleiben unberücksichtigt, ebenso Rezensionen von Büchern, die vor 1956 erschienen sind.

INHALTSVERZEICHNIS

ABKÜRZUNGSVERZEICHNIS

AAG	Abhandlungen zur alten Geschichte
AANLR	Atti d. Accademia naz. dei Lincei. Rendiconti d. Classe di scienze morali, storiche e filologiche. Rom
AAPh	Arctos. Acta philologica Fennica. Nova series. Helsinki
AASOR	Annual of the American School of Oriental Research in Jerusalem. New Haven
AAug	Analecta Augustiniana. Roma
AB	Analecta Bollandiana. Bruxelles
ABourg	Annales de Bourgogne. Dijon
ABret	Annales de Bretagne. Faculté des lettres de l'université de Rennes. Rennes
AcAbo	Acta academica. Aboensis Humaniora
AcAnt	Acta Antiqua Academiae Scientiarum Hungaricae. Budapest
ACCV	Anales del Centro de Cultura valenciana. Valencia
AcIt	Accademie e Biblioteche d'Italia. Roma
ACl	L'antiquité classique. Bruxelles
ACLass	Acta Classica. Verhandelinge van die klassicke vereniging van Suid-Africa. Cape Town
Acme	Acme. Università di Stato di Milano. Milano
AcOK	Acta Orientalia. København
ACR	American Classical Review. New York
ACW	Ancient Christian Writers
ADA	Arquivo do Distrito de Aveiro. Aveiro (Portugal)
ADSSW	Archiv für Diplomatik, Schriftgeschichte, Siegel- und Wappenkunde. Münster, Köln
AE	Annales de L'Est. Faculté des lettres de l'université de Nancy. Nancy
AEAls	Archives de l'église d'Alsace. Strasbourg
Aeg	Aegyptus. Rivista Italiana di Egittologia e di Papirologia. Milano
AEHESHP	Annuaire de l'École pratique des Hautes Études, IVe section, Sciences historiques et philologiques. Paris
AEHESR	Annuaire de l'École pratique des Hautes Études, Ve section, Sciences religieuses. Paris
AEKD	Archeion Ekkles. kai Kanon. Dikaiu
AEM	Anuario de Estudios medievales. Barcelona
AER	The American Ecclesiastical Review. Washington
Aevum	Aevum. Rassegna di Scienze Storiche, Linguistiche e Filologiche. Milano
AFH	Archivum Franciscanum Historicum. Ad Claras Aquas (Florentiae)

AFLF	Annali della Facoltà di Lettere e Filosofia. Napoli
AFLP	Annali Facoltà di lettere e filosofia. Perugia
AfO	Archiv für Orientforschung. Graz
AFP	Archivum Fratrum Praedicatorum. Roma
AFUM	Annali della Facoltà di Filosofia e Lettere della Università Statale di Milano. Milano
AG	Analecta Gregoriana. Roma
AGF—G	Veröffentlichungen der Arbeitsgemeinschaft für Forschung des Landes NRW — Geisteswissenschaften
AGPh	Archiv für Geschichte der Philosophie. Berlin
AHAMed	Anales de Historia antigua y medieval. Facultad de Filosofia. Universidad de Buenos Aires. Buenos Aires
AHC	Annuarium historiae conciliorum. Amsterdam
AHD	Archives d'histoire doctrinale et littéraire du moyen âge. Paris
AHDE	Anuario de Historia del Derecho español. Madrid
AHP	Archivum historiae pontificiae. Roma
AHR	The American Historical Review. Richmond, Virginia
AHSJ	Archivum historicum Societatis Jesu. Roma
AIA	Archivo Ibero-americano. Madrid
AIHS	Archives internationales d'histoire des sciences. Nouvelles série d'Archeion. Paris
AION	Annali dell'Istituto Orientale di Napoli, Sez. ling. Roma
AIPh	Annuaire de l'Institut de Philologie et d'Histoire Orientales et Slaves. Bruxelles
AJ	The Archaological Journal. London
AJC	American Jewish Committee. Annual Report
AJPh	American Journal of Philology. Baltimore
AKG	Archiv für Kulturgeschichte. Münster, Köln
AKK	Archiv für katholisches Kirchenrecht. Mainz
AktAthen	Aktines. Athen
Al-A	Al-Andalus. Revista de las Escuelas de Estudios árabes de Madrid y Granada. Madrid
ALBO	Analecta Lovaniensia Biblica et Orientalia
ALGHL	Arbeiten zur Literatur und Geschichte des hellenistischen Judentums. Leiden
Al-M	Al-Machriq. Beyrouth
ALMA	Archivum latinitatis medii aevi. Bruxelles
Altamira	Altamira. Santander (España)
Altt	Das Altertum. Berlin
Alvernia	Alvernia. Calpan (México)
ALW	Archiv für Liturgiewissenschaft. Regensburg
AM	Annales du Midi. Revue archéologique, historique et philologique de la France méridionale. Toulouse
AmBenR	The American Benedictine Review. Atchison, Kansas
Ambr	Ambrosius. Milano
Ampurias	Ampurias. Revista de Arqueología, Prehistoria y Etnologia. Barcelona
AmSlav	The American Slavic and East European Review. New York

AMSM	Atti e Memorie della Deputazione di Storia Patria per le Marche. Ancona
AMSPR	Atti e Memorie della Regia Deputazione di Storia Patria per l'Emilia e la Romagna. Bologna
An	Antiquitas
AN	Aquileia nostra. Bolletino dell'Associazione nazionale per Aquileia. Aquileia
AnAcBel	Annuaire de l'Académie Royale de Belgique. Bruxelles
AnAl	Antichità altoadriatiche. Udine
AnAmHist	Annual Report of the American Historical Association. Washington
AnAnk	Annales de l'Université d'Ankara. Ankara
AnaplAthen	Anaplasis. Athen
AnBodl	Annual Report of the Curators of the Bodleian Library. Oxford
AnCan	L'année canonique. Paris
AnColFr	Annales du Collège de France. Paris
AnCra	Analecta Cracoviensia. Krakau
AncSoc	Ancient Society. Louvain
AnDomingo	Anales de la Universidad de Santo Domingo. Ciudad Trujillo
AnEg	Annual Egyptological Bibliography. Leiden
AnEtHist = AEHESHP	
AnEtRel = AEHESR	
AnFen	Annales Academiae Scientiarum Fennicae. Helsinki
Ang	Angelicum. Roma
AnGer	Anales del Instituto de Estudios Gerundenses. Gerona (España)
AG = AnGr	
AnglThR	Anglican Theological Review. Evanston, Ill.
AnHisp	Anales de la Universidad Hispalense. Sevilla
Anima	Anima. Freiburg (Schweiz)
AnMont	Analecta Montserratensia. Montserrat (Barcelona)
AnMurcia	Anales de la Universidad de Murcia. Murcia
AnMus	Anuario musocal. Barcelona
AnParis	Annales de l'Université de Paris. Paris
AnSaar	Annales Universitatis Saraviensis. Saarbrücken
AnSan	Anales de la Facultad de Teologia. Santiago de Chile
AnSVal	Anales del Seminaria de Valencia. Valencia
Ant	Antonianum. Roma
AntAb	Antike und Abendland. Berlin
Anthol	Anthologica annua. Roma—Madrid
Antichton	Journal of the Australian Society for Classical Studies. Sydney
AnTo	Annales Toledanos
AntRev	The Antioch Review. Yellow Springs (Ohio)
ANTT	Arbeiten zur neutestamentlichen Textforschung. Berlin
AnVal	Annales valaisannes. Monthey (Schweiz)
AnVlat	Analecta Vlatadon
AnzAlt	Anzeiger für die Altertumswissenschaft. Innsbruck
AOAW	Anzeiger der österreichischen Akademie der Wissenschaften in Wien. Philos.-hist. Klasse. Wien
AOS	American Oriental Series

AP	Archeion Pontu. Athen
ApBar	Apostolos Barnabas. Cypern
Aph	Archives de philosophie. Paris
Apollinaris	Apollinaris. Commentarium juridicocanonicum. Roma
APQ	American Philosophical Quarterly
APraem	Analecta Praemonstratensia. Abdij Tongerloo (Prov. Antwerpen)
Arabica	Arabica. Revue des études arabes. Leiden
ArAg	Archivo agustiniano. Madrid
ArAm	Archivio ambrosiano
ARBB	Académie Royale de Belgique. Bulletin de la classe des lettres et des sciences morales et politiques. Bruxelles
ÅrBergen	Universitetet i Bergen. Årbok, historisk-antikvarisk rekke. Bergen
ArBiBe	Archives et Bibliothèques de Belgique. Archief- en Bibliotheekwezen in Belgie. Bruxelles-Brussel
Arbor	Arbor. Revista general de Investigación y Cultura. Madrid
ArBu	The Art Bulletin. New York
Arch	Der Archivar. Düsseldorf
Archaology	Archaology. New York, N.Y.
Archivum	Archivum. Revue internationale des archives. Paris
ArchPal	Archivio Paleografico Italiano. Roma
ArCreus	Archivo bibliográfico de Santes Creus. Santes Creus (Tarragona)
Arctos = AAPh	
ArDroitOr	Archives d'histoire du droit oriental. Revue internationale de droit de l'antiquité. Bruxelles
ArEArq	Archivo español de Arqueología. Madrid
ArEArt	Archivo español de Arte. Madrid
Argensola	Argensola. Huesca (España)
ArGran	Archivo teologico granadino. Granada
ArHisp	Archivo hispalense. Sevilla
ÅrKob	Årbog for Københavns universitet. København
ArLeón	Archivos leoneses. León
ArLing	Archivum Linguisticum. London
ArLund	Arsberättelse. Bulletin de la Société Royale des Lettres de Lund. Lund
Armeniaca	Armeniaca. Mélanges d'études arméniennes St. Lazare-Venise
ArOr	Archiv Orientální. Praha
ArOviedo	Archivum. Oviedo
ArPap	Archiv für Papyrusforschung und verwandte Gebiete. Leipzig
ArPh	Archiv für Philosophie. Stuttgart
ArR	Archeologické rozhledy. Praha
ARSP	Archiv für Rechts- und Sozialphilosophie. Meisenheim (Glan)
ArSR	Archives de sociologie des religions. Paris
ArSS	Archivio Storico Siciliano. Palermo
ArSSO	Archivio Storico per la Sicilia Orientale. Catania
ArStoria	Archivio della Società Romana di Storia Patria. Roma
ArTeoAg	Archivio Teológico Agustiniano. Valladolid
ArtlPh	Arts libéraux et philosophie au moyen âge Montreal. Paris
AS	Archaeologia Slovaca. Bratislava

ASCL	Archivio Storico per la Calabria e la Lucania. Roma
ASD	Annali di Storia del Diritto. Milano
ASI	Archivio Storico Italiano. Firenze
ASL	Archivio Storico Lombardo. Milano
ASNSP	Annali della Scuola Normale Superiore di Pisa. Lettere, Storia e Filosofia. Firenze
ASNU	Acta Seminarii Neotestamentici Upsaliensis. Uppsala
ASOC	Analecta Sacri Ordinis Cisterciensis. Roma
ASPN	Archivio Storico per le Provincie Napoletane. Napoli
ASPP	Archivio Storico per le Provincie Parmensi. Parma
Asprenas	Asprenas. Napoli
AST	Analecta Sacra Tarraconensia. Barcelona
ASTI	Annual of the Swedish Theological Institute in Jerusalem. Leiden
ASUA	Academia Regia Scientiarum Upsaliensis. Uppsala
ASUAn	Academia Regia Scientiarum Upsaliensis. Annales. Uppsala
AT	Apostolos Titos. Herakleion
AteRo	Atene e Roma. Firenze
AThANT	Abhandlungen zur Theologie des Alten und Neuen Testaments. Zürich
AThD	Acta Theologica Danica. Kopenhagen
Athena	Athena. Athen
AThGlThAthen	Archeion tu Thrakiku Laografiku kai Glossiku Thesauru. Athen
AThijmG	Annalen van het Thijmgenootschap. Utrecht
AtKap	Ateneum Kapłanskie. Włocławek
AtPavia	Athenaeum. Studi Periodici di Letteratura e Storia dell'Antichità. Pavia
AtTor	Atti dell'Accademia delle Scienze di Torino. Torino
AtVen	Atti dell'Istituto Veneto di Scienze e Lettere. Venezia
AUC	Acta Universitatis Carolinae. Series a): iuridica, philologica, philosophica, historica. Praha
AUG	Acta Universitatis Gotoburgensis. Göteborg
AugR	Augustinianum. Rom
AugSt	Augustinian Studies. Villanova University, Villanova, Pa. 19085
Augustiniana	Augustiniana. Tijdschrift voor de studie van Sint Augustinus en de Augustijnenorde. Heverle-Leuven
Augustinus	Augustinus. Madrid
Ausa	Ausa. Publicada por el Patronato de Estudios Ausonenses. Vich (Barcelona)
AusBR	Australian Biblical Review. Melbourne
AusCRec	Australasian Catholic Review. Sydney
AUSS	Andrews University Seminary Studies. Berrien Springs (Michigan)
AUU	Acta Universitatis Upsaliensis. Uppsala
AV	Archivo Veneto. Venise
AvOslo	Avhandlinger utgitt av det Norske Videnskaps-Akademi i Oslo. Oslo
AWR	Aus der Welt der Religion. Gießen
AZ	Archivalische Zeitschrift. München
AzTh	Arbeiten zur Theologie. Stuttgart

BAB	Bulletin de la Classe des Lettres de L'Académie Royale de Belgique. Bruxelles
BAC	Biblioteca de Autores Cristianos
BAGB = BulBudé	
Bages	Bages. Manresa (Barcelona)
BAL	Berichte über die Verhandlungen der sächsischen Akademie der Wissenschaften. Philol.-hist. Klasse. Leipzig
BaptQ	Baptist Quarterly. London
BASOR	Bulletin of the American Schools of Oriental Research. New Haven (Conn.)
BAug	Bibliothèque Augustinienne. Paris
BBA	Berliner byzantinische Arbeiten. Berlin
BBB	Bonner biblische Beiträge
BBEr	Bulletin de la Bibliothèque d'Erevan (Banber Matenadarani)
BBGG	Bolletino della Badia Greca di Grottaferrata. Grottaferrata (Roma)
BBMP	Boletín de la Biblioteca Menéndez Pelayo. Madrid
BBR	Bulletin de l'Institut Historique Belge de Rome. Bruxelles
BCRH	Bulletin de la Commission Royale d'Histoire. Bruxelles
BCRI	The Bulletin of Christian Research Institute (Meiji Gakuin Daigaku Kirisutokyo Kenkyujo Kiyo).Tokyo
BEC	Bibliothèque de l'école des chartes. Paris
BediKartlisa = BK	
Benedictina	Benedictina. Rom
BEP	Bulletin des études portugaises et de l'Institut Français au Portugal. Coimbre
Berceo	Berceo. Logroño (España)
BEThL	Bibliotheca ephemeridum theologicarum Lovaniensium. Louvain
BEU	Bibliotheca Ekmaniana Universitatis Regiae Upsaliensis. Uppsala
BFS	Bulletin de la Faculté des Lettres de Strasbourg. Strasbourg
BGDST	Beiträge zur Geschichte der deutschen Sprache und Literatur. Tübingen
BGEHA	Bibliografía general española e hispano-americana. Madrid
BGL	Bibliothek der griechischen Literatur
BH	Bibliografía hispánica. Madrid
BHisp	Bulletin hispanique. Bordeaux
BHRHT	Bulletin d'information de l'Institut de recherche et d'histoire des textes. Paris
BHTh	Beiträge zur historischen Theologie. Tübingen
BibArch	Biblical Archaeologist. New Haven (Conn.)
BibbOr	Bibbia e Oriente. Milano
BiBe	Biblische Beiträge. Einsiedeln
BibHR	Bibliothèque d'Humanisme et Renaissance. Genève
Bibl	Biblica. Roma
BiblBelg	Bibliographie de Belgique. Bruxelles
BiblFrance	Bibliographe de la France. Paris
BiblHisp	Bibliotheca hispana. Revista de Información y Orientación bibliográficas. Sección promera y tercera. Madrid

Bibliofilia	Bibliofilia. Rivista di Storia del Libro e delle Arti Grafiche. Firenze
BiblOr	Bibliotheca Orientalis. Leiden
Biblos	Biblos. Coimbra
BiblSacr	Bibliotheca sacra. Dallas (Texas)
BiblSup	Biblioteca Superiore. La Nuova Italia. Firenze
BibRevuo	Biblia Revuo
BibSt	Biblical Studies (Seishogaku Ronshu). Tokyo
BiChu	Bible and Church (Seisho To Kyokai). Tokyo
BICS	Bulletin of the Institute of Classical Studies of the University of London. London
BIFAO	Bulletin de l'Institut Français d'Archéologie Orientale. Le Caire
BIFG	Boletín de la Institución Fernán González. Burgos (España)
BIHR	Bulletin of the Institute of Historical Research. London
BijPhTh	Bijdragen. Tijdschrift voor philosophie en theologie. Nijmegen-Brugge
BiKi	Bibel und Kirche. Stuttgart-Bad Cannstadt
BiLe	Bibel und Leben. Düsseldorf
BIMT	Bulletin de l'Institut des Manuscrits de Tiflis. Tiflis
BISIAM	Bollettino dell'Istituto Storico Italiano per il Medio Evo e Archivio Muratoriano. Roma
BiTransl	The Bible Translator. London
BiViChret	Bible et vie chrétienne. Abbaye de Maredsous (Belgique)
BiZ	Biblische Zeitschrift (N. F.).Paderborn
BJRL	Bulletin of the John Rylands Library Manchester. Manchester
BK	Bedi Kartlisa (Revue de Kartvélologie). Paris
BKA	Bibliothek der klassischen Altertumswissenschaften
BKM	Byzantina keimena kai meletai. Thessaloniki
BKP	Beiträge zur klassischen Philologie. Meisenheim
BL	Bibel und Liturgie. Wien
BLE	Bulletin de littérature ecclésiastique. Toulouse
BLSCR	Bollettino Ligustico per la Storia e la Cultura Regionale. Genova
BMAPO	Boletín del Museo arqueológici provincial de Orense. Orense
BMGelre	Bijdragen en mededelingen uitgegeven door de Verenigung Gelre. Arnhem
BMHG	Bijdragen en mededelingen van het historisch genootschap te Utrecht. Utrecht
BMm	Bulletin monumental. Paris
BMRAH	Bulletin des musées royales d'art et d'histoire. Bruxelles
BNJ	Byzantinisch-Neugriechische Jahrbücher. Athen
BodlR	Bodleian Library Record. Oxford
Boek	Het Boek. Den Haag
Bogoslovl'e	Bogoslovl'e. Beograd
BolArchPal	Bollettino dell'Archivio paleografico italiano. Roma
BolArq	Boletín arqueológico. Tarragona
BolAst	Boletín del Instituto de Estudios Asturianos. Oviedo (España)
BolBarc	Boletín de la Real Academia de Buenas Letras de Barcelona. Barcelona

BolBogotá	Boletín del Instituto Caro y Cuervo. Bogotá
BolClass	Bollettino del Comitato per la Preparazione dell'Edizione Nazionale dei Classici Greci e Latini. Roma
BolComp	Boletín de la Universidad Compostelana. Santiago de Compostela
BolCórd	Boletín de la Real Academia de Córdoba de Ciencias, Bellas Letras y Nobles. Córdoba
BolDE	Boletín de Dialectología española. Barcelona
BolFilChile	Boletín de Filología. Universidad de Chile. Santiago de Chile
BolFilLisb	Boletín de Filología. Lisboa
BolGien	Boletín del Instituto de Estudios Giennenses. Jaén (España)
BolGranada	Boletín de la Universidad de Granada. Granada
BolItSt	Bollettino delle Pubblicazioni Italiane Ricevute per Diritto di Stampa. Firenze
BolOrense	Boletín de la Comisión de Monumentos históricos y artísticos de Orense. Orense
BolPaís	Boletín de la Real Sociedad Vascongada de Amigos del País. San Sebastián
BolPiacentino	Bollettino Storico Piacentino. Piacenza
BonnBK	Bonner Beiträge zur Kirchengeschichte
BOR	Biserica Ortodoxă Romînă. Bucureşti
BPHP	Bulletin philologique et historique du Comité des Travaux Historiques et Scientifiques. Paris
BRAE	Boletín de la Real Academia española. Madrid
BragAug	Bracara Augusta. Braga
BRAH	Boletín de la Real Academia de la Historia. Madrid
BrethLife	Brethren Life and Thought. Chicago (Ill.)
Bridge	The Bridge. A Yearbook of Judaeo-Christian Studies. New York
BrinkBoeken	Brinkman's cumulatieve catalogus van boeken
BrNBibl	The British National Bibliography
Brotéria .	Brotéria. Lisboa
BSAL	Boletín de la Sociedad Arqueológica Luliana. Palma de Mallorca (España)
BSAN	Bulletin de la Société des antiquaires de Normandie. Caen
BSAO	Bulletin de la Socété des Antiquaires de l'Ouest et des Musées de Poitiers. Poitiers
BSAP	Bulletin de la Société des Antiquaires de Picardie. Amiens
BSCC	Boletín de la Sociedad Castellonense de Cultura. Castellón de la Plana (España)
BSEAA	Boletín del Seminario de Estudios de Arte y Arqueología. Universidad de Valladolid. Valladolid (España)
BSEPC	Bulletin de la Société d'Études de la Province de Cambrai. Lille
BSL	Bulletin de la Société de Linguistique de Paris. Paris
BSNAF	Bulletin de la Société des Antiquaires de France. Paris
BSNES	Bulletin of the Society for Near Eastern Studies in Japan (Oriento), ˙okyo Tenrikyokan. Tokyo
BSOAS	Bulletin of the School of Oriental and African Studies. London
BSRel	Biblioteca di scienze religiose. Brescia

BSSAA	Bollettino degli Studi Storici, Artistici e Archeologici della Provincia di Cuneo. Cuneo
BStudLat	Bollettino di Studi latini. Periodico quadrimestrale d'informazione bibliografica. Napoli
BT	Benedictijns Tijdschrift. Bergen, Abdij Egmond
BTAM	Bulletin de théologie ancienne et médiévale. Louvain
BThom	Bulletin Thomiste. Toulouse
BTSAAM	Bulletin trimestriel de la Société Académique des Antiquaires de la Morinie. Saint-Omer (France)
BulArchCopte	Bulletin de la Société d'Archéologie Copte. Le Caire
BulBudé	Bulletin de l'association Guillaume Budé. Paris
BulHel	Bulletin de correspondance hellénique. Paris
BulOr	Bulletin d'études orientales. Paris
BulSiena	Bollettino Senese di Storia Patria. Siena
Burgense	Burgense. Seminario metropolitano. Burgos
BurlM	Burlington Magazine for Connoisseurs. London
ByFo	Byzantinische Forschungen. Internationale Zeitschrift für Byzantinistik. Amsterdam
ByN	Byzantina Neerlandica
Byslav	Byzantinoslavica. Praha
ByZ	Byzantinische Zeitschrift. München
Byzan	Byzantion. Bruxelles
Byzantina	Byzantina. Thessaloniki
BZG	Basler Zeitschrift für Geschichte und Altertumskunde. Basel
BZNW	Beihefte zur Zeitschrift für die neutestamentliche Wissenschaft. Berlin

CaAr	Cahiers archéologiques. Paris
CaHist	Cahiers d'histoire. Lyon
CaHM	Cahiers d'histoire mondiale. Neuchâtel
CaJos	Cahiers de Joséphologie. Montréal
CalTJ	Calvin Theological Journal. Grand Rapids. Michigan
CanHR	Canadian Historical Review. Toronto
CARINTHIA	Mitteilungen des Geschichtsvereins für Kärnten. Klagenfurt
CarkV	Cărkoven vestnik. Sofija
Carmelus	Carmelus. Commentarii ab Instituto Carmelitano editi. Roma
CaSion	Cahiers sioniens. Paris
Cass	Cassiciacum. Eine Sammlung wissenschaftlicher Forschungen über den heiligen Augustinus und den Augustinerorden, sowie wissenschaftlicher Arbeiten von Augustinern aus anderen Wissensgebieten. Würzburg
Cath	Catholica. Jahrbuch für Kontroverstheologie. Münster
CathEd	Catholic Educational Review. Washington
CathMind	Catholic Mind. New York
CathSt	Catholic Studies (Katorikku Kenkyu). Tokyo
CB	The Classical Bulletin. Saint Louis, Mo., Department of Classical Languages at Saint Louis University

CBNT	Coniectanea biblica. New Testament Series. Lund
CBQ	The Catholic Biblical Quarterly. Washington
CC	La Città Cattolica. Roma
CCER	Cahiers du cercle Ernest-Renan
CCH	Československý časopis historický. Praha
CChr	Corpus Christianorum
CCM	Cahiers de civilisation médiévale. Poitiers
CD	La Ciudad de Dios. Madrid
CdR	Classici delle religioni. Torino
CE	Chronique d'Égypte. Bulletin périodique de la Fondation égyptologique Reine Élisabeth. Bruxelles
CEA	Collection d'Études Anciennes. Paris
CEFMC	Centro de Estudios de Filosofia medieval. Buenos Aires
Celtiberia	Celtiberia. Soria
Celtica	Celtica. Dublin
Centaurus	Centaurus. København
CF	Collectanea Franciscana. Roma
CFC	Cuadernos de Filología. Facultad de Filosofía y Letras. Universitas Complutensis. Madrid.
CGS	Collections Les grandes Civilisations
CH	Church History. Chicago
CHE	Cuadernos de Historia de España. Buenos Aires
ChH	Church History. Oreland, Penn.
ChicS	Chicago Studies. Mundelein, Illinois
Chiron	Chiron. Mitteilungen der Kommission für alte Geschichte und Epigraphik des Deutschen Archäologischen Instituts. München.
ChQR	Church Quarterly Review. London
CHR	The Catholic Historical Review. Washington
ChrCris	Christianity and Crisis. New York
ChronEg	Chronique d'Égypte. Bruxelles
ChrSt	Christian Studies (Kirisutokyogaku). Tokyo
ChrToday	Christianity Today. Washington
ChryS	Chrysostomos-Studien
CHS	Church in History Series. London
ChTh	Church and Theology (Kyokai To Shingaku), The Tohoku Gakuin University Review. Sendai
CiCult	Ciencia y Cultura. Caracas
Ciencias	Las Ciencias. Madrid
CiFe	Ciencia y Fe. Buenos Aires
Cistercium	Cistercium. Revista monastica. Revista española de espiritualidad, historia y doctrina. Abadía de la Oliva. Carcastillo (Navarra)
CitNed	Cîteaux. Commentarii Cistercienses. Westmalle (Belgie)
CJ	Classical Journal. Chicago
Clair-Lieu	Clair-Lieu. Tijdschrift gewijd aan de geschiedenis der Kruisheren. Diest (Belgie)
ClassFolia	Classical Folia. Worcester (Mass.)
ClBul	Classical Bulletin. Chicago
Clergy	The Clergy Review. London

ClPh	Classical Philology. Chicago
CM	Classica et mediaevalia. København
CN	Conjectanea neotestamentica. Uppsala
CNM	Časopis národního musea. Praha
COCR	Collectanea Ordinis Cisterciensium Reformatorum. Westmalle (Belgique)
COH	Het christelijk Oosten en hereniging. Nijmegen-Jeruzalem
ColBi	Collectanea Biblica. Madrid
ColBrugGand	Collationes Brugenses et Gandavenses. Brugge-Gent
ColCist	Collectanea Cisterciensa. Scourmont (Belgien)
Collationes	Collationes. Vlaams Tijdschrift voor Theologie en Pastoral. Gent
CSR	Christian Scholar's Review. Wenham, Mass.
Colloquium	Colloquium. Auckland, New Zealand; ab 1972 in Australien
ColSal	Colloquium salutis. Wrosław
Commentary	Commentary. American Jewish Committee. New York
Communio	Communio. Commentarii Internationales de Ecclesia et Theologia. Studium Generale O.P., Granada (Spanien)
Communion	Communion. Taizé, Frankreich
Compostelanum	Compostelanum. Instituto de Estudios Jacobeos. Santiago de Compostela
Concilium	Concilium. Internationale Zeitschrift für Theologie. Mainz, Einsiedeln-Zürich, Wien
ConciliumT	Concilium. Revue internationale de théologie. Tours
Concord	Concordia Theological Monthly. St. Louis (Miss.)
Confer	Confer. Revista de vida religiosa. Conferencia Española de Religiosos. Madrid
Confrontations	Confrontations. Tournai Füher: Revue diocésane de Tournai
CongQ	Congregational Quarterly. London
ConsJud	Conservative Judaism. New York
Cont	Continuum. Chicago, Ill.
ConviviumTor	Convivium. Torino
COS	Cambridge Oriental Series. London
CoTh	Collectanea Theologica. Warszawa
CQ	The Classical Quarterly. Oxford
CR	Classical Review (N.S). Oxford
CRAI	Comptes rendus des séances de l'académie des inscriptions et belleslettres. Paris
Crisis	Crisis. Revista española de Filosofía. Madrid
Cross	Cross Currents. New York
CrossCr	Cross and Crown. St. Louis, Missouri
CSCO	Corpus scriptorum Christianorum orientalium. Louvain
CStR	Collana di storia religiosa. Napoli
CT	La Ciencia Tomista. Salamanca

CThM	Calwer theologische Monographien. Stuttgart
CuadFC	Cuadernos de Filología Clásica. Madrid
CuadGal	Cuadernos de Estudios gallegos. Santiago de Compostela
CuadManch	Cuadernos de Estudios manchegos. Ciudad Real
CuadMon	Cuadernos Monásticos. Conferencia de Comunidades Monásticas del Cono Sur. Abadía de Santa Escolástica. Victoria (Buenos Aires). Argentina
CUAPS	Catholic University of America Patristic Studies.
CUC	Cahiers universitaires catholiques. Paris
CultBib	Cultura Bíblica. Madrid/Segovia
CultNeolat	Cultura neolatina. Modena
CumBook	The Cumulative Book Index. New York
CV	Communio viatorum. Praha
CW	Classical World. New York
DA	Deutsches Archiv für Erforschung des Mittelalters. Köln—Graz
DanskBog	Dansk bogfortegnelse. København
DaTIndex	Dansk tidsskrift-index. København
Davar	Davar. Buenos Aires
DC	Doctor Communis. Roma
DChrArHet	Deltion tes Christianikes Archaiologikes Hetaireias. Athen
DE	Diritto Ecclesiastico. Milano
Diak	Diakonia. Bronx, N.Y.
Diakon	Diakonia. Der Seelsorger. Internationale Zeitschrift für praktische Theologie. Mainz
Diakonia	Diakonia. Zeitschrift für Seelsorge. Olten
Didaskalia	Didaskalia. Revista da Faculdade de Teologia de Lisboa. Universidade Catolica Portuguesa. Lisboa
DipOrthAth	Diptycha Orthodoxias. Athen
DissAbstr	Dissertation Abstracts. A Guide to Dissertations and Monographs available in Mikrofilm. Ann Arbor (Michigan)
Divinitas	Divinitas. Roma
DLZ	Deutsche Literaturzeitung für Kritik der internationalen Wissenschaft. Berlin
DocLife	Doctrine and Life. Dublin
Dom	Dominicana. Washington
DR	Downside Review. Downside Abbey (Bath)
DrewG	Drew Gateway. Madison, New Jersey
DtBibl	Deutsche Bibliographie. Wöchentliches Verzeichnis. Frankfurt am Main
DThP	Divus Thomas. Commentarium de Philosophia et Theologia. Piacenza (Italia)
DtNBibl	Deutsche Nationalbibliographie. Leipzig
DtPfrBl	Deutsches Pfarrerblatt. Essen
DTT	Dansk teologisk tidsskrift. København
DuchKult	Duchovna Kultura. Sofija
DuchPast	Duchovní pastýř. Praha
DumbPap	Dumbarton Oaks Papers. Washington
DunR	The Dunwoodie Review. Yonkers, N.Y.

DurhamUni	The Durham University Journal. Durham
DVM	Deltion Vivlikon Meleton
DVSHFM	Det kgl. danske Videnskapernes selskab. Hist.-Filol. Medd. København
DZPh	Deutsche Zeitschrift für Philosophie. Berlin

EA	Erbe und Auftrag. Beuron
EAbul	Estudios Abulenses. Avila
EAg	Estudio Agustiniano. Valladolid (Spanien)
EBib	Estudios Biblicos. Madrid
EC	Études classiques. Namur
Eca	Eca. San Salvador
ECallao	Estudios. Callao (Argentina)
ECarm	Ephemerides carmeliticae. Roma
EChR	Eastern Churches Review
Eckart	Eckart. Witten
ECl	Estudios Clásicos. Madrid
EcumR	The Ecumenical review. Genève
EcXaver	Ecclesiastica Xaveriana. Bogotá
EDeusto	Estudios de Deusto. Deusto (España)
Edjmiatsin	Edjmiatsin. Erevan
EdV = EscrVedat	
EE	Estudios Eclesiásticos. Salamanca, Madrid
EEBS	Epeteris tes Hetaireias Byzantinon Spudon. Athen
EF	Estudios Franciscanos. Barcelona
EHR	English Historical Review. London
Eidos	Eidos. Madrid
EJC	Ephemerides iuris canonici. Roma
EJos	Estudios Josefinos. Valladolid
EkklAthen	Ekklesia.Athen
EL	Ephemerides liturgicae. Roma
ELKZ	Evangelisch-Lutherische Kirchenzeitung. Berlin
ELul	Estudios Lulianos. Palma de Mallorca (España)
EMaria	Estudios marianos. Madrid
EMerced	Estudios. Estudios, Notas y Bibliografía especialmente sobre la Orden de la Merced en España y América. Madrid
Emerita	Emerita. Boletín. Boletín de Lingüística y Filología clásica. Madrid
EMSIVD	Editiones Monumentorum Slavicorum Veteris Dialecti
EMZ	Evangelische Missionszeitschrift. Stuttgart
Enc	Encounter. Indianapolis
Enchoria	Enchoria. Zeitschrift für Demotistik und Koptologie
Eos	Eos. Commentarii Societatis Philologae Polonorum. Wrocław, Ossolineum
EpAth	Epistemoniki Epeteris tes Philosophikes Scholes tu Panepistemiu. Athen
EPh	Ekklesiastikos Pharos. Alexandria
EphMariol	Ephemerides mariologicae. Madrid

EPRO	Études préliminaires aux religion orientales dans l'Empire romain. Leiden
EpThAth	Epistemoniki Epeteris tes Theologikes Scholes tu Panepistemiu Athenon. Athen
EpThes	Epistemoniki Epeteris tes Philosophikes Scholes tu Panepistemiu Thessalonikes. Thessaloniki
EpThThes	Epistemoniki Epeteris tes Theologikes Scholes tu Panepistemiu Thessalonikes. Thessaloniki
Eranos	Eranos. Acta philologica Suecana. Uppsala
Erasmus	Erasmus. Speculum scientiarum. Darmstadt, Aarau
ErJb	Eranos-Jahrbuch. Zürich
ERL	English recusant literature 1558—1640. Menston
EscrVedat	Escritos del Vedat. Anuario. Instituto Pontificio de Teología. PP. Dominicos. Valencia (España)
ESeg	Estudios Segovianos. Segovia (España)
ESH	Ecumenical Studies in History. Richmond, Va.
Esprit	Esprit et vie. Langres
Espíritu	Espíritu, Conocimiento, Actualidad. Barcelona
EsSt	Essays and Studies (Tokyo Joshi Daigaku Ronshu). Tokyo
EstH	Estudos Historicos. Faculdade de Filosofia, Ciencias e Letras. Marilia (Brasil)
EstRo	Estudis románics. Barcelona
Et	Études. Paris
EtF	Études franciscaines. Paris
EtGreg	Études grégoriennes. Solesmes
EThL	Ephemerides theologicae Lovanienses. Louvain
EtPh	Les Études Philosophiques. Paris
ETrin	Estudios Trinitarios. Publicación del Secretariado Trinitario. Salamanca
EtRoussil	Études roussillonnaises. Perpignan
EtThR	Études théologiques et religieuses. Montpellier
Euhemer	Euhemer, Przeglad religioznawczy. Warszawa
EuntDoc	Euntes Docete. Roma
Euphorion	Euphorion. Zeitschrift für Literaturgeschichte. Heidelberg
Euphrosyne	Euphrosyne. Revista de Filología classica. Lisboa
EvangQ	Evangelical Quarterly. Grand Rapids, Michigan
Evid	Evidences. Paris
EvQ	Evangelical Quarterly. London
EvTh	Evangelische Theologie. München
ExpR	Expository and Homiletic Review. Cleveland (Ohio)
ExpT	The Expository Times. Edinburgh
FaCh	Fathers of the Church
FC	Filosofický časopis. Praha
FCB	Slovenský Filosofický časopis. Bratislava
FDA	Freiburger Diozesan-Archiv. Freiburg i. Br.
FilBuenosA	Filología. Buenos Aires
FilLet	Filologia e Letteratura. Napoli

Filos	Filosofia. Torino
FilRo	Filologia Romanza. Torino
FilVit	Filosofia e Vita. Torino
FLisboa	Filosofia. Lisboa
FMSt	Frühmittelalterliche Studien. Berlin
FoFo	Forschungen und Fortschritte. Berlin
Foi	Foi et vie. Paris
FoiTemps	La Foi et le Temps
ForumTheo	Forum theologicum. Härnösand
Franc	Franciscana. Sint-Truiden (Belgique)
FrBogotá	Franciscanum. Revista de las ciencias del espíritu. Universidad de San Buenaventura. Bogotá. Colombia
FrSt	French Studies. Oxford
FS	Franziskanische Studien. Werl
FSt	Franciscan Studies. St. Bonaventure, New York
FSUSub	Florentina studiorum universitatis. Subsidia
FThSt	Freiburger theologische Studien. Freiburg
FTS	Frankfurter Theologische Studien. Frankfurt
FUAmst	Free University Quarterly. Amsterdam
FZPT	Freiburger Zeitschrift für Philosophie und Theologie. Freiburg
GBA	Gazette des beaux arts. New York, Paris
GCFI	Giornale Critico della Filosofia Italiana. Firenze
GCS	Die griechischen christlichen Schriftsteller der ersten Jahrhunderte
GDA	Godišnik na duchovnata akademija. Sofija
GeiLeb	Geist und Leben. Zeitschrift für Askese und Mystik. Würzburg
Genava	Genava. Genf
GermB	Germanische Bibliothek
GGA	Göttingische gelehrte Anzeigen. Göttingen
GiorFil	Gionale Italiano di Filologia. Napoli
GJ	The Geographical Journal. London
GlB	Glasul Bisericii. Bucarest
Glotta	Glotta. Göttingen
GM	Giornale di Metafisica. Genova
Gn	Gnomon. München
GNT	Grundrisse zum Neuen Testament. Göttingen
GöAB	Göppinger Akademische Beiträge
GöO	Göttinger Orientforschungen
GötAr	Göteborgs högskolas arsskrift. Göteborg
GP	Gulden Passer. Antwerpen
GR	Greek and Rome. Oxford
Greg	Gregorianum. Roma
GregPalThes	Gregorios ho Palamas. Thessaloniki
GrOrthThR	The Greek Orthodox Theological Review. Brookline (Mass.)
GrRoBySt	Greek, Roman and Byzantine Studies. San Antonio (Texas). Durham (N.C.)
GTT	Gereformeerd theologisch tijdschrift. Aalten

Gy   Gymnasium. Zeitschrift für Kultur der Antike und humanistische
                      Bildung. Heidelberg

HA   Handes Amsorya. Monatsschrift für armenische Philologie. Wien
Ha   Hermathena. A Series of Papers on Literature, Science and Philo-
                      sophy. Dublin
Habis   Habis. Universidad de Sevilla. Arqueología, Filología clásica.
                      Sevilla
HarvAsia   Harvard Journal of Asiatic Studies. Cambridge (Mass.)
HarvClassPhil   Harvard Studies in Classical Philology. Cambridge (Mass.)
HarvDS   Harvard Divinity School. Bulletin. Cambridge (Mass.)
HC   Historicky časopis. Bratislava
Helikon   Helikon. Rivista di tradizione e cultura classica. Messina
Hell   Hellenika. Saloniki
HellAgAthen   Hellenochristianike Agoge. Athen
Helmántica   Helmántica. Universidad Pontificia. Salamanca
Her   Hermes. Zeitschrift für klassische Philologie. Wiesbaden
HervTSt   Hervormde teologiese studies. Pretoria
Hesp   Hesperia. Journal of the American School of Classical Studies at
                      Athens. Athen
Hespéris   Hespéris-Tamuda. Paris
HeythropJ   The Heythrop Journal. Heythrop College, Oxen et Oxford
HFSKob   Historisk-filologiske skrifter. Det kgl. danske videnskabernes
                      Selskap. København
HispAlava   Hispania Antiqua. Revista de Historia Antiqua. Colegio Univer-
                      sitario de Alava. Vitoria (España)
Hispania   Hispania. Revista española de Historia. Madrid
HistEsp   Historia de la Espiridualidad. Barcelona
HistJ   Historical Journal. Cambridge
HistJud   Historia Judaica. New York
Historia   Historia. Zeitschrift für alte Geschichte. Wiesbaden
History   History. London
HistoryT   History Today. London
HistRel   Histoire des religions. Paris
HistReli   History of Religions. Chicago (Ill.)
HistTh   History and Theory. Middletown (Conn.)
HJ   Historisches Jahrbuch. München, Freiburg
HKZMTL   Handelingen der Koninklijke Zuidnederlands Maatschappij voor
                      Taalen Letterkunde. Brussel
HlasPrav   Hlas pravoslaví. Praha
HLD   Heiliger Dienst. Salzburg
Ho   Hochland. München
HokB   Hokusei Bulletin (Hokusei Ronshu). Hokusei Gakuen University,
                      Sapporo
Horizon   Horizon. New York
HR   Hispanic Review. Philadelphia
HS   Hispania Sacra. Madrid

HSHT	Historica. Les sciences historiques en Tchécoslovaquie. Praha
HSt	Historické štúdie. Bratislava
HThR	Harvard Theological Review. Cambridge (Mass.)
HTK	Historisk tidsskrift. København
HUCA	Hebrew Union College Annual. Cincinnati (Ohio)
Humanidades	Humanidades. Salamanca
Humanitas	Humanitas. Revista de la Facultad de Filosofía y Letras. Tucumán (Argentina)
HumanitasBr	Humanitas. Brescia (Italia)
HumanitasCoim	Humanitas. Coimbra. Portugal
HumChrCu	Humanities, Christianity and Culture (Jinbunkagaku Kenkyu: Kirisutokyo To Bunka). Tokyo
HVF	Handelingen van de Vlaams Filologencongressen. Gent
HVSLA	Humanistiska vetenskappsamfundet i Lund. Årsberättelse. Lund
HVSUA	Humanistiska vetenskappsamfundet i Uppsala. Årsbok. Uppsala
HZ	Historische Zeitschrift. München

IC	Ius Canonicum. Universidad de Navarra. Pamplona
IES	Indian Ecclesiastical Studies. Belgaum, India
IH	Information historique. Paris
IHS	Irish Historical Studies. Dublin
IKZ	Internationale kirchliche Zeitschrift. Bern
IL	L'Information littéraire. Paris
IlCl	Ilustración del Clero. Revista mensual publicada por los Misioneros Hijos del Corazón de Maria. Madrid
Ilerda	Ilerda. Lérida
IM	Imago mundi. Leiden
IMU	Italia medioevale e umanistica. Padova
IndCultEsp	Indice cultural español. Madrid
IndHistEsp	Indice histórico español. Barcelona
IntRMiss	International Review of Mission. N.Y., Geneva
IntZErz	Internationale Zeitschrift für Erziehungswissenschaft. 's-Gravenhage
IPhQ	International Philosophical Quarterly. New York
Iraq	Iraq. London
Irénikon	Irénikon. Chevetogne (Belgique)
IRSH	International Review of Social History. Assen
IsExJ	Israel Exploration Journal. Jerusalem, Israel
Isis	Isis. Cambridge (Mass.)
Islam	Der Islam. Straßburg, Berlin
ISRPR	Istituto di scienze religiose. Pensatori regiosi. Padova
Istina	Istina. Boulogne (Seine)
Itinerarium	Itinerarium. Braga (Portugal)
ITQ	The Irish Theological Quarterly. Maynooth (Ireland)
Iura	Iura. Rivista Internazionale di Diritto Romano e Antico. Napoli
IZBG	Internationale Zeitschriftenschau für Bibelwissenschaft und Grenzgebiete. Stuttgart

JA	Journal asiatique. Paris
JAACr	The Journal of Aesthetics and Art Criticism. Baltimore (Maryland)
JAAR	Journal of American Academy of Religion. Waterloo, Ontario
JAC	Jahrbuch für Antike und Christentum. Münster
JACE	Jahrbuch für Antike und Christentum. Ergänzungsband
JAOS	Journal of the American Oriental Society. Baltimore
JBAA	The Journal of the British Archaeological Association. London
JbBerlin	Jahrbuch der deutschen Akademie der Wissenschaften zu Berlin. Berlin
JbGö	Jahrbuch der Akademie der Wissenschaften in Göttingen. Göttingen
JbKönigsberg	Jahrbuch der Albertus-Universität zu Königsberg (Pr.) Überlingen
JBL	Journal of Biblical Literature. Philadelphia
JBMainz	Akademie der Wissenschaften und der Literatur. Jahrbuch. Mainz
JBR	The Journal of Bible and Religion. Brattleboro (Vermont)
JbrMarbg	Jahresbericht. Westdeutsche Bibliothek. Marburg
JCeltSt	Journal of Celtic Studies. Philadelphia
JChrSt	The Journal of Christian Studies (Kirisutokyo Ronshu). Tokyo
JChSt	Journal of Church and State. Waco, Texas
JCS	Journal of Classical Studies. (Japan)
JDAI	Jahrbuch des deutschen archäologischen Instituts. Berlin
JEA	Journal of Egyptian Archaology. London
JEcclH	Journal of Ecclesiastical History. London
JEGP	The journal of English and German philology. Urbana
JEOL	Jaarbericht van het Voorziatisch-Egyptisch Genootschap „Ex Oriente Lux". Leiden
JES	Journal of Ecumenical Studies. Pittsburgh
JETS	Journal of the Evangelical Theological Society. Wheaton (Illinois)
JGO	Jahrbücher für die Geschichte Osteuropas. München
JHChr	The Journal of History of Christianity (Kirisutokyoshigaku). Kanto Gakuin University, Yokohama
JHI	Journal of the History of Ideas. Lancaster (Pa.)
JHPH	Journal of the History of Philosophy. Berkeley. Los Angeles
JHS	Journal of Hellenic Studies. London
JHSCW	Journal of the Historical Society of the Church in Wales. Cardiff
JJur	The Journal of Juristic Papyrology. New York
JKGV	Jahrbuch des Kölnischen Geschichtsvereins. Köln
JLH	Jahrbuch für Liturgik und Hymnologie. Kassel
JNES	Journal of Near Eastern Studies. Chicago
JOBG	Jahrbuch der Österreichischen Byzantinischen Gesellschaft. Graz—Köln
JPastCare	Journal of Pastoral Care. Kutztown (Pa.)
JPH	Journal of Philosophy. New York
JQR	The Jewish Quarterly Review. Philadelphia
JR	The Journal of Religion. Chicago
JRAS	Journal of the Royal Asiatic Society of Great Britain and Ireland. London

JReSt	Journal of Religious Studies (Shukyo Kenkyo), University of Tokyo. Tokyo
JRH	The Journal of religious history. Sydney
JRS	Journal of Roman Studies. London
JRTh	Journal of Religious Thought. Washington
JS	Journal des savants. Paris
JSb	Jazykovedný sborník. Bratislava
JSS	Journal of Semitic Studies. Manchester
JSSR	Journal for the Scientific Study of Religion. New-Haven (Conn.)
JTh	Journal of Theology (Shingaku). Tokyo
JThCh	Journal for Theology and Church. N.Y., N.Y.
JThS	Journal of Theological Studies. Oxford
Jud	Judaism. New York
JuFi	Južnoslovenski Filolog. Beograd
JVictoria	Journal of Transactions of the Victoria Institute. London
JWCI	Journal of the Warburg and Courtauld Institutes. London
KÅ	Kyrkohistorisk årsskrift. Stockholm
Kairos	Kairos. Zeitschrift für Religinswissenschaft und Theologie. Salzburg
KBANT	Kommentare und Beiträge zum Alten und Neuen Testament. Düsseldorf
KE	Kerk en eredienst. s'-Gravenhage
Kêmi	Kêmi. Paris
KIT	Kleine Texte für Vorlesungen und Übungen. Begründet von H. Lietzmann
Kleronomia	Kleronomia. Thessaloniki
Klio	Klio. Beiträge zur alten Geschichte. Berlin
Kriterium	Kriterium. Belo Horizonte (Brasil)
KřR	Křesťanská revue. Praha
KT	Kerk en theologie. Wageningen
KuD	Kerygma und Dogma. Göttingen
Kyrios	Kyrios. Vierteljahrsschrift für Kirchen- und Geistesgeschichte Osteuropas. Berlin
Labeo	Labeo. Napoli
Language	Language. Journal of the Linguistic Society of America. Baltimore
Latinitas	Latinitas. Roma
Latomus	Latomus. Revue d'études latines. Bruxelles
Lau	Laurentianum. Roma
Laval	Laval théologique et philosophique. Quebec
LCC	The Library of Christian Classics
LEC	Les Études Classiques. Namur
Lecároz	Lecároz. Navarra
Leodium	Leodium. Liège
LFilol	Listy filologické. Praha
Libr	Librije. Bibliographisch Bulletin voor Godsdienst, Kunst en Kultuur. Uitgegeven door de St.-Pietersabdij van Steenbrugge

LibriRiv	Libri e Riviste. Roma
LicFr	Liceo Franciscano. Revista de Estudio en Investigación. Colegio Teológico Franciscano. Santiago de Compostela
Ligarzas	Universidad de Valencia. Facultad de Filosofía y Letras. Departamento de Historia Medieval. '
Liturgia	Liturgia. Monasterio de Sto. Domingo. Silos (Burgos)
LJ	Liturgisches Jahrbuch. Münster
LMyt	Lesbiaka. Deltion tes Hetaireias Lesbiakon Meleton. En Mytilene
LnQ	The Lutheran Quarterly. Gettysburg (Pa.)
LO	Lex Orandi. Paris
LQF	Liturgiewissenschaftliche Quellen und Forschungen
LR	Lettres romanes. Louvain
LS	Lingua e Stile. Milano
LSD	Litteraria. Štúdie a dokumenty. Bratislava
LUÅ	Lunds universitets årsskrift. Lund
Lum	Lumen. Lisboa
Lumen	Lumen. Facultad de Teología del Norte de España – Sede de Vitoria. Früher: Lumen. Seminario Diocesano. Vitoria.
Lumenvitae	Lumen vitae. Revue internationale de la formation religieuse. Bruxelles
LumK	Lumen. Katolsk teologisk tidsskrift. København
LumVi	Lumière et vie. St. Alban-Leysse
LusSac	Lusitania sacra. Lisboa
Lustrum	Lustrum. Internationale Forschungsberichte aus dem Bereich des klassischen Altertums. Göttingen
LuthRund	Lutherische Rundschau. Hamburg
LuthRundbl	Lutherischer Rundblick. Wiesbaden
LW	Lutheran World. Genève
Lychnos	Lychnos. Uppsala
MA	Moyen-âge. Bruxelles
MAAL	Mededelingen der Koninklije Nederlandse Akademie van Wetenschappen. Afdeling Letterkunde. Amsterdam
MAB	Medelingen van de koninklijke Vlaamse Academie voor Wetenschappen. Letteren en Schone Kunsten van België. Klasse de Letteren. Brüssel: Palais der Academiën
MAb	Misión Abierta al servicio de la fe. Madrid
MAev	Medium aevum. Oxford
MAH	Mélange d'archéologie et d'histoire. École Française de Rome. Paris
Maia	Maia. Firenze
MaisonDieu	La Maison-Dieu. Paris
MakThes	Makedonika. Syngramma periodikon tes Hetaireias Makedonikon Spoudon. Thessalonikes
Manresa	Manresa. Revista de Información e Investigación ascética y mística. Madrid
Manuscripta	Manuscripta. St.-Louis (Missouri)
Marianum	Marianum. Roma

MarSt	Marian Studies
MBTh	Münsterische Beiträge zur Theologie. Münster
MCom	Miscelánea Comillas. Comillas (Santander)
MDOG	Mitteilungen der Deutschen Orient-Gesellschaft zu Berlin. Berlin
MDom	Memorie Domenicane. Firenze
Mea = Meander	
Meander	Meander. Revue de civilisation du monde antique. Warszawa
MEH	Medievalia et Humanistica: Studies in Medieval and Renaissance Culture. Cleveland (Ohio)
MelitaTh	Melita theologica. Malta
MennQR	Mennonite Quarterly Review. Goshen (Ind.)
MenorahJ	The Menorah Journal. New York
MEPRC	Messager de l'Exarchat du Patriarche russe en Europe Centrale. Paris
MEPRO	Messager de l'Exarchat du Patriarche russe en Europe Occidentale. Paris
MF	Miscellanea franciscana. Roma
MGH	Monumenta Germaniae historica
MH	Museum Helveticum. Basel
MHisp	Missionalia Hispanica. Madrid
MHum	Medievalia et Humanistica. Boulder (Colorado)
MIDEO	Mélanges de l'Institut Dominicain d'Études Orientales du Caire. Dar Al-Maaref
MIÖGF	Mitteilungen des Instituts für österreichische Geschichtsforschung. Graz
MIOr	Mitteilungen des Instituts für Orientforschung. Berlin
MitrArd	Mitropolia Ardealului. Sibiu
MitrBan	Mitropolia Banatului. Timizoara
MitrMold	Mitropolia Moldovei si Suvevei
MitrOlt	Mitropolia Olteniei. Craiova
MLatJB	Mittellateinisches Jahrbuch. Köln/Düsseldorf
MLR	Modern Language. Baltimore
MM	Miscellanea mediaevalia. Berlin
MmFor	Memorie Storiche Forogiuliesi. Udine
Mn	Mnemosyne. Bibliotheca classica Batava. Leiden
MNHIR	Mededelingen van het Nederlands Historisch Instituut te Rome. 's-Gravenhage
MO	Le Monde oriental. Uppsala
ModCh	Modern Churchman. London
ModS	The Modern Schoolman. St. Louis (Mo.)
MontCarm	El Monte Carmelo. Burgos (España)
Month	The Month. London notes. Baltimore
MPTh	Monatsschrift für Pastoraltheologie. Göttingen
MR	The Minnesota Review. Minneapolis
MRSt	Mediaeval and Renaissance Studies. London
MS	Mediaeval Studies. Toronto
MSAHC	Mémoires de la société archéologique et historique de la Charente. Angoulême

MSHDI	Mémoires de la société pour l'histoire du droit et des institutions des anciens pays bourguignons, comtois et romands. Dijon
MSLC	Miscellanea di studi di letteratura cristiana antica. Catania
MSR	Mélanges de science religieuse. Lille
MSSNTS	Monograph Series. Society for New Testament Studies. Cambridge
MThSt	Münchener Theologische Studien. München
MThZ	Münchener theologische Zeitschrift. München
Mu	Le Muséon. Revue d'études orientales. Louvain
MüBPR	Münchener Beiträge zur Papyrusforschung und antiken Rechtsgeschichte
MuHelv = MH	
Muscan	Museo canario. Madrid
Museum	Museum. Maandblad voor philologie en geschiedenis. Leiden
MUSJ	Mélanges de l'Université Saint-Joseph. Beyrouth
Musl	The Muslim World. Hartford (Conn.)
MusPont	Museo de Pontevedra
MüStSpr	Münchener Studien zur Sprachwissenschaft. München
MVVEG	Mededelingen en verhandelingen van het Vooraziatisch-Egyptisch Genootschap „Ex Oriente Lux". Leiden
NábR	Nábożenska revue církve československé. Praha
NAG	Nachrichten der Akademie der Wissenschaften in Göttingen. Göttingen
NAKD	Nederlands archief voor kerkgeschiedenis. Leiden
Namurcum	Namurcum. Namur
NatGrac	Naturaleza y Gracia. Salamanca
NBA	Norsk bokfortegnelse. Årskatalog. Oslo
NC	La Nouvelle Clio. Bruxelles
NDid	Nuovo Didaskaleion. Catania (Italia)
NedKath	Nederlandse katholieke stemmen
NedThT	Nederlands theologisch tijdschrift. Wageningen
NiceHist	Nice historique. Nice
NMES	Near and Middle East Series. Toronto
NMS	Nottingham Medieval Studies. Nottingham
NotesRead	Notes and Queries for Readers and Writers. London
NovaVet	Nova et vetera. Freiburg (Schweiz)
NovTest	Novum Testamentum. Leiden
NPh	Neophilologus. Groningen
NPM	Neuphilologische Mitteilungen. Helsinki
NRiSt	Nuova Rivista Storica
NRTh	Nouvelle revue théologique. Tournai
NS	The New Scholasticism. Baltimore. Washington
NSJer	Nea Sion. Jerusalem
NStB	Neukirchner Studienbücher
NTS	New Testament Studies. Cambridge
NTSJ	New Testament Studies in Japan (Shinyakugaku Kenkyu). Seiwa College for Christian Workers, Nishinomiya
NTT	Norsk teologisk tidsskrift. Oslo

Numen	Numen. International Review for the History of Religions. Leiden
NVA	Det norske videnskaps-akademi. Avhandlinger, Hist.-filos. klasse. Oslo
NyKT	Ny kyrklig tidskrift. Uppsala
NYRB	New York Review of Books. Milford, Conn.
NZMW	Neue Zeitschrift für Missionswissenschaft. Schöneck-Beckenried
NZSTh	Neue Zeitschrift für systematische Theologie. Berlin
CSEL	Corpus scriptorum ecclesiasticorum latinorum
CSG	Collana di studi greci
CSR	Collection de sociologie religieuse. Paris
OBO	Orbis biblicus et orientalis
OCA	Orientalia Christiana Analecta. Roma
ÖAKR	Österreichisches Archiv für Kirchenrecht. Wien
ÖAW	Österreichische Akademie der Wissenschaften. Philos.-hist. Klasse Kleine Denkschriften
OECT	Oxford Early Christian Texts. Oxford
ÖF	Ökumenische Forschungen. Freiburg/Br.
ÖstBibl	Österreichische Bibliographie. Wien
OGE	Ons geestelijk erf. Tielt (Belgie)
OiC	One in Christ. Catholic Ecumenical Review. London
OikKoz	Oikodome. Epeteris Ekklesiastike kai Philologike Hieras Metropoleos. Kozanes
OL	Orthodox Life. Holy Trinity Monastery Jordanville, N.Y.
OLZ	Orientalistische Literaturzeitung. Berlin
OP	Opuscula Patrum. Roma
OrAc	L'orient ancien illustré. Paris
OrCath	Orbis catholicus. Barcelona
OrChr	Oriens Christianus. Wiesbaden
OrChrP	Orientalia Christiana Periodica. Roma
OrhPBl	Oberrheinisches Pastoralblatt. Karlsruhe
Oriens	Oriens. Journal of the International Society for Oriental Research. Leiden
Orientaliasuecana	= OrSuec
Orientalia	Orientalia. Roma
Oriente	Oriente. Madrid
OrLab	Ora et Labora. Revista liturgico-pastoral e beneditina. Mosteiro de Singeverga. Roriz (Portugal)
OrP	Orient Press, Bolletino Bibliografico di Studi Orientalistici. Roma
Orpheus	Orpheus. Catania (Italia)
OrSuec	Orientalia suecana. Uppsala
OrSyr	L'orient syrien. Paris
OrtBuc	Ortodoxia. Bucureşti
OrthIst	Orthodoxia. Istanbul
OrthSkAthen	Orthodoxos Skepsis. Athen
OrthVer	Orthodoxy. Mt. Vernon, New York
OstkiSt	Ostkirchliche Studien. Würzburg
OTM	Oxford Theological Monographs. Oxford
OTS	Oudtestamentische studien. Leiden

PA	Památky archeologícké. Praha
Paid	Paideuma. Mitteilungen zur Kulturkunde. Frankfurt a. M.
Paideia	Paideia. Genova
Pal	Palestra del Clero. Rovigo (Italia)
PalExQ	Palestine Exploration Quarterly. London
Pallas	Pallas. Fasc. 3 des Annales, publiées par la Faculté des Lettres de Toulouse. Toulouse
PalLat	Palaestra latina. Barbastro (España)
PapyBrux	Papyrologia Bruxellensia. Brüssel
PapyCast	Papyrologia Castroctaviana. Barcelona
Par	La Parola del Passato. Rivista di Studi Classici. Napoli
ParLit	Paroisse et Liturgie. Brugge
Parole de l'Orient	Parole de l'Orient. Kaslik (Liban)
Past	Past and Present. London
Pastbl	Pastoralblätter. Stuttgart
Pazmaveb	Pazmaveb. Venezia
PBFL	Piccola biblioteca filosofica Laterza. Bari
PBrSchRome	Papers of the British School at Rome. London
PeI	Le Parole e le idee. Napoli
Pelop	Peloponnesiaka. Athen
Pensamiento	Pensamiento. Madrid
Pentecostés	Pentecostés. Revista de ciencias morales. Editorial El Perpetuo Socorro. Madrid
Perficit	Perficit. Salamanca
Personalist	The Personalist. An International Review of Philosophy, Religion and Literature. Los Angeles
Perspec	Perspective. Pittsburgh (Penn.)
PersTeol	Perspectiva Teológica. Faculdade de Teología. Universidade de Vale do Rio dos Sinos. São Leopoldo (Brasil)
PFDUNCJ	Publicaciones de la Facultad de derecho de la Universitad de Navarra. Co. juridica. Navarra
Phil	Philologus. Zeitschrift für das klassische Altertum. Berlin, Wiesbaden
Philol	Philologica Pragensia. Praha
Philosophy	Philosophy. The Journal of the Royal Institute of Philosophy. London
PhilosQ	The Philosophical Quarterly. University of St. Andrews, Scots Philos. Club
PhilTo	Philosophy Today. Celina (Ohio)
PhJb	Philosophisches Jahrbuch der Görresgesellschaft. München
PhLit	Philosophischer Literaturanzeiger. München, Basel
PhMendoza	Philosophia. Universidad nacional de Cuyo. Mendoza
PhNat	Philosophia naturalis. Meisenheim/Glan
Phoenix	The Phoenix. The Journal of the Classical Association of Canada. Toronto
Phoibos	Phoibos. Bruxelles
PhP	Philosophia Patrum. Interpretation of Patristic texts. Leiden
PhPhenRes	Philosophy and Phenomenological Research. Buffalo

PhRef	Philosophia reformata. Kampen
Phronesis	Phronesis. A Journal for Ancient Philosophy. Assen
PhRu	Philosophische Rundschau. Tübingen
PierLomb	Pier Lombardo. Novara (Italia)
Pirineos	Pirineos. Zaragoza (España)
PKan = PraKan	
Platon	Platon. Deltion tes Hetaireias Hellenon Philologon. Athenai
PMAPA	Philological Monographs of the American Philological Association. Cleveland
PMLA	Publications of the Modern Language Association of America. New York
PO	Patrologia Orientalis
POK	Pisma Ojków Kościola. Poznán
PQ	Philological Quarterly. Iowa City
PR	The Philosophical Review. Ithaca (N.Y.)
PraKan	Prawo Kanoniczne. Warszawa
PravM	Pravoslavnaja Mysl'. Praha
PravS	Pravoslavný sborník. Praha
PrincBul	The Princeton Seminary Bulletin. Princeton (N.J.)
ProcAmJewish	Proceedings of the American Academy for Jewish Research. New York
ProcAmPhS	Proceedings of the American Philosophical Society. Philadelphia
ProcBritAc	Proceedings of the British Academy. London
ProcIrAc	Proceedings of the Royal Irish Academy. Dublin
PrOrChr	Proche orient chrétien. Jerusalem
Protest	Protestantesimo. Roma
ProvHist	Provence historique. Marseille
Proyección	Proyección. Granada
Prudentia	Prudentia. Auckland, New Zealand
PrViana	Príncipe de Viana. Pamplona
PS	Palestinskij Sbornik. Leningrad
PSBF	Pubblicazioni dello studium biblicum Franciscanum. Jerusalem
PSBFMi	Pubblicazioni dello studium biblicum Franciscanum Collectio minor. Jerusalem
PSIL	Publications de la section historique de l'Institut Grand-Ducal de Luxembourg. Luxembourg
PSP	Pisma Starochrzešcijańskick Pisarzy
PTA	Papyrologische Texte und Abhandlungen. Bonn
PThSt	Pretoria theological studies. Leiden
PTS	Patristische Texte und Studien
PublCopt	Publications de l'Institut Français d'Archéologie Orientale. Bibliothèque d'études coptes. Cairo
PublIOL	Publications de l'Institut Orientaliste de Louvain.
PublMen	Publicaciones del Instituto Tello Téllez de Meneses. Palencia
QFIAB	Quellen und Forschungen aus italienischen Archiven und Bibliotheken. Tübingen
QIFG	Quaderni dell'Istituto greca, Università Cagliari. Cagliari

QJS	Quarterly Journal of Speech. New York
QLP	Les Questions liturgiques et paroisséales. Mont-César (Belg.)
QUCC	Quaderni Urbinati di Cultura Classica. Urbino
QVChr	Quaderni di „Vetera Christianorum"
RA	Revue archéologique. Paris
RAAN	Rendiconti dell'Accademia di Archeologia, Lettere e Belle Arti di Napoli. Napoli
RaBi	Revista bíblica con Sección litúrgica. Buenos Aires
RABM	Revista de Archivos, Bibliotecas y Museos. Madrid
RaBol	Revista de la Sociedad Bolivariana de Venezuela. Caracas
RaBrFilol	Revista brasileira de Filología. Sao Paolo
RaBrFilos	Revista brasileira de Filosofia. Sao Paolo
RaBuenosA	Revista de la Universidad de Buenos Aires. Buenos Aires
RaCal	Revista calasancia. Madrid
RaCórdoba	Revista de la Universidad nacional de Córdoba. Córdoba (Argentina)
RaCuzco	Revista universitaria. Universidad de Cuzco
RaDFilos	Revista dominicana de Filosofia. Ciudad Trujillo
Radovi	Radovi. Zagreb
RaEduc	Revista de Educación. Madrid
RaExtr	Revista de Estudios extremeños. Badajoz (España)
RAgEsp	Revista agustiniana de Espiritualidad. Calahorra (Logroño)
RaHist	Revista de Historia. Sao Paolo
RaInd	Revista de Indias. Madrid
RaInteram	Revista interamericana de Bibliografía. Interamerican Review of Bibliography. Washington
RAL	Rendiconti della Reale Accademia Nazionale dei Lincei. Classe di Scienze Morali, Storiche e Filologiche. Roma
RaLit	Revista de Literatura. Madrid
RAM	Revue d'ascétique et de mystique. Toulouse
RaMadrid	Revista de la Universidad de Madrid. Madrid
RaNCult	Revista nacional de Cultura. Caracas
RaOviedo	Revista de la Universidad de Oviedo. Oviedo
RaPlata	Revista de Teología. La Plata (Argentina)
RaPol	Revista de Estudios políticos. Madrid
RaPortFilog	Revista portuguesa de Filología. Coimbra
RaPortFilos	Revista portuguesa de Filosofía. Braga (Portugal)
RaPortHist	Revista portuguesa de Historia. Coimbra
RAS	Rassegna degli Archivi de Stato. Roma
RaScienFilos	Rassegna di Scienze Filosofiche. Bari (Italia)
RasF	Rassegna di Filosofia. Roma
RasIsr	Rassegna Mensile di Israel. Roma
RBAM	Revista de la Biblioteca, Archivo y Museo. Madrid
RBen	Revue bénédictine. Abbaye de Maredsous (Belgique)
RBi	Revue biblique. Paris
RBL	Ruch Biblijny i Liturgiczny. Kraków
RBPh	Revue belge de philologie et d'histoire. Bruxellès

RBR	Ricerche bibliche e Religiose. Genove
RC	Religión y Cultura. Madrid
RCA	Rozpravy Československé akademie véd. Praha
RCCM	Rivista di Cultura Classica e Medioevale. Roma
RDC	Revue de droit canonique. Strasbourg
REA	Revue des études augustiniennes. Paris
Reality	Reality. Dubuque (Iowa)
REAnc	Revue des études anciennes. Bordeaux
REB	Revue des études byzantines. Paris
REBras	Revista eclesiástica brasileira. Petropolis
REC	Revista de Estudios Clásicos. Mendoza
REccDoc	Rerum ecclesiasticarum documenta. Roma
RechAug	Recherches augustiniennes. Paris
RecHist	Recusant History. Bognor Regis (Sussex)
RechSR	Recherches de science religieuse. Paris
REDC	Revista española de Derecho canónico. Madrid
REDI	Revista española de Derecho internacional. Madrid
ReEg	Revue d'égyptologie. Paris
ReExp	Review and Expositor. Louisville (Kentucky)
RefR	Reformed Review. New Brunswick, New Yersey
REG	Revue des études grecques. Paris
Regn	Regnum Dei. Collectanea. Roma
RegnRo	Regnum Dei. Roma
REI	Revue des études islamiques. Paris
REJ	Revue des études juives. Paris
REL	Revue des études latines. Paris
ReLiège	Revue ecclésiatique de Liège. Liège
RelLife	Religion in Life. New York
RelStud	Religious Studies. Cambridge
ReMet	The Review of Metaphysics. New Haven
ReNamur	Revue diocésaine de Namur. Gembloux
RenBib	Rencontres bibliques. Lille
REP	Revista española de Pedagogía. Madrid
RESE	Revue des Études sud-est européennes. Bucureşti
REspir	Revista de Espiritualidad. Madrid
ReSR	Revue des sciences religieuses. Strasbourg
RestQ	Restoration Quarterly. Abilene, Texas
Resurrexit	Resurrexit. Madrid
RET	Revista española de Teología. Madrid
ReTournai	Revue diocésane de Tournai. Tournai. jetzt: Confrontations
RevEidos	Revista de Filosofía Eidos. Córdoba, Argentinien
RF	Razón y Fe. Madrid
RFacDMadrid	Revista de la Facultad de Derecho de la Universidad de Madrid
RFC	Rivista di Filologia e d'Istruzione Classica. Torino
RFE	Revista de Filología española. Madrid
RFFH	Revista de la Facultad de Filosofía y Humanidades. Córdoba (Argentina)
RFFLMadrid	Revista de la Facultad de Filosofía y Letras. Madrid

RFFLMedellín	Revista de la Facultad de Filosofía. Medellín
RFil	Revista de Filosofía. Madrid
RFN	Rivista di Filosofia Neoscolastica. Milano
RGuimerães	Revista de Guimerães. Guimerães
RH	Revue historique. Paris
RHDFE	Revue historique de droit français et étranger. Paris
RHE	Revue d'histoire ecclésiastique. Louvain
RHEF	Revue d'histoire de l'église de France. Paris
RHLag	Revista de Historia (canaria). La Laguna (Canarias)
RHLF	Revue d'histoire littéraire de la France. Paris
RhM	Rheinisches Museum für Philologie. Frankfurt a. M.
RHPhR	Revue d'histoire et de philosophie religieuses. Paris
RHR	Revue de l'histoire des religions. Paris
RHS	Revue d'histoire des sciences et de leurs applications. Paris
RHSpir	Revue d'histoire de la spiritualité. Paris
RHT	Revue d'Histoire des Textes. Paris
RhV	Rheinische Vierteljahrblätter. Bonn
RiAC	Rivista di Archeologica Cristina. Roma
RiAsc	Rivista di Ascetica e Mistica. Firenze
RiBi	Rivista Biblica. Brescia
RiceInst	Rice Institut Pamphlet. Houston (Texas)
RicLing	Ricerche Linguistiche. Roma
RicRel	Ricerche di Storia Religiosa. Roma
RIDA	Revue internationale des droits de l'antiquité. Gembloux
RIDC	Revista del Instituto de Derecho comparado. Barcelona
RIE	Revista de Ideas estéticas. Madrid
RiEst	Rivista di Estetica. Torino
RIFD	Rivista internazionale di filosofia del diritto. Milano
RiFil	Rivista di Filosofia. Torino
RiFilRel	Rivista di Studi Filosofici e Religiosi. Roma
RiLit	Rivista Liturgica. Finalpia
RILSL	Rendiconti. Istituto Lombardo di Scienze e Lettere. Classe di Lettere e Scienze Morali e Storiche. Milano
Rinascimento	Rinascimento. Firenze
RIP	Revue internationale de philosophie. Bruxelles
RiStCl	Rivista di Studi Classici. Torino
RiStor	Rivista di Storia, Arte, Archeologia. Alessandria
RivRos	Rivista Rosminiana di filosofia e di cultura. Stresa
RiVSp	Rivista di Vita Spirituale. Roma
RJaver	Revista Javeriana, Signos de los Tiempos. Bogotá (Colombia)
RJAZIU	Rad Jugoslavenske Akademije Znanosti i Umjetnosti. Zagreb
RJC	Revista jurídica de Cataláña. Barcelona
RKZ	Reformierte Kirchenzeitung. Neukirchen (Kr. Mörs)
RLA	Revista Litúrgica Argentina. Abadía de San Benito. Buenos Aires
RLC	Revue de littérature comparée. Paris
RM	Revue Mabillon. Ligugé
RMAL	Revue du moyen-âge latin. Paris

RMM	Revue de métaphysique et de morale. Paris
RN	Revue du nord. Lille
RNS	Rivista Nuova Storica
ROB	Religion och Bibel. Nathan Söderblom-sällskapets årsbok. Lund
RoczFil	Roczniki Filozoficzne
RoczH	Roczniki humanistyczne. (Kathol. Univ. Lubelskiego) Lublin
RoczTK	Roczniki Teologiczno-Kanoniczne. Lublin
RoczTor	Rocznik towarzystwa naukowego w Toruniu. Toruń
RöHM	Römische Historische Mitteilungen. Graz—Köln
ROIELA	Revue de l'Organisation internationale pour l'étude des langues anciennes par ordinateur. Liège
Roma	Roma. Buenos Aires (Argentina)
RPAA	Rendiconti della Pontificia Accademia di Archeologia. Roma
RPFE	Revue philosophique de la France et de l'étranger. Paris
RPh	Revue de philologie, de littérature et d'histoire anciennes. Paris
RPL	Revue philosophique de Louvain. Louvain
RPM	Revue du Patriarchat de Moscou
RQ	Römische Quartalschrift für christliche Altertumskunde und Kirchengeschichte. Freiburg i. Br.
RQS	Revue des questions scientifiques. Louvain
RQu	Revue de Qumran. Paris
RR	Review of Religion. New York
RRel	Review for Religious. St. Louis, Mo.
RS	Revue de synthèse. Paris
RSB	Rivista di Studi Bizantinie Neoellebici. Roma
RSCI	Rivista di Storia della Chiesa in Italia. Roma
RSF	Rivista Critica di Storia della Filosofia. Milano
RSH	Revue des sciences humaines. Lille
RSI	Rivista Storica Italiana. Napoli
RSLR	Rivista di storia e letteratura religiosa. Firenze
RSO	Rivista degli Studi Orientali. Roma
RSPhTh	Revue des sciences philosophiques et théologiques. Paris
RSR	Recherches de science religieuse. Paris
RTCHP	Recueil de travaux. Conférence d'histoire et de philologie. Université de Louvain. Louvain
RThAM	Recherches de théologie ancienne et médiévale. Abbaye du Mont César. Louvain
RThL	Revue théologique de Louvain
RThom	Revue thomiste. Paris
RThPh	Revue de théologie et de philosophie. Lausanne
RThR	The Reformed Theological Review. (Australia)
RUO	Revue de l'université d'Ottawa. Ottawa
SABPh	Sitzungsberichte der deutschen Akademie der Wissenschaften zu Berlin. Klasse für Philosophie, Geschichte, Staats-, Rechts- und Wirtschaftswissenschaft. Berlin
SABSp	Sitzungsberichte der deutschen Akademie der Wissenschaften zu Berlin. Klasse für Sprachen, Literatur und Kunst. Berlin

SAC	Studi di antichità Christiana. Roma
SacD	Sacra Dottrina. Bologna
Saeculum	Saeculum. Jahrbuch für Universalgeschichte. München, Freiburg i. Br.
SAH	Sitzungsberichte der Heidelberger Akademie der Wissenschaften. Philos.-hist. Klasse. Heidelberg
SAL	Sitzungsberichte der sächsischen Akademie der Wissenschaften zu Leipzig, Philologisch-historische Klasse
Salesianum	Salesianum. Torino
Salmant	Salmanticensis. Salamanca
SALS	Saint Augustine Lecture Series. New York
SalTerrae	Sal Terrae. Santander
SAM	Sitzungsberichte der bayrischen Akademie der Wissenschaften in München. Philosoph.-philol. und hist. Klasse. München
SAP	Sborník archivních prací. Praha
Sapientia	Sapientia. Buenos Aires
Sapienza	Sapienza. Rivista di Filosofia e di Teologia. Milano
SAW	Sitzungsberichte der österreichischen Akademie in Wien. Phil.-hist. Klasse. Wien
SBAG	Schweizer Beiträge zur allgemeinen Geschichte. Bern
SBLMS	Society of Biblical Literature. Monograph Series
SBR	Sociedad brasileira de Romanistas. Rio de Janeiro
SBT	Studies in Biblical Theology. London
SC	Sources chrétiennes
Sc	Scriptorium. Revue internationale des Études relatives aux manuscrits. Anvers et Bruxelles
SCA	Studies in Christian Antiquity. Catholic University of America. Washington
ScCat	La Scuola Cattolica. Milano
ScEs	Sience et Esprit. Montréal. , Canada
SCH	Studies in Church History. American Society of Church History. Chicago
Schild	Het Schild. Apologisch tijdschrift. Leiden
SCHNT	Studia ad Corpus Hellenisticum Novi Testamenti. Leiden
SchwBu	Das Schweizer Buch. Zürich
SchwRu	Schweizer Rundschau. Basel
SCivW	Sources of Civilization in the West
SCO	Studi classici e orientali. Pisa
ScPaed	Scientia paedagogica. Anvers
ScTh	Scripta Theologica. Universidad de Navarra. Pamplona.
SD	Scripta et documenta
SDHI	Studia et documenta historiae et iuris. Roma
SE	Sacris erudiri. Brugge, 's-Gravenhage
SEÅ	Svensk exegetisk årsbok. Uppsala
Seanchas	Seanchas Ardmhacha. Journal of the Armagh Diocesan Historical Society. Maynooth (Ireland)
SEF	Semanas españolas de Filosofia. Madrid
Sefarad	Sefarad. Revista de la Escuela de Estudios hebraicos. Madrid

SelLib	Selecciones de Libros. Actualidad bibliográfica de filosofía y teología. Facultades de Filosofía y Teología S. Francisco de Borja. San Cugat del Vallés (Barcelona)
Seminarios	Seminarios. Estudios y Documentos sobre Temas sacerdotales. Salamanca
Seminarium	Seminarium. Città del Vaticano
Semitica	Semitica. Institut d'Études Sémitiques de l'Université de Paris Paris
SG	Siculorum gymnasium. Facoltà di Lettere e Filosofia dell'Università. Catania (Sicilia)
ShaneQ	The Shane Quarterly. Indianapolis
SHCSR	Spicilegium historicum congregationis SSmi. Redemptoris. Roma
SHE	Studia historico-ecclesiastica. Uppsala
SHR	Scottish Historical Review. Edinburgh
SHVL	Skrifter utgivna av kungl. humanistiska vetenskapssamfundet i Lund. Lund
SHVSU	Skrifter utgivna av humanistiska vetenskapssamfundet i Uppsala Uppsala
SIF	Studi Italiani di Filologia Classica. Firenze
SISchul	Schriftenreihe des internationalen Schulbuchinstituts
SJTh	Scottish Journal of Theology. Edinburgh
SKZ	Schweizerische Kirchenzeitung. Luzern
Slavia	Slavia. Praha
SLH	Scriptores Latini Hiberiae
Slovo	Slovo. Zagreb
SM	Studien und Mitteilungen zur Geschichte des Benediktinerordens und seiner Zweige. München
SMLV	Studi Mediolatini e Volgari. Bologna
SMR	Studia Montis Regii. Montreal
SMSR	Studi e Materiali di Storia delle Religioni. Bologna
SNMP	Sborník Národního Musea v Praze (Acta Musaei Nationalis Pragae). Praha
SNVAO	Skrifter utgitt av det norske videnskapsakademi i Oslo. Oslo
SO	Symbolae Osloenses. Oslo
So	Sophia. Rivista Internazionale di Filosofia e Storia della Filosofia. Padova
Sob	Sobornost. London
SOCC	Studia orientalia christiana, Collectanea. Kairo
Sp	Speculum. A Journal of Mediaeval Studies. Cambridge (Mass.)
SPC	Studia philosophiae Christianae. Warszawa
Speculator	Speculator. Oostehout
SPFFBU	Sborník prací filosofické fakulty brněnské university. Brno
SPGAP	Studien zur Problemgeschichte der antiken und mittelalterlichen Philosophie. Leiden
SPh	Studies in Philology. University of North Carolina. Chapel Hill
Spic	Spicilegium sacrum Lovaniense
Spiritus	Spiritus. Cahiers de spiritualité missionaire. Paris
SPMe	Studia Patristica medielanensia

SQS	Sammlung ausgewählter kirchen- und dogmengeschichtlicher Quellenschriften
SR	Studies in Religion, Sciences Religieuses. Toronto
SSF	Societas scientiarum Fennica. Commentationes humanarum litterarum. Helsinki
SSHT	Slaskie studia historyczno-teologiczne. Katowice
SST	Studies in Sacred Theology. Catholic University of America. Washington
ST	Studi e Testi
StAcOr	Studia et acta orientalia. Bucureşti
StAns	Studia Anselmiana. Roma
StANT	Studien zum Alten und Neuen Testament. München
StBibF	Studii Biblici Franciscani Liber Annus. Jerusalem
StBiz	Studi Bizantini e Neoellenici. Roma
StBuc	Studii teologice. Bucureşti
StChrRe	Studies in the Christian Religion (Kirisutokyo Kenkyu). Kyoto
StClOr	Studi Classici e Orientali. Pisa
STDJ	Studies on the Texts of the Desert of Judah. Leiden
StFr	Studi Francescani. Firenze
StFrancesi	Studi Francesi. Torino
StGen	Studium generale. Berlin—Heidelberg—New York
StH	Studia historica
StHS	Studia z historii semiotyki
STI	Svensk tidskriftsindex. Stockholm
StIr	Studies. An Irish Quarterly Review. Dublin
StLeg	Studium legionense. Léon
StLit	Studia Liturgica. Rotterdam
StMe	Studi medievali. Spoleto
StMiss	Studia missionalia. Roma
StMon	Studia Monastica, Abadía de Montserrat. Barcelona
StMor	Studia Moralia. Roma—Paris—Tournai—New York
StMTh	Studies in Medieval Thought (Chusei Shiso Kenkyu), Institute of Medieval Studies, Sophia University. Tokyo
StOr	Studia Orientalia. Helsinki
StPad	Studia Patavina. Padova
StPap	Studia papyrologica. San Cugat del Vallés (Barcelona)
StPB	Studia post-biblica. Leiden
StPel	Studia Pelplińskie. Pelplin
StPh	Studia philosophica. Basel
STPIMS	Studies and Texts. Pontifical Institute of Medieval Studies. Toronto
Streven	Streven. Maandblad door geestesleven en cultuur. Brussel
StRo	Studi Romani. Roma
Stromata	Stromata-Ciencia y Fc. Buenos Aires
StrPat	Stromata patristica et mediaevalia
StTh	Studia theologica. Oslo
StThF	Studies in Theology (Shingaku Ronshu), Seinan Gakuin University. Fukuoka

StudChr	Studium Christianitatis (Kirisutokyogaku), Hokkaido University. Sapporo
StudClas	Studii Clasice. Bucureşti
StudEnc	Study Encounter. Geneva, N.Y.
StudIs	Studia Islamica. Paris
Studium	Studium. Roma
StudiumAv	Studium. Avila
StudiumM	Studium. Institutos Pontificios de Teología y de Filosofía. O.P. Madrid
StudWarm	Studia Warmińskie
StUrbino	Studi Urbinati di Storia, Filosofia e Letteratura. Urbino
STV	Studia Theologica Varsaviensa. Warszawa
SU	Schriften des Urchristentums
SubMon	Subsidia monastica. Abadía de Montserrat
SvBok	Svensk Bekförteckning. Stockholm
SVict	Scriptorium Victoriense. Seminario diocesano. Vitoria
SVSL	Skrifter utgivna av vetenskapssocieteten i Lund. Lund
SvTK	Svensk teologisk kvartalskrift. Lund
SyBU	Symbolae biblicae Uppsalienses. (Supplementhäften till SEÅ)
SyllAthen	Syllabos Byzantinon Meleton kai Keimenon. Athen
Syria	Syria. Paris
SZ	Stimmen der Zeit. Freiburg i. Br.
SZG	Schweizerische Zeitschrift für Geschichte. Zürich
TAik	Teologinen Aikakauskirja. Helsinki
TB	Theologische Bücherei. Neudrucke und Berichte aus dem 20. Jhd. München
TBT	Theologische Bibliothek Töpelmann. Berlin
TC	Traditio Christiana. Texte und Kommentare zur patristischen Theologie. Zürich
Temenos	Temenos. Studies in comparative religion presented by scholars in Denmark, Finland, Norway and Sweden. Helsinki
Teología	Teología. Revista de la Facultad de Teología de la Pontificia Universidad Católica Argentina. Buenos Aires
Teruel	Teruel (Literatura, Arte, Ciencia, Avtividades culturales). Teruel
TEsp	Teología espiritual. Valencia
TG	Tijdschrift voor geschiedenis. Groningen
TGL	Tijdschrift voor geestelijk leven. Amsterdam
ThAthen	Theologia. Athen
TheBibleToday	The Bible Today. Collegeville. Minnesota
ThBraga	Theologica. Braga
ThDi	Theology Digest. St. Louis (Missouri)
Theologian	The Theologian
Theology	Theology. London
Theoph	Theophaneia. Beiträge zur Religions- und Kirchengeschichte des Altertums. Bonn
Theoria	Theoria. Lund
ThFen	Theologia Fennica. Helsinki

ThGl	Theologie und Glaube. Paderborn
ThH	Théologie historique. Paris
ThJ	Theological Journal (Shingaku Zasshi), Japan Lutheran Theological College and Seminary. Tokyo
ThLZ	Theologische Literaturzeitung. Berlin
Thom	The Thomist. Washington
Thought	Thought. New York
ThPh	Theologie und Philosophie. Freiburg i. Br.
ThQ	Theologische Quartalschrift. Stuttgart
THR	Travaux d'humanisme et Renaissance. Genua
ThRe	Theologische Revue. Münster
ThRes	Theological resources. London
ThrèsEthEnK	Θρησκευτική καί ἠϑική ἐγκυκλοπαιδαιά. Athen
ThRu	Theologische Rundschau. Tübingen
ThSt	Theological Studies. Washington D.C.
ThStJ	Theological Studies in Japan (Nihon No Shingaku), Kyoto University. Kyoto
ThStN	Theological Studies (Shingaku Kenkyu). Nishinomiya
ThT	Theology Today. Princeton (N.Y.)
ThTS	Theological Today Series
ThViat	Theologia viatorum. Berlin
ThZ	Theologische Zeitschrift. Basel
TJ	Travaux et Jours. Beyrouth (Liban)
TKTG	Texte zur Kirchen- und Theologiegeschichte. Gütersloh
TLS	The Times Literary Supplement. London
TMLT	Toronto medieval Latin Texts
TNTL	Tijdschrift voor Nederlandse taal- en letterkunde. Leyden
TP	Teolotsky Pogledy (Revue du Patriarcat serbe). Belgrade
TPAPA	Transactions and Proceedings of the American Philological Association. Baltimore (Md.)
TPh	Tijdschrift voor philosophie. Leuven, Utrecht
TPQS	Theologisch-praktische Quartalschrift. Linz a. D.
Tr	Traditio. Studies in Ancient and Medieval History, Thought and Religion. New York
TRAPA	Transactions and Proceedings of the American Philological Association. Cleveland
TrArmPhilos	Transactions of the American Philosophical Society. Philadelphia
TrConnec	Transactions of the Connecticut Academy of Arts and Sciences. New Haven
Treatises	Treatises (Ronshu). Zentsuji
TRG	Tijdschrift voor rechtsgeschiedenis. Groningen, Brussel, Den Haag
TRHS	Transactions of the Royal Historical Society. London
TrPhilol	Transactions of the Philological Society. Oxford
TS	La Terra Santa. Gerusaleme-Giordania
TSPS	Theses et studia philologica Salamantica
TT	Teologisk Tidskrift
TTh	Tijdschrift voor Theologie. Brugge-Utrecht
TThQ	Tübinger Theologische Quartalsschrift

TTK	Tidskrift for teologi og kirke. Oslo
TTKob	Teologisk Tidskrift. København
TTZ	Trierer Theologische Zeitschrift. Trier
TU	Texte und Untersuchungen zur Geschichte der altchristlichen Literatur
TWAS	Twayne's world authors series
TWK	Tydskrift vir wetenschap en kuns. Bloemfontain (Suid-Africa)
UBHJ	University of Birmingham Historical Journal. Birmingham
UBTübJb	Universitätsbibliothek Tübingen. Jahresbericht. Tübingen
UCalifClass	University of California Publications in Classical Philology. Berkeley
UCalifSem	University of California Publications in Semitic Philology. Berkeley
UHabana	Universidad de La Habana. La Habana
UM	University Microfilms. Ann Arbor, Michigan
UMéxico	Universidad de México. México
Unitas	Unitas. Revue internationale. Paris
UnitasMalina	Unitas. Manila
UnivAnt	Universidad de Antioquía. Antioquía (Colombia)
Universitas	Universitas. Stuttgart
UnivTor	Università di Torino. Pubblicazioni della Facoltà di Lettere e Filosofia. Torino
USa	Una Sancta. Rundbriefe für interkonfessionale Begegnung. Meitingen b. Augsburg
USaFe	Universidad. Santa Fe
USaR	Una Sancta. Chicago
UToronto	University of Toronto Quarterly. Toronto
UUA	Uppsala universitets arsskrift. Uppsala
UZaragoza	Universidad. Zaragoza
VAA	Verhandelingen der Koninklijke Nederlandse Akademie van Wetenschappen. Afdeling letterkunde. Amsterdam
VbSal	Verbum salutis. Paris
VCaro	Verbum Caro. Neuchâtel. Erscheint jetzt unter dem Namen ‚Communion‘
VD	Verbum Domini. Roma
VDI	Vestnik drevnej istorii. Moskva
VdP	Vocez de Petropolis. Petropolis
Verbum	Verbum. Pontificia Universidade Catolica. Rio de Janeiro (Brasil)
VerC	Veritatem in caritate. 's-Gravenhage, Brussel
Veritas	Veritas. Rio Grande (Brasil)
VetChr	Vetera Christianorum. Bari
VF	Verkündigung und Forschung. München
Via	Viator. Medieval and Renaissance Studies. Berkeley, California
Vichiana	Vichiana. Rassegna di Studi Classici. Napoli
VigChr	Vigilae Christianae. Amsterdam
ViLetras	Virtud y Letras. Manizales (Colombia)

Vivarium	Vivarium. Assen
ViVrem	Vizantijskij Vremennik. Leningrad
VladQ	St. Vladimir's Seminary Quarterly. New York
VoprJaz	Voprosy jazykoznanija. L'vov
VoxTh	Vox theologica. Assen
VS	La vie spirituelle. Paris
VSen	Verba seniorum
VSLA	Vetenskaps-societeten i Lund. Årsbok. Lund
VSob	Vida sobrenatural. Salamanca
VSSuppl	La vie spirituelle. Supplément. Paris
VT	Vetus Testamentum. Leiden
VyV	Verdad y Vida. Madrid
Wending	Wending. 's-Gravenhage
WestThJ	Westminster Theological Journal. Philadelphia
WiWh	Wissenschaft und Weisheit. Düsseldorf
WKGLS	Wissenschaftliche Kommentare zu griechischen und lateinischen Schriftstellern
Word	Word. Journal of the Linguistic Circle of New York. New York
Worship	Worship. Collegeville, Minn.
WSlJb	Wiener slawistisches Jahrbuch. Wien
WSt	Wiener Studien. Zeitschrift für klassische Philologie und Patristik. Wien
WuD	Wort und Dienst. Jahrbuch der theologischen Schule Bethel. Bielefeld
WUNT	Wissenschaftliche Untersuchungen zum Neuen Testament. Tübingen
WuW	Wort und Wahrheit. Monatsschrift für Religion und Kultur. Wien
WZBerlin	Wissenschaftliche Zeitschrift der Humboldt-Universität. Gesellschafts- und sprachwissenschaftliche Reihe. Berlin
WZGreifswald	Wissenschaftliche Zeitschrift der Universität Greifswald. Gesellschafts- und sprachwissenschaftliche Reihe. Greifswald
WZHalle	Wissenschaftliche Zeitschrift der M.-Luther-Universität Halle—Wittenberg. Halle a. S.
WZJena	Wissenschaftliche Zeitschrift der Fr.-Schiller-Universität Jena. Gesellschafts- und sprachwissenschaftliche Reihe. Jena
WZKM	Wiener Zeitschrift für die Kunde des Morgenlandes. Wien
WZLeipzig	Wissenschaftliche Zeitschrift der K.-Marx-Universität Leipzig. Gesellschafts- und sprachwissenschaftliche Reihe. Leipzig
WZRostock	Wissenschaftliche Zeitschrift der E.-M.-Arndt-Universität Rostock. Gesellschafts- und sprachwissenschaftliche Reihe. Rostock
YClSt	Yale Classical Studies. New Haven
Yermo	Yermo. El Paular. Madrid
YJS	Yale Judaica Series. New Haven
YLS	Yearbook of Liturgical Studies. Collegeville (Min.)
ŽA	Živa antika. Skopje

ZÄA	Zeitschrift für ägyptische Sprachen und Altertumskunde. Berlin
ZAGV	Zeitschrift des Aachener Geschichtsvereins. Aachen
ZAW	Zeitschrift für die alttestamentliche Wissenschaft. Berlin
ZB	Zeitschrift für Balkanologie. Wiesbaden
ZBB	Zeitschrift für Bibliothekswesen und Bibliographie. Frankfurt a. M.
ZBW	Zentralblatt für Bibliothekswesen. Leipzig
ZDMG	Zeitschrift der Deutschen Morgenländischen Gesellschaft. Wiesbaden
ZDPV	Zeitschrift des deutschen Palästinavereins. Stuttgart
ZEE	Zeitschrift für evangelische Ethik. Gütersloh
ZEvKR	Zeitschrift für evangelisches Kirchenrecht. Tübingen
ZGesch	Zeitschrift für Geschichtswissenschaft. Berlin
ZJFK	Zprávy Jetnoty klasickych Filologu. Praha
ZKG	Zeitschrift für Kirchengeschichte. Stuttgart
ZKTh	Zeitschrift für katholische Theologie. Wien
ZMRW	Zeitschrift für Missionswissenschaft und Religionswissenschaft. Münster
ZNKUL	Zeszyty Naukowe Katolickiego Uniwersytetu Lubelskiego. Lublin
ZNUJ	Zeszyty Naukowc Uniwcrsytctu Jagicllońskicgo. Kraków
ZNW	Zeitschrift für die neutestamentliche Wissenschaft und die Kunde der älteren Kirche. Berlin
ZPE	Zeitschrift für Papyrologie und Epigraphik. Bonn
ZPhF	Zeitschrift für philosophische Forschung. Bonn
ZRGG	Zeitschrift für Religions- und Geistesgeschichte. Köln
ZRPh	Zeitschrift für Romanische Philologie. Tübingen
ZRVI	Zbornik Radova Vizantološkog Instituta. Beograd
ZSavG	Zeitschrift der Savigny-Stiftung für Rechtsgeschichte. Germanistische Abteilung. Weimar
ZSavK	Zeitschrift der Savigny-Stiftung für Rechtsgeschichte. Kanonistische Abteilung. Weimar
ZSavR	Zeitschrift der Savigny-Stiftung für Rechtsgeschichte. Romanistische Abteilung. Weimar
ZSKG	Zeitschrift für schweizerische Kirchengeschichte. Freiburg (Schweiz)
ZSl	Zeitschrift für Slawistik. Berlin
ZSP	Zeitschrift für slavische Philologie. Heidelberg
ZThK	Zeitschrift für Theologie und Kirche. Tübingen
ZurMP	Žurnal Moskovskoj Patriarchi. Moskau = RPMosc = Revue du Patriarchat de Moscou
ZVSp	Zeitschrift für vergleichende Sprachforschung auf dem Gebiete der indogermanischen Sprache. Göttingen

I. Generalia

1. HISTORIA PATROLOGIAE

1 ALAND, KURT *Hans Lietzmann und die katholischen Patristiker seiner Zeit.* In: *Kyriakon. Festschrift Johannes Quasten* (cf. 1969/70, 80) 615– 635
2 ANDRESEN, C. *Gli studi patristici delle Accademie della Germania occidentale* — RSLR 8 (1972) 213—214
3 BEBIS, GEORGE S. *Bonhoeffer and the Fathers of the Church: A Reply to Brightman* — LnQ 24 (1972) 273—279
4 BIELER, L. *Migne up-to-date* — Sc 16 (1972) 76—79
5 BOBER, A. *Wkład nauki polskiej do badán nad antykiem chrześcjańskim (Contribution de la science polonaise aux recherches sur l'Antiquité chrétienne)* — STV 9 (1971) 21—50
6 BREYMAYER, REINHARD *Die Rhetorik der Kirchenväter bei Joseph Weißenbach SJ (1734—1801) und Joseph Kehrein (1808—1876). Ein Hinweis auf zwei vergessene Rhetoriker.* In: *Linguistica Biblica* [Interdisziplinäre Zeitschrift für Theologie und Linguistik] 9/10 (1971) 36—42
7 BRIGHTMAN, ROBERT S. *Dietrich Bonhoeffer and Greek Patristic Theology: Some Points of Contact* — LnQ 24 (1972) 261—272
8 COMAN, IOAN G. *Opinions de Nicolas Iorga sur les écrivains chrétiens de l'époque patristique* [en roumain] — StBuc 23 (1971) 605—615
9 COMAN, IOAN G. *Préoccupations patristiques dans la littérature théologique roumaine* [en roum.] — StBuc 23 (1971) 309—339
10 FLOROVSKY, GEORGES *St. Grégoire Palamas et la tradition patristique* — TP 1 (1972) 27—37
11 IRMSCHER, J. *Johann Joachim Winckelmann und die Kirchenväter.* In: *Epektasis. Mélanges Jean Daniélou* (cf. 1972, 119) 661—665
12 KÖHLER, JOCHEN *Drei Möhler-Briefe. Aus dem Nachlaß Stefan Lösch, eingel. u. hrsg. v. J. KÖHLER* — ThQ 152 (1972) 157—167
13 KRETSCHMAR, GEORG *Die Folgerungen der modernen biblischen und patristischen Forschung für das Verständnis und die Autorität der altkirchlichen Tradition.* In: *Oekumenica. Jahrbuch für ökumenische Foschung* (1971/72) 111—129
14 LITIU, GH. *La place des Saints Pères dans le travail de prédication de l'Église Orthodoxe Roumaine* [en roum.] — MitrOlt 23 (1971) 721—731

[413] MEIJERING, E. P.: Philosophica
15 MORESCHINI, CLAUDIO *Metodi e risultati scritti patristici di Giacomo Leopardi* — Maia 23 (1971) 303—320
16 PABON, JESUS *Excmo. Sr. P. Angel Custodio Vega O.S.A. (1894—1972)* — BRAH 169 (1972) 475—481
17 POQUE, S. *Des roses du printemps à la rose d'automne. La culture patristique d'Agrippa d'Aubigné* — REA 17 (1971) 155—169
18 REINHARD, RUDOLF *Hefele und der Nachruf auf Moritz von Aberle* — ThQ 152 (1972) 36—38
19 REINHARD, RUDOLF *Zum Verbleib der Nachlaß-Papiere Hefeles* — ThQ 152 (1972) 26—29
20 REINHARD, RUDOLF *Karl Josef von Hefele und die kirchliche Präventivzensur* — ThQ 152 (1972) 23—25
21 REINHARD, RUDOLF *Unbekannte Quellen zu Hefeles Leben und Werk* — ThQ 152 (1972) 54—77
22 STOCKMEIER, PETER — TÜCHLE, HERMANN *Briefe des Rottenburger Bischofs Karl Josef von Hefele an Carl Johann Greith, Bischof von St. Gallen* — ThQ 152 (1972) 39—53
23 STROTHMANN, WERNER *Die Anfänge der syrischen Studien in Europa.* Wiesbaden: Harrassowitz 1971. 114 pp.
24 TÜCHLE, HERMANN *Karl Josef von Hefele* — ThQ 152 (1972) 1—22
25 WINKELMANN, FRIEDHELM *Albert Ehrhard und die Erforschung der griechisch-byzantinischen Hagiographie. Dargestellt anhand des Briefwechsels Ehrhards mit Adolf von Harnack, Carl Schmidt, Hans Lietzmann, Walther Eltester und Peter Heseler* [TU 111]. Berlin: Akademie-Verlag 1971. 81 pp.

2. OPERA AD PATROLOGIAM UNIVERSALEM PERTINENTIA

26 ALFONSI, LUIGI *La letteratura latina medievale* [Le letterature nel mondo]. Firenze, Sansoni/Milano: Accademia 1972. 284 pp.
27 ALTANER, B. — STUIBER, A. *Patrología. Vida, Obra e Doutrina dos Padres da Igreja.* Tradução do alemão das monjas beneditinas Santa Maria, São Paolo. São Paolo: Ediçoes Paulinas 1972. 540 pp.
28 BROCKELMANN, CARL *Geschichte der christlichen Litteraturen des Orients.* 2. Auflage mit Berichtigungen [unveränderter fotomech. Nachdruck der Ausgabe Leipzig: 1909]. Leipzig: Zentralantiquariat der DDR 1972. VIII, 269 pp.
29 COMAN, IOAN G. *Préoccupations patristiques dans la littérature théologique roumaine* [en roumain] — StBuc 23 (1971) 309—339

30 COMAN, IOAN G. *La valeur de la littérature patristique des quatre premiers siècles dans le cadre de la culture antique* [en roum.] — StBuc 24 (1972) 5—11

31 COURCELLE, PIERRE *Littérature latine d'époque chrétienne* — AEHESHP 103 (1970/71) 315—318; 104 (1971/72) 273—281

32 DACQUINO, PIETRO *Lettura cristiana della Genesi.* Torino-Leumann: Elle Di Ci 1972. 319 pp.

33 EFSTRATIOS, IOANNIS *Patrologie.* Salonique: Métropole de Verria 1971. 479 pp.

34 HAMMAN, A. *Praktische gids voor de patrologie.* Trad. du français. Bruges: Desclée De Brouwer 1971. 330 pp.

35 IRMSCHER, JOHANNES *Einführung in die Byzantinistik* [Sammlung Akademie-Verlag 21]. Berlin: Akademie-Verlag 1971. 87 pp.

36 KUSSAIM, SAMIR KHALIL *Littérature Arabe Chrétienne* — TJ 44 (1972) 115—127

37 LEONE, L. *Latinità cristiana. Introduzione allo studio latino cristiano.* Lecce: Milella 1971. 164 pp.

38 MÖHLER, JOH. AD. *Patrologie* [Nachdruck der Ausgabe Regensburg 1840]. Frankfurt/M.: Minerva 1971. 1000 pp.

39 PINCHERLE, ALBERTO *Introduzione al Cristianesimo antico* [Universale Laterza 185]. Bari: Laterza 1971. VII, 247 pp.

40 SCHANZ, MARTIN *Geschichte der röm. Literatur bis zum Gesetzgebungswerk des Kaisers Justinian* [Hand. d. Altertumswiss. Abt. 8]. T. 4: *Die röm. Lit. v. Constantin bis zum Gesetzgebungswerk Justinians.* Bd. 2: SCHANZ, M. — HOSIUS, C. — KRÜGER, G. *Die Lit. des 5. u. 6. Jhds.* Mit alphabet. Register u. einem Generalregister d. Gesamtwerkes nebst einem Bildnis von M. Schanz. [Unveränd. Nachdr. d. 1. Aufl. 1920]. München: Beck 1971. XVI, 681 pp.

41 ŠMELHAUS, V. *Řecká patrologie (Griechische Patrologie).* Praha: Comenius-Fakultät ÚCN 1972. 278 pp.

[2200] VIVES, J.: Doctrina auctorum

3. BIBLIOGRAPHICA

42 ALDAMA, J.-A. DE *Boletín de literatura antigua cristiana* — EE 47 (1972) 87—105

43 ANDRESEN, CARL *Bibliographia Augustiniana.* 2., völlig neu bearb. Aufl. Darmstadt: Wiss. Buchges. 1972. IX, 317 pp.

44 *L'Année Philologique. Bibliographie critique et analytique de l'Antiquité gréco-latine,* publ. par. J. ERNST et G. KENNEDY, T. 41. *Bibliographie de l'Année 1970.* Paris: Soc. d'Édition „Les Belles lettres" 1972. XXXI, 768 pp.

45 BAR, J., SCHLETZ, A. *Polska bibliografia teologiczna za lata 1940—1948 (Polnische theologische Bibliographie für die Jahre 1940—1948)*. Warszawa: 1969. 210 pp.

46 BAR, J. — SOBANSKI, R. *Polska bibliografia teologii i prawa kanonicznego za lata 1949—1968 (La bibliographie polonaise de la théologie et du droit canon pour les années 1949—1968)*. Warszawa: Akademia Teologii Katolickiej 1972. 455 pp.

47 BAR, J. *Polska bibliografia teologii i prawa kanonicznego za rok 1968 (La bibliographie théologique polonaise et du droit canon pour l'année 1969)* [Patrologie 15—16]. Warszawa: Akademia Theologii Katolickiej 1971. 168 pp.

48 BAR, J. *Polska bibliografia teologii i prawa kanonicznego za rok 1970 (Polnische Bibliographie für Theologie und kanonisches Recht für das Jahr 1970)*. Warszawa: Akademia Teologii Katolickiej 1970. 80 pp.

[1334] BERGADA, M. M.: Gregorius Nyssenus

49 *Bibliographia Patristica*. Internationale Patristische Bibliographie. Hrsg. von W. SCHNEEMELCHER. Vol. XI: *Die Erscheinungen des Jahres 1966*. Berlin: De Gruyter 1971. XXXVII, 291 pp.

50 *Bibliographie. Ancien Testament. Nouveau Testament. Patristique. Méthode de la théologie: Recherches historiques; Méthodologie critique. Ecclésiologie. Histoire. Problèmes actuels* — NRTh 94 (1972) 785—895

51 *Bibliographie patristique de J. Daniélou*. Par CH. KANNENGIESSER. In: *Epektasis. Mélanges Jean Daniélou* (cf. 1972, 119) 673—689

52 *Bibliographie des sciences théologiques*, Publ. par J. G. HEINTZ [Cah. d'hist. et de philos. relig. 44]. Paris: Presses Universitaires 1972. 187 pp.

53 *Bibliographie des sciences théologiques (2ᵉ Partie), Histoire des religions; Philosophie de la religion; Dogmatique; Œcuménisme; Ethique; Théologie pratique; Sociologie religieuse* — RHPhR 52 (1972) 17—97

54 *Bibliographie zur Symbolik, Ikonographie und Mythologie*. Hrsg. v. MANFRED LURKER. Baden-Baden: Koerner 1972. 209 pp.

55 *Bibliographie des travaux de J. Daniélou sur le Judéo-Christianisme* — RechSR 60 (1972) 11—18

56 *Bibliographie, I: Écriture sainte; II: Pères de l'Église et auteurs chrétiens; III: Théologie* — NRTh 93 (1971) 673—784

57 *Bibliographie française d'histoire de la spiritualité pour l'année 1971* — RHSpir 48 (1972) 323—360

58 BOGAERT, P. M. *Bulletin d'ancienne littérature chrétienne latine, V* — RBen 82 (1972) [221]—[248]

59 BOURGUET, P. DU *Bibliographie copte, XX (1967—1970)* — Orientalia 40 (1971) 105*—143*

60 *Bulletin des publication hagiographiques* — AB 90 (1972) 190—231; 425—468

61 CAPANAGA, VICTORINO *Boletín Agustiniano* — Augustinus 16 (1971) 185—196; 399—408. 17 (1972) 71—82

62 CONGAR, Y. *Bulletin d'ecclésiologie* — RSPhTh 55 (1971) 327—351

63 CROUZEL, H. *Bibliographie critique d'Origène* [Instrum. patristica 8]. Den Haag: Nijhoff 1971. 685 pp.

64 COURCELLE, P. *Littérature latine* — AnColFr 72 (1972) 545—549

65 DANIÉLOU, J. *Bulletin d'histoire des origines chrétiennes* — RechSR 59 (1971) 37—74

65a DREWNIEWSKA, B. — WINNICZUK, L. *Antyk w Polsce w 1968 roku Bibliografia* — Meander 25 (1970) 94—104

66 DUPLACY, J. *Bulletin de critique textuelle du Nouveau Testament, IV (1 ère partie)* — Bibl 52 (1971) 79—113

67 FARINA, R. *Bibliografia origeniana 1960—1970* [Biblioteca del Salesianum 77]. Turin: Società editrice internaz. 1971. 96 pp.

68 *Fichier augustinien (Augustine Bibliography). Institut des études augustiniennes, Paris. Fichier-Auteurs, I—II; Fichier-Matière, I—II.* Boston/Mass.: Hall 1972. XI, 600; V, 693; VIII, 677; V, 705 pp.

69 FORSBERG, JUHANI *Bibliographia ministerii ecclesiastici* — TAik, TT 75 (1970) 292—299

70 FREIRE, JOSE GERALDES *Antiguidade cristã hispânica* — ThBraga 6 (1971) 237—242

71 GUY, J. C. *Bulletin d'histoire de la spiritualité. Le monachisme ancien* — RHSpir 48 (1972) 97—108

72 HERRMANN, L. *Tertulliana* — Latomus 30 (1971) 151—155

73 *Internationale Zeitschriftenschau für Bibelwissenschaft und Grenzgebiete, 17.* Düsseldorf: Patmos-Verl. 1971. XIV, 380 pp.

74 *Internationale Zeitschriftenschau für Bibelwissenschaft und Grenzgebiete, 18.* Düsseldorf: Patmos-Verl. 1972. XIV, 445 pp.

75 JASPERT, B. *Regula Magistri, Regula Benedicti. Bibliographie ihrer Erforschung 1938—1970* — SubMon 1 (1971) 129—171

76 KANNENGIESSER, C. *Bulletin de théologie patristique* — RechSR 59 (1971) 619—643; 60 (1972) 459—482

77 LANGEVIN, P. F. *Bibliographie biblique 1930—1970.* Quebec: Pr. de l'Univ. Laval 1972. XXVIII, 942 pp.

78 LEDOYEN, H. *Bulletin d'histoire bénédictine, VIII* — RBen 82 (1972) 369—528

79 LEGRAND, H. M. *Bulletin d'ecclésiologie. Introduction aux Églises d'Orient* — RSPhTh 61 (1972) 661—713

80 *Mitteilungen der Kommission für alte Geschichte und Epigraphie des deutschen Archäologischen Institutes.* München: Beck 1971. VIII, 484 pp.

81 MYSZOR, W. *Gnostycyzm — przegląd publikacji (Le gnosticisme — compte rendu des publications)* — STV 9 (1971) 367—427
82 OROZ RETA, J. — MUÑOZ-ALONSO, A. — ARMAS, G. *Bibliografía agustiniana* — Augustinus 17 (1972) 201—203; 289—310; 311—313; 421—422
83 PISZCZEK, Z. — WINNICZUK, L. *Antyk w Polsce w 1970 roku, Bibliografia* — Meander 27 (1972) 196—198
84 ROCHE NAVARRO, A. *Bibliografía sobre la antigua liturgia hispana* — ArLeón 25 (1971) 323—364
85 SAWICKI, J. TH. *Supplementum ad bibliographiam synodorum particularium* — Tr 24 (1968) 508—511
86 SAWICKI, J. TH. *Supplementum secundum ad bibliographiam synodorum particularium* — Tr 26 (1970) 470—478
87 SCHOLER, D. M. *Nag Hammadi bibliographie 1948—1969* [Nag Hammadi Stud. 1]. Leiden: Brill 1971. XVI, 201 pp.
88 SCHOLER, D. M. *Bibliographia gnostica.* Supplementum I — NovTest 13 (1971) 322—336
89 SORIA, F. *Una bibliografía sobre Gregorio de Nisa* — CT 63 (1972) 461—467
90 VEER, A. C. DE (et alii) *Bulletin augustinien pour 1971 et complément d'années antérieures* — REA 18 (1972) 295—372
91 VOGEL, C. J. DE *Boethiana I* — Vivarium 9 (1971) 49—66
92 VOGEL, C. J. DE *Boethiana II* — Vivarium 10 (1972) 1—40

4. SERIES EDITIONUM ET VERSIONUM

BIBLIOTECA DE AUTORES CRISTIANOS (BAC)

[732] Vol. 21: Augustinus
[731] Vol. 50: Augustinus
[1688] Vol. 321: Patres Hispani
[1511] Vol. 331 et 332: Irenaeus

BIBLIOTHEK DER GRIECHISCHEN LITERATUR (BGL)

[1329] Vol. 1: Gregorius Nyssenus
[1215] Vol. 2: Dionysius Alexandrinus
[1023] Vol. 3: Basilius

CORPUS CHRISTIANORUM (CChr)

93 *Corpus christianorum, Initia: Initia patrum Latinorum.* Coll. ordinavitque J. M. CLÉMENT. Turnhout: Brepols 1971. 192 pp.
[1160] Vol. 3, 1: Cyprianus
[1829] Vol. 22: Zeno Veronensis
[1378a] Vol. 77: Hieronymus

[1269] Vol. 101, 101 A, 101 B: Eusebius Gallicanus
[1293] Vol. 142: Gregorius Magnus

CORPUS SCRIPTORUM CHRISTIANORUM ORIENTALIUM (CSCO)

[1744] Vol. 318: Severus Antiochenus
[1745] Vol. 319: Severus Antiochenus
[1229] Vol. 320: Ephraem Syrus
[1230] Vol. 321: Ephraem Syrus
[1231] Vol. 322: Ephraem Syrus
[1232] Vol. 323: Ephraem Syrus
 [678] Vol. 324: Athanasius
 [679] Vol. 325: Athanasius
[1200] Vol. 326 et 327: Dadišo Quatraya

CORPUS SCRIPTORUM ECCLESIASTICORUM LATINORUM (CSEL)

[1580] Vol. 83: Marius Victorinus
 [725] Vol. 84: Augustinus

FATHERS OF THE CHURCH (FaCh)

[1195] Vol. 64: Cyrillus Hierosolymitanus
 [614] Vol. 65: Ambrosius

FONTES DA CATEQUESE

[1207] Vol. 1: Didache
[1414] Vol. 4: Hippolytus Romanus

GRIECHISCHE CHRISTLICHE SCHRIFTSTELLER (GCS)

[1245] Vol. 11,2: Eusebius Caesariensis
[1104] Vol. 12: Clemens Alexandrinus
[1810] Vol. 54: Theodorus Lector

PATROLOGIA LATINA

94 *Patrologiae cursus completus a J. P. Migne editus. Supplementum IV, 5.* Accur. A. HAMMAN. Paris: Garnier 1971. col. 2045—2412 pp.

PISMA STAROCHRZEŚCIJAŃSKICH PISARZY (PSP)

[1294] Vol. 3: Gregorius Magnus
 [612] Vol. 4: Ambrosius
[1772] Vol. 5: Tertullianus

[601] Vol. 6: Aetheria
[613] Vol. 7: Ambrosius
[1454] Vol. 8: Iohannes Chrysostomus

SOURCES CHRETIENNES (SC)

[1434a] Vol. 10: Ignatius Antiochenus
[1246] Vol. 73 bis: Eusebius Caesariensis
[1090] Vol. 164: Chromatius Aquileiensis
[1137] Vol. 167: Clemens Romanus
[1273] Vol. 170/171: Evagrius Ponticus
[1014] Vol. 172: Barnabae Epistula
[1771] Vol. 173: Tertullianus
[1077] Vol. 175: Caesariua Arelatensis
[1742] Vol. 176: Salvianus Massiliensis
[1083] Vol. 177: Callinicus Monachus
[1330] Vol. 178: Gregorius Nyssenus
[615] Vol. 179: Ambrosius
[1046] Vol. 181: Benedictus Nursinus
[1046] Vol. 182: Benedictus Nursinus
[1046] Vol. 183: Benedictus Nursinus
[1047] Vol. 184: Benedictus Nursinus
[1048] Vol. 185: Benedictus Nursinus
[1049] Vol. 186: Benedictus Nursinus
[1375] Vol. 187: Hesychius Hierosolymitanus, Basilius Seleuciensis, Iohannes Berytus, Ps.-Iohannes Chrysostomus, Leontius Constantinopolitanus
[1453] Vol. 188: Iohannes Chrysostomus
[2473] Vol. 189/190: La chaîne palestinienne sur le psaume 118
[2060] Vol. 194: Acta Conciliorum
[2060] Vol. 195: Acta Conciliorum

5. COLLECTANEA ET MISCELLANEA

95 ALDAMA, J. A. DE *VI Congresso Internacional de Estudios Patristicos* (Oxford, 6 a 11 septiembre 1971) — Didaskalia 1 (1971) 351—353

96 ALEXE, STEFAN *Le VIe Congrès international d'études patristiques d'Oxford* [en roum.] — OrtBuc 24 (1972) 163

97 ALTHEIM, FRANZ — STIEHL, RUTH *Christentum am Roten Meer.* Bd. 1. Berlin: de Gruyter 1971. XV, 670 pp.

98 *Antidosis. Festschrift für Walther Kraus zum 70. Geburtstag.* Hrsg. von R. HANSLIK, A. LESKY und H. SCHWABL [WSt Beitr. 5]. Wien: Böhlau 1972. 501 pp.

99 *Atti della Settimana Agostiana Pavese, Pavia, 16—24 aprile 1970, II: S. Agostino educatore.* Pavia: Industrie lito-tipogr. M. Ponzio 1971. 136 pp.

100 *Aufstieg und Niedergang der römischen Welt. Geschichte und Kultur Roms im Spiegel der neueren Forschung. Joseph Vogt zu seinem 75. Geburtstag gewidmet. I: Von den Anfängen Roms bis zum Ausgang der Republik, 1* [Politische Geschichte]. Hrsg. von H. TEMPORINI. Berlin: De Gruyter 1972. XX, 997 pp.

101 BAKER, DEREK (Ed.) *Schism, Heresy and Religious Protest; papers read at the tenth summer meeting and the eleventh winter meeting of the Ecclesiastical History Society.* New York: Cambridge University Press 1972. XV, 404 pp.

102 BAUMEISTER, THEOFRIED *Internationaler Patristikerkongreß 1971 in Oxford* — FS 53 (1971) 328—329

103 *Der Begriff der Repraesentatio im Mittelalter. Stellvertretung, Symbol, Zeichen, Bild.* Vorwort von A. ZIMMERMANN [Miscellanea medievalia 8]. Berlin: de Gruyter 1971. 383 pp.

104 BENKO, ST. and O'ROURKE, J. J. (Ed.) *The catacombs and the Colosseum. The Roman Empire as the setting of primitive Christianity.* Valley Forge (Pa): Judson press 1971. 318 pp.

105 *La Bible et les Pères. Colloque de Strasbourg, 1er—3 octobre 1969* [Bibl. des centres d'études supérieures spécialisés]. Paris: Presses Universitaires 1971. 280 pp.

106 BOLGIANI, F. *La sesta Conferenza internazionale di studi patristici ad Oxford* — RSLR 7 (1971) 595—599

107 *Brevario patristico.* A cura di T. ŠPIDLÍK. Torino: Gribaudi 1971. 444 pp.

108 CALABRUS LARA, JOSÉ *Los problemas des occidente en el siglo VIII. XX Settimana di Studio dal Centro Italiano de Studi sull'Alto Medioevo* — BolGranada 33 (1972/73) 31—36

109 CARLETTI, C. *VII Convegno di ricercatori sulle origini del cristianesimo in Puglia* — VetChr 9 (1972) 173—176

110 CARRASCO, J. A. *Más sobre el simposion internacional sobre „San José en los XV primeros siglos de la Iglesia"* — EJos 26 (1972) 84—94

111 *Das frühe Christentum im römischen Staat.* Hrsg. von RICHARD KLEIN [Wege der Forschung 267]. Darmstadt: WB 1971. XXXIV, 490 pp.

111a *Classical influences on European culture A. D. 500—1500.* Proceedings of an international conference held at King's College Cambridge, April 1969, ed. by R. R. BOLGAR. Cambridge: Univ. Press 1971. XVI, 319 pp.

112 *Comunione interecclesiale. Collegialità. Primato. Ecumenismo. Acta Conventus internationalis de Historia sollicitudinis omnium ecclesiarum, Romae, 1967.* Cur. G. D'ERCOLE — A. M. STICKLER [Communio 12—13]. Roma: Libr. Ateneo Salesiano 1972. LX, 1036 pp. in 2 Bd.

113 *Conferenze patristiche, I: In occasione dell'inaugurazione dell'Istituto patristico Augustinianum; II: Aspetti della tradizione* [Studia Ephem. Augustinianum 8 & 10]. Roma: Inst. patristicum Augustinianum 1971 & 1972. 67 & 78 pp.

114 *Councils and assemblies. Papers read at the eighth Summer Meeting and the nineth Winter Meeting of the Ecclesiastical History Society.* Ed. by G. J. CUMING and D. BAKER [Stud. in Church History 7]. Cambridge: Univ. Pr. 1971. XIV, 359 pp.

115 *Il cristianesimo e le filosofie.* A cura di R. CANTALAMESSA [Coll. Sc. rel. 1]. Milano: Vita e Pensiero 1971. VIII, 172 pp.

116 *Dignam dis, a Giampaolo Vallot (1934—1966). Silloge di studi suoi e dei suoi amici.* A cura dell'Ist. di Filol. lat. dell'Univ. di Padova. Venezia: Libr. universitaria 1972. 284 pp.

117 *Écriture et culture philosophique dans la pensée de Grégoire de Nysse. Actes du colloque de Chevetogne (22—26 septembre 1969).* Éd. par M. HARL. Leiden: Brill 1971. XX, 267 pp.

118 *England before the conquest. Studies in primary sources presented to Dorothy Whitelock.* Ed. by P. CLEMOES and K. HUGHES. Cambridge: Univ. Pr. 1971. 418 pp.

119 *Epektasis. Mélanges patristiques offerts au Cardinal Jean Daniélou.* Publiés par JACQUES FONTAINE et CHARLES KANNENGIESSER. Paris: Éditions Beauchesne 1972. XII, 689 pp.

120 *España Eremítica. Actas de la VI Semana de Estudios Monásticos de San Salvador de Leyre, 15—20 de Septiembre de 1963* [Acta Legerensia 1]. Pamplona: Ed. Monasterio de Leyre 1970. 686 pp.

121 *Essays on the Nag Hammadi texts in honour of Alexander Boehlig.* Ed. by M. KRAUSE [Nag Hammadi Stud. 3]. Leiden: Brill 1972. 175 pp.

[121 a] *Eucharisties d'Orient et d'Occident.* Semaine liturgique de l'Institut Saint-Serge [Lex Orandi 46 et 47]. Paris: Éd. du Cerf 1970. 218 et 298 pp.

122 GIL, J. *Miscellanea Wisigothica* [Publicaciones de la Universidad de Sevilla. Serie: Filosofia y Letras 15]. Sevilla: Universidad de Sevilla 1972. XX, 118 pp.

123 GOMEZ, I. M. *La XII Semana de Estudios Monásticos* — Yermo 9 (1971) 199—202

124 GOMEZ, I. M. *XIII Semana de Estudios Monásticos* — Yermo 10 (1972) 313—316

125 GROSSI, V. *Orientimenti della teologia. I congressi di Bruxelles, Ariccia (Roma) e Oxford* — AugR 12 (1972) 169—185

126 *Jahrbuch der österreichischen Byzantinistik.* Hrsg. v. d. Kommission für Byzantinistik d. Österr. Akademie der Wissenschaften u. d. Institut für Byzantinistik an der Universität Wien unter der Leitung von HERBERT HUNGER [Bd. 21: Festschrift für Otto Demus zum 70. Geburtstag]. Wien/Köln/Graz: Böhlau 1972. VIII, 316 pp.

127 JESUS MARIA, JOSÉ DE *X Semana de Estudios josefinos (Santiago de Compostela, 14—17 de septiembre 1971)* — StudiumAv 12 (1972) 123—127

128 JESUS MARIA, JOSÉ DE *San José en los primeros quince siglos de la Iglesia (En torno al Simposio Internacional sobre S. José, 29 noviembre — 8 diciembre 1970, en Roma)* — StudiumAv 11 (1971) 333—342

129 *San José en los XV primeros siglos de la Iglesia.* Actas del Simposio internacional (Roma, 29 noviembre—6 diciembre (1970) [EJos 25 (1971) nn. 49—50]. Valladolid: Centro Español de Investigaciones Josefinas 1971. XXIII, 838 pp.

130 *Ius et salus animarum. Festschrift für B. Panzram,* hrsg. von U. MOSIEK und H. ZAPP [Samml. Rombach 15]. Freiburg: Rombach 1972. 509 pp.

131 *Judéo-Christianisme. Recherches historiques et théologiques offertes en hommage à Jean Daniélou.* Paris: Beauchesne 1972. 320 pp.

132 *Katholizität und Apostolizität.* Theologische Studien einer gemeinsamen Arbeitsgruppe zwischen der Römisch-katholischen Kirche und dem ökumenischen Rat der Kirchen. Deutsche Ausgabe besorgt v. R. GROSCURTH [Beiheft zu Kerygma und Dogma 2]. Göttingen: Vandenhoeck & Ruprecht 1971. 187 pp.

133 LEMM, OSCAR VON *Kleine koptische Studien 1—58* [Unv., um ein Vorwort von PETER NAGEL vermehrter Nachdruck der 1899—1910 i. d. Petersburger Akademie-Schriften erschienenen Stücke] [Subsidia byzantina 10]. Leipzig: Zentralantiquariat der DDR 1972. IX, 680 pp.

134 *Mater Ecclesia. Inni di lode alla Chiesa tratti dal I millenio della letteratura cristiana.* Milano: Jaka Book 1972. 150 pp.

135 *Mélanges d'histoire religieuse offerts à E. Griffe par la Faculté de théologie de l'Institut catholique à Toulouse* — BLE 73 (1972) 1, 2 & 3 [261 pp.]

136 *Mélanges liturgiques offerts au R. P. Dom Bernard Botte O.S.B., de l'abbaye du Mont César, à l'occasion du cinquantième anniversaire de son ordination sacerdotale.* Louvain: Abbaye du Mont César 1972. XXXII, 540 pp.

136a *Miscellanea historiae ecclesiasticae.* Vol. III: *Colloque de Cambridge, 24—28 septembre 1968.* Ed. par D. BAKER [Bibliothèque de la RHE 50]. Louvain: Bureaux de la RHE, Bibliothèque de l'Université 1970. XI, 415 pp.

137 MOLLAND, EINAR *Opuscula patristica* [Bibliotheca Theologica Norvegica II].Oslo: Universitetsforlaget 1970. 297 pp.

138 MORAL, T. *VIII Asamblea General de la Sociedad Española de Estudios Monásticos* — Yermo 9 (1971) 203—205

139 MORAL, T. *La XII Semana de estudios monásticos* — StMon 14 (1972) 253—256

140 *Von Nag-Hammadi bis Zypern.* Eine Aufsatzsammlung hrsg. v. PETER NAGEL [BBA 43]. Berlin: Akademie-Verlag 1972. 95 pp.

141 *Ex orbe religionum. Studia G. Widengren oblata* [Numen Suppl. Stud. in the Hist. of Religions 21 u. 22]. Leiden: Brill 1972. 2 vol. 479 & 464 pp.

142 *La Patrología toledano-visigoda. 27 Semana española de teología, Toledo, 25—29 septiembre 1967.* Madrid: Consejo sup. de investig. scientíf. 1970. XX, 456 pp.

143 *Philomathes. Studies and essays in the humanities in memory of Philip Merlan.* Ed. by R. B. PALMER and R. HAMERTON-KELLY. Den Haag: Nijhoff 1971. XXI, 553 pp.

144 *Philosophia. Miscelánea en homenaje a J. I. Alcorta.* Barcelona: Casa ed. Bosch 1971. 692 pp.

145 *Sarmenta. Gesammelte Studien von Th. Michels, anläßlich seines 80. Geburtstages.* Hrsg. von N. BROX — A. PAUS. Münster: Aschendorff 1972. XIII, 241 pp.

146 *XXX Semana Española de Teología. El Sacramento de la Penitencia (Madrid 14—18 septiembre 1970).* Madrid: Consejo Superior de Investigaciones Científicas 1972. 566 pp.

147 *La storiografia altomedievale, 10—16 aprile 1969.* Settimane di Studio del Centro ital. di Studi sull'alto medioevo XVII. Spoleto: Centro ital. di Studi sull'alto medioevo 1970.

148 *Studi in onore di Edoardo Volterra* [Pubbl. della Fac. di giurisprud. dell'Univ. di Roma]. Milano: Giuffrè 1971. 6 Bd. XL, 787, 805, 800, 809, 841, 908 pp.

149 *Studi in onore di Leonore Traverso.* A cura di P. PAIONI e U. VOGT [StUrbino 45]. Urbino: Argalía 1971. 1404 pp.

150 *Studia Patristica Vol. XI.* Papers presented to the Fifth International Conference on Patristic Studies held in Oxford 1967. Part II: *Classica, Philosophica et Ethica, Theologica, Augustiniana.* Edited by F. L. CROSS [TU 108]. Berlin: Akademie-Verlag 1972. VII, 355 pp.

151 *Studies in New Testament and early Christian literature. Essays in honour of Allen P. Wikgren.* Ed. by D. E. AUNE. Leiden: Brill 1972. VIII, 274 pp.

152 *Symbolon. Jahrbuch für Symbolforschung.* Hrsg. v. ERNST THOMAS REIMBOLD. Köln: Wienand 1972. 171 pp.

153 *Teología del Sacerdocio.* 3. *El sacerdote ministro de la Iglesia.* [Facultad de Teología del Norte de España — Sede de Burgos — Instituto „Juan de Avila"]. Burgos: Ediciones Aldecoa 1971. 324 pp.

154 *Teología del Sacerdocio.* 4. *Teología del sacerdocio en los primeros siglos* [Facultad de Teología del Norte de España — sede de Burgos — Instituto „Juan de Avila"]. Burgos: Ediciones Aldecoa 1972. 530 pp.

155 Τιματικὸν ἀφιέρωμα Κωνστατνίνῳ 'Ι. Μερεντίτῃ. *Festschrift für K. J. Merentitis.* Athen: 1972. 522 pp.

156 *Tradition und Glaube. Das frühe Christentum in seiner Umwelt. Festgabe für Karl Georg Kuhn zum 65. Geburtstag.* Hrsg. v. G. JEREMIAS u.a. Göttingen: Vandenhoeck und Ruprecht 1971. 434 pp.

157 *Umanità e storia. Scritti in onore di Λ. Attisani, I: Filosofia; II: Letteratura e storia.* Napoli: Giannini 1971. 527 & 804 pp.

158 *Understanding the sacred text. Essays in honor of Morton S. Enslin on the Hebrew Bible and Christian beginnings.* Ed. by J. REUMANN et alii. Valley Forge/Pa.: Judson 1972. 256 pp.

158a *Urbild und Abglanz. Beiträge zu einer Synopse von Weltgestalt und Glaubenswirklichkeit.* Festgabe für Herbert Doms zum 80. Geburtstag, hrsg. von JOHANNES TENZLER. Regensburg: Verlag Joseph Habel 1972. 547 pp.

159 VERBRAKEN, P. *Le sixième Congrès patristique d'Oxford (6—11 septembre 1971)* — RThL 3 (1972) 104—106

160 VISCHER, LUKAS *Ökumenische Skizzen.* Frankfurt/Main: Lembeck 1972. 246 pp.

161 *Wegzeichen. Festgabe zum 60. Geburtstag von Prof. Dr. Hermenegild M. Biedermann, OSA.* Hrsg. v. E. CHR. SUTTNER und C. PATOCK [Das östliche Christentum 25]. Würzburg: Augustinus-Verlag 1971. XXXIX, 479 pp.

162 *Zeichen des Glaubens. Studien zu Taufe und Firmung. B. Fischer zum 60. Geburtstag.* Hrsg. von H. AUF DER MAUR und B. KLEINHEYER. Einsiedeln: Benziger Verl. 1972. 536 pp.

163 ZUNTZ, G. *Opuscula selecta. Classica, Hellenistica, Christiana.* Manchester: Univ. Pr 1972. VII, 322 pp.

6. METHODOLOGICA

164 Hauschild, W.-D. *Der Ertrag der neueren auslegungsgeschicht-
lichen Forschung für die Patristik* — VF 16 (1971) 5—25

165 Kraft, R. A. *In search of Jewish Christianity and its theology.
Problems of definition and methodology* — RechSR 60 (1972)
81—92

166 Kubis, A. *Stan badań nad literatura patrystyczna o męczeństwie
(Der Stand der Forschung über patristische Märtyrerliteratur)* —
AnCra I (1969) 429—433

167 Rist, M. *Pseudepigraphy and the early Christians.* In: *Stud. in
honor of A. P. Wikgren* (cf. 1972, 151) 75—91

168 Wilken, Robert *The Study of Early Church History* — CH 41
(1972) 437—451

7. SUBSIDIA

169 Ashworth, H. *The New Patristic Lectionary* — EL 85 (1971)
306—322

170 Bardy, M. — Odelain, O. — Sandevoir, P. — Seguineau, R. —
Sagot, S. *Concordance de la Bible. Nouveau Testament.* Texte
français, groupement par themes et par racines grecques, référence
pour chaque mot français au vocabulaire grec correspondant,
index grec des mots et des racines, index français des mots et des
noms propres, table des thèmes. Paris: Éd. du Cerf 1971. LXI,
675 pp. et 2 encarts.

171 Bornkamm, Heinrich *Zeittafel zur Kirchengeschichte* (3. veränd.
Aufl.). Gütersloh: Gütersloher Verlagshaus 1971. 55 pp.

172 Brauer, Jerald C. (Ed.) *The Westminster Dictionary of Church
History.* Philadelphia: Westminster 1971. 887 pp.

173 Carrez, Maurice — Morel, François *Dictionnaire grec-français
du Nouveau Testament.* Neuchâtel: Delachaux et Niestlé; Paris:
Éd. du Cerf 1971. 272 pp.

174 *Concordance to the Corpus Hermeticum. Tractate one. The Poiman-
dres.* Ed. by D. Georgi and J. Strugnell [Concordances to
Patristic and late class. texts]. Cambridge/Mass.: Boston Theol.
Inst. 1971. IV, 26 pp.

175 *A Catholic Dictionary of Theology.* Ed. H. Francis Davis et al.
Vol. III: *Hegel-Paradise.* London: Thomas Nelson & Sons 1971.
399 pp.

176 *Dictionnaire d'histoire et de géographie ecclésiastique.* Dir.: R.
Aubert. Fasc. 101: *Fou-kien — Français.* Paris: Letouzey & Ané
1971. 1281—1402 coll.

177 *Dictionnaire de spiritualité, ascétique et mystique. Doctrine et histoire.* Dir.: A. RAYEZ, A. DERVILLE et A. SOLIGNAC. Fasc. 50—51: *Industries spirituelles — Izquierdo.* Paris: Beauchesne 1971. 1729—2386 coll.

178 GEERARD, M. *Per una clavis Patrum Graecorum* — RSLR 6 (1970) 654—657

179 GRANT, MICHAEL (Ed.) *Ancient History Atlas.* New York: Macmillan 1971.

180 HAMMOND, N. G. L. — SCULLARD, H. H. *The Oxford Classical Dictionary,* 2nd ed. Oxford: Clarendon 1970. XXII, 1176 pp.

181 MALUNOWICZÓWNA, L. *Słowniki i indeksy wyrazowe do starozytnych pisarzy chrześcijańskich (Dictionnaires et vocabulaires particuliers consacrés aux auteurs chrétiens anciens)* — RoczTK 18 (1971) 118—123

182 PIROT, L. — ROBERT, A. — CAZELLES, H. — FEUILLET, A. *Dictionnaire de la Bible. Supplément VIII, fasc 46: Prophétisme.* Paris: Letouzey & Ané 1971. col. 993—1248

183 *Realencyklopädie (Realenzyklopädie) für protestantische Theologie und Kirche, Bd. 1—24.* Begr. v. JOHANN JAKOB HERZOG. 3. Aufl. hrsg. v. ALBERT HAUCK [Unveränd. Nachdr. d. Ausg. Leipzig 1896—1913]. Graz: Akadem. Druck- und Verlagsanstalt 1969—1971.

184 *Reallexikon für Antike und Christentum.* Hrsg. von THEODOR KLAUSER. Liefrg. 62: *Galiläa (Fortsetzg.) — Gallia II (literaturgeschichtlich)* [= Bd. VIII, coll. 801—960]. Stuttgart: A. Hiersemann 1971. 79 pp.

185 *Repertorio de historia de las ciencias eclesiásticas en España,* II. *Siglo IV—XVI* [Corpus scriptorum sacrorum Hispaniae. Estudios 1]. Salamanca: Instituto de Historia de la Teología Española 1971. 522 pp.

186 *Słownik wczesnochrześcijańskiego piśmiennictwa (Dictionnaire des écrits de l'ancienne Chrétienté).* Éd. par J. SZYMUSIAK et M. STAROWIEYSKI. Poznań: 1971. 659 pp.

187 *Theologisches Wörterbuch zum Neuen Testament.* Begründet von GERHARD KITTEL, hrsg. von GERHARD FRIEDRICH. Bd. 9, Liefrg. 5: φύσις-φῶς. Stuttgart: W. Kohlhammer 1971. 257—320 pp.

188 *Theologisches Wörterbuch zum Neuen Testament.* Begründet von GERHARD KITTEL, hrsg. von GERHARD FRIEDRICH. Bd. 9, Liefrg. 6: φῶς-χαίρω. Stuttgart: W. Kohlhammer 1971. 321—384 pp.

8. OPERA AD HISTORIAM ECCLESIASTICAM SIVE SAECULAREM SPECTANTIA

189 ADRIANI, MAURILIO *La Cristianità antica dalle origini alla Città di Dio* [Storia del Cristianesimo]. Roma: Istituto di Cultura Nova Civitas 1972. 508 pp.

190 ALVAREZ, JESUS *La conversión: retorno a los orígenes. Actualidad de los obstáculos y motivos de las primeras conversiones* — MAb 65 (1972) 167—175

191 AMAND, M. *Les débuts du christianisme à Tournai* — LEC 40 (1972) 311—327

192 ANDRESEN, CARL *Die Kirchen der alten Christenheit.* Stuttgart: Kohlhammer 1971. XI, 760 pp.

193 ARIAS, GONZALO *El pacifismo equívoco de los primeros cristianos* — Proyección 19 (1972) 63—69

194 ARNOLD, EBERHARD *The Early Christians after the Death of the Apostles.* Transl. and ed. by the Society of Brothers at Rifton. New York: Plough Publishing House 1970. XII, 470pp.

195 ARRIGONI, E. *Ecumenismo Romano-Cristiano a Bisanzio e tramonto del concetto d'Ellade e Ellenismo dell'Impero di Oriente prima del 1000* — NRiSt 55 (1971) 133—161

196 AUBÉ, BÉNJAMIN *Les chrétiens dans l'Empire romain de la fin des Antonins au milieu du IIIème siècle (180—249)* [Edizione anastatica. Facsimile dell'edizione di Parigi del 1881]. Roma: L'Erma di Bretschneider 1972. VI, 530 pp.

197 AYERST, D. — FISHER, A. S. T. *Records of Christianity. T. I: In the Roman Empire.* Oxford: Blackwell 1971. XVIII, 346 pp.

198 BAGATTI, B. *The Church from the circumcision. History and archaeology of the Judaeo-Christians.* Transl. by E. HOADE [Publ. of the Studium Bibl. Franciscanum Smaller Ser. 2]. Jerusalem: Franciscan Printing Pr. 1971. VII, 326 pp.

199 BAGATTI, B. *The church from the gentiles in Palestine. History and archaeology.* Transl. by F. E. HOADE [Publ. Studium Bibl. Francisc. Coll. minor 4]. Jerusalem: Franciscan Print. Pr. 1971. X, 239 pp.

200 BALÁS, D. L. *Recent surveys of the history of the early church and the tasks of the historiography of early Christianity* — CH 41 (1972) 444—451

201 BALTY, JEAN CH. *Nouvelles mosaïques païennes et groupe épiscopal dit „Cathédrale de l'Est" à Apamée de Syrie* — CRAI (1972) 103—127

202 BARLEY, M. W. — HANSON, R. P. C. (Ed.) *Christianity in Britain, 300—700.* Leicester: Leicester University Press 1968. 221 pp.

203 BARNES, ARTHUR STAPYLTON *Christianity at Rome in the Apostolic Age; an attempt at reconstruction of history.* Westport, Conn.: Greenwood Press 1971. XIII, 222 pp.

204 BATIFFOL, P. *L'Église naissante et le catholicisme.* Nouv. éd. [Histoire des doctrines ecclésiologiques]. Paris: Éd. du Cerf 1971. LXVI, 503 pp.

205 BATIFFOL, P. *La Chiesa nascente e il Cattolicesimo.* Introd. di J. DANIÉLOU, note bibliogr. di G. D. GORDINI, trad. di A. MONASTA e C. PRANDI. Firenze: Vallecchi 1971. XXXIX, 430 pp.

206 BAUER, W. *Orthodoxy and heresy in earliest Christianity.* 2nd edition by G. STRECKER, transl. by a team from the Philadelphia seminar on Christian origins and ed. by R. A. KRAFT and G. KRODEL. Philadelphia: Fortress Pr. 1971. XXVI, 326 pp.

207 BECK, ALOIS — STADLHUBER, JOSEPH *Kirchengeschichte I: Altertum und Mittelalter.* Innsbruck: Tyrolia 1971. 160 pp.

208 BECK, HANS GEORG *Ideen und Realitäten in Byzanz. Gesammelte Aufsätze.* London: Variorum Reprints 1972. 233 pp.

209 BENKO, S. *The sources of Roman History between 31 B.C.— A.D. 138.* In: *The Catacombs and the Colosseum* (cf. 1971, 104) 27—36

210 BERENDTS, ALEXANDER JOHANNES *Das Verhältnis der römischen Kirche zu den kleinasiatischen vor dem Nizänischen Konzil* [Stud. zur Gesch. der Theol. und der Kirche I, 3]. Neudr. der Ausg. Leipzig 1898. Aalen: Scientia-Verl. 1972. 26 pp.

211 BERWIG, D. *Marc Aurel und die Christen* [phil. Diss.]. München: 1971. 198 pp.

212 BEYSCHLAG, K. *Christentum und Veränderung in der alten Kirche —* KuD 18 (1972) 26—55

213 BLOCH, HERBERT *Ein neues inschriftliches Zeugnis der letzten Erhebung des Heidentums in Westrom 393/394 n. Chr.* In: *Das frühe Christentum im römischen Staat* (cf. 1971, 111) 129—186

214 BONWETSCH, GOTTLIEB NATHANAEL *Die Geschichte des Montanismus* [Nachdruck d. Ausgabe Erlangen 1882]. Hildesheim: 1972. VIII, 210 pp.

215 BORLEFFS, J. W. PH. *Institutum Neronianum.* In: *Das frühe Christentum im römischen Staat* (cf. 1971, 111) 217—243

216 BOVINI, GIUSEPPE *Le antiquità cristiane di Aquileia.* Bologna: Pàtron 1972. X, 461 pp.

217 BROWN, P. *The world of late antiquity.* London: Thames and Hudson 1971. 216 pp.

218 BROWNING, R. *Justinian and Theodora.* London: Weidenfeld and Nicolson 1971. 272 pp.

219 BROX, N. *Profile des Christentums in seiner frühsten Epoche —* Concilium 7 (1971) 245—250

220 BROX, N. *Tendenzen und Parteilichkeiten im Osterfeststreit des zweiten Jahrhunderts* — ZKG 83 (1972) 291—324

221 BRYER, A. *Nicaea, Byzantine City* — HistoryT 21 (1971) 22—31

222 BURIAN, JAN *Zánik antiky (Das Ende der Antike)*. Prag: SPN 1972. 119 pp.

223 BURKE, J. BRUCE — WIGGINS, JAMES B. *Foundations of Christianity: From the Beginnings to 1650.* New York: Ronald 1971. 316 pp.

[108] CALABRUS LARA, J.: Collectanea et miscellanea

224 CANIVET, M.-T. et P. *Sites chrétiens d'Apamène* — Syria 48 (1971) 295—321

225 CARLETTI, S. *Le antiche chiese dei martiri romani* [Chiese di Roma Roma illustrate]. Rome: Ed. „Roma" 1972. 190 pp.

226 CASCIARO, J. M. *La conquista árabe de Palestina (633—640) y sus consecuencias inmediatas para la Iglesia en Tierra Santa* — ScTh 3 (1971) 475—499

227 CASTELLA, G. *Historia e los Papas*, I—II—III. Traducción de V. PERAL DOMÍNGUEZ. Madrid: Ed. Espasa-Calpe 1970. 330, 383, 308 pp.

228 CHADWICK, H. *Die Kirche in der antiken Welt.* Aus dem Englischen übersetzt von G. MAY [Sammlung Göschen 7002]. Berlin: De Gruyter 1972. 379 pp.

229 CHRYSOS, EUANGELOS *Zur Echtheit des „Rescriptum Theodosii ad Honorium" in der „Collectio Thessalonicensis"* — Kleronomia 4 (1972) 240—250

[1748] CINKE, V.: Salvianus

230 CLAVELLE, RICHARD FRANCIS *Problems Contained in Pliny's Letter on the Christians: A Critical Analysis* [Diss.]. Univ. of Illinois at Urbana-Champaign: 1971.

231 CLAYTON, JOHN GLENWOOD *The Development of Charitable Institutions in the Early Church to about A.D. 400* [Diss.]. The Southern Baptist Seminary: 1971.

232 COLSON, J. *La communion interecclésiale à l'époque prénicéenne.* In: *Communione interecclesiale* (cf. 1972, 112) 205—219

233 CONNER, R. D. *The hierarchy and the church's mission in the first five centuries* [Diss. Southern Baptist Theol. Sem.]. Louisville/Ky.: 1971.

234 CONGAR, Y. M. J. *De potestate sacerdotali et de ecclesia ut ecclesiarum communione saeculis VII, VIII, IX.* In: *Comunione interecclesiale* (cf. 1972, 112) 961—981

235 CONZELMANN, HANS *Geschichte des Urchristentums* (2. Aufl.) [Grundrisse zum NT. Ergänzungsreihe 5]. Göttingen: Vandenhoek 1971. 173 pp.

236 DAUT, W. *Die ‚Halben Christen' unter den Konvertiten und Gebildeten des 4. und 5. Jahrhunderts* — ZMRW 55 (1971) 171—188

237 DAWSON, CH. *Formowanie się chrześcijaństwa (The Formation of Christendom).* Translated by J. MARZECKI. Warszawa: 1969. 285 pp.

238 DEMAROLLE, JEANNE-MARIE *La Chrétienté à la fin du IIIe siècle et Porphyre* — GrRoBySt 12 (1971) 49—57

239 DIBELIUS, MARTIN *Rom und die Christen im ersten Jahrhundert.* In: *Das frühe Christentum im römischen Staat* (cf. 1971, 111) 47—105

240 DIETEN, J. L. VAN *Geschichte der griechischen Patriarchen von Konstantinopel. Teil 4: Geschichte der Patriarchen von Sergios I bis Johannes VI (610—715).* Amsterdam: Adolf M. Hakkert 1972. XVII, 241 pp.

241 DUMORTIER, J. *Une assemblée chrétienne au IVe siècle* — MSR 29 (1972) 15—22

242 DURAND, G. M. DE *Ouvrages récents sur l'Église ancienne* — RSPhTh 61 (1972) 621—623

242a DUVAL, P,-M. *La Gaule jusqu'au milieu du Ve siècle* préf. de A. VERNET [Les sources de l'histoire de France des origines à la fin du XVe s.] Paris: Picard 1971. 391 pp.

243 DZIEWULSKI, W. *Zwycięstwo chrześcijaństwa w świecie starożytnym (The Triumph of Christianity in the Ancient World).* Wrocław: 1969. 171 pp.

244 EADIE, JOHN W. (Ed.) *The Conversion of Constantine.* New York: Holt, Rinehart & Winston 1971.

245 ECK, W. *Das Eindringen des Christentums in den Senatorenstand bis zu Konstantin d. Gr.* — Chiron 1 (1971) 381—406

246 ELDEREN, BASTIAAN VAN *A New Inscription Relating to Christianity at Edessa* — CalTJ 7 (1972) 5—14

247 FAU, G. *L'authenticité du texte de Tacite sur les chrétiens* — CCER 19 (1971) 19—24

248 FERGUSON, EVERETT *Early Christians Speak: Faith and Life in the First Three Centuries.* Austin: Sweet 1971. 255 pp.

249 FERGUSON, EVERETT *A Review Article: Histories of the Early Church* — RQ 14 (1971) 205—214

[806] FERNANDEZ CONDE, J.: Augustinus

250 FLORA, JERRY REES *A critical analysis of Walter Bauer's theory of early christian orthodoxy and heresy.* West Hartford: Southern Baptist Theological Seminary, Diss. 1972. 260 pp. Mikrofilm

251 FONTAINE, JACQUES *Valeurs antiques et chrétiennes dans la spiritualité des grands latifondiaires à la fin du IVe siècle latin.* In: *Epektasis. Mélanges Jean Daniélou* (cf. 1972, 119) 571—595

252 FORD, J. M. *A Note on Proto-Montanism in the Pastoral Epistles* — NTS 17 (1970/71) 338—346

253 FOSTER, J. *Church history. Fasc. I: The first advance, A.D. 29—500*. London: S.P.C.K. 1972. XII, 180 pp.

254 FOUSEK, M. *The Church in a changing world. Events and trents from 250 to 600*. St. Louis: Concordia publ. House 1971. 176 pp.

255 FREND, W. H. C. *Repercussions of the Fall of Jerusalem* — ModCh 13 (1969/70) 334—337

256 FREND, W. H. C. *The Donatist church. A movement of protest in Roman North Africa*. 2. Aufl. Oxford: Clarendon Pr. 1971. XVIII, 362 pp.

257 FREND, W. H. C. *Ecclesiastical history. Its growth and relevance* — Philos. Journ. (London) 8 (1971) 38—51

258 FREND, W. H. C. *Liberalism in the Early Church* — ModCh 13 (1969/70) 28—40

259 FREND, W. H. C. *The Monks and the Survival of the East Roman Empire in the Fifth Century* — Past 54 (1972) 3—24

260 FREND, W. H. C. *The rise of the monophysite movement. Chapters in the history of the Church in the fifth and sixth centuries*. Cambridge: Univ. Pr. 1972. XVII, 405 pp.

261 GAGER, J. G. *Religion and social class in the early Roman empire*. In: *The Catacombs and the Colosseum* (cf. 1971, 104) 99—120

262 GASPARY, W. *Histoire de l'Église T. I.: Antiquité chrétienne* [en polon.]. Warschau: CHYT 1972. 203 pp.

263 GAUDEMET, JEAN *Étude d'un texte du Code théodosien condamnant les pratiques païennes*. In: *Epektasis. Mélanges Jean Daniélou* (cf. 1972, 119) 597—602

264 GERBER, W. *Gruppenbildung im frühen Christentum* — ZRGG 23 (1971) 193—204

264a GHALI, I. A. *L'Orient chrétien et les Juifs* [Histoire et civilisation arabe]. Paris: Éd. Cujas 1970. 237 pp.

264b GODFREY, JOHN *The English parish 600—1300* [Church history outlines 3]. London: S.P.C.K. 1969. 96 pp.

265 GOMEZ-MAS, R. A. *Prophecy in the early Church* — Communio 4 (1971) 5—16

265a GOPPELT, L. *Apostolic and post-apostolic times*. Transl. from the German by R. A. GUELICH [A history of the Christian Church 1]. London: A. & Ch. Black 1970. X, 238 pp.

267 GRANT, R. M. *Das römische Reich am Wendepunkt. Die Zeit von Mark Aurel bis Konstantin*. Übersetzt aus dem Englischen durch E. CAHN u. L. STYLOW. München: Beck 1972. 349 pp.

268 GRANT, R. M. *Augustus to Constantine. The thrust of the Christian movement into the Roman world*. London: Collins 1971. 415 pp.

269 GRANT, R. M. *Manichees and Christians in the third and early fourth centuries*. In: *Studia G. Widengren oblata I* (cf. 1972, 141) 430—439

270 GRANT, ROBERT M. *Christians and Imperial Economic Policy in the Early Fourth Century.* In: *Essays in honor of Allen P. Wikgren* (cf. 1972, 151) 215—225

271 GRANT, R. M. *Jewish Christianity at Antioch in the second century.* In: *Judéo Christianisme* (cf. 1972, 131) 93—108

272 GRANT, ROBERT M. *Early Alexandrian Christianity* — CH 40 (1971) 133—144

273 GREEN, M. R. *The Supporters of the Antipope Ursinus* — JThS 22 (1971) 531—538

274 GREGORY, T. E. *The urban crowd in the religious controversies of the fifth century A.D.* [Diss. Univ. of Michigan]. Ann Arbor: 1971. 455 pp. (microfilm)

275 GRIBOMONT, J. *L'historiographie du trône d'Alexandrie, avec quelques remarques sur S. Mercure, S. Basile et S. Eusèbe de Samosate* — RSLR 7 (1971) 478—490

276 GRIBOMONT, J. *Le dossier des origines du messalianisme.* In: *Epektasis. Mélanges Jean Daniélou* (cf. 1972, 119) 611—625

277 GUARDUCCI, MARGHERITA *Die Ausgrabungen unter St. Peter.* In: *Das frühe Christentum im römischen Staat* (cf. 1971, 111) 364—414

277a GUIDI, M. *Fonti per i rapporti tra l'Impero Romano e il Cristianesimo.* Bologna: Patròn 1970. 94 pp.

278 GUILLAND, RODOLPHE *Contribution à la prosopographie de l'empire byzantin: Les patrices* — JOBG 20 (1971) 83—108

279 HABLE-SELASSIE, M. S. *Die äthiopische Kirche im 4. bis 6. Jahrhundert* — Abba Salama (Athen) 2 (1971) 43—75

280 HAMMAN, A. *La vie quotidienne des premiers chrétiens (95—197)* [Coll. La vie quotidienne]. Paris: Hachette 1971. 304 pp.

281 HANFMANN, GEORGE M. A. — THOMAS, RUTH S. *The Thirteenth Campaign at Sardis (1970)* — BASOR 203 (971) 5—22

282 HANSON, R. P. C. *The Reaction of the Church to the Collapse of the Western Roman Empire in the Fifth Century* — VigChr 26 (1972) 272—287

283 HARDINGE, L. *The Celtic Church in Britain* [Church Hist. Soc. Ser. 91]. London: SPCK 1972. XV, 265 pp.

283a HAUSHERR, I. *Études de spiritualité orientale* [Orientalia Christiana Analecta 183]. Rom: Pontif. Ist. Stud. orient. 1969. VIII, 497 pp.

284 HEILER, FRIEDRICH *Die Ostkirchen.* In Zusammenarbeit mit HANS HARTOK aus d. Nachlaß hrsg. v. ANNE MARIE HEILER. Neub. v. „Urkirche und Ostkirche". München/Basel: Reinhardt 1971. XX, 640 pp.

285 HELD, WIELAND *Die Vertiefung der allgemeinen Krise im Westen des Römischen Reiches am Ende des dritten und in der ersten Hälfte des vierten Jahrhunderts* [Habilitation]. Leipzig: 1971. 553 pp. (daktyl.)

286 HERTLING, LUDWIG *Communio; Church and Papacy in Early Christianity*. Transl. by JARED WICKS. Chicago: Loyola Univ. Press 1972. 86 pp.

287 HEUSSI, KARL *Kompendium der Kirchengeschichte*. 13. durch einen Literaturnachtrag erg. Aufl. Tübingen: Mohr 1971. XII, 609 pp.

287a *Histoire de L'Église depuis les origines jusqu'à nos jours (Storia della Chiesa dalle origine fino ai giorni nostri)*, 2. edizione italiana, a cura di PAOLO DELOGU. Vol. III: *Dalla pace constantiniana na alla morte di Teodosio (313—395)* di G. R. PALANQUE, G. BARDY e P. DE LABRIOLLE; Trad. di G. D. GORDIN. Torino: SAUE 1972. 943 pp.

288 HIGGINS, A. J. B. *Sidelights on Christian Beginnings in the Graeco-Roman World* — EvQ 91 (1969) 197—206

289 *Histoire de l'Église depuis les origines jusqu'à nos jours (Storia della Chiesa dalle origine fino ai giorni nostri)*, 2. edizione italiana, a cura di PAOLO DELOGU. Vol. V: *S. Gregorio Magno e gli Stati barbarici (590—757)*, di L. BRÉHIER e R. AIGRAIN; Trad. di S. BERTOLA e G. DESTEFANI. Torino: SAIE 1971. 814pp.

290 HOHLWEG, ARMIN *Bischof und Stadtherr im frühen Byzanz* — JOBG 20 (1971) 51—62

291 HUGHES, K. *Early Christian Ireland. Introduction to the sources*. Ithaca/N.Y.: Cornell Univ. Pr. 1972. 320 pp.

292 HUNT, E. D. *St. Silvia of Aquitaine. The role of a Theodosian pilgrim in the society of East and West* — JThS 23 (1972) 351—373

293 INSTINSKY, H. U. *Offene Fragen um Bischofsstuhl und Kaiserthron* — RQ 66 (1971) 66—77

294 ISAAC, E. *An obscure component in Ethiopian Church history. An examination of various theories pertaining to the problem of the origin and nature of Ethiopian christianity* — Mu 85 (1972) 225—258

295 IVANTSOV-PLATONOV, A. M. *Religious movements in the Christian East during the 4th and 5th centuries, critical and historical comments*. Occasioned by Prof. Lebedev's book „The ecumenical councils of the 4th and 5th century" [Nachdruck der Ausgabe Moscow 1881]. Farnborough: Gregg 1971. 242 pp.

295a JAEGER, WERNER *Early Christianity and Greek Paideia*. Oxford: Univ. Press 1969. VI, 154 pp.

296 JAMME, ALBERT *Safaitic Inscriptions from the Country of 'Ar'ar and Ra's al-'Anānīyah*. In: *Christentum am Roten Meer* Bd. 1 (cf. 1971, 97) 41—109

297 JAMME, ALBERT *Les graffites sabéens de l'Arabie méridionale*. In: *Christentum am Roten Meer* Bd. 1 (cf. 1971, 97) 110—121

298 JOANNOU, P.-P. *La législation et la christianisation de l'Empire*

romain (311—476) [Orientalia christiana analecta 192] Roma: Pontif. Institutum orientalium studiorum 1972. 166 pp.

[2266] JOANNOU, P. P.: Sacerdotium (primatus)

299 JOHNSON, SHERMAN E. *Unsolved Questions about Early Christianity in Anatolia.* In: *Essays in honor of Allen P. Wikgren* (cf. 1972, 151) 181—193

300 JONES, A. H. M. — MARTINDALE, J. R. — MORRIS, J. *The Prosopography of the Later Roman Empire. Vol. I: A.D. 260—395.* Cambridge and New York: Cambridge Univ. Press 1971. XXII, 1152 pp.

301 JONES, A. H. M. *The Cities of the Eastern Roman Provinces.* 2nd ed. rev. Oxford: Clarendon; New York: Oxford Univ. Press 1971. XVII, 595 pp.

302 JONES, A. H. M. *Der soziale Hintergrund des Kampfes zwischen Heidentum und Christentum.* In: *Das frühe Christentum im römischen Staat* (cf. 1971, 111) 337—363

303 JONES, D. *The Altar of Victory. The Late Roman Empire and the Christian Faith* — HistoryT 20 (1970) 255—265

304 JONES, D. *The Emperor Theodosius* — HistoryT 21 (1971) 619—627

305 JONES, D. *The Sack of Rome. Romanized Gothic and Vandal leaders and the politics of the Declining Empire in the year 440* — HistoryT 20 (1970) 603—609

306 KANE, J. P. *By no means ‚The Earliest Records of Christianity‘—with an amended reading of the Talpioth Inscription* ΙΗΣΟΥΣ ΙΟΥ — PalExQ (1971) 103—108

307 KAWERAU, P. *Das Christentum des Ostens* [Die Religionen der Menschheit 30]. Stuttgart: Kohlhammer 1972. 298 pp.

308 KELLER, J. *Katolicyzm starożytny (Der Katholizismus in der Antike).* Warszawa: 1969. 534 pp.

309 KERESZTES, P. *The Emperor Antoninus Pius and the Christians* — JEcclH 22 (1971) 1—18

310 KLAUSER, T. *Bischöfe als staatliche Prokuratoren im dritten Jahrhundert?* — JAC 14 (1971) 140—149

311 KLEIN, RICHARD *Symmachus, eine tragische Gestalt des ausgehenden Heidentums* [Impulse der Forschung 2]. Darmstadt: Wiss. Buchges. 1971. 170 pp.

312 KLEIN, R. *Der νόμος τελεώτατος Konstantins für die Christen im J. 312* — RQ 67 (1972) 1—28

313 KLENGEL, HORST *Syria antiqua.* Leipzig: Edition Leipzig 1971. 207 pp.

314 KOEP, LEO *Antikes Kaisertum und Christusbekenntnis im Widerspruch.* In: *Das frühe Christentum im römischen Staat* (cf. 1971, 111) 302—336

315 KOESTER, H. — ROBINSON, J. M. *Entwicklungslinien durch die Welt des frühen Christentums.* Tübingen: Mohr 1971. XII, 276 pp.

316 KOESTER, HELMUT — ROBINSON, JAMES M. *Trajectories through Early Christianity.* Philadelphia: Fortress 1971. XII, 297 pp.

317 KRODEL, G. *Persecution and tolerance of Christianity until Hadrian.* In: *The Catacombs and the Colosseum* (cf. 1971, 104) 255—267

318 KRÖMER, ALFRED *Die sedes apostolica der Stadt Rom in ihrer theologischen Relevanz innerhalb der abendländischen Kirchengeschichte bis Leo I* [Diss.]. Freiburg/Br.: 1972. XXI, 299 pp.

319 KUNDEREWICZ, C. *Le gouvernement et les étudiants dans le code théodosien* — RHDFE 50 (1972) 575—588

320 LACKNER, W. *Übersehene Nachrichten zur Kirchenpolitik Hunerichs und Odoakars im Synaxarium ecclesiae Constantinopolitanae* — Historia 21 (1972) 762—764

321 LÄPPLE, A. *Storia della Chiesa. Il cammino di Cristo attraverso i secoli.* Übersetzt aus dem Deutschen durch G. TABARELLI. Turin: Elle Di Ci 1971. 194 pp.

322 LASSUS, J. *Églises d'Apamène* — BulOr 25 (1972) 5—36

323 LEE, C. L. *Social unrest and primitive Christianity.* In: *The Catacombs and the Colosseum* (cf. 1971, 104) 121—138

323a LEMERLE, P. *Le premier humanisme byzantin. Notes et remarques sur enseignement et culture à Byzance des origines au Xe siècle.* Paris: Presses Universitaires 1971. 327 pp.

324 LIEBESCHUETZ, J. H. W. G. *Antioch. City and imperial administration in the later Roman Empire.* Oxford: Clarendon Pr. 1972. XIV, 302.

325 MAGI, L. *La sede romana nella corrispondenza degli imperatori e patriarchi bizantini (VI—VII sec.)* [Bibl. de la RHE]. Louvain: Publ. Universitaires 1972. XXI, 320 pp.

326 MAGOULIAS, HARRY J. *Byzantine Christianity: Emperor, Church and the West.* Chicago: Rand McNally 1970. X, 196 pp.

327 MAIR-HARTING, H. *The coming of christianity to Anglo-Saxon England* [Fabric of British hist.]. London: Batsford 1972. 334 pp.

328 MARROU, H. I. *L'Église au sein de la civilisation hellénistique et romaine* — Concilium (Nijmwegen) 67 (1971) 45—55

329 MARROU, H. I. *The Church and Greek and Roman Civilisation* — Concilium 67 (1971) 47—60

330 MARROU, H. I. *Die Kirche innerhalb der hellenistischen und römischen Kultur* — Concilium 7 (1971) 479—486

[2267] MARSCHALL, W.: Sacerdotium (primatus)

331 MARTINEZ, VICTOR *El paganismo en la España visigoda* — Burgense 13 (1972) 489—508

332 MASER, P. *Das sogenannte Spottkruzifix vom Palatin. Ein „früh-christliches" Denkmal im Widerstreit der Meinungen* — Altt 18 (1972) 248—254

333 MATTHEWS, J. F. *Gallic Supporters of Theodosius* — Latomus 30 (1971) 1073—1099

335 MENOUD, PHILIPPE H. *La vita della Chiesa primitiva: perseveranza nel fatto cristiano.* Traduzione di ORIANA RUOZI Milano: Jaka Book 1971. 58 pp.

336 MEYENDORFF, JOHN — ŠEVČENKO, IHOR *The Cambridge and Soviet Histories of the Byzantine Empire: Religious History and Theology. Intellectual History* — AmSlav 30 (1971) 619—634

337 MEYENDORFF, JOHN *The Cambridge and Soviet Histories of the Byzantine Empire: Religious History and Theology* — VladQ 15 (1971) 85—88

338 MILLAR, F. *Paul of Samosata, Zenobia and Aureliañ: The Church, Local Culture and Political Allegiance in Third-Century Syria* — JRS 61 (1971) 1—17

339 MOMIGLIANO, A. *Empietà ed eresia nel mondo antico* — RSI 33 (1971) 771—791

340 MOREAU, JACQUES *Die Christenverfolgung im Römischen Reich* [2. Auflage]. Berlin/New York: De Gruyter 1971. 119 pp.

341 MUNDADAN, A. M. *Traditions of the St. Thomas Christians.* Bangalore, India: Dharmaram College 1970.

342 MUÑOZ GALLARDO, JUAN ANTONIO *Apuntes históricos de la que fue Sede Arzobispal de Mérida* — RaExtr 27 (1971) 517—528

343 NOETHLICHS, KARL-LEO *Die gesetzgeberischen Maßnahmen der christlichen Kaiser des 4. Jahrhunderts gegen Häretiker, Heiden und Juden* [phil. Diss.]. Köln: 1971. 349 pp.

344 OBOLENSKY, DIMITRI *The Byzantine Commonwealth, Eastern Europe, 500—1453.* New York: Praeger 1971. XIV, 445 pp.

345 ORLANDI, T. *Teodosio di Alessandrina nella letteratura copta* — GiorFil 23 (1971) 175—185

346 ORLANDIS, J. *Las relaciones intereclesiales en la Hispania visi-gótica.* In: *Comunione intereclesiale* (cf. 1972, 112) 403—444

347 ORLANDIS, JOSÉ *Estudios sobre instituciones monásticas medievales* [Instituto de Historia de la Iglesia 2]. Pamplona: Universidad de Navarra 1971. 384 pp.

348 O'ROURKE, J. J. *Roman law and the early church.* In: *The Catacombs and the Colosseum* (cf. 1971, 104) 165—186

350 PALANQUE, J.-R. *Les évêchés du Languedoc oriental à l'époque wisigothique (462—725)* — BLE 73 (1972) 159—165

351 PASTORINO, A. *Cristianesimo e impero dopo Constantino (337—395 d. C.)* [Corsi universitari]. Turin: Giappichelli 1972. 252 pp.

351a PELIKAN, J. J. *Historical Theology. Continuity and Change in chris-tian doctrine.* New York: Corpus 1971. XXV, 228 pp.

352 PENNA, ANGELO *Storia del Cristianesimo.* Vol. I: *I primi due secoli.* Assisi: Cittadella Editrice 1972. 236 pp.

353 PERICOLI RIDOLFINI, F. S. *I vescovi antiocheni dei primi due secoli e la questione dell'episcopato antiocheno di Pietro.* In: *Comunione interecclesiale* (cf. 1972, 112) 939—960

354 PERUMALIL, A. C. *The Apostle Thomas in India. A Historical Investigation.* — IES 10 (1971) 189—203

355 PICHON, J.-CH. *Néron et le mystère des origines chrétiennes* [Les ombres de l'histoire]. Paris: R. Laffont 1971. 340 pp.

356 PLESCIA, J. *On the Persecution of the Christians in the Roman Empire* — Latomus 30 (1971) 120—132

357 *Quellen zur germanischen Bekehrungsgeschichte.* Hrsg. v. MICHAEL ERBE [TKTG 15]. Gütersloh: Gütersloher Verlagshaus 1971. 78 pp.

357a RAHNER, HUGO *Mater Ecclesia. Inni di lode alla Chiesa tratti dal primo milnenio della Letteratura cristiana.* Milano: Jaka Book 1972. 150 pp.

358 RAMAGE, ANDREW *The Fourteenth Campaign at Sardis* — BASOR 206 (1972) 9—39

359 RENGSTORF, K. H. — KORTZFLEISCH, S. VON *Kirche und Synagoge: Handbuch zur Geschichte von Christen und Juden. vol. 2* Stuttgart: Klett 1970.

360 *Les regestes des actes du patriarcat de Constantinople, I: Les actes des patriarches, 1: Les regestes de 381 à 715.* Éd. par V. GRUMEL, nouv. éd. [Le patriarcat byz. Sér. 1]. Paris: Inst. franç. d'ét. byz. 1972. XXXVIII, 253 pp.

361 ROBLIN, MICHEL *Histoire du peuplement et de l'habitat en France aux époques anciennes* — AEHESHP 104 (1971/72) 293—304

362 ROSENBAUM, H.-U. *Zur Datierung von Celsus'* ΑΛΗΘΗΣ ΛΟΓΟΣ — VigChr 26 (1972) 102—111

363 ROUGÉ, J. *La législation de Théodose contre les hérétiques. Tra-duction de C. Th. XVI, 5, 6—24.* In: *Epektasis. Mélanges Jean Daniélou* (cf. 1972, 119) 635—649

364 ROUX, J. M. *Les évêchés provençaux de la fin de l'époque romaine à l'avènement des Carolingiens (476—751)* — ProvHist 21 (1971) 373—420

365 RUETHER, ROSEMARY RADFORD *Judaism and Christianity. Two Fourth Century Religions* — SR 2 (1972) 1—10

366 SAMUEL, V. C. *A Brief History of Efforts to Reunite the Chalcedonian and non-Chalcedonian Sides from 451—641 A.D.* — GrOrthThR 16 (1971) 44—62

367 SAMUEL, V. C. *Condemnation of Teachers and Acclamation of Saints* — GrOrthThR 16 (1971) 236—244

368 SAVIO, FEDELE *Gli antichi Vescovi d'Italia dalle origini al 1300 descritti per regioni.* Milano—Bologna: Forni 1971. XX, 970 pp.

369 SCHIEFFER, RUDOLF *Zur lateinischen Überlieferung von Kaiser Justinians „'Ομολογία τῆς ὀρϑῆς πίστεως" (Edictum de recta fide)* — Kleronomia 3 (1971) 285—302

370 SCHIEFFER, R. *Nochmals zur Überlieferung von Justinians „Edictum de recta fide"* — Kleronomia 4 (1972) 267—284

370a SCHNEIDER, C. *Geistesgeschichte der christlichen Antike.* München: 1970.

371 SCHOLZ, U. W. *Römische Behörden und Christen im 2. Jahrhundert* — ZRGG 24 (1972) 156—160

372 SESAN, M. *Über die Anfänge des Christentums bei den Rumänen* — Altt 18 (1972) 31—34

373 SIMON, M. *La civilisation de l'antiquité et le christianisme* [Les grandes civilisations 12]. Paris: Arthaud 1972. 562 pp.

374 SIMON, M. — BENOIT, A. *El judaismo y el cristianismo antiguo. De Antíoco Epífanes a Constantino.* Traducción por IRENE CASTELLS [Nueva Clío, 10]. Barcelona: Labor 1972. XIX, 305 pp.

375 SIMON, M. *La migration à Pella. Légende ou réalité?* — RechSR 60 (1972) 37—54

376 SMITH, JOHN HOWARD *Constantine the Great.* New York: Sribner's 1971. II, 359 pp.

377 SMITH, M. A. *From Christ to Constantine.* Downers Grove, Illinois: Intervarsity Press 1971. 208 pp.

378 SNAPE, H. C. *Christian Origins in Rome with special reference to Mark's Gospel* — ModCh 13 (1969/70) 230—244

379 SNAPE, H. C. *Peter and Paul in Rome* — ModCh 14 (1971) 127—138

380 STIEHL, RUTH *Neue liḥyānische Inschriften aus al-'Uḏaib I.* Mit einem Nachtrag von MARIA HÖFNERS. In: *Christentum am Roten Meer Bd. 1* (cf. 1971, 97) 3—40

381 STOCKMEIER, P. *Die Krisen der frühen Kirche als Probleme der Kirchengeschichte* — HJ 92 (1972) 1—18

382 STRAUB, JOHANNES *Regeneratio Imperii. Aufsätze über Roms Kaisertum und Reich im Spiegel der heidnischen und christlichen Publizistik.* Darmstadt: Wissenschaftl. Buchgesellschaft 1972. VIII, 496 pp.

383 SZYMUSIAK, J. M. *Les sites de Nazianze et Karbala.* In: *Epektasis. Mélanges Jean Daniélou* (cf. 1972, 119) 545—548

384 TAFI, ANGELO *La Chiesa aretina dalle origini al 1032.* Arezzo: Capitolo della Cattedrale 1972. 383 pp.

385 TAYLOR, J. J. *Eastern Appeals to Rome in the Early Church: a
Little Known Witness* — DR 89 (1971) 142—146
386 THELAMON, F. *Histoire et structure mythique. La conversion des
Ibères* — RH 96 (1972) 5—28
387 THOMAS, CHARLES *Britain and Ireland in Early Christian Times
A.D. 400—800.* New York: McGraw-Hill 1971. 144 pp.
388 TOWERS, T. J. *The Holy Face of Edessa* — DR 90 (1972) 207—212
388a TOYNBEE, ARNOLD *The Crucible of Christianity: Judaism, Hel-
lenism and the Historical Background to the Christian Faith.* London:
Thames & Hudson 1969. 368 pp.
389 TREVOR-ROPER, HUGH *Der Aufstieg des christlichen Europa
325—1492.* Aus dem Engl. übers. v. REINHOLD KNOLL. Wien—
München—Zürich: Molden 1971. 215 pp.
390 UDALCOVÁ, Z. V. *Le monde vu par les historiens byzantins du IVe
siècle* — Byslav 33 (1972) 193—213
391 VIOLANTE, CINZIO *Studi sulla Cristianità medievale. Società, isti-
tuzioni, spiritualità.* Raccolta da PIERO ZERBI. Milano: Vita e
Pensiero 1972. 397 pp.
392 VLASTO, A. P. *The Entry of the Slavs into Christianity: An Introduction to the Medieval History of the Slavs.* New York: Cambridge
1970. XII, 435 pp.
393 WALTZ, JAMES *Historical Perspectives on „Early Missions"* to
Muslims — Musl 61 (1971) 170—186
394 WEBER, WILHELM *...nec nostri saeculi est. Bemerkungen zum Briefwechsel des Plinius und Trajan über die Christen.* In: *Das frühe
Christentum im römischen Staat* (cf. 1971, 111) 1—32
395 WEISS, R. *Chlodwigs Taufe: Reims 508. Versuch einer neuen Chronologie für die Regierungszeit des ersten christlichen Frankenkönigs
unter Berücksichtigung der politischen und kirchlich-dogmatischen
Probleme seiner Zeit* [Geist und Werk der Zeiten 29]. Bern:
H. Lang 1971. 142 pp.
396 WENDLAND, PAUL *Die hellenistisch-römische Kultur in ihren Be-
ziehungen zum Judentum und Christentum.* 4. Aufl. erw. um eine
Bibliographie von HEINRICH DOERRIE. Tübingen: Mohr 1972.
VIII, 284 pp.
397 WINKELMANN, F. *Probleme der Herausbildung der Staatskirche im
römischen Reich des 4. Jahrhunderts* — Klio 53 (1971) 281—299
398 WIPSZYCKA, E. *Les ressources et les activités des églises en Égypte
du IVe au VIIIe siècle* [Papyr. Bruxell. 10]. Bruxelles: Fond.
Égyptol. Reine Élisabeth 1972. 195 pp.
399 WLOSOK, ANTONIE *Die Rechtsgrundlagen der Christenverfolgungen
der ersten zwei Jahrhunderte.* In: *Das frühe Christentum im römischen Staat* (cf. 1971, 111) 275—301

400 WODKE, WOLFGANG *Ein bisher nicht erkannter Stephanustext PIS 55.* In: *Christentum am Roten Meer Bd. 1* (cf. 1971, 97) 122—260

9. PHILOSOPHICA

[743] ALVAREZ GOMEZ, M.: Augustinus
401 ARMSTRONG, A. H. *Neoplatonic valuations of nature, body and intellect. An attempt to understand some ambiguities* — AugSt 3 (1972) 35—59
[743a] ARMSTRONG, A. H.: Augustinus
[732] Augustinus
[663] BARNARD, L. W.: Arius
[702] BARNARD, L. W.: Athenagoras
[756] BLAZQUEZ, N.: Augustinus
[777] BYRNES, R. G.: Augustinus
402 CAMPOS, J. *El latín patrístico y la ciencia filosófica de su tiempo* — Salmant 18 (1971) 385—402
[1581] CLARK, M. T.: Marius Victorinus
[627] COURCELLE, P.: Ambrosius
403 *I primi cristiani e i filosofi greci.* Scritti scelti, introd., trad. e note a cura di U. BONANATE [Coll. filos. Principato]. Milano: Principato 1971. 162 pp.
[115] *Il cristianesimo e le filosofie:* Collectanea et miscellanea
404 COPLESTON, F. *Historia de la Filosofía,* II. *De S. Agustín a Escoto.* Traducción de J. C. GARCÍA BORRÓN. Barcelona: Ediciones Ariel 1969. 582 pp.
405 COURCELLE, P. *Verissima philosophia.* In: *Epektasis. Mélanges Jean Daniélou* (cf. 1972, 119) 653—659
406 DEMAROLLE, J.-M. *Un aspect de la polémique païenne à la fin du IIIe siècle: Le vocabulaire chrétien de Porphyre* — VigChr 26 (1972) 117—129
[1013] DRIJWERS, H. J. W.: Bardesanes
[798] EBOROWICZ, W.: Augustinus
407 FELDBUSCH, KLAUS *Proclos Diadochos. Zehn Aporien über die Vorsehung. Frage 1—5 (§§ 1—31)* [phil. Diss.]. Köln: 1972. 119 pp.
[1574] GAGER, J. G.: Marcion
408 GALAMA, H. *Grieks dualisme in het christelijk denken?* — TTh 12 (1972) 417—441
409 GARCIA GARRIDO, JOSÉ LUIS *Séneca en el pensamiento pedagógico de la antigüedad cristiana y del medievo* — REP 30 (1972) 193—205
[835] *Grundprobleme der großen Philosophen:* Augustinus
[1546] HENAO ZAPATA, L.: Justinus Martyr

[838] HESS, W.: Augustinus
[112] HIRNER, A.: Clemens Alexandrinus
410 IGAL, J. *La cronología de la Vida de Plotino de Porfirio* [Publ. Univ. de Deusto Filol. y Letras 1]. Bilbao: Univ. de Deusto; Madrid: Ed. Castalla 1972. 129 pp.
[855] KOWALCZYK, S.: Augustinus
[1645] KÜBEL, P.: Origenes
411 KUHNS, R. *Structures of experience. Essays on the affinity between philosophie and literature.* New York: Basic Books 1970. XXI, 274 pp.
[1115] KUYUMA, M.: Clemens Alexandrinus
[1120] KUYUMA, M.: Clemens Alexandrinus
[869] LADARIA FERRER, L. F.: Augustinus
[1121] LILLA, S. R. C.: Clemens Alexandrinus
[878] LIMBRICK, E.: Augustinus
412 MARINONI, NINO *Filosofia, filologia e critica letteraria a Roma tra il IV e il V secolo.* Torino: Copisteria Festa. Corso di letteratura latina per l'anno acc. 1971—72.
[898] MAYER, C. P.: Augustinus
413 MEIJERING, E. P. *Zehn Jahre Forschung zum Thema Platonismus und Kirchenväter* — ThRu 36 (1971) 303—320
[1357] MÜHLENBERG, E.: Gregorius Nyssenus
[914] NASH, R. H.: Augustinus
414 *Le néo-platonisme. Actes du Colloque de Royaumont, 9—13 juin 1969* [Coll. internat. du CNRS]. Paris: Éd. du CNRS 1971. XIV, 496 pp.
[915] NEWTON, J. T.: Augustinus
415 NOMACHI, A. *Early christianity and Greek philosophy* [in Japan.]. Tokyo: 1972. 272 & 14 pp.
416 O'BRIEN, D. *Plotinus on Evil. A Study of Matter and the Soul in Plotinus' Conception of Evil* — DR 87 (1969) 68—110
[926] PEGUEROLES, J.: Augustinus
[928] PEGUEROLES, J.: Augustinus
[930] PEGUEROLES, J.: Augustinus
[931] PEGUEROLES, J.: Augustinus
[936a] PFISTER, F.: Augustinus
417 *Die antike Philosophie im Urteil der Kirchenväter.* Texte in Übers. hrsg. von A. WARKOTSCH. Paderborn: Schöningh 1972. 600 pp.
417a [*Porphyrius Neoplatonicus*] Πρὸς Μαρκέλλαν. Hrsg., übers., eingeleitet und erklärt v. W. POETSCHER [Philosophia antica 15]. Leiden: Brill 1969. X, 142 pp.
418 PORTOLANO, ANTONIO *Cristianesimo e religioni misteriche in Apuleio.* Napoli: Federico e Ardia 1972. 192 pp.
[1219] RAMIS, P.: Ps.-Dionysius Areopagita

419 RANDALL, JOHN HERMAN *Hellenistic Ways of Deliverance and the Making of the Christian Synthesis.* New York: Columbia University Press 1970.
[1660] ROBERTS, L. W.: Origenes
[954] RODRIGUEZ NEIRA, T.: Augustinus
[955] RODRIGUEZ NEIRA, T.: Augustinus
[1532] SANCHEZ FABA, F.: Isidorus Hispalensis
[639] SANTORSKI, A.: Ambrosius
[965] SCHILLING, P.: Augustinus
420 SFAMENI-GASPARRO, G. *L'Ermetismo nelle testimonianze dei Padri* — RSLR 7 (1971) 215—251
421 SFAMENI-GASPARRO, G. *L'ermetismo nelle testimonianze dei Padri.* In: *Studia Patristica XI* [TU 108] 58—64 (cf. 1972, 150)
[1220] SHELDON-WILLIAMS, I. P.: Ps.-Dionysius Areopagita
422 SHIEL, JAMES *Greek Thought and the Rise of Christianity.* New York: Barnes & Noble 1968.
[2196] STINSON, CH. H.: Doctrina auctorum et historia dogmatum
[1798] TIBILETTI, C.: Tertullianus
[588] TIMOTHY, H. B.: Auctores, Generalia
[1611] VERBEKE, G.: Nemesius Emesiensis
[1400] VOSS, B. R.: Hieronymus
423 WASZINK, J. H. *Calcidius. Nachtrag zum RAC* — JAC 15 (1972) 236—244
424 WASZINK, J. H. *La théorie du language des dieux et des démons dans Calcidius.* In: *Epektasis. Mélanges Jean Daniélou* (cf. 1972, 119) 237—244
425 WILKEN, R. L. *Collegia, philosophical schools and theology.* In: *The Catacombs and the Colosseum* (cf. 1971, 104) 268—291
426 WITEK, S. *Starożytna myśl greckorzymska a chrześcijańska koncepcja pokory (Pensée antique greco-romaine et conception chrétienne de l'humilité)* — RoczTK 18 (1971) 5—19
[1135] WOJTCZAK, J.: Clemens Alexandrinus

10. PHILOLOGIA PATRISTICA
(LEXICALIA ATQUE LINGUISTICA)

a) Generalia

[486] ABEL, F.: Novum Testamentum
[1380] ANTIN, P.: Hieronymus
427 BARTELINK, B. J. M. ΤΑΣ ΠΕΝΤΕ ΑΙΡΕΙΝ — VigChr 26 (1972) 288—290
[753] BEIERWALTES, W.: Augustinus

[1564] Catelli, G.: Lucifer Calaritanus

[787] Collart, J.: Augustinus

428 Corsaro, Francesco *„Philologica Christiana".* Silloge di studi sull'antico Cristianesimo. Catania: Edigraf 1971. 215 pp.

429 Dummer Jürgen *Zum Problem der sprachlichen Verständigung in den Pachomius-Klöstern* — BulArchCopte 20 (1971) 43—52

[1388] Etchegaray Cruz, A.: Hieronymus

[824] Garcia de la Fuente, O.: Augustinus

430 Goffinet, E. *Klassieke litteraire theorie en christendom* — Kleio (Kapellen/Nederlande) 2 (1972) 64—75

431 Grosdidier de Matons, J. *Philologie grecque, classique et byzantine* — AEHESHP 103 (1970/71) 367—374; 104 (1971/72) 328—330

432 Hagendahl, H. *Die Bedeutung der Stenographie für die spätlateinische christliche Literatur* — JAC 14 (1971) 24—38

[1639] Harl, M.: Origenes

[1391] Jaureguizar, E.: Hieronymus

[675] Marotta, E.: Arnobius Minor

[1365] Marotta, E.: Gregorius Thaumaturgus

433 Matl, Josef *Die kulturgeschichtliche Wirkung und Leistung der Latinität bei den Slaven* — WSlJb 16 (1970) 37—53

[1174] Memoli, A. F.: Cyprianus

[1601] Mendoza, F.: Melito Sardensis

434 Mir, G. M. *Latinitas Christianorum propria* — Latinitas 19 (1971) 233—248; 20 (1972) 10—20; 180—200

435 Mondin, B. *Il problema del linguaggio teologico dalle origini ad oggi* [Bibl. di teol. contemporanea 8]. Brescia: Queriniana 1971. 508 pp.

436 Mossay, J. *Notes sur l'herméneutique des sources littéraires de l'histoire byzantine* — Recherches de Philologie et de Linguistique Louvain 9 (1972) 39—51

437 Mussies, G. *The Morphology of Koine Greek* [NovTest Suppl. 27]. Leiden: Brill 1971. XVI, 396 pp.

438 Nagel, Peter *Die Einwirkung des Griechischen auf die Entstehung der koptischen Literatursprache.* In: *Christentum am Roten Meer* Bd. *1* (cf. 1971, 97) 327—355

[1153] Önnerfors, A.: Columbanus Minor

[941] Pizzolato, L. F.: Augustinus

439 Ratzinger, J. *In margine al linguaggio del simbolismo nuziale; le sentenze dei Padri* — VetChr 9 (1972) 5—24

440 Reynolds, Stephen M. *The Word „Again" in Creeds and Bible* — WestThJ 35 (1972) 28—35

[1154] Smit, J. W.: Columbanus Minor

[1374] Tanner, R. G.: Hermas Pastor

441 TORDEUR, P. *Élisions de mots iambiques et anapestiques dans l'hexamètre latin* — Latomus 31 (1972) 105—129

[1727] TORDEUR, P.: Prudentius

442 ZWAAN, J. DE *Griekse Papyri ten dienste van het onderwijs in het Nieuwtestamentisch Grieks*. Leiden: 1971.

b) Voces

ἀμύνη

[1737] TRYPANIS, C. A.: Romanus Melodus

ἀναλογία

[1124] MORTLEY, R.: Clemens Alexandrinus

εὐσέβεια

[688] IBAÑEZ, J.: Athanasius

Θεός ὕψιστος

443 SIMON, M. *Theos hypsistos*. In: *Studia G. Widengren oblata I* (cf. 1972, 141) 372—385

θεωρία

[1342] DANIÉLOU, J.: Gregorius Nyssenus

κρύπτειν, κρυπτός, ἀπόκρυφος

[2418] MÉNARD, J.-E.: Gnostica

λόγος

[689] KANNENGIESSER, CH.: Athanasius Alexandrinus

μετάνοια

[1515] PAVERD, F. VAN DE: Irenaeus Lugdunensis

νοῦς

[689] KANNENGIESSER, CH.: Athanasius Alexandrinus

σάββατα, σάββατον

444 PELLETIER, ANDRÉ *Pour une histoire des noms grecs du Sabbat et de la Pâque* — CRAI (1971) 71—83

φωστήρ

[530] ARAI, S.: Apokrypha

χάρισμα

[1686] PIEPKORN, A. C.: Patres Apostolici

Χριστός
[1687] SABUGAL, S.: Patres Apostolici

amicitia
[623] BOULARAND, E.: Ambrosius Mediolanensis

cogito
[851] KATAYANAGI, E.: Augustinus

fides
[1621] GOŁDA, A.: Optatus Milevitanus
[1410] PEÑAMARIA, A.: Hilarius Pictaviensis
[1411] PEÑAMARIA, A.: Hilarius Pictaviensis
[1556] SZMIDT, S.: Lactantius

fidelis
[1621] GOŁDA, A.: Optatus Milevitanus

Graecia
[1523] CHARANIS, P.: Isidorus Hispalensis

illuminatio
[993] WIENBRUCH, U.: Augustinus

laïcus
445 HERVADA, JAVIER *Notas sobre el uso del término laico en los siglos VI al XI* — IC 12 (1972) 351—367

magis esse, minus esse
[774] BRUNN, E. ZUM: Augustinus

ministerium
446 ORS, ALVARO D' *Ministerium*. In: *Teoloía del Sacerdocio, 4*. (cf. 1972, 154) 315—328

nec, neque
[672] PUTTEN, J. M. P. B. VAN DER: Arnobius maior

organum
[1528] LÖSCHHORN, B.: Isidorus Hispalensis

providentia
[923] PARMA, CH.: Augustinus

sacramentum
[1552] CILLERUELO, L.: Lactantius
[1622] MAŁUNOWICZÓWNA, L.: Optatus Milevitanus

saecularis
[1790] ROCA MELIÁ, I.: Tertullianus

saeculum
[1790] ROCA MELIÁ, I.: Tertullianus

servitium
447 GUERRA GOMEZ, MANUEL *Cambio de terminología de „servicio"* *por „honor-dignidad" jerárquicos en Tertuliano y san Cipriano.* In: *Teología del Sacerdocio* 4 (cf. 1972, 154) 295—313

significatio
[993] WIENBRUCH, U.: Augustinus

signum
[993] WIENBRUCH, U.: Augustinus

uti — frui
[937] PFLIGERSDORFER, G.: Augustinus

viclinas
[1730] VOGÜÉ, A. DE: Regula Magistri

vitulinas
[1730] VOGÜÉ, A. DE: Regula Magistri

voluntas
[853] KIYOTA, H.: Augustinus

II. PALEOGRAPHICA ATQUE MANUSCRIPTA

448 ANDRES, GREGORIO DE *Catálogo de los Códices Griegos de la Real Academia de la Historia* — BRAH 168 (1971) 95—113
[1233] BAILLY, L.: Ephraem Syrus
449 BERNHARD, LUDGER *Die Chronologie der syrischen Handschriften* [Verzeichnis der orientalischen Handschriften in Deutschland 14]. Wiesbaden: Steiner 1971. XX, 186 pp.

450 BROCK, S. *The Nestorian Diptychs. A further manuscript* — AB 89
(1971) 177—185
451 BRUCE-MITFORD, R. L. S. *The Art of Codex Amiatinus* — JBAA 32
(1969) 1—25
452 CAGIANO DE AZEVEDO, M. *Le Case descritte dal Codex tradi-
tionem ecclesiae ravennatis* — AANLR 27 (1972) 159—181
453 CANART, P. *Des inventeurs spécialisés de manuscrits grecs* —
Sc 24 (1970) 112—116
[1248] CANGH, J.-M.: Eusebius Caesariensis
[1251] CURTI, C.: Eusebius Caesariensis
454 DEGEN, R. *A Further Note on Some Syriac Manuscripts in the
Mingana Collection* — JSS 17 (1972) 213—217
[684] EBIED, R. Y. — WICKHAM, L. R.: Athanasius Alexandrinus
[816] FOLLIET, G.: Augustinus
[1585] FREIRE, J. G.: Martinus Bracarensis
455 FRYE, R. N. *The Cologne Greek codex about Mani.* In: *Studia
G. Widengren oblata* (cf. 1972, 141) I 424—429
[1408] GASNAULT, P.: Hilarius Pictaviensis
[1076] GIL, J.: Braulius
456 GRANT, R. M. *Concerning P. Palau Rib. inv. 68* — StPap 11
(1972) 47—50
457 HALKIN, F. *Compléments à l'analyse du ms. Bodl. Auct. E. 2.6
d'Oxford* — AB 90 (1972) 328
458 HALKIN, F. *Codex Huntingtonianus 583* — AB 90 (1972) 288
459 HALKIN, F. *Nouvelles ressemblances entre le Sinaiticus gr. 521 et
le Vaticanus gr. 1774* — AB 89 (1971) 46
[1839] HALKIN, F.: Hagiographica
[1233] HALLEUX, A. DE: Ephraem Syrus
460 HINKLE, W. M. *The Gift of the Anglo-Saxon Gospel Book to the
Abbey of Saint Remi, Reims* — JBAA 33 (1970) 21—35
[2016] HOLLEMANN, A. W. J.: Hymni
461 KASSER, R. *Fragments du livre biblique de la Genèse cachés dans
la reliure d'un codex gnostique* — Mu 85 (1972) 65—89
462 KOSACK, W. *Zwei koptische Texte aus der Bonner Universitäts-
bibliothek* — Mu 85 (1972) 419—424
463 KODER, J. *Zur Wiederentdeckung zweier Codices Beratini* — Byz 65
(1972) 327—328
[1467] KRESTEN, O.: Iohannes Chrysostomus
[1393] LAMBERT, B.: Hieronymus
464 LOWE, E. A. *Codices latini antiquiores. A paleographical guide to
Latin manuscripts prior to the IXth century. Suppl.* Oxford:
Clarendon press 1971. XI, 84 pp.
465 MARIELLA, A. *Codici e incunabili di autori cristiani antichi nelle
biblioteche daune* — VetChr 8 (1971) 357—366

[501] MARTINI, C. M.: Novum Testamentum
[1068] MASI, M.: Boethius
466 MEES, M. p^{78} ein neuer Textzeuge für den Judasbrief — OPR 1 (1970) 5—10
[502] MEES, M.: Novum Testamentum
[503] MEES, M.: Novum Testamentum
[504] MEES, M.: Novum Testamentum
[1610] MORANI, M.: Nemesius Emesiensis
[1847] NORET, J.: Hagiographia
[1848] NORET, J.: Hagiographia
[511] O'CALLAGHAN, J.: Novum Testamentum
[513] O'CALLAGHAN, J.: Novum Testamentum
[514] O'CALLAGHAN, J.: Novum Testamentum
[515] O'CALLAGHAN, J.: Novum Testamentum
[516] O'CALLAGHAN, J.: Novum Testamentum
[517] O'CALLAGHAN, J.: Novum Testamentum
467 ORLANDI, T. Un projet milanais concernant les manuscrits coptes du monastère blanc — Mu 85 (1972) 403—413
468 OUTTIER, B. Un feuillet du lectionnaire géorgien Ḥammeti à Paris — Mu 85 (1972) 399—402
[1225] PEPPERMÜLLER, R.: Doctrina Addaei
469 PETITMENGIN, P. Notes sur des manuscrits patristiques latins. — Fragments patristiques dans le ms. Strasbourg 3762 — REA 17 (1971) 3—12
[1177] PETITMENGIN, P.: Cyprianus
470 PHILIPPART, G. Fragments palimpsestes latins du Vindobonensis 563 (Vᵉ siècle). Évangile selon S. Matthieu, Évangile de l'enfance selon Thomas, Évangile de Nicodème — AB 90 (1972) 391—411
[1616] PISCOPO, M.: Nilus Ancyranus
471 POWELL, K. B. Observations on a number of Liuthar Manuscripts — JWCI 34 (1971) 1—11
472 QUECKE, H. Eine koptische Bibelhandschrift des 5. Jahrhunderts (P Palau Rib. Inv. Nr. 182) — StPap 11 (1972) 77—81
472a QUECKE, H. Zwei koptische Fragmente der theologischen Fakultät Barcelona (P Palau Rib. Inv. 136 und 144) — StPap 10 (1971) 93—97
[1070] REBULL, N.: Boethius
[1779] ROCA-PUIG, R.: Missa
473 ROCHA, PEDRO Um breviário bracarense na biblioteca do Escorial — LusSac 9 (1970—71) 41—54
[953] ROCHAIS, H.: Augustinus
[956] RÖMER, F.: Augustinus
[1950] SALMON, P.: Liturgica

474 SATZINGER, H. *Koptische Papyrus-Fragmente des Wiener Kunsthistorischen Museums* — CE 46 (1971) 419—431
[2434] SCHENKE, H. M.: Gnostica
[2435] SCHENKE, H. M.: Gnostica
475 SCHMITHALS, JOOST *Der Codex Vlatadon 23 (ein bemerkenswerter Vertreter der nichtmenologischen Überlieferung homiletischer und hagiographischer Texte)* — Kleronomia 3 (1971) 85—94
476 SHARPE, J. L. *A checklist of collections of biblical and related manuscripts on microfilm in the United States and Canada* — Sc 25 (1971) 97—109
[520] SPOTTORNO, M. V.: Novum Testamentum
[1852] STRAETEN, J. VAN DER: Hagiographica
[2441] TILL, W. C.: Gnostica
477 TREU, K. *Neue Berliner liturgische Papyri* — ArPap 21 (1971) 57—81
478 VALLECILLO, MIGUEL *El „Transitus Mariae" según el manuscrito Vaticano G. R. 1982* — VyV 20 (1972) 187—260
479 WINKELMANN, F. *Zur Datierung griechischer hagiographischer Handschriften* — Byslav 33 (1972) 220—223
480 WINKELMANN F. *Leningradskij Fragment Žitija Mitrofana.* — Vizantijskij Vremenik 31 (Moskau 1971) 145
[996] WRIGHT, D. F.: Augustinus
[997] ZELZER, M.: Augustinus

II. Novum Testamentum atque Apocrypha

1. NOVUM TESTAMENTUM

a) Editiones textus Novi Testamenti aut partium eius
aa) Editiones textus Graeci

481 *La Bible, III: Nouveau Testament.* Introd. par J. Grosjean, textes trad., prés. et annotés par J. Grosjean et M. Lézurmy, avec la collab. de P. Gros [Bibl. de la Pléiade 226]. Paris: Gallimard 1971. XX, 1057 pp.

bb) Editiones versionum antiquarum

482 *Biblia sacra iuxta latinam vulgatam versionem. XIV: Liber Hieremiae et Lamentationes ex interpretatione sancti Hieronymi quibus additur liber Baruch secundum recensionem Theodulfianam.* Roma: Typ. Polyglottis Vaticanis 1972. XLIV, 391 pp.

483 *Itala. Das Neue Testament in altlateinischer Überlieferung.* Nach den Hss. hrsg. v. Adolf Jülicher. Durchgesehen und zum Druck besorgt von Walter Matzkow u. Kurt Aland. *1. Matthäus-Evangelium.* 2., verb. Aufl. Berlin—New York: W. de Gruyter 1972. VIII, 214 pp.

484 Lentner, Leopold *Alte Bibeln in Österreich* — BL (1969) 119—131, 191—204, 236—251; (1970) 38—55, 44—60

485 [*Wulfila (Ulfilas)*] *Die gotische Bibel. Biblia gotica.* Hrsg. von Wilhelm Streitberg. 6., unv. Aufl., Teil 1 und 2 in einem Band. Teil 1: *Der gotische Text und seine griechische Vorlage.* Mit Einl., Lesarten und Quellennachweisen sowie den kleineren Denkmälern als Anhang. Teil 2: *gotisch-griechisch-deutsches Wörterbuch* [GermB 4]. Heidelberg: C. Winter 1971. XLVII, 498; 180 pp.

b) Quaestiones et dissertationes ad textum eiusque traditionem pertinentes

486 Abel, F. *L'adjectif démonstratif dans la langue de la Bible latine. Étude sur la formation des systèmes déictiques et de l'article défini des langues romanes* [ZRPh Beih. 125]. Tübingen: Niemeyer 1971. XXII, 207 pp.

487 ALAND, KURT *Bemerkungen zu den gegenwärtigen Möglichkeiten textkritischer Arbeit aus Anlaß einer Untersuchung zum Cäsarea-Text der katholischen Briefe* — NTS 17 (1971) 1—9

488 *Die alten Übersetzungen des Neuen Testaments, die Kirchenväterzitate und Lektionare. Der gegenwärtige Stand ihrer Erforschung und ihre Bedeutung für die griechische Textgeschichte.* Hrsg. von K. ALAND [Arb. zur ntl. Textforsch. 5]. Berlin: De Gruyter 1972. XXII, 589 pp.

489 *Appel et propositions aux patrologues et aux biblistes. Pour un inventaire général des citations patristiques de la bible grecque* — StTh 25 (1971) 75—79

490 BAARDA, T. *Vier = een. Enkele bladzijden uit de geschiednis van de harmonistiek der Evangelien.* Kampen: 1971.

491 COPINGER, WALTER ARTHUR *The Bible and its Transmission.* Being a historical and bibliographical view of the Hebrew and Greek texts, and the Greek, Latin and other versions of the Bible (both ms. and printed) prior to the Reformation [Unveränd. Nachdr. d. Ausgabe London: 1897]. Leipzig: Zentralantiquariat der DDR 1972. 340 pp.

492 DUPLACY, J. *Hacia un inventario general de las citas patrísticas de la Biblia griega. Proposiciones a los patrólogos y exegetas* — Augustinus 16 (1971) 197—200

493 DUPLACY, J. *Une grande entreprise internationale et interconfessionelle: ‚Novi Testamenti graeci Editio major critica'* — RThL 1 (1970) 89—91

494 ELLIOTT, J. K. *Phrynichus' influence on the textual tradition of the New Testament* — ZNW 63 (1972) 133—138

495 ESBROECK, M. VAN *Hébreux 11, 33—38 dans l'ancienne version géorgienne* — Bibl 53 (1972) 43—64

495a FEE, G. D. *Papyrus Bodmer II (p^{66}), its textual relationship and scribal characteristics* [Stud. & Docum. 34]. Salt Lake City: Univ. of Utah Press 1968. VIII, 146 pp.

496 GALLAGHER, J. T. *A Study of von Soden's H-Text in the Catholic Epistles* — AUSS 8 (1970) 97—119

497 GRAYSTON, K. *Computers and the New Testament* — NTS 17 (1971) 477—480

498 KRODEL, G. *New manuscripts of the Greek New Testament* — JBL 91 (1972) 232—238

499 *Il libro della Bibbia. Esposzione di manoscritti e di edizioni a stampa della Biblioteca Apostolica Vaticana dal secolo III al secolo XVI.* A cura di L. MICHELINI TOCCI. Città del Vaticano: Bibl. Apost. Vaticana 1972. XIV, 147 pp.

500 LOELIGER, C. *Kelkaj kontribuoj al la studao de la Siria Nova Testamento* — BibRevuo 7 (1971) 149—153

501 MARTINI, C. M. *Note sui papiri della grotta 7 di Qumrân* — Bibl 53 (1972) 101—104

[632] MARZOLA, M.: Ambrosius

502 MEES, M. *Die Bezeugung von Mt. 26, 20—40 auf Papyrus (P 64, P 53, P 45, P 37) und ihre Bedeutung* — AugR 11 (1971) 408—431

503 MEES, M. *Petrus und Johannes nach ausgewählten Varianten von P⁶⁶* — BiZ 15 (1971) 238—249

504 MEES, M. *Einige Verse aus dem Hebräerbrief nach einem neugefundenen Papyrus* — OPR 1 (1970) 43—46

505 MEES, M. *Did. 1, 3. Einige Anmerkungen zur Überlieferung der Jesusworte* — OPR 1 (1970) 163—168

506 METZGER, B. M. *Patristic Evidence and the Textual Criticism of the New Testament* — NTS 18 (1971/72) 379—400

507 METZGER, B. M. *Literary forgeries and canonical pseudepigrapha* — JBL 91 (1972) 3—24

508 MOLITOR, J. *Die Bedeutung der georgischen Version des Neuen Testaments für die Novi Testamenti Graeci editio maior critica aufgezeigt am Textcharakter des altgeorgischen Jakobusbriefes* — BK 28 (1971) 249—252

509 MOLITOR, J. *Zum Textcharakter der armenischen Apokalypse* — OrChr 55 (1971) 90—148; OrChr 56 (1972) 1—48

[2218] MURRAY, R.: Religio (Traditio)

510 NEDELJKOVIĆ, OLGA *Problem strukturnih redakcija staroslavenskog prijevoda Apostola (Das Problem der Strukturalforschungen der altslawischen Übersetzung des Apostolos)* — Slovo 22 (1972) 27—40

511 O'CALLAGHAN, J. *Tres probabiles papiros neotestamentarios en la cueva 7 de Qumrân* — StPap 11 (1972) 83—89

512 O'CALLAGHAN, J. *„Nominum sacrorum" elenchus in Graecis Novi Testamenti papyris a saeculo IV usque ad VIII* — StPap 10 (1971) 99—122

513 O'CALLAGHAN, J. *Papiros neotestamentarios en la cueva 7 de Qumrân?* — Bibl 53 (1972) 91—104

514 O'CALLAGHAN, J. *Notas sobre 7Q tomadas en el Rockefeller Museum de Jérusalem* — Bibl 53 (1972) 517—533

515 O'CALLAGHAN, J. *Sobre la localization de P⁸¹* — StPap 10 (1971) 127s

516 O'CALLAGHAN, J. *Posible Identificatión de P⁴⁴ C recto como Mc 4, 22—24* — Bibl 52 (1971) 398—400

517 O'CALLAGHAN, J. *Mt 2,14 en le fragmento adéspota de P¹* — StPap 10 (1971) 87—92

518 PELSER, H. S. *The Origin of the Ancient Syriac New Testament. A Historical Study.* In: *De fructi* (1971) 152—163

[470] PHILIPPART, G.: Paleographica atque manuscripta

519 ROBERTS, C. H. *On some presumed papyrus fragments of the New Testament from Qumran* — JThS 23 (1972) 446—447
520 SPOTTORNO, M. V. *Nota sobre los papiros de la cueva 7 de Qumrân* — ECl 15 (1971) 261—263
521 TROUPEAU, G. *Une ancienne version arabe de l'Épître à Philémon* — MUSJ 46 (1970/71) 341—351
522 UNNIK, W. C. VAN *Words come to life. The work for the „Corpus Hellenisticum Novi Testamenti"* — NovTest 13 (1971) 199—216

2. APOCRYPHA

a) Editiones textus originalis

[478] VALLECILLO, M.: Paleographica atque manuscripta

b) Versiones modernae

523 *Apocrifi del Nuovo Testamento.* 2 Bd. A cura di L. MORALDI. Torino: Utet 1971. 2020 pp.
524 *Atti degli Apostoli.* Comm. di J. LEAL, trad. di M. C. CELLETTI e A. MARCHESI [Nuovo Testamento 5]. Roma: Città Nuoava 1971.
525 HENNECKE, EDGAR *Neutestamentliche Apokryphen in deutscher Übersetzung*, hrsg. von WILHELM SCHNEEMELCHER. Bd. 2: *Apostolisches, Apokalypsen und Verwandtes.* 4. Aufl. Tübingen: Mohr 1971. VIII, 661 pp.
526 MYSZOR, W. — SZCZUDLOWSKA, A. *Ewangelia według Tomasza (L'évangile selon Thomas; Nag-Hammadi; Introd. trad. en polonais)* — SSHT 5 (1972) 19—42
527 STAROWIEYSKI, M. *Dzieciństwo Pana. Tzw Ewangelia Tomasza (Apocryphon Thomae, versio polona)* — AnCra 4 (1972) 315—258

c) Quaestiones et dissertationes

528 AGOURIDÉS, S. Πράξεις τοῦ ἁγίου ἀποστόλου Θωμᾶ *(The Acts of the Holy Apostle Thomas)* — DVM 1 (1971) 126—147
[478] VALLECILLO, M.: Paleographica atque manuscripta
529 ARAI, S. *Zur Christologie des Apokryphons des Johannes* — NTS 15 (1968/69) 203—218
530 ARAI, S. *„φωστήρ"* in the Apocalypse of Adam: One Aspect of the Religions of the Ancient Orient [Japanese]. In: *European History of Christianity 1* (Tokyo 1971) 91—118
531 BAGATTI, B. *S. Pietro nella „Dormitio Mariae"* — BiblOr 13 (1971) 42—48
532 BAUER, J. B. *Agraphon 90 Resch* — ZNW 62 (1971) 301—303

533 BAUER, J. B. *Los apócrifos neotestamentarios* [Actualidad Bíblica 22].
Traducción de J. M. BERNÁLDEZ. Madrid: Editorial Fax 1971.
162 pp.

534 BEARDSLEE, W. A. *Proverbs in the Gospel of Thomas.* In: *Studies
A. P. Wikgren* (cf. 1972, 151) 92—103

535 BRIOSO, M. *Sobre el Tanzhymnus de Acta Iohannis 94-6* — Emerita
40 (1972) 31—45

536 BROCK, S. *A new testimonium to the Gospel according to the
Hebrews* — NTS 18 (1972) 220—222

537 BROCK, S. *A Fragment of the Acta Pilati in Christian Palestinian
Aramaic* — JThS 22 (1971) 157—158

[1877] CANAL SANCHEZ, J. M.: Josephus

538 DEHANDSCHUTTER, B. *Les paraboles de l'Évangile selon Thomas.
La Parabole du Trésor caché (log. 109)* — EThL 47 (1971)
199—219

539 DUDA, BONAVENTURA „*Nepisane" Isusove izreke (Agrapha Jesu)* —
Bogoslovska smotra 41 (1971) 409—418

[1109] EIJK, A. H. C.: Clemens Alexandrinus

540 ESBROECK, MICHEL VAN *Nouveaux apocryphes de la Dormition
conservés en géorgien* — AB 90 (1972) 363—369

541 GERO, S. *The infancy Gospel of Thomas. A Study of the Textual
and Literary* — NovTest 13 (1971) 46—80

542 GRABAR, BISERKA *Apokrifna Djela apostolska u hrvatskoglagolj-
skoj literaturi. 3. Djela Pavla i Tekle (Die apokryphen Apostel-
geschichten in der kroatisch-glagolitischen Literatur. 3. Die Akten
des Paulus und der Thecla)* — Radovi 7 (1972) 5—30

543 HAACKER, K. *Bemerkungen zum Freer-Logion* — ZNW 63 (1972)
125—129

544 HANEY, JACK V. *The Laodicean Epistle: Some Possible Sources* —
AmSlav 30 (1971) 832—842

545 HELMBOLD, A. K. ,*The Apocryphon of John': A Case Study in
Literary Criticism* — JETS 13 (1970) 173—179

546 JACQUES, X. *Les ,Actes d'André et de Paul'* — RechSR 58 (1970)
289—296

547 JANNSSENS, Y. *L'Apocryphon de Jean* — Mu 84 (1971) 43—64;
403—432

548 KARAVIDOPULOS, J. *Ein außerbiblisches Wort Jesu im Gebet des
Euchelaion* — GregPalThes 54 (1971) 291—294

549 KARAVIDOPOLUS, J. *Ein Agraphon in einem liturgischen Text der
griechischen Kirche* — ZNW 62 (1971) 299—300

[2411] KRAUSE, M.: Gnostica

550 MEES, M. *Das Paradigma vom reichen Mann und seiner Berufung
nach den Synoptikern und dem Nazaräerevangelium* — VctChr 9
(1972) 245—265

551 Myszor, W. *Apokalipsa Pawła* — STV 10 (1972) 163—170
552 Noret, J. *Pour une édition de l'Évangile de l'enfance selon Thomas* — AB 90 (1972) 412
[470] Philippart, G.: Paleographica atque manusripta
553 Schoedel, W. R. *Parables in the Gospel of Thomas. Oral tradition or Gospel exegesis?* — Concord 43 (1972) 548—560
554 Sevrin, J. M. *Pratique et doctrine des sacrements dans l'Évangile selon Philippe* [Diss. Théol.]. Louvain: 1972. II, 310 pp.
555 Williams, Michael A. *Realized Eschatology in the Gospel of Philip* — RQ 14 (1971) 1—17
556 Zelzer, Klaus *Zu den lateinischen Fassungen der Thomasakten. 1. Gehalt, Gestaltung, zeitliche Einordnung. 2. Überlieferung und Sprache* — WSt 5 (1971) 161—179; 6 (1972) 185—212

III. Auctores
(editiones, quaestiones, dissertationes, commentarii)
1. GENERALIA

557 ALAND, KURT *Saints and Sinners: Men and Ideas in the Early Church*. Transl. by WILHELM C. LINSS. Philadelphia: Fortress 1970. VI, 250 pp.

558 *Gli Apologeti greci del II seculo*. Antologia di testi. Torino: Litografia artigiana M & S 1972. 93 pp.

559 BATTLE, COLUMBA M. *Die „Adhortationes sanctorum patrum" (verba seniorum) im lateinischen Mittelalter. Überlieferung, Fortleben und Wirkungen* [Diss.]. München: 1972. XIX, 340 pp.

560 BATTLE, C. M. *Vetera nova. Vorläufige kritische Ausgabe bei Rosweyde fehlender Vätersprüche.* In: *Festschrift Bernhard Bischoff* (Stuttgart 1971) 32—42

561 BERNARDINO, A. DI *Maestri cristiani del III secolo nell'insegnamento classico* — AugR 12 (1972) 549—556

562 BROEK, ROELOF VAN DEN *The myth of the phoenix according to classical and early christian traditions*. Leiden: E. J. Brill 1971. XIII, 485 pp.

563 CAMPOS, JULIO *La „Ciudad de Dios" según la mente y el sentir de los Padres de la Iglesia* — CD 184 (1971) 495—579

564 DOMINGUEZ DEL VAL, URSICINO *Obras desaparecidas de Padres y escritores españolas*. In: *Repertorio de historia de las ciencias eclesiásticas en España* (cf. 1971, 185) 11—28.

565 DUKES, E. D. *Magic and witchcraft in the writing of the western church Fathers* [Diss. Kent State Univ.]. Kent: 1972. 397 pp. (microfilm)

566 DULLES, A. *A history of apologetics. Theological ressources.* London: Hutchinson 1971. XIX, 307 pp.

567 FLOROVSKY, G. V. *Eastern Fathers of the 4th century. Based on lectures given at the Orthodox Theological Institute in Paris.* New introduction by the author [Nachdruck der Ausgabe Paris: 1931]. Farnborough: Gregg 1971. 240 pp.

568 FLOROVSKY, G. V. *Byzantine Fathers of the V—VIII centuries. Based on lectures given at the Orthodox Theological Institute in Paris* [Nachdruck der Ausgabe Paris: 1933]. Farnborough: Gregg 1971. 260 pp.

569 GRANT, R. M. *The uses of history in the Church before Nicaea*. In: *Studia Patristica XI/II* [TU 108] (cf. 1972, 150) 166—178

570 HRUBY, KURT *Juden und Judentum bei den Kirchenvätern* [Schriften zur Judentumskunde 2]. Zürich: Theologischer Verlag 1971. 81 pp.

571 LADNER, G. B. *Aspects of patristic anti-Judaism* — Via 2 (1971) 355—363

572 MAŁUNOWICZÓWNA, L. *Stare i nowe w greckiej konsolacji chrześcijańskiej (The New and Old in the Greek Christian Consolatio)* — RoczH 19 (1971) 73—84

573 MATEO-SECO, LUCAS F. *Sacerdocio de Cristo y sacerdocio ministerial en los tres grandes Padres Capadocios.* In: *Teología del Sacerdocio 4* (cf. 1972, 154) 177—201

574 MICHALSKI, M. *Antologia literatury patrystycznej* Tome 1. Warszawa: Akademia Teologii Katolickiej 1969. 408 pp.

575 MONTALVERNE, JOSÉ *A literatura dos judeo-cristãos nos três primeiros séculos* — ThBraga 6 (1971) 157—185

576 MOUTSOULAS, ELIE *Écrivains alexandrins du IVᵉ siècle* — EPh 54 (1972) 275—321

577 MOUTSOULAS, E. *Écrivains ecclésiastiques du IVᵉ siècle* — EPh 54 (1972) 509—536

578 OUTTIER, B. *Un patéricon arménien* — Mu 84 (1971) 299—351

579 PABLO MAROTO, DANIEL *Lectura de los Santos Padres para el cristiano de hoy* — REspir 31 (1972) 292—318

580 PLACES, E. DES *Les Oracles chaldaïques dans la tradition patristique africaine.* In: *Studia Patristica XI* [TU 108] (cf. 1972, 150) 27—41

581 *Poésie latine chrétienne du moyen âge, IIIᵉ—XVᵉ siècles.* Textes recueillis, trad. et comm. par H. SPITZMULLER [Bibl. européenne]. Bruxelles: Desclée de Brouwer 1971. CXXXIII, 2011 pp.

582 POQUE, S. *Où se situe l'activité de l'imagination chez un orateur chrétien du 5ᵉ siècle?* — Pallas 19 (1972) 91—96

583 REID, J. K. S. *Christian Apologetics.* Grand Rapids: Eerdmans 1970. 224 pp.

584 SADDINGTON, D. B. *The educational effect of catechetical instruction in the fourth century A.D.* — Euphrosyne 5 (1972) 249—271

585 SPEYER, W. *Die literarische Fälschung im heidnischen und christlichen Altertum. Ein Versuch ihrer Deutung* [Handbuch der Altertumswissenschaft. T. I, vol 2]. München: C. H. Beck 1971. XXIV, 343 pp.

586 SZYMUSIAK, J. M. *Lettres chrétiennes dans l'Occident barbare.* In: *Studia Patristica XI* [TU 108] (cf. 1972, 150) 79—84

587 TERZOLI, RICCARDO *Il tema della beatitudine nei Padri siri. Presente e futuro della salvezza* [Pubbl. del Pontif. seminario lombardo in Roma. Ricerche di scienze teologiche 11]. Brescia: Morcelliana 1972. 210 pp.

588 TIMOTHY, H. B. *The early Christian Apologists and Greek philosophy exemplified by Irenaeus, Tertullian and Clement of Alexandria* [Philosophical texts and studies 21]. Assen: Van Gorcum 1972. 104 pp.

589 VEGA, ANGEL CUSTODIO *De Patrología Española. La „Lamentatio Origenis" y el „Lamentum paenitentiae" del Ps. Isidoro* — BRAH 168 (1971) 29—39

590 VEGA, ANGEL CUSTODIO *De Patrología Española. ¿Ha perecido el „Liber adversus omnes haereticos" de Audencio, Obispo español de Toledo († 395)?* — BRAH 169 (1972) 263—325

591 VERMANDER, J.-M. *La parution de l'ouvrage de Celse et la datation de quelques apologies* — REA 18 (1972) 27—42

592 VOGÜÉ, A. DE *La Vie des Pères du Jura et la datation de la Regula orientalis* — RAM 47 (1971) 121—128

593 WAJSZCAK, E. *Chrystus-Boży pedagog w pismach Ojców Kościoła (Christus der göttliche Pädagoge in den Schriften der Kirchenväter)* — StPel (1969) 179—190

594 WITKE, CHARLES *Numen Litterarum. The old and new in Latin poetry from Constantine to Gregory the Great* [Mittellateinische Studien u. Texte 5]. Leiden: E. J. Brill 1971. XII, 240 pp.

595 WITT, R. E. *The flight to Egypt.* In: *Studia Patristica XI* [TU 108] (cf. 1972, 150) 92—98

596 WOJTOWICZ, H. *Antologia modlitwy patrystycznej (Antologia orationum patristicarum ex operibus Latinorum Patrum, bilinguis, versio polona).* Sandomierz: 1971. 278 pp.

597 WOLBERGS, TH. *Griechische religiöse Gedichte der ersten nachchristlichen Jahrhunderte. Fasc. 1: Psalmen und Hymnen der Gnosis und des frühen Christentums* [Beiträge z. klassischen Philologie 40]. Meisenheim/Glan: Hain 1971. 135 pp.

598 ZEEGERS VAN DER VORST, N. *Les citations des poètes grecs chez les apologistes chrétiens du IIe siècles* [Université de Louvain. Receuil de travaux d'histoire et de philologie, 4e sér., fasc. 47]. Louvain: Publications universitaires 1972. XLIX, 381 pp.

2. AUCTORES SINGULI
(IN ORDINE ALPHABETICO AUCTORUM)

AETHERIA (EGERIA)

599 [*Aetheria*] *Egeria's travels.* Newly transl. with supporting documents and notes by J. WILKINSON. London: SPCK 1971. XV, 320 pp.

600 [*Aetheria*] *Peregrinação de Etéria. Liturgia e catequese em Jerusalém no século IV.* Introdução, tradução e notas por MARIA DA GLORIA NOVAK e comentario da Frei ALBERTO BECKHÄUSER [Fontes da Catequese 6]. Petropolis: Editôra Vozes 1971. 128 pp.

601 [*Aetheria*] *Eteria, Pielgrzymka do miejsc świętych (Itinerarium).* Ins poln. übers. v. W. SZOŁDRSKI, Einleitung v. A. BOGUCKI [PSP 6]. Warszawa: Akademia Teologii Katolickiej 1970. 160—241.

602 BAGATTI, B. *Incensieri e portalucerne fittili in Palestina nei secoli II—VII —* RiAC 48 (1972) 35—41

603 MIAN, F. *Caput vallis al Sinai in Eteria —* StBibF 20 (1970) 209—223

[1958] VAZ, A. L.: Liturgica Generalia

AETIUS ANTIOCHENUS

604 WICKHAM, L. R. *Aetius and the doctrine of divine emergency.* In: *Studia Patristica XI* [TU 108] 259—263 (cf. 1972, 150)

AGATHANGELUS

[1292] Gregorius Illuminator

AGNELLUS EPISCOPUS RAVENNATENSIS

605 *Agnello, arcivescovo di Ravenna. Studi per il XIV centenario della morte (570—1970).* A cura di A. TORRE, J. O. TJÄDER, G. MONTANARI, M. MAZZOTTI, G. LUCCHESI, A. VASINA [Soc. di Studi Romagnoli Saggi e repertori 14]. Faenza: Lega 1971. 102 pp.

606 MONTANARI, G. *La lettera dell'arcivescovo Agnello De ratione fidei: filolofia, storia politica, religione.* In: *Agnello, arcivescovo di Ravenna* (cf. 1971, 605) 25—52

ALCIMUS AVITUS EPISCOPUS VIENNENSIS

607 [*Alcimus Avitus Episcopus Viennensis*] *Alcimo Ecdicio Avito: De spiritalis historiae gestis* (Teilausgabe, lat. u. ital.) Introd., scelta e trad. a cura di SALVATORE COSTANZA. Messina: Peloritana ed. 1971. 121 pp.

608 CHATILLON, F. *Sur un passage d'Avit de Vienne concernant l'arianisme —* RMAL 20 (1971) 261—275

609 RONCORONI, A. *L'epica biblica di Avito di Vienne —* VetChr 9 (1972) 303—329

AMBROSIUS MEDIOLANENSIS

610 [*Ambrosius*] *Ambroży św. Wybór pism dogmatycznych (Ausgewählte Werke).* Ins Poln. übers. mit einer Einleitung von G. GLADYSZEWSKI und S. PIESZCZOCH [Pisma Ojców Kościoła 26]. Poznań: 1970. II, 161 pp.

611 [*Ambrosius*] *Ambroży św. O wierze. De fide*. Ins Poln. übers. v. I. BOGASZEWICZ. Warszawa: 1970. 270 pp.

612 [*Ambrosius*] *Ambroży św. Hexaëmeron*. Ins Poln. übers. v. W. SZOŁDRSKI, Einleitung v. A. BOGUCKI [PSP 4]. Warszawa: Akademia Teologii Katolickiej 1969. 247 pp.

613 [*Ambrosius*] *Ambroży św. Wybór pism (Werke in Auswahl)*. Ins polnische übersetzt von W. SZOŁDRSKI und mit einer Einleitung versehen von A. GURYN [PSP 7]. Warszawa: Akademia Teologii Katolickiej 1971. 194 pp.

614 [*Ambrosius*] *Seven exegetical works: Isaac or the soul; Death as a good; Jacob and the happy life; Joseph; The Patriarchs; Flight from the world; The prayer of Job and David*. Ed. by MICHAEL P. MCHUGH [Fathers of the Church. A new translation 65]. Washington: The Catholic University of America press 1972. VIII, 477 pp.

615 [*Ambrosius*] *La pénitence*. Texte latin, introd., trad. et notes par R. GRYSON [SC 179]. Paris: Édit. du Cerf 1971. 279 pp.

616 [*Ambrosius*] *Os Sacramentos e os Mistérios. Iniciação cristã nos primórdios por Santo Ambrósio*. Introdução, tradução e notas per Dom PAULO EVARISTO ARNS e Comentários de Côn. GERALDO MAJELLA AGNELO. [Coleção Fontes de Catequese 5]. Petropolis: Editora Vozes 1972. 110 pp.

617 AMBROSINI, A. *Controversie tra il monastero e la canonica di S. Ambrogio alla fine del secolo XII —* RILSL 105 (1971) 643—680

618 ANDRZEJEWSKI, R. *Tradycja a nowatorstwo w epistolografii lacińskiej IV w. w świetle listów Kw. Aureliusza Symmacha i Aureliusza Ambrożego (Nova et vetera quae in epistulis Latinis IV p. Ch. n. saeculo apparent) —* Eos 67 (1967/68; 1969) 245—250

619 ARGAL, MIGUEL ANGEL *Las bendiciones del Patriarca Jacob en el comentario de San Ambrosio —* SVict 18 (1971) 295—325; 19 (1972) 63—83.

620 AUBINEAU, M. *Jean Damascène et l'epistula De inventione Gervasii et Protasii attribuée à Ambroise —* AB 90 (1972) 1—14

621 BELVAL, NORMAN JOSEPH *The Holy Spirit in Saint Ambrose*. Romae: Officium libri catholici 1971. 137 pp.

622 BIETZ, WOLFGANG KARL *Paradiesvorstellungen bei Ambrosius und seinen Vorgängern* [Diss.]. Gießen: 1971. 135 pp.

[1969] BIFFI, I.: Missa

623 BOULARAND, E. *L'amitié d'après saint Ambroise dans le De officiis ministrorum —* BLE 73 (1972) 103—123

624 CALCATERRA, C. *La catechesi pasquale di Ambrogio di Milano. Motivazioni di pastorale liturgica* [Estratto della tesi di laurea nella Fac. Teol. della Pontif. Univ. Lateranense]. Roma: Pontif. Univ. Later. 1972. 65 pp.

625 CHAFFIN, CHR. E. *Christus imperator. Interpretazioni della IV Egloge di Virgilio nell'ambiente di sant'Ambrogio* — RSLR 8 (1972) 517—527

[1969a] *Corpus ambrosiano-liturgicum*

626 COURCELLE, P. *Ambroise de Milan face aux comiques latins* — REL 50 (1972) 223—231

627 COURCELLE, P. *Ambroise de Milan „professeur de philosophie"* — RHR 181 (1972) 147—155

627a DANTU, C. *La place et le rôle de l'Écriture dans le „De officiis ministrorum" d'Ambroise* [Mémoire d'études supérieures]. Dijon: 1970. 73 pp.

628 DEMANDT, A. *Geschichte als Argument. Drei Formen politischen Zukunftsdenkens im Altertum (Isokrates, Cicero, Ambrosius)* [Konstanzer Univ.-Reden 46]. Konstanz: Univ.-Verl. 1972. 80 pp.

629 DIESNER, HANS-JOACHIM *Kirche und Staat im ausgehenden vierten Jahrhundert: Ambrosius von Mailand.* In: *Das frühe Christentum im römischen Staat* (cf. 1971, 111) 415—454

630 GALBIATI, E. *Il nuovo Lezionario Ambrosiano del tempo quaresimale e pasquale* — Ambr 48 (1972) 32—39

[432] HAGENDAHL, H.: Philologia Patristica

631 HEIMING, O. *Kleinere Beiträge zur Geschichte der ambrosianischen Liturgie* — ALW 13 (1971) 133—140

[311] KLEIN, R.: Opera ad historiam

632 MARZOLA, M. *Bibbia ambrosiana neotestamentaria. Reconstruzione teologico-critica T. I et II.* Turin: Soc. ed. Internazionale 1965—71. XV, 253 und II, 518 pp.

[1689] MCCLURE, R.: Paulinus Mediolanensis

[1690] MCCLURE, R.: Paulinus Mediolanensis

633 MCHUGH, M. P. *Satan and Saint Ambrose* — CFH 26 (1972) 94—106

634 PÉPIN, JEAN *Textes et doctrines de la fin de l'antiquité* — AEHESHP 103 (1970/71) 323—324; 104 (1971/72) 285—286

635 RAPISARDA, G. LO MENZO *La personalità di Ambrogio nell'Epistola LVII* — Orpheus 19 (1972) 3—47

636 RICCI, M. L. *Fortuna di una formula ciceroniana presso Sant'Ambrogio. A proposito di iustitia* — SIF 43 (1971) 222—245

637 RUIZ, S. *Investigationes historicae et litterariae in Sancti Ambrosii De obitu Valentiniani et De obitu Theodosii imperatorum orationes funebres* [München, Diss. 1969]. München: 1971. XXXI, 224 pp.

638 SANDRO DUCCI, M. *Senso della tipologia mariana in S. Ambrogio e suo rapporto con lo sviluppo storico e dottrinale* — EcXaver 21 (1971) 137—141

639 SANTORSKI, A. *Egzegetyczne i filozoficzne założenia katechezy św. Ambrożego (Principes exégétiques et philosophiques de la caté-chèse de Saint Ambroise)* — RoczTK 18 (1971) 124—132

[2003] SAXER, V. : Sacramenta et sacramentalia

640 SEMPLICIO, BRUNO *Mistero pasquale e spiritualità del sacerdote nelle lettere di S. Ambrogio* [Estratto della tesi di laurea in Sacra Teoloia presso la Pont. Università Lateranese]. Piacenza: Silvotti 1972. 78 pp.

641 SOBRERO, M. OBERTI *L'etica sociale in Ambrogio di Milano: Re-construzione delle fonti ambrosiane nel „De iustitia" di S. Tommaso.* Torino: Asteria 1970. 367 pp.

642 *Der Streit um den Victoriaaltar. Die dritte Relatio des Symmachus und die Briefe 17, 18 und 57 des Mailänder Bischofs Ambrosius.* Einführ., Text, Übers. und Erl. von R. KLEIN [Texte zur Forsch. 7]. Darmstadt: Wiss. Buchges. 1972. 198 pp.

[975] STUDER, B. : Augustinus

[1957] TRIACCA, A. M. : Liturgica

643 TRISOGLIO, F. *Sant'Ambrogio conobbe Plinio il Giovane?* — RiStCl 20 (1972) 363—410

644 WALLACH, L. *Ambrosii verba retro versa e translatione Graeca (Libri Carolini II, 15)* — HThR 65 (1972) 171—189

PS.-AMBROSIUS

645 [*Ps.-Ambrosius*] *Ambrosiaster. Quaestiones Veteri et Novi Testa-menti. Quaestio 115. De fato.* Einl., Text, Übersetzung und Kommen-tar von DIETRICH VON QUEIS [Diss.]. Basel: 1972. 218 pp.

AMPHILOCHIUS ICONIENSIS

645a [*Amphilochius Iconiensis*] *Amphilochius, Iambi ad Seleucum (De recta studiorum ac vitae ratione)* hrsg. von E. OBERG [PTS 9]. Berlin: Walter de Gruyter 1969. 105 pp.

ANASTASIUS II PAPA

646 COWDREY, H. E. J. *Pope Anastasius II and St. Augustine's doc-trine of holy orders.* In: *Studia Patristica XI* [TU 108] (cf. 1972, 150) 311—315

ANDREAS CRETENSIS

647 ARCO MAGRÍ, M. *L'inedito Canon de requie di Andrea Cretense* — Helikon 9/10 (1969/70) 475—513

648 MAISANO, R. *Un inno inedito di S. Andrea di Creta per la domenica delle Palme* — RSLR 6 (1970) 519—572

[1882] SOLÁ, FRANCISCO DE PAULA : Josephus

ANONYMUS

649 LEROY, F. J. *Une homélie nouvelle origéno-arienne, issue de milieux anti-marcelliens. BGH 1076z, in Lc I, 31—44.* In: *Epektasis. Mélanges Jean Daniélou* (cf. 1972, 119) 343—353

ANTONIUS

649a DEVILLIERS, N. *Saint Antoine le Grand, père des moines.* Bégrolles: Abbaye de Bellefontaine 1971. 112 pp.
650 GARCIA SUAREZ, G. *La vida religiosa en San Antonio Abad —* Confer 16 (1971) 389—406
651 PEDRERO, M. P. *Los apotegmas antonianos.* Introducción, traducción y notas — Cistercium 24 (1972) 187—202

APHRAATES

652 NEUSNER, J. *Aphrahat and Judaism. The Christian-Jewish argument in fourth-century Iran* [Studia post-biblica 19]. Leiden: Brill 1971. XVI, 265 pp.

APOLLINARIUS LAODICENSIS

[2473] *La chaîne palestinienne sur le psaume 118:* Specialia in Vetus Testamentum
653 HUEBNER, R. *Gotteserkenntnis durch die Inkarnation Gottes. Zu einer neuen Interpretation der Christologie des Apollinaris von Laodicea —* Kleronomia 4 (1972) 131—161
654 KANNENGIESSER, C. *Une nouvelle interprétation de la christologie d'Apollinaire —* RechSR 59 (1971) 27—36
655 LIETZMANN, HANS *Apollinaris von Laodicea und seine Schule* [TU 1]. [Nachdruck der Ausgabe Tübingen: 1904]. Hildesheim: Olms 1971. XVI, 323 pp.

APOPHTHEGMATA PATRUM

656 ELIZALDE, M. DE *Dichos de los Padres del desierto. Algunos datos sobre su formación y contenido —* RAgEsp 13 (1972) 453—465
657 FERNANDEZ MARCOS, N. *Demonología de los „Apophthegmata patrum" —* CFC 4 (1972) 463—491
[1585] FREIRE, J. G.: Martinus Bracarensis
[1682] FREIRE, J. G.: Paschasius Dumiensis
658 LELOIR, L. *La prière des Pères du désert d'après les collections arméniennes des Apophtegmes.* In: *Mélanges liturgiques* (1972, 136) 311—326
659 *I Padri del deserto.* Detti. Traduzione, introduzione e note di L. MORTARI. Roma: Città Nuova 1972. 389 pp.
[651] PEDRERO, M. P.: Antonius

660 REGNOULT, D. *Les Sentences des Pères du désert; Apophtegmes inédits ou peu connus* — Irénikon 44 (1971) 131—132
661 SANSEGUNDO, L. H. *Apophthegmata* — PalLat 41 (1971) 1—16
662 SAUGET, J.-M. *Paul Evergetinos et la Collection alphabético-anonyme des Apophthegmata Patrum. A propos d'un livre récent* — OrChrP 37 (1971) 223—235

ARIUS

663 BARNARD, LESLI WILLIAM *What was Arius' Philosophy?* — ThZ 28 (1972) 110—117
664 BOULARAND, E. *L'hérésie d'Arius et la foi de Nicée, I: L'hérésie d'Arius; II: La foi de Nicée.* Paris: Letouzey & Ané 1972. 176 und 288 pp.
[1406] DUVAL, Y. M.: Hilarius Pictaviensis
[686] HOLLAND, J. A. B.: Athanasius
665 HOLLAND, J. A. B. *The Solution of Arius* — RThR (1971) 69—78
666 LONGOSZ, S. *Literacki charakter Thalii Ariusza (L'aspect littéraire de la Thalie d'Arius)* — RoczTK 18 (1971) 113—117

ARNOBIUS MAIOR

667 [*Arnobius Maior*] *Adversus nationes 3,1—19*. Uitg. met inleid. & comm. door J. M. P. B. VAN DER PUTTEN [avec résumé en franç., Diss.]. Leiden: 1970. VII, 150 pp.
668 BONNIEC, M. DE *De quelques corrections abusives au texte d'Arnobe* — RPh 45 (1971) 41—47
669 BURGER, CH. *Die theologische Position des älteren Arnobius* [theol. Diss.]. Heidelberg: 1971. 117 pp.
670 PUTTEN, J. M. P. B. VAN DER *Arnobiana* — VigChr 25 (1971) 40—50
671 PUTTEN, J. M. P. B. VAN DER *Arnobe croyait-il à l'existence des dieux païens?* — VigChr 25 (1971) 52—55
672 PUTTEN, J. M. P. B. VAN DER *L'emploie de nec et neque dans Arnobe* — VigChr 25 (1971) 51

ARNOBIUS MINOR

673 CERVELLI, A. *Arnobio il Giovane, in Ps. 150* — Vichiana 1 (1972) 147—151
674 LEANZA, SANDRO *L'esegesi di Arnobio di giovane al libro dei Salmi* — VetChr 8 (1971) 223—239
675 MAROTTA, E. *I neologismi nell'orazione di Arnobio il giovane libre dei Salmi* — VetChr 8 (1971) 241—256

ASTERIUS AMASENUS

676 POPA, ION *Astérios d'Amasée en tant que prédicateur* [en roum.] — StBuc 23 (1971) 363—375

677 SPEYER, W. *Die Euphemia-Rede des Asterios von Amaseia. Eine Missionsschrift für gebildete Heiden* — JAC 14 (1971) 39—47

ATHANASIUS ALEXANDRINUS

678 [*Athanasius*] *Athanasiana syriaca. Part. III: i. De incarnatione contra Arianos; Contra Apollinarium I; De cruce et passione; Quod unus sit Christus; De incarnatione Dei verbi; Ad Jovianum.* Texte par R. W. THOMSON [CSCO 324, Script. Syri 142] Louvain: Secrétariat du CSCO 1972. XI, 166 pp.

679 [*Athanasius*] *Athanasiana syriaca, Part. III ii. De incarnatione contra Arianos; Contra Apollinarium I; De cruse et passione; Quod unus sit Christus; De incarnatione Dei verbi; Ad Jovianum.* Version par R. W. THOMSON [CSCO 325, Script. Syri 143] Louvain: Secrétariat du CSCO 1972. III, 166 pp.

680 [*Athanasius*] *Contra Gentes and De Incarnatione.* Ed. by R. W. THOMSON [Oxford early Christian texts]. Oxford: Clarendon Press 1971. XXXVI, 288 pp.

681 [*Athanasius Alexandrinus*] ΠΑΠΑΔΟΠΟΥΛΟΥ, ΣΤΥΛΙΑΝΟΥ. Ἀθανάσιος Ἀλεξανδρείας περὶ ἁγίου Πνεύματος κατὰ τὰς πρὸς Σεραπίωνα ἐπιστολὰς αὐτοῦ [ἀνάτυπον ἐκ τοῦ „Ἐκκλησιαστικοῦ Φάρου" 53]. Ἀθῆναι: 1971. 48 pp.

682 BARTELINK, G. *Observations de critique textuelle sur la plus ancienne version latine de la Vie de saint Antoine par saint Athanase* — RBen 81 (1971) 92—95

[1272] BARTELINK, G. J. M.: Evagrius Antiochenus

683 BROWNE, GERALD M. *Coptico-Graeca: The Sahidic Version of St. Athanasius' Vita Antonii* — GrRoBySt 12 (1971) 59—64

[2064] CHADWICK, H.: Concilia

[2473] *La chaîne palestinienne sur le psaume 118:* Specialia in Vetus Testamentum

684 EBIED, R. Y. und WICKHAM, L. R. *A note on the Syriac version of Athanasius' Ad Epictetum in MS. B. M. Add. 14557* — JThS 23 (1972) 144—154

685 GARRIDO, J. *San Atanasio, patrono de la resistencia frente a la autodemolición de la Iglesia* — Roma 5 (1972) 38—41

686 HOLLAND, J. A. B. *Athanasius and Arius* — RThR (1971) 33—47

687 HOLLAND, J. A. B. *The Implications of Athanasius for us* — RThR (1972) 1—9

688 IBAÑEZ, JAVIER *Naturaleza de la „Εὐσεβεία" en S. Atanasio* — ScTh 3 (1971) 31—73.

689 KANNENGIESSER, CH. *λόγος et νοῦς chez Athanase d'Alexandrie.* In: *Studia Patristica XI* [TU 108] (cf. 1972, 150) 199—202

690 KANNENGIESSER, CHARLES (Éd.) *Politique et Théologie chez Atha-nase d'Alexandrie. Actes du colloque de Chantilly 23—25 sept. 1971.* Paris: Éditions Beauchesne 1972. 400 pp.

691 KANNENGIESSER, CH. *Le recours au livre de Jérémie chez Athanase d'Alexandrie.* In: Epektasis. Mélanges Jean Daniélou (cf. 1972, 119) 317—325

692 KNOX, R. B. *Their Word to Our Day. III Athanasius* — ExpT 81 (1969/70) 72—76

693 MÖHLER, JOH. AD. *Athanasius der Große und die Kirche seiner Zeit* [Nachdruck der Ausgabe Mainz 1844]. Frankfurt/M.: Minerva 1971. 580 pp.

694 PRIESSING, A. *Die biographische Form der Plotinvita des Porphyrios und des Antonioslebens des Athanasios* — ByZ 64 (1971) 1—5

695 SAAKE, H. *Das Präskript zum ersten Serapionsbrief des Athanasios von Alexandria als pneumatologisches Programm* — VigChr 26 (1972) 188—199

696 SCURAT, K. E. *La sotériologie de Saint Athanase le Grand* — StBuc 7 (1971) 257—262

PS.-ATHANASIUS ALEXANDRINUS

697 [*Ps.-Athanasius*] *Vie de sainte Synclétique.* Trad. du grec par. O. B. BERNARD. *Discours du salut à une vierge.* Trad. du grec par J. DOUVET [Spiritualité orientale 9]. Abbaye N. D. de Bellefontaine: 1972. XVII, 176 pp.

699 HARING, N. M. *Commentaries on the pseudo-Athanasian creed* — MS 34 (1972) 208—251

[1573] TETZ, M.: Marcellus Ancyranus

ATHENAGORAS

700 [*Athenagoras*] *Legatio and De resurrectione.* Ed. and transl. by W. R. SCHOEDEL [Oxford Early Christian Texts]. Oxford: Cla-rendon Pr. 1972. XXXVIII, 156 pp.

701 BARNARD, LESLIE W. *Athenagoras. A study in second century Christian apologetic.* Paris: Beauchesne 1972. 198 pp.

702 BARNARD, LESLIE W. *The Philosophical and Biblical Background of Athenagoras* In: Epektasis. Mélanges Jean Daniélou (cf. 1972, 119) 3—16

703 BARNARD, L. W. *The father of Christian anthropology* — ZNW 63 (1972) 254—270

704 BARNARD, L. W. *God, the Logos, the Spirit and the Trinity in the theology of Athenagoras* — StTh 24 (1970) 70—92

705 BARNARD, L. W. *Notes on Athenagoras* Latomus 31 (1972) 413—432

706 ZEEGERS VAN DER VORST, N. *La „prénotion commune" au chapitre 5 de la Legatio d'Athénagore* — VigChr 25 (1971) 161—170

AURELIUS AUGUSTINUS

707 *[Augustinus] Aurelii Augustini antologia delle opere.* A cura di UMBERTO CASARI. Firenze: Sansoni 1971. 201 pp.
708 *[Augustinus] Bekännelser.* Övers. av SVEN LIDMAN. Stockholm: Forum 1971. 193 pp.
709 *[Augustinus] Confessions.* Choix de textes Prés. par M. DANGOISSE [Coll. Lavency]. Gembloux: Duculot 1971. 248 pp.
710 *[Augustinus] Le Confessioni,* a cura di CARLO CARENA; introduzione, traduzione e note. Roma. Città Nuova 1971. 436 pp.
711 *[Augustinus] Love Song, Augustine's Confessions for Modern Man.* Transl. and abridged by SHERWOOD ELIOT WIRT. New York: Harper & Row 1971.
712 *[Augustinus] The City of God against the pagans, VII: Books XXI—XXII.* With an English transl. and an index to the City of God by W. M. GREEN. Cambridge/Mass.: Harvard Univ. Pr. 1972. XVII, 462 pp.
713 *[Augustinus] Concerning the City of God against the pagans.* Introd. by D. KNOWLES, transl. by H. BETTENSON [Pelican Classics]. Harmondsworth: Penguin Books 1972. LIII, 1097 pp.
714 *[Augustinus] Om den kristne taler, De doctrina christiana VI.* Med inledn., overs. og noter af N. W. BRUUN, lat. tekst ved J. MARTIN. Köbenhavn: Nyt Nordisk Forl. 1972. 88 pp.
715 *[Augustinus] Dreiundachtzig verschiedene Fragen. De diversis quaestionibus octoginta tribus.* Zum erstenmal in deutscher Sprache herausgegeben von C. J. PERL. Paderborn: Schöningh 1972. X, 312 pp.
716 *[Augustinus] S. Agostino. Pagine autobiografiche.* Commentate da VIRGILIO PALADINI e VERA PARONETTO. Torino: Loescher 1972. L, 167 pp.
717 *[Augustinus] Philosophische Frühdialoge. Gegen die Akademiker.* Eingel., übers. u. erl. von B. R. VOSS. *Über das Glück.* Eingel., übers. u. erl. von I. SCHWARZ-KIRCHENBAUER u. W. SCHWARZ. *Über die Ordnung.* Eingel., übers. u. erl. von E. MUEHLENBERG. *Einführung in die Dialoge von Cassiciacum.* Von B. R. VOSS [Bibl. der alten Welt R. Antike und Christentum]. Zürich: Artemis-Verl. 1972. 372 pp.
717a *[Augustinus] S. Augustin, Homélies sur l'Évangile de S. Jean I—XVI.* Trad., introd. et notes ed. par M.-F. BERROUARD [Œuvres de S. Augustin 71]. Paris: Desclée de Brouwer 1969. 1004 pp.

718 *[Augustinus] La règle de Saint Augustin.* Trad. et comm. par A. SAGE, 2ᵉ éd. rev. et corr. Paris: La vie augustinienne 1971. 116 pp.

719 *[Augustinus] La Regola.* Testo lat.-ital., introd. di A. TRAPÈ [Coll. Caritas Veritatis di spiritualità agostin]. Milano: Ed. Ancora 1971. 296 pp.

720 *[Augustinus] Soliloqui.* Introd., testo lat., vers. e note a cura di A. MARZULLO, premesse a cura di M. BONARIA. Milano: Ceschina 1972. 240 pp.

721 *[Augustinus] Opere di Sant'Agostino, XXII: Le Lettere 124—184.* Trad. e note di L. CARROZZI. Roma: Città Nuova 1971. 944 pp.

722 *[Augustinus] Aurelio Agostino. Opere.* Antologia a cura di VITO ANTONIO SIRAGO. Firenze: Le Monnier 1972. 169 pp.

723 *[Augustinus] Opere di Sant'Agostino, XXVI, 2: Esposizioni sui Salmi 51—85.* Trad., rev. e note ill. a cura di V. TARULLI. Roma: Città Nuova 1971. 1299 pp.

724 *[Augustinus] Augustyn św. Laska, wiara, przeznaczenie (Werke in Auswahl)* ins Polnische übersetzt von W. EBOROWICZ [POK 27]. Poznán: 1971. 398 pp.

725 *[Augustinus] Sancti Aurelii Augustini Opera, Sect. IV, Pars I: Expositio quarundum propositionum ex Epistola ad Romanos. Epistolae ad Galatas expositionis liber unus. Epistolae ad Romanos inchoata expositio,* rec. I. DIVJAK [CSEL 84]. Wien: Hoelder, Pichler, Tempsky 1971. XXXIV, 258 pp.

726 *[Augustinus] De opere monachorum. Die Handarbeit der Mönche.* Aus dem lat. übertr. u. erl. v. RUDOLPH ARBESMANN. Würzburg: Augustinus-Verlag 1972. XXXVI, 97 pp.

727 *[Augustinus] S. Agostino. Formosa veritas.* Antologia agostiniana per i licei classici a cura di ANTONIO SALVATORE. Napoli: Loffredo 1971. 189 pp.

728 *[Augustinus] Aurelii Augustini. De catechizandis rudibus.* Por ADOLFO ETCHEGARAY CRUZ — Helmantica 22 (1971) 5—176

729 *[Augustinus] San Agustín. Diálogo sobre el Maestro.* Traducción y notas por L. BACIERO — Perficit 3 (1971/72) 301—336.

730 *[Augustinus] San Agustín. Obispo de Hipona. Meditaciones. Soliloquios. Manual. Suspiros.* Traducción e introducción de AMBROSIO MONTESINO. Revisión y notas por VICENTE BLANCO [Crisol Literario 24]. 5. ed. Madrid: Aguilar 1972. 380 pp.

731 *[Augustinus] San Agustín. Obispo de Hipona. Obras de San Agustín.* En edición bilingüe. Tomo VI: *Tratados sobre la gracia...* Versión, introducción y notas de VICTORINO CAPANAGA (y otros) [BAC 50]. Madrid. La Editorial Católica. 3 ed. 1971. XV, 832 pp.

732 *[Augustinus] Obras de S. Agustín III. Obras Filosóficas: Contra los Académicos, Del libre albedrío, De la cuantidad del alma, Del*

maestro, *Del alma y su origen, De la naturaleza del bien.* Texto, versión, introducciones y notas de los PP. VICTORINO CAPANAGA y otros. [BAC 21]. Madrid: La Editorial Católica, 4ª ed. 1971. 879 pp.

733 *[Augustinus] Obras de san Agustín en edición bilingüe. XIa: Cartas (2); b: Cartas (3)* (Lettres 141—270). Ed. prep. por L. CILLERUELO. 2. Aufl. [Bibl. de autores crist.]. Madrid: La Ed. Catól. 1972. VIII, 568; VIII, 512 pp.

734 *[Augustinus] Œuvres: La Genèse au sens littéral en douze livre.* Trad., intrad., notes par P. AGAËSSE et A. SOLIGNAC [Bibliothèque augustinienne 7ᵉ Sér. 48—49]. Paris: Desclée de Brouwer 1972. 720 & 653 pp.

735 *[Augustinus] Schriften gegen die Pelagianer.* Lateinisch und deutsch. Band 1: *Strafe und Nachlassung der Sünden.* Übers. v. ROCHUS HABITZKY. *Der Geist und der Buchstabe.* Übers. v. SEBASTIAN KNOPP. *Natur und Gnade.* Übers. v. ANTON MAXSEIN. Einf. und Erl. v. ADOLAR ZUMKELLER. Würzburg: Augustinus-Verlag 1971. 720 pp.

736 ABERCROMBIE, NIGEL *Saint Augustine and French Classical Thought* New York: Russell & Russell 1972. 123 pp.

737 ABULESZ, P. S. *Aurelii Augustini de genesi contra Manicheos libri duo, de octo quaestionibus ex Veteri Testamento* [Diss.]. Wien: 1972. XXXI, 146 pp.

738 ADAMS, J. DUQ. *The populus of Augustine and Jerome. A study in the patristic sense of community.* New Haven: Yale Univ.-Pr. 1971. VIII, 278 pp.

739 AKAGI, Y. *Ambiguity of the Concept of Heresy especially in Augustine* [Japanese] — ThStJ 11 (1972) 122—126

740 ALFONSI, L. *Sant'Agostino e i metodi educativi dell'antichità* — StRo 19 (1971) 253—263

741 ALONSO DEL CAMPO, U. *La conversión del corazón. Valoración analítica de la experiencia de san Agustín en el jardín de Milán* — Ang [Roma Largo Angelicum 1] 48 (1971) 139—170

742 ALVAREZ, JESUS *San Agustín y los judíos de su tiempo* — Augustinus 17 (1972) 155—164

743 ALVAREZ GOMEZ, MARIANO *S. Agustín y Hegel: providencia y razón en el gobierno de la historia* — CD 184 (1971) 394—408

[43] ANDRESEN, C.: Bibliographica

743a ARMSTRONG, A. H. *St Augustine and Christian platonism* [St Augustine lect. 1966]. Villanova: Univ. Press 1967. X, 68 pp.

744 AZCONA, JOSÉ LUIS *La doctrina de la humildad en los „Tractatus in Joannem"* — Augustinus 17 (1972) 27—45

745 AZCONA, JOSÉ LUIS *La doctrina de la humildad en los „Tractatus in Joannem". Deus humilis* — Augustinus 17 (1972) 113—154

746 AZCONA, JOSÉ LUIS *La doctrina de la humildad en los „Tractatus in Joannem".* La humildad de la Encarnación en sus efectos — Augustinus 17 (1972) 255—288

747 BABCOCK, W. S. *The Christ of the exchange. A study in the christology of Augustin's Enarrationes in Psalmos* [Diss. Yale Univ.]. New Haven: 1971. 366 pp. (microfilm)

748 BAILLEUX, É. *La Christologie de saint Augustin dans le „De Trinitate"* — RechAug 7 (1971) 219—243

749 BAILLEUX, É. *Dieu notre Père selon le ‚De trinitate' de saint Augustin* — RThom 72 (1972) 181—197

750 BARON, F. *Der erste Druck einer Schrift Augustins. Ein Beitrag zur Geschichte des frühen Buchdrucks und des Humanismus* — HJ 91 (1971) 108—118

751 BARRA, G. *Varrone Reatino e Agostino* — RAAN 44 (1969) 3—10

752 BAVEL, T. J. VAN *De evangelische betekenis van de regel van St-Augustinus.* In: *Gedenkboek Orde van Prémontré* (Averbode, Belg. 1971) 97—113

753 BEIERWALTES, W. *Zu Augustins Metaphysik der Sprache* — AugSt 2 (1971) 179—195

[2330] BENITO Y DURAN, A.: Monachismus

754 BERROUARD, M.-F. *La date des „Tractatus I—LIV in Iohannis Evangelium" de saint Augustin* — RechAug 7 (1971) 105—168

755 BERROUARD, M.-F. *Saint Augustin et l'indissolubilité du mariage. Évolution de sa pensée.* In: *Studia Patristica XI* [TU 108] (cf. 1972, 150) 291—306

756 BLAZQUEZ, NICETO *El concepto de substancia, según san Agustín „De Genesi ad litteram" y „De natura boni"* — Augustinus 16 (1971) 69—79

757 BOBRINSKOY, BORIS *Saint Augustin et l'eucharistie* — Parole et Pain 9 (1972) 346—353

758 BOGDAPROSTE, GHEORGHE *La valeur de l'Ancien Testament pour les chrétiens selon le Bienheureux Augustin* [en roum.] — StBuc 23 (1971) 96—109

759 BONAFEDE, G. *Presencia de san Agustín en Escoto Eriúgena* — Augustinus 16 (1971) 263—285

760 BONNER, GERALD *Augustine and modern research on Pelagianism.* Villanova, Pa.: Univ. Pr. 1972. IX, 84 pp.

761 BONNER, GERALD *Quid Imperatori cum Ecclesia? St. Augustine on History and Society* — AugSt 2 (1971) 231—252

762 BONNIN AGUILO, FRANCISCO *Una controversia agustiniana del siglo XVIII* — Augustinus 16 (1971) 149—183

763 BORGOMEO, P. *L'église de ce temps dans la prédication de saint Augustin.* Paris: Études Augustiniennes 1972. 440 pp.

[1456] BOUHOT, J.-P.: Iohannes Chrysostomus

764 BOURKE, VERNON J. *Perler's Contribution to Augustine Biography —* AugSt 2 (1971) 219—230

765 BOYER, C. *San Agustín y los problemas del ecumenismo —* Augustinus 17 (1972) 17—25

766 BOYER, CHARLES *Jean Calvin et Saint Augustin —* AugSt 3 (1972) 15—34

767 BRABANT, OVILA *Le Christ, centre et source de la vie morale chez saint Augustin. Études sur la pastorale des Enarrationes in Psalmos.* Préf. de PH. DELHAYE [Rech. & Synthèses Sect. morale 7]. Gembloux: Duculot 1971. XXIV, 264 pp.

768 BRABANT, O. *Classes et professions „maudites" chez saint Augustin, d'après les „Enarrationes in Psalmos" —* REA 17 (1971) 69—81

769 BROWN, PETER *Augustinus von Hippo. Eine Biographie.* Ins Deutsche übersetzt von JOHANNES BERNARD. Leipzig: St. Benno-Verlag 1972. 499 pp.

770 BROWN, P. *Agostino d'Ippona.* Trad. ital. di G. FRAGNITO [Bibl. di cultura storica 117]. Torino: Einaudi 1971. XVI, 481 pp.

771 BROWN, P. *La vie de S. Augustin.* Trad. de l'Anglais par J.-H. MARROU. Paris: Éd. du Seuil 1971. 541 pp.

772 BROWN, P. *Biografía de Agustín de Hipona.* Traducción de S. TOVAR y M. R. TOVAR. Madrid: Ed. Revista de Occidente 1970. 620 pp.

773 BROWN, P. *Religion and society in the age of Saint Augustine.* London: Faber & Faber 1972. 352 pp.

774 BRUNN, E. ZUM *La dialectique du magis esse et du minus esse chez saint Augustin.* In: *Le néo-platonisme. Actes du Colloque de Royaumont, 9—13 juin 1969* (cf. 1971, 414) 373—383

775 BUCKENMEYER, R. E. *Augustine and the life of man's body in the early dialogues —* AugSt 2 (1971) 197—211

776 BUZDUGAN, COSTACHE *L'unité dogmatique de l'Église selon la doctrine du Bienheureux Augustin* [en roum.] — StBuc 24 (1972) 90—102

777 BYRNES, R. G. *The fallen soul as a Plotinian key to a better and fuller understanding of time and history in the early works of Saint Augustine* [Diss. Fordham Univ.]. New York: 1972. 542 pp.

778 CAIMARI, ANDREU *Sant Agustí, Confessions („El pelegrí de la Ciutat de Déu").* Poema. Palma de Mallorca: Grafiques Miramar 1971. 232 pp.

779 CAMPO, F. *La Catequesis Pastoral en el „De Cathechizandis rudibus" —* EAg 7 (1972) 105—127

780 CAMPO, N. A. DEL *La Conversión del corazón. Valorazion analítica de la experiencia de san Augustín en el jardín de Milán —* Ang 48 (1971) 139—170

781 CAPÁNAGA, VICTORINO *El agustinismo de la „venatio sacra" del Haefteno* — Augustinus 16 (1971) 225—237

782 CAPÁNAGA, VICTORINO *Los tres verbos del universo agustiniano* — Augustinus 17 (1972) 3—15

783 CAPÁNAGA, V. *Los tres verbos del universo agustiniano.* In: *Philosophia. Miscelánea en homenaje a J. I. de Alcorta* (cf. 1971, 144) 141—156

784 CAPÁNAGA, VICTORINO *Nuevos estudios sobre la eclesiología de san Agustín* — Augustinus 17 (1972) 193—200

[61] CAPÁNAGA, V.: Bibliographica

785 CARLSON, CH. P., JR. *The natural order and historical explanation in St. Augustine's „City of God"* Agustiniana 21 (1971) 417—447

786 CASINI, NILO *Cassiciacum* — Latinitas 19 (1971) 201—212

787 COLLART, J. *Saint Augustin grammairien dans le „De Magistro"* — REA 17 (1971) 279—292

788 COOPER, J. C. *Why did Augustine write books 11—13 of the Confessiones?* — AugSt 2 (1971) 37—46

789 COURCELLE, J. und P. *L'illustration symbolique des Confessions augustiniennes dans les Flammulae amoris* — RechAug 8 (1972) 7—24

790 COURCELLE, P. *La survie comparée des Confessions augustiniennes et de la Consolation de Boèce.* In: *Classical influences on European culture* (cf. 1971, 111 a) 131—142

791 COVI, DAVIDE *Valor y finalidad del sexo según san Agustín* — Augustinus 16 (1971) 357—376

792 COVI, DAVIDE *El fin de la actividad sexual según san Agustín. Orden de la naturaleza y fin del acto sexual* — Augustinus 17 (1972) 47—65; 184—195

[646] COWDREY, H. E. J.: Anastasius II Papa

793 CREMER, F. G. *Der Beitrag Augustins zur Auslegung des Fastenstreitgesprächs (Mk 2, 18—22 parr.) und der Einfluß seiner Exegese auf die mittelalterliche Theologie.* Paris: Études Augustiennes 1971, 80 pp.

794 DÖNT, E. *Zur Frage der Einheit von Augustins Konfessionen* — Her 99 (1971) 350—361

795 DOERRIE, H. *Ziel der Bildung, Wege der Bildung. Kritische Erörterungen von Cicero bis Augustinus* [Innsbrucker Beitr. zur Kulturwiss. 1]. Innsbruck: 1972. 20 pp.

796 DONNELLY, DOROTHY H. *Augustine and Romanitas.* Berkeley, Cal.: Graduate Theological Union, Diss. 1972.

797 DÜRIG, W. *Die Exegese der vierten Vaterunserbitte bei Augustinus* — LJ 22 (1972) 49—61

798 EBOROWICZ, WENZESLAS *San Agustín y la filosofía antigua. Metodología en las investigaciones históricas* — Augustinus 16 (1971) 387—394

[2357] EIJK, A. H. C. VAN: Novissima

799 ELORDUY, ELEUTERIO *San Agustín y Suárez. El doctor de la gracia* — Augustinus 16 (1971) 13—46

800 ELORDUY, ELEUTERIO *San Agustín y Suárez. Conclusiones y nuevas perspectivas* — Augustinus 16 (1971) 113—122

801 ETCHEGARAY CRUZ, ADOLFO *Kerigma y teología de la evangelización en el „De catechizandis rudibus". Tradición y originalidad* — Augustinus 16 (1971) 47—68

802 ETCHEGARAY CRUZ, A. *Le rôle du De catechizandis rudibus de saint Augustin dans la catéchèse missionnaire dès 718 jusqu'à 847.* In: *Studia Patristica XI* [TU 108] (cf. 1972, 150) 316—321

803 FARINA, G. *Sant'Agostino, i santi Padri e la musica.* In: *Atti della Settimana Agostiniana Pavese II* (cf. 1971, 99) 120—131

804 FATIO, O. *Un florilège augustinien du 16ᵉ siècle, l'Omnium operum divi Augustini Epitome de Johannes Piscatorius* [Augsbourg: 1537] — REA 18 (1972) 194—202

805 FELGUERAS, I. *La contribución de S. Agustín al dogma de la Inmaculada Concepción de María* — ScTh 4 (1972) 355—433

806 FERNANDEZ CONDE, J. *El „Agustinismo político" y su importancia en la evolución histórica del medioevo* — Burgense 13 (1972) 457—488

807 FERNANDEZ GONZALEZ, JESUS *La pobreza en la espiritualidad agustiniana.* Madrid: Ed. RAgEsp 1970, 149 pp.

808 FERNANDEZ GONZALEZ, JESUS *San Agustín y la espiritualidad sacerdotal* — RAgEsp 12 (1971) 97—139

809 FERNANDEZ GONZALEZ, JESUS *San Agustín y la espiritualidad sacerdotal.* In: *Teología del Sacerdocio, 3.* (cf. 1971, 153) 7—44

810 FERNÁNDEZ GONZÁLEZ, J. *Antropología y cristianismo en la pobreza según San Agustín* — RAgEsp 12 (1971) 407—442

811 FERRARI, LEO C. *Background to Augustine's „City of God"* — CJ 67 (1972) 198—208

812 FERRARI, L. C. *Symbols of sinfulness in book 2 of Augustine's Confessions* — AugSt 2 (1971) 93—104

813 FLETEREN, FREDERICK E. *Erasmus and Augustine: A Comment on a Recent Work* — AugSt 3 (1972) 191—204

814 FLOREZ, RAMIRO *Presencia en la verdad. De la experiencia a la doctrina en el pensamiento agustiniano.* Madrid: Librería Editorial Augustinus 1971. 374 pp.

815 FOLGADO FLOREZ, S. *Espiritualidad mariana en San Augustín* — EMaria 36 (1972) 125—151

816 FOLLIET, G. *Un fragment de manuscrit des Tractatus in Euangelium Iohannis de S. Augustin découvert à Vézelay en 1966* — RechAug 8 (1972) 145—147

817 FOLLIET, G. „*Otiosa dignitas*". *Une réminiscence cicéronienne dans „De nuptiis et concupiscentia I, 2,2"* — REA 17 (1971) 59—67

818 FORTIN, E. L. *Idéalisme politique et foi chrétienne dans la pensée de saint Augustin* — RechAug 8 (1972) 231—260

819 FORTIN, E. L. *Political idealism and christianity in the thought of St. Augustine* [The Saint Augustine Lecture 1971]. Villanova: Villanova Univ. 1972. VIII, 58 pp.

820 FORTIN, ERNEST L. *Reflections on the Proper Way to Read Augustine the Theologian* — AugSt 2 (1971) 253—272

821 FUCHS, HARALD *Zu Augustinus, Confessiones 3, 6, 11* — MuHelv 29 (1972) 62

822 GALINDA RODRIGO, JOSÉ ANTONIO *Conocimiento y amor a la luz de la doctrina agustiniana* — Crisis 19 (1972) 181—202

823 GALINDO RODRIGO, JOSÉ A. *Reflexiones sobre la doctrina agustiniana acerca de la voluntad* — Augustinus 17 (1972) 337—356

824 GARCIA DE LA FUENTE, O. *Datos sobre Lingüística y Lengua Latina en el „De doctrina christiana"* — Helmántica 22 (1971) 315—337

825 GARCIA DE MELO, G. *A Teologia agostiniana e a consciência da Igreja pòsconciliar sôbre o batismo das crianças* — REBras 31 (1971) 620—654

826 GARCIA SUAREZ, GERMAN *La vida religiosa en San Augustin* — EMerced 27 (1971) 475—490

827 GARRIGUES, J.-M. *Maxime Margaunias et son commentaire du ‚De Trinitate' de Saint Augustin* — Istina 17 (1972) 465—467

828 GEERLINGS, W. *Zur Frage des Nachwirkens des Manichäismus in der Theologie Augustins* — ZKTh 93 (1971) 45—60

829 GEERLINGS, WILHELM *Der manichäische „Jesus patibilis" in der Theologie Augustins* — ThQ 152 (1972) 124—131

830 GESSEL, W. *Der Brotcharakter des Wortes Gottes in seiner gemeinschaftswirkenden und einheitsstiftenden Funktion nach Augustinus.* In: *Studia Patristica XI* [TU 108] (cf. 1972, 150) 322—327

831 GIANNINI, G. *Nuovi saggi di Carlo Boyer sulla dottrina di S. Agostino* — GM 28 (1972) 13—18

832 GOMEZ DE MIER, VICENTE *Cinco sondeos sobre el agustinismo* — CD 184 (1971) 601—618

833 GONZÁLEZ, JESUS FERNÁNDEZ *La pobreza en la espiritualidad Agustiniana.* Madrid: Rivista Augustiniana de Espiritualidad 1970. 149 pp.

834 GRANE, L. *Augustins „Expositio quarundam propositionum ex epistola ad Romanos" in Luthers Römerbriefvorlesung* — ZThK 69 (1972) 304—330

835 *Grundprobleme der großen Philosophen. Philosophie des Altertums und des Mittelalters: Sokrates, Platon, Aristoteles, Augustinus, Thomas von Aquin, Nikolaus von Kues.* Hrsg. v. J. SPECK [Uni-Taschenbücher 146]. Göttingen: Vandenhoeck & Ruprecht 1972. 263 pp.

[432] HAGENDAHL, H.: Philologia Patristica

836 HARE, B. W. *The educational apostolate of St. Augustine* — Prudentia 2 (1970) 71—77; 3 (1971) 15—23

837 HEIL, J. *Augustine's Attack on Skepticism: The ‚Contra academicos'* — HThR 65 (1972) 99—116

838 HESS, W. *Logik und platonische Philosophie bei Augustin. Bausteine zu einer Interpretation von De doctrina christiana II, 117—127* — Jahresbericht des Bismarck-Gymnasiums Karlsruhe (1970/71) 39—68

839 HILL, EDMUND *Karl Rahner's „Remarks on the Dogmatic Treatise De Trinitate and St. Augustine"* — AugSt 2 (1971) 67—80

840 HILL, EDMUND *The „De Trinitate": Annotations on the text of the latest edition, in Corpus Christianorum, Series Latina L (Turnhout, 1968)* — AugSt 3 (1972) 1—14

841 HORST, P. W. VAN DER *A pagen platonist and a christian platonist on suicide* — VigChr 25 (1971) 282—288

842 HUDDLESTUN, P. B. *A Commentary on Augustine's Confessions, books X—XI* [Diss. Philos. Stud. 258]. Washington: The Catholic Univ. of America 1972. 258 pp. (microfilm)

843 INAGAKI, F. *Ethics and Belief in Augustine* [Japanese] — JReSt 45 (1971/72) 312—314

844 JACOBSEN, H. *Agustine and Dido* — HThR 65 (1972) 296—297

845 JANICH, P. *Augustins Zeitparadox und seine Frage nach einem Standard der Zeitmessung* — AGPh 54 (1972) 168—186

846 JESS, WILMA C. G. VON *The Divine Attributes in the Thought of Saint Augustine.* Boston: Ph. D. Diss., Boston College 1971. UM No. 71—25, 655

847 JESS, WILMA C. G. VON *Augustine: A Consistent and Unitary Theory of Time* — NS 46 (1972) 337—351

848 JOHNSON, DOUGLAS W. *Full of Grace and Truth: A Study of Verbum in the Early Augustine (386—397)* [Diss.]. Southern Methodist University: 1971.

849 JOHNSON, D. W. *Verbum in the early Augustine* — RechAug 8 (1972) 25—53

850 KAGER, G. *De doctrina christiana von Aurelius Augustinus. Die erste Anweisung zur christlichen Redekunst* [Diss.]. Wien: 1971. 128 pp.

851 KATAYANAGI, E. *Augustine's „cogito"* [deutsch] — ThStJ 11 (1972) 16—18

852 KEVANE, EUGENE *Professor Howie on Augustine and Education* — AugSt 3 (1972) 205—217

853 KIYOTA, H. *„Voluntas"* in Augustine [Japanese] — JReSt 45 (1971—72) 319—321

854 KOPPERSCHMIDT, J. *Rhetorik und Theodizee. Studien zur hermeneutischen Funktionalität der Rhetorik bei Augustin* — KuD 17 (1971) 273—291

855 KOWALCZYK, S. *Argumety przyczynowości sprawczej i celowości w augustyńskiej filozofii Boga (Arguments de la causalité efficiente et arguments de la finalité dans la philosophie augustinienne de Dieu)* — RoczFil 19 (1971) 73—83

856 KOWALCZYK, S. *Miłość jako podstawa życia chrześcijańskiego w nauce św. Augustyna (L'amour — la base de la vie chrétienne selon la doctrine de Saint Augustin)* — Sprawozdania Towarzystwa naukowego kul 17 (Lublin 1969) 11—14

857 KOWALCZYK, S. *La conception de l'homme chez saint Augustin* — GM 27 (1972) 199—211

858 KOWALCZYK, S. *Dieu en tant que bien suprême selon l'acception de St. Augustin* — EAg 6 (1971) 199—213

859 KOWALCZYK, S. *Teocentryzm hierarchii dóbr w nauce św. Augustyna (Théocentrisme de la hiérarchie des biens dans l'enseignement de Saint Augustin)* — RoczTK 18 (1971) 35—44

860 KOWALCZYK, S. *Ludzkie pragnienie szczęścia jako argument na istnienie Boga w ujęciu św. Augustyna (Das menschliche Streben nach Glück bei Augustinus)* — AtKap 75 (1970) 460—466

[411] KUHNS, R.: Philosophica

861 LABHARDT, A. *De Cicéron à saint Augustin* — Euphrosyne 5 (1972) 161—184

862 LA BONNARDIÈRE, A. M. *Biblia Augustiniana V: Ancien Testament. Le livre de Jérémie.* Paris: Études Augustiniennes 1972. 104 pp.

863 LA BONNARDIÈRE, A. M. *La Biblia augustiniana* — RSLR 6 (1970) 443—444

864 LA BONNARDIÈRE, A. M. *Portez le fardeau les uns des autres. Exégèse augustinienne de Gal 6,2* — Didaskalia 1 (1971) 201—215

865 LA BONNARDIÈRE, A.-M. *Les „Enarrationes in Psalmos" prêchées par saint Augustin à l'occasion des fêtes de martyrs* — RechAug 7 (1971) 73—104

866 LA BONNARDIÈRE, A. M. *Anima iusti sedes sapientiae dans l'œuvre de saint Augustin.* In: *Epektasis. Mélanges Jean Daniélou* (cf. 1972, 119) 111—120

867 LA BONNARDIÈRE, A.-M. *Le livre de la Sagesse dans l'œuvre de saint Augustin* — REA 17 (1971) 171—175

868 La Bonnardière, A.-M. *Notes critiques sur l'édition récente du „De Trinitate" de saint Augustin* — RBen 81 (1971) 95—101

869 Ladaria Ferrer, Luis F. *Persona y Relación en el De Trinitate de San Agustín* — MCom 57 (1972) 245—291

870 Lamirande, Émilien *Augustine and the Discussion on the Sinners in the Church at the Conference of Carthage (411)* — AugSt 3 (1972) 97—112

871 Lamirande, Émilien *La Situation ecclésiologique des Donatistes d'après saint Augustin.* Ottawa: Éd. de l'Université d'Ottawa 1972. 193 pp.

872 Lamirande, Émilien *La oración por los donatistas. Un aspecto de la actitud de san Agustín frente a los cristianos disidentes* — Augustinus 17 (1972) 185—191

873 Laoye, John Anjola *Augustine's apologetic use of the Old Testament as reflected especially in the De Civitate Dei* [Diss. The Southern Baptist Theol. Semin.]. Louisville/Ky.: 1972. 189 pp. (microfilm)

874 Larrabe, Jose Luis *El matrimonio cristiano como edificació de La ciudad de Dios según S. Agustín* — CD 185 (1972) 671—689

875 Larrabe, Jose Luis *La presencia de Cristo en el matrimonión según san Agustín* — RAgEsp 13 (1972) 321—355

876 Latron, P. M. *L'héritage de la tradition rhétorique classique et la perspective chrétienne dans le De doctrina christiana de saint Augustin* [Mém. de maîtrise Univ. de Paris-Sorbonne, Lettres & Civilis]. Paris: 1971. IV, 171 pp.

877 Ledaria Ferrer, L. F. *Persona y relación en el De trinitate de san Agustín* — MCon 30 (1972) 245—291

878 Limbrick, E. *Montaigne et saint Augustin* — BibHR 34 (1972) 49—64

879 Lof, L. J. van der *Regula apostolica in the „Liber de unico baptismo"* — Augustiniana 21 (1971) 448—456

880 Lohr, M. *Problematyka etyczna w „De civitate Dei" św. Augustyna (Ethische Probleme in „De civitate Dei" des Augustinus)* — RoczFil 16 (1969) 67—74

881 Lombardi, A. *Funzione del maestro umano e del maestro interiore del De magistro di S. Agostino.* In: *Atti della Settimana Agostiniana Pavese II* (cf. 1971, 99) 57—74

882 Lubac, Henry de *Die Freiheit der Gnade.* Bd. 1: *Das Erbe Augustins.* Übertr. v. Hans Urs von Balthasar. Einsiedeln: Johannes-Verlag 1971. 390 pp.

[1701] Lucas, J. R.: Pelagius Hibernus

883 ŁUKOMSKI, J. *Augustyna teoria rozwoju organizmów w świetle wspólczesnego ewolucjonizmu (Théorie augustinienne sur le développement des organismes, considéré à la lumière de l'évolutionisme contemporain)* — SPC 7 (1971) 151—182

884 LUONGO, G. *L'occhio del carne* — Par 27 (1972) 414—415

885 MACQUEEN, D. J. *St. Augustine's concept of property ownership* — RechAug 8 (1972) 187—229

886 MADEC, GOULVEN *Les citations augustiennes de Malebranche* — RechAug 8 (1972) 375—403

887 MADEC, G. *Notes sur l'intelligence augustinienne de la foi* — REA 17 (1971) 119—142

888 MADEC, G. *Pour l'interprétation de „Contra Academicos II, ii, 5"* — REA 17 (1971) 322—328

889 MARGERIE, B. DE *La doctrine de saint Augustin sur l'Esprit-Saint comme communion et source de communion* — AugR 12 (1972) 107—119

890 MARKUS, R. A. *Saeculum: History and Society in the Theology of St. Augustine.* New York: Cambridge Univ. Press 1970. IX, 252 pp.

891 MARKUS, R. A. (Ed.) *Augustine: A Collection of Critical Essays.* New York: Doubleday & Co. 1972. VV, 423 pp.

892 MARROU, H. I. *Saint Augustin, Orose et l'augustinisme historique.* In: *La storiografia altomedievale* (cf. 71/72, 147) 59—87

893 MARTIN, CANDIDO *Participación de los fieles en la Eucaristía según San Agustín* — RC 17 (1971) 415—428

894 MARTIN, REX *The Two Cities in Augustine's Political Philosophy* — JHI 33 (1972) 195—216

895 MATSUDA, T. *The Fundamental Structure in Augustine's De Civitate Dei* [Japanese] — Kyoto Sangyo Univ. Essays 2 (1972) 65—101

896 MATTHEWS, A. W. *„Philosophical Concepts and Religious Concepts". Some Problems illustrated in St. Aurelius Augustine and Professor Paul Tillich* — REA 17 (1971) 143—154

897 MAYER, CORNELIUS *Garanten der Offenbarung. Probleme der Tradition in den antimanichäischen Schriften Augustins* — AugR 12 (1972) 51—78

898 MAYER, C. P. *Philosophische Voraussetzungen und Implikationen in Augustins Lehre von den Sacramenta* — Augustiniana 22 (1972) 53—79

899 MAYR, F. K. *Trinität und Familie in De Trinitate 12* — REA 18 (1972) 51—86

900 MAZZEO, P. *Il problema agostiniano del tempo nelle Confessiones e nel De civitate Dei* — AFLF 15 (1972) 279—313

901 MEER, F. VAN DER *Sant'Agostino pastore d'anime.* Trad. integrale di A. CANDELARESI e G. ADANTI [Bibl. di cultura religiosa 2. Ser. 142]. Roma: Ed. Paoline 1971. 1268 pp.

902 MENESTRINA, GIOVANNI *Il problema dell'origine dell'anima umana in S. Agostino* [Quaderni della Dante 11, conf. tenuta a Trento nalla sala Bernarda Clesio il 26. 1. 1972] Trento: Comitato della Soc. Nazionale Dante Alighieri 1972.

903 MONAGLE, J. F. *Friendship in St. Augustine's biography* — AugSt 2 (1971) 81—92

904 MORAN, JOSÉ *El amor mediante la fe* — EAg 6 (1971) 473—481

905 MORAN, JOSÉ *¿Ateismo o búsqueda de Dios? (Testimonio de San Agustín)* — EAg 6 (1971) 255—262

906 MORAN, JOSÉ *¿Cómo se hace uno justo? (De Trinitate VIII)* — EAg 6 (1971) 101—114

907 MORÁN, J. *La teoría de la admonición en las Confesiones de S. Agustín.* In: *Studia Patristica XI* [TU 108] (cf. 1972, 150) 328—334

908 MORESCHINI, C. *La polemica di Agostino contra la demonologia di Apuleio* — ASNSP 2 (1972) 583—596

909 MORRISON, JOHN L. *Augustine's Two Theories of Time* — NS 45 (1971) 600—610

910 MOURANT, J. A. *Remarks on the De immortalitate animae* — AugSt 2 (1971) 213—217

910a MÜSING, H. W. *Augustins Lehre von der Taufe* [Theol. Diss.]. Hamburg: 1969. XXVI, 213 pp.

911 MULCAHY, D. G. *The Hands of Augustine but the Voice of Marsilius* — Augustiniana 21 (1971) 457—466

912 MULCAHY, D. G. *Marsilius of Padua's use of St. Augustine* — REA 18 (1972) 180—190

913 MUÑOZ-ALONSO, ADOLFO *Lecturas modernas del espíritu de san Agustín* — Augustinus 17 (1972) 225—232

914 NASH, RONALD H. *Some Philosophic Sources of Augustine's Illumination Theory* — AugSt 2 (1971) 47—66

915 NEWTON, JOHN THOMAS *The Importance of Augustine's Use of the Neoplatonic Doctrine of Hypostatic Union for the Development of Christology* — AugSt 2 (1971) 1—16

916 O'CONNELL, R. J. *Augustine and Plotinus: A Reply to Sr. Mary Clark* — IPhQ 12 (1972) 604—608

917 OGGIONI, G. *Il problema dell'educazione religiosa; la ricerca del metodo didattico (De catechizandis rudibus).* In: *Atti della Settimana Agostiniana Pavese II* (cf. 1971, 99) 75—98

918 O'GRADY, J. F. *Priesthood and Sacrifice in „City of God"* — Augustiniana 21 (1971) 27—44

[82] OROZ RETA, J. — MUNOZ-ALONSO, A. — ARMAS, G.: Bibliographica

919 PABLO VI *Actualidad y efica cia del ejemplo de san Agustín* — Augustinus 16 (1971) 81—84

920 PABLO VI *Fidelidad a la tradición y adaptación actual en la mente de san Agustín* — Augustinus 17 (1972) 67—70

921 PALERMO RAMOS, RAFAEL „*Ecclesia Mater*" *en san Agustín. Teología de la imagen en los escritos antidonatistas.* [Teología y Siglo XX, 11] Madrid: Ediciones Cristiandad 1970. 269 pp.

922 PAPINI, GIOVANNI S. *Agostino, I grandi Santi.* Milano: Martello 1971. XV, 295 pp.

923 PARMA, C. *Pronoia und Providentia. Der Vorsehungsbegriff Plotins und Augustins* [Stud. zur Problemgesch. der antiken und mittelalterl. Philosophie 6]. Leiden: Brill 1971. VIII, 168 pp.

924 PARONETTO, V. *Agostino per il lettore moderno (nota bibliographica)* — Studium 68 (1972) 562—571

925 PARONETTO, V. *Osservazioni all'Agostino d'Ippona, di P. Brown* — AugR 12 (1972) 349—356

926 PEGUEROLES, JUAN *La formación o iluminación en la metafísica de san Agustín* — Espíritu 20 (1971) 134—149

927 PEGUEROLES, JUAN *La Libertad y la Gracia en S. Agustín* — EE 46 (1971) 207—231

928 PEGUEROLES, JUAN *El pensamiento filosófico de san Agustín* [Nueva colección Labor 137]. Barcelona: Editorial Labor 1972. 158 pp.

929 PEGUEROLES, JUAN *Sentido de la historia según san Agustín* — Augustinus 16 (1971) 239—262

930 PEGUEROLES, JUAN *El ser y el tiempo, la forma y la materia. Síntesis de la metafísica de San Agustín* — Pensamiento 28 (1972) 165—191

931 PEGUEROLES, J. *La teoría agustiniana de la iluminación en el „De Genesi ad litteram"* lib. XII — EAg 7 (1972) 575—588

932 PELLAND, G. *Cinq études d'Augustin sur le début de la Genèse* [Coll. Théologie, Recherches 8]. Montréal: Bellarmin & Tournai Desclée 1972. 280 pp.

933 PELLEGRINO, M. *Le Confessioni di S. Agostino. Studio introduttivo.* Roma: Studium 1972. 224 pp.

934 PEREZ, RAFAEL GOMEZ *La ley eterna en la historia. Sociedad y derecho según San Agustín.* Pamplona: Ed. Univ. de Navarra 1972. 262 pp.

935 PERLER, O. *Confrontation avec saint Augustin* — RThom 71 (1971) 222—245

936 PETERSEN, HELGE *Augustin som skriftfortolker* — DTT 33 (1970) 184—203

936a PFISTER, F. *Philosophie des Altertums und des Mittelalters: Sokrates, Platon, Aristoteles, Augustinus, Thomas von Aquin, Nicolaus Cusanus.* Göttingen: Vandenhoek & Ruprecht 1972. 270 pp.

937 PFLIGERSDORFER, GEORG *Zu den Grundlagen des augustinischen Begriffspaares „uti-frui"* — WSt 5 (1971) 195—224

938 PHILIPS, G. *Saint Augustin a-t-il connu une „grâce créée"?* — EThL 47 (1971) 97—116

939 PIESZCZOCH, S. *Niektóre poglądy teologiczne św. Augustyna w De doctrina christiana na tle Konstytucji Dei Verbum (Quelques idées théologiques de Saint Augustin et la Constitution Dei Verbum)* — STV 9 (1971) 321—325

940 PINTARD, J. *Remarques sur la transfiguration dans l'œuvre de saint Agustin. Une influence de l'Orient?* In: *Studia Patristica XI* [TU 108] (cf. 1972, 150) 335—340

941 PIZZOLATO, L. F. *Le fondazioni delle stile delle Confessioni di sant'Agostino.* Milano: Vita e Pensiero 1972. 184 pp.

942 PIZZOLATO, L. F. *Una possibile presenza lucreziana in Agostino (Conf., VII, 21, 27)* — REA 17 (1971) 55—57

944 POPOV, I. V. *The personality and teaching of St. Augustine, vol 1.* Part 1: *Augustine's personality;* Part 2: *Augustine's epistemology and ontology.* New introduction by G. FLOROVSKY [Nachdruck der Ausgabe 1917]. Farnborough: Gregg 1971. 852 pp.

945 POQUE, S. *Trois semaines de prédication à Hippone en février-mars 407. Le „Tract. in Ioh. Evangelium XI"* et l'appel aux catéchumènes — RechAug 7 (1971) 169—187

946 PRENDIVILLE, J. G. *The Development of the Idea of Habit in the Thought of Saint Augustine* — Tr 28 (1972) 29—99

947 PROBES, CHRISTINE *St. Augustine, a Font of Poetic Inspiration ... for the Théorèmes of La Ceppède* — RUO 41 (1971) 427—494

948 RIES, J. *Une version liturgique copte de l'Epistula Fundamenti de Mani réfutée par S. Augustin?* In: *Studia Patristica XI/II* [TU 108] (cf. 1972, 150) 341—349

949 RIGA, P. J. *The effect of God's love according to St Augustine* — Thom 32 (1968) 366—386

950 RIGA, PETER J. *Created Grace in St. Augustine* — AugSt 3 (1972) 113—130

951 RINTELEN, F. JOACHIM VON *Augustine: The Ascent in Value Towards God* — AugSt 2 (1971) 155—178

952 RIPANTI, G. *L'allegoria o l'intellectus figuratus nel De doctrina christiana di Agostino* — REA 18 (1972) 219—232

[2305] ROBLES, L.: Anthropologia
[1531] ROBLES, L.: Isidorus Hispalensis

953 ROCHAIS, H. *Fragments du „De Civitate Dei". Bibliothèque de l'Institut Catholique de Paris (ms. latin 55, VI e s.)* — REA 17 (1971) 293—298

[2299] RODRIGO, R.: Mariologia

954 RODRIGUEZ NEIRA, TEOFILO *Memoria y conocimiento en san Agustín* — Augustinus 17 (1972) 233—254

955 RODRIGUEZ NEIRA, TEOFILO *Sentido gnoseológico de la memoria según S. Agustín* — EAg 6 (1971) 371—407

956 RÖMER, F. *Die handschriftliche Überlieferung der Werke des heiligen Augustinus, II: Großbritannien und Irland, 1: Werkverzeichnis; 2: Verzeichnis nach Bibliotheken* [SAW 276/281]. Wien: Böhlau 1972. 396 u. 340 pp.

957 RÖMER, FRANZ *Augustinus, epist. 173A.* — WSt 5 (1971) 225—232

958 RONDET, H. *La théologie de S. Augustin prédicateur* — BLE 72 (1971) 81—105, 241—257

959 ROUSSELET, J. *A propos d'une édition critique: pour mieux lire les Commentaires d'Augustin sur les Épîtres aux Romains et aux Galates* — REA 18 (1972) 233—247

960 RUIZ JURADO, MANUEL *Función del mundo en la vida cristiana según San Agustín* — Manresa 43 (1971) 184—192

961 SAGE, A. *La vie réligieuse selon saint Augustin.* Appendix: *La Règle de saint Augustin commentée par ses écrits.* Paris: La vie augustinienne 1972. 270 pp.

962 SAMMARTANO, N. *Il principio dell'interiorità nella visione pedagogica di Agostino.* In: *Studi L. Traverso* (cf. 1971, 149) 1276—1288

963 SAUSER, E. *Baptismus, baptismus cottidianus, und Sündenvergebung in der Theologie des hl. Augustinus.* In: *Zeichen des Glaubens* (1972, 162) 83—94

964 SCHINELLER, PETER *St. Augustine and the Resurrection* — CrossCr 23 (1971) 39—47

965 SCHILLING, P. *Studien über Augustins Verhältnis zum Neoplatonismus* [Diss.]. Wien: 1970. XXI, 522 pp. (dactyl.)

966 SCHMIEGE, OSCAR JOHN *Augustine, on perceiving the natural world* [Diss. Univ. of Minnesota]. Minneapolis 1971. 178 pp. (microfilm)

967 SCHWARZ, GERHARD *Che cosa ha veramente detto Agostino?* [Che cosa hanno veramente detto 32]. Roma: Ubaldini 1971. 160 pp.

968 SCHWARZ, G. *Lo que verdaderamente dijo San Agustín.* México: Aguilar 1972. 209 pp.

969 SCIACCA, MICHELE FEDERICO *Actualidad del „enchiridion" agustiniano* — Augustinus 16 (1971) 377—386

970 SCIACCA, M. F. *Riflessioni sull'Encheiridion di Sant'Agostino* — AugSt 2 (1971) 105—113

971 SHIGEIZUMI, A. *Studies in the Ethical Thought of St. Augustine* [Japanese]. Tokyo: 1971. 366 pp.

[2088] SIEBEN, H.-J.: Concilia

972 SOHLBERG, DAVID *Augustin. Confess. 3,6* MuHelv 28 (1971) 176—179

973 Soto, E. *Lineamenta iuris criminalis fundamentalis in doctrina S. Augustini.* Roma: Economato generale OSA 1972. XXVIII, 209 pp.

974 Straub, Johannes *Augustins Sorge um die Regeneratio Imperii.* In: *Das frühe Christentum im römischen Staat* (cf. 1971, 111) 244—274

975 Studer, B. *Zur Theophanie-Exegese Augustins. Untersuchungen zu einem Ambrosiuszitat in der Schrift De vivendo Deo (ep. 147)* [StAns 59]. Roma: Herder 1971. XXII, 106 pp.

976 Torti, G. *Sant'Agostino e la grande guerra santa. Nota su Civ. Dei 15,5* — GiorFil 23 (1971) 362—375

977 Trapè, A. *Un S. Agostino della storia? A proposito d'una biografia* — AugR 12 (1972) 341—349

978 Trapè, A. *L'azione educativa di S. Agostino.* In: *Atti della Settimana Agostiniana Pavese II* (cf. 1971, 99) 17—39

979 Treolar, A. *The Augustinian Sermones ad fratres in eremo commorantes* — Prudentia 3 (1971) 39—50

980 Turrado, Argimiro *La teología trinitaria de San Agustín en el „Mysterium salutis"* — RAgEsp 12 (1971) 445 459

981 Turrado, A. *Dios en el hombre. Plenitud o tragedia.* Madrid: Editorial Católica 1971. 322 pp.

982 Vaca, Cesar *La antropología religiosa en San Agustín* — RC 18 (1972) 475—481

[90] Veer, A. C. de: Bibliographica

983 Veer, A. C. de *Rom. 14, 23b dans l'œuvre de saint Augustin* — RechAug 8 (1972) 149—185

984 Vela, Luis *La incorporación a la Iglesia por el Bautismo en San Agustín* — EE 46 (1971) 169—182

985 Verbraken, P. *Le recueil augustinien de Schäftlarn* — RBen 82 (1972) 47—62

985a Vergés, S. *La Iglesia esposa de Christo. La encarnación del Verbo y la Iglesia en san Agustín.* Barcelona: Ed. Balmes 1969. 192 pp.

986 Verheijen, L. M. J. *Contribution à une édition critique améliorée des Confessions de saint Augustin* — Augustiniana 21 (1971) 594—636; 22 (1972) 35—52

987 Verheijen, L. M. J. *Éléments d'un commentaire de la Règle de saint Augustin* — 21 (1971) 5—23; 357—404; 22 (1972) 5—34; 469—510

988 Verheijen, L. M. J. *The straw, the beam, the Tusculan disputations, and the rule of Saint Augustine. On a surprising Augustinian exegesis* — AugSt 2 (1971) 17—36

988a Vericat Nuñez, J. F. *La idea de creación según san Augustinus* [Kath.-Theol. Diss.]. Wien 1970. 122 pp.

989 Vos, A. G. *St. Augustine's view of created reality* [Diss. Univ. of Toronto]. Toronto: 1970. (microfilm)

990 WALTER, CHR. *Der Ertrag der Auseinandersetzung mit den Manichäern für das hermeneutische Problem bei Augustin* [Kath. theol. Diss.]. München: 1972. 211 & 149 pp.

991 WARNERS, J. D. P. *Erasmus, Austinus en de retorika* — NAKG 51 (1971) 125—148

992 WEINAND, JOHANNES *Wahrnehmen, Einsehen und Schauen bei Augustin.* In: *Festgabe für Herbert Doms zum 80. Geburtstag* (cf. 1972, 158a) 129—140

[2369] WEISMANN, W.: Vita christiana et societas humana

993 WIENBRUCH, U. *Signum, significatio und illuminatio bei Augustin.* In: *Der Begriff der Repraesentatio im Mittelalter* (cf. 1971, 103) 76—93

994 WOHLFAHRT, K. A. *Die kritische Begründung der Gotteserkenntnis bei Augustinus* — TTZ 81 (1972) 26—39

995 WOLFSKEEL, C. W. *Ist Augustin in „De immortalitate animae" von der Gedankenwelt des Porphyrios beeinflußt worden?* — VigChr 26 (1972) 130—145

996 WRIGHT, D. F. *The manuscripts of St. Augustine's Tractatus in Euangelium Iohannis. A preliminary survey and checklist* — RechAug 8 1972) 55—143

997 ZELZER, MICHAELA *Die Klosterneuburger Handschrift zu Augustins Opus imperfectum contra Iulianum* — WSt 5 (1971) 233—237

998 ZERFASS, R. *Die Last des Taufgesprächs. Nach Augustins Büchlein De catechizandis rudibus.* In: *Zeichen des Glaubens* (cf. 1972, 162) 219—232

PS.-AUGUSTINUS

999 ASCHOFF, D. *Der pseudo-augustinische Traktat „De spiritu et anima"* — REA 18 (1972) 293—294

1000 CHRISHOLM, J. E. *The authorship of the Pseudo-Augustinian Hypomnesticon against the Pelagians and Celestians.* In: *Studia Patristica XI/II* [TU 108] (cf. 1972, 150) 307—310

1001 FOLLIET, G. *Un abrégé du De sacramento corporis et sanguinis Domini d'Alger de Liège, mis sous le nom de S. Augustin* — RechAug 8 (1972) 261—299

1002 KROON, M. DE *Pseudo-Augustin im Mittelalter. Entwurf eines Forschungsberichts* — Augustiniana 12 (1972) 511—530

1003 NORPOTH, L. *Der pseudo-augustinische Traktat De spiritu et anima* [Philos. Diss. München 1924, erstmals gedr. u. dem Autor anstelle einer Festschrift zu seinem 70. Geburtstag am 14. April 1971 überreicht]. Köln: Kohlhauer 1971. VI, 308 pp.

1004 REYNOLDS, R. E. *The Pseudo-Augustinian „Sermo de conscientia" and the related canonical „Dicta sancti Gregorii papae"* — RBen 81 (1971) 310—317

1005 ROEMER, F. *A late medieval collection of epistles ascribed to St. Augustine* — AugSt 2 (1971) 115—154

AUSONIUS

1006 *[Ausonius] Mosella. La Moselle.* Éd., introd. et comm. de CH. M. TERNES [Érasme, Coll. de textes lat. comm. 28]. Paris: Presses Universitaires 1972. 100 pp.
1007 *[Ausonius] Opere.* A cura di A. PASTORINO [Class. Lat.]. Torino: Utet 1971. 928 pp.
1008 MARTIN, J. *Textes chrétiens d'Ausone* (suite) — BAGB (1972) 503—512
1009 THRAEDE, K. *Zu Ausonius, ep. 16,2 Sch.* — Her 96 (1968/69) 608—628
1010 WEISS, R. *Ausonius in the fourteenth century.* In: *Classical influences on European culture* (cf. 1971, 111a) 67—72

BARDESANES

1011 BIANCHI, U. *Bardesanes gnosticus. Le fonti del dualismo di Bardesane.* In: *Scritti Attisani II* (cf. 1971, 157) 627—641
[1211] BROCK, S.: Didymus Alexandrinus
1012 DAVIDS, A. J. M. *Zur Kosmogonie Bardaisans. Textkritische Bemerkungen* — ZDMG 120 (1970) 32—42
1013 DRIJWERS, H. J. W. *Bardaisan of Edessa and the Hermetica. The Aramaic philosopher and the philosophy of his time* — JEOL 21 (1969/70) 190—210

BARNABAE EPISTULA

1014 *[Barnabae Epistula] Épitres de Barnabé.* Introd., trad. et notes par P. PRIGENT, texte grec établi et prés. par R. A. KRAFT [SC 172]. Paris: Éd. du Cerf 1971. 261 pp.
[2454] HELM, L.: Patrum exegesis
1015 JAUBERT, A. *Écho du livre de la Sagesse en Barnabé 7,9.* In: *Judéo Christianisme* (cf. 1972, 131) 193—198
1016 ROBILLARD, E. *L'épitre de Barnabé: trois époques, trois théologies, trois rédacteurs* — RaBi 78 (1971) 184—209
1017 SCHINELLER, PETER *The Kerygma of the Letter of Barnabas* — The Bible Today (1971) 252—256
1018 WENGST, KLAUS *Tradition und Theologie des Barnabasbriefes* [Arb. zur Kirchengesch. 42]. Berlin: de Gruyter 1971. IX, 129 pp.

BARSANUPHIUS

1019 *[Barsanuphius] Barsanuphe et Jean de Gaza, Correspondence, recueil complet.* Trad. du grec par L. REGNAULT et PH. LEMAIRE et du géorgien par B. OUTTIER. Sablé-sur-Sarthe: Abbaye Saint-Pierre-de-Solesmes 1972. 548 pp.

1020 NEYT, F. *Citations „Isaïennes" chez Barsanuphe et Jean de Gaza —* Mu 84 (1971) 65—92

BASILIUS ANCYRANUS

1021 LEROY, F. J. *La tradition manuscrite du De virginitate de Basile d'Ancyre —* OrChrP 38 (1972) 195—208

BASILIUS MAGNUS CAESARIENSIS

1022 *[Basilius] Bazyli Wielki św. Listy (Les lettres choisies),* trad. en polonais par W. KRZYŻANIAK. Warszawa: 1972. 376 pp.

1023 *[Basilius] Briefe II (Brief 101—218).* Übers. u. hrsg. v. W. D. HAUSCHILD [BGL 3]. Stuttgart: Anton Hiersemann 1972. 120 pp.

1024 BENITO Y DURAN, ANGEL *El trabajo manual en la Regla de San Basilio —* TEsp 15 (1971) 317—358

[2330] BENITO Y DURAN, A.: Monachismus

1025 DAVID, P. I. *Les trois Saints Hiérarques: Basile, Grégoire et Jean* [en roum.] — MitrOlt 24 (1972) 117—121

1026 GARCIA SUAREZ, G. *La vida religiosa en San Basilio Magno —* Confer 10 (1971) 149—161

[1347] HUEBNER, R.: Gregorius Nyssenus

[1642] JUNOD, E.: Origenes

1027 KOPEČEK, THOMAS ALAN *Social/Historical Studies in the Cappadocian Fathers* [Diss.]. Brown University: 1972. UM

[1355] MAY, G.: Gregorius Nyssenus

1028 MOFFATT, ANN *The Occasion of Basil's Address to Young Men —* Antichthon 6 (1972) 74—86

1029 NOROCEL, EPIFANIE *L'égalité des hommes, dans la conception de Saint Basile le Grand* [en roum.] — MitrMold 48 (1972) 355—366

1029a ΠΑΠΑΔΟΠΟΥΛΟΣ-ΤΣΑΝΑΝΑΣ, ΟΛΥΜΠΙΑ Ἡ ἀνθρωπολογία τοῦ Μεγάλου Βασιλείου [AnVlat 7]. Thessaloniki: Πατρ. Ἴδρυμα Πατερικῶν Μελετῶν 1970. 159 pp.

1030 PAPANOUTSOPOULOS, CHRISTOPHOROS N. *La création selon l'Hexaémeron de Saint Basile.* Athènes: éd. „Sotir" 1972. 198 pp.

1031 PAVERD, F. VAN DE *Die Quellen der kanonischen Briefe Basileios des Großen —* OrChrP 38 (1972) 5—63

1032 PLUTA, A. *Ist die syrische Mönchskonzeption der „iḥidajuta" im Sinn von „Christförmigkeit" Leitbild des Basilius?* In: *Festschrift Franz Loidl. III* (Wien 1971) 204—220

1033 POPA, IOAN D. *Saint Basile le Grand, prêcheur de la charité* [en roumain] — StBuc 23 (1971) 224—234

1034 POPTODOROW, TODOR *Nravoučitelnata propoved na sveti Vassilij Veliki (Die sittenlehrende Predigt des heiligen Basilius des Großen)* — GDA 18 (1971) 42—106

1035 SAVRAMIS, D. *Basilius der Große als Vermittler zwischen Himmel und Erde* — Kyrios 10 (1970) 65—75

1036 SCAZZOSO, P. *L'umanesimo di S. Basilio* — AugR 12 (1972) 391—405

1037 SIRBU, CORNELIU *Les Saints Basile, Grégoire et Jean Chrysostome, guides pour la théologie actuelle* [en roum.] — MitrArd 17 (1972) 39—44

1038 TEJA, R. *La iglesia y la economia en el siglo IV (La doctrina economica de los padres capadocios)* — RaMadrid 20 (1971) 113—127

1039 TSAMES, D. G. Ἡ πρωτολογία τοῦ Μεγάλου Βασιλείου [Βυζαντιν Κειμένα καὶ Μελέται 1]. Thessalonike: Κέντρον Βυζαντινῶν Ἐρευνῶν 1970. 169 pp.

1041 VALGIGLIO, E. *San Basilio, Ad adulescentes* — RiStCl 20 (1972) 3—31

1042 ZĂGREAN, JOAN *Les trois Saints Hiérarques — brillants et incomparables modèles de vertu chrétienne* [en roum.] — MitrBan 22 (1972) 25—38

PS.-BASILIUS MAGNUS CAESARIENSIS

1043 HAYES, W. M. *The Greek manuscript tradition of (Ps.) Basil's „Adversus Eunomium", Books 4—5.* Leiden: Brill 1972. X, 179 pp.

BASILIUS SELEUCIENSIS

[1375] Hesychius Hierosolymitanus

1044 LÓPEZ-SALVÁ, M. *Los Thaumata de Basilio de Seleucia* — CuadFC 3 (1972) 217—319

1045 PARYS, MICHEL VAN *L'évolution de la doctrine christologique de Basile de Séleucie* — Irénikon 44 (1971) 493—514

BENEDICTUS NURSINUS

1046 *[Benedictus Nursinus] La règle de saint Benoît, I.: Prologue — chapitre 7; II: Chapitres 8—73; III: Instruments pour l'étude de la tradition manuscrite.* Introd., trad. et notes par A. DE VOGÜÉ, texte établi et prés. par J. NEUFVILLE [SC 181—183]. Paris: Du Cerf 1972. 918; XX, 424 pp. in 3 Bd.

1047 *[Benedictus Nursinus] La Règle de S. Benoît. IV: Commentaire historique et critique (Parties I—III)* par A. DE VOGÜÉ [SC 184]. Paris: Édit. du Cerf 1971. 376 pp.

1048 *[Benedictus Nursinus] La Règle de S. Benoît.* V. *Commentaire historique et critique (Parties IV—VI)* par A. DE VOGÜÉ [SC 185]. Édit. du Cerf 1971. 379—851 pp.

1049 *[Benedictus Nursinus] La Règle de S. Benoît.* VI: *Commentaire historique et critique (Parties VII—IX et index)* par A. DE VOGÜÉ [SC 186]. Paris: Édit. du Cerf 1971. 855—1477 pp.

1050 *[Benedictus Nursinus] La Règle de saint Benoît.* Trad. par P. GUÉR-ANGER. Solesme: Abbaye Saint-Pierre 1972. 120 pp.

1051 *[Benedictus Nursinus] S. Benedetto. La Regola.* Introduzione, versione e commento delle BENEDETTINE DI S. MARIA DI ROSANO. Siena: Cantagalli 1971. 313 pp.

[1728] BLECKER, M. P.: Regula Magistri

1052 BORIAS, A. *Le Christ dans la Règle de saint Benoît* — RBen 82 (1972) 109—139

1053 BORIAS, ANDRE *Christo en la Regla de San Benito* — Cistercium 24 (1972) 249—294

1054 CHAPMAN, JOHN *Saint Benedict and the sixth century* [Nachdruck der Ausgabe London 1929]. Westport: Greenwood Press 1971. VI, 239 pp.

1055 DELHOUGNE, H. *Traces de la Règle de saint Benoît chez Gratien* — RThAM 39 (1972) 158—170

1056 GALLEGO, T. *El monasterio, casa de Dios, en San Benito* — Cistercium 23 (1971) 37—56

1057 GORDAN, PAULUS *Symposion über die Mönchsregel St. Benedikts* — EA 48 (1972) 58—60

[2338] HANSLIK, R.: Monachismus

1058 HEUFELDER, E. *La oración según la Regla de San Benito*—CuadMon 7 (1972) 111—126

[75] JASPERT, B.: Bibliographica

1059 KILZER, MARTHA CLARE *The rule of St. Benedict and the Philosophy of Gabriel Marcel* — AmBenR 23 (1972) 113—137

1060 LECLERCQ, J. *Évangile et culture dans la tradition bénédictine* — NRTh 94 (1972) 171—182

[78] LEDOYEN, H.: Bibliographica

1061 MANNING, E. *Problèmes du monachisme bénédictin primitif (Rome, 3—9 octobre 1971)* — RHSpir 48 (1972) 113—114

1062 MIQUEL, P. *Tres características de la Regla de San Benito* — CuadMon 7 (1972) 175—184

1063 PEIFER, CLAUDE J. *The First International Congress on the Rule of St. Benedict* — AmBenR 23 (1972) 325—336

1064 RAABE, A. M. *Discernment of spirits in the prologue to the Rule of Benedict* — AmBenR 23 (1972) 397—423

1065 *Regulae Benedicti studia, I: Erster Internationaler Regula Benedikti-Kongress.* Hildesheim: Gerstenberg 1972. 337 pp.

1066 STANDAERT, M. *Symposium sur la règle de S. Benoît* — RHE 67 (1972) 705

1067 VOGÜÉ, A. DE *La rencontre de Benoît et de Scholastique. Essai d'interprétation* — RHSpir 48 (1972) 257—274

BOETHIUS

[790] COURCELLE, P.: Augustinus

1068 MASI, M. *Manuscripts Containing the ,De musica' of Boethius* — Manuscripta 15 (1971) 89—95

1069 *Notker der Deutsche, Boethius' Bearbeitung der Categoria des Aristoteles.* Ed. von J. C. KING (Die Werke Notker des Deutschen 5) [Altdt. Textbibl. 73]. Tübingen: Niemeyer 1972. XXIV, 202 pp.

1070 REBULL, NOLASC *Un manuscrit del „De Consolatione" de Boeci a Banyoles* — EF 73 (1972) 244—256

1071 RISPOLI, G. M. *I carmi di Boezio e la procreatio metrorum* — Atti dell'Academia Pontiniani (Napoli) 14 (1964/65) 57—81

1072 SCHEIBLE, H. *Die Gedichte in der Consolatio philosophiae des Boethius* [Bibl. der klass. Altertumswiss. 46]. Heidelberg: Winter 1972. VIII, 229 pp.

1073 TERBILLE, C. I. *William of Aragon's commentary on Boethius' De consolatione philosophiae, I—II* [Diss. Univ. of Michigan]. Ann Arbor: 1972. 320 pp. (microfilm)

[91] VOGEL, C. J. DE: Bibliographica

[92] VOGEL, C. J. DE: Bibliographica

1074 WILTSHIRE, SUSAN FORD *Boethius and the Summum Bonum* — CJ 67 (1972) 216—220

BONIFATIUS V PAPA

1075 BLAIR, P. H. *The letters of Pope Boniface 5 and the mission of Paulinus to Northumbria.* In: *Stud. presented to D. Whitelock* (cf. 1971, 118) 5—13

BRAULIUS

1076 GIL, JUAN *Sobre el texto de las cartas de San Braulio* — CFC 2 (1971) 141—146

CAESARIUS ARELATENSIS

1077 *[Caesarius Arelatensis] Sermons au peuple. I: Sermons 1—20.* Introd., trad. et notes par M. J. DELAGE [SC 175]. Paris: Édit. du Cerf 1971. 506 pp.

1078 *[Caesarius Arelatensis] Sermons.* Translated by M. MADELEINE MÜLLER. Washington: The Catholic University of America Press 1972.

1079 *[Caesarius Arelatensis] Sermoni scelti.* Introd., testo, trad. e comm. a cura di C. A. RAPISARDA. Catania: Centro di Studi sull'antico cristianesimo 1972. 253 pp.

1080 ARNOLD, CARL FRANKLIN *Caesarius von Arelate und die gallische Kirche seiner Zeit* [unv. Nachdruck der Ausgabe Leipzig 1894]. Leipzig: Zentralantiquariat der DDR 1972. XII, 607 pp.

1081 CLERICI, E. *Il sermo humilis di Cesario d'Arles* — RILSL 105 (1971) 339—364

1082 VOGÜÉ, A. DE *La Règle de Césaire d'Arles pour les moines: un résumé de sa Règle pour les moniales* — RAM 47 (1971) 369—406

CALLINICUS MONACHUS

1083 *[Callinicus Monachus] Vie d'Hypatios.* Introd., texte crit., trad. et notes par G. J. M. BARTELINK [SC 177]. Paris: Éd. du Cerf 1971. 349 pp.

CASSIODORUS SENATOR

1084 CROCCO, A. *Il Liber de anima di Cassiodoro* — Sapienza 25 (1972) 133—168

1085 DUMMER, J. *Frechulf von Lisieux und die Historia Ecclesiastica Tripartita* — Phil 115 (1971) 58—70

1086 HAHNER, URSULA *Cassiodors Psalmenkommentar. Sprachliche Untersuchungen* [Diss.]. Freiburg/Br.: 1972. XXI, 346 pp.

[1241] HANSLIK, R.: Epiphanius Scholasticus

1087 LOHR, M. *Zagadnicnie arytmetyki w pismach Kasjodora (Arithmetische Probleme in den Schriften des Cassiodorus)* — StudWarm 6 (1969) 489—508

1088 LOHR, M. *Zagadnienie z teorii sztuk wyzwolonych w pismach Kasjodora (Les problèmes des arts liberaux des œuvres de Cassiodore)* — StudWarm 8 (1971) 313—330

1089 WEISSENGRUBER, F. *Epiphanius Scholasticus als Übersetzer. Zu Cassiodorus-Epiphanius, Historia ecclesiastica tripartita* [SAW 283,5]. Wien: Böhlau 1972. 313 pp.

CHROMATIUS AQUILEIENSIS

1090 *[Chromatius Aquileiensis] Sermons. II: Sermons 18—41.* Introd., texte critique et notes par J. L. LEMARIÉ, trad. par H. T. TARDIF [SC 164]. Paris: Édit. du Cerf 1971. 290 pp.

1091 ÉTAIX, R. *Recherches récentes sur saint Chromace d' Aquilée (407— 408)* — CaHist 17 (1972) 62

1092 LEMARIÉ, J. *A propos des sermons XVIII et XXXIII de Chromace d'Aquilée* — SE 21 (1972/73) 35—42

1093 LEMARIÉ, J. *Un fragment de sermon sur la passion de saint Pierre peut-être attribuable à Chromace d'Aquilée* — RBen 82 (1972) 105—109

1094 LEMARIÉ, J. *Symbolisme de la mer, du navire, du pêcheur et de la pêche chez Chromace d'Aquilée.* — AnAL 1 (1972) 141—152

1095 LEMARIÉ, J. *La testimonianza del martirio nei sermoni di Cromazio d'Aquileia* — RSLR 5 (1969) 3—12

1096 PENCO, G. *Cromazio d'Aquileia e la „Regula Magistri"* — RBen 81 (1971) 309—310

CLAUDIUS CLAUDIANUS

1097 *[Claudius Claudianus] Claudian's In Rufinum.* An exegetical comm. by H. L. LEVY [Philol. Monogr. of the Amer. Philol. Assoc. 30]. Cleveland: Pr. of Case Western Reserve Univ. 1971. XXXIII, 332 pp.

1098 BRUMMER, G. *Wer war Jacobus? Zur Deutung von Claudian c. m. 50* — ByZ 65 (1972) 339—352

1099 CAMERON, ALAN *Claudian, poetry and propaganda at the court of Honorius.* Oxford: Clarendon Pr. 1970. XVI, 508 pp.

1100 CASACELI, F. *Recenti studi claudiani* — BStudLat 2 (1972) 318—326

1101 GUALANDRI, I. *Aspetti della tecnica compositiva in Claudiano.* Milano: Cisalpino 1970. 72 pp.

1101a KLEUDEL, U. *Poetische Vorläufer und Vorbilder in Claudians De consulatu Stilichonis. Imitationskommentar* [Hypomnemata 26]. Göttingen: Vandenhoeck & Ruprecht 1970. 163 pp.

1102 KOMORNICKA, E. *Le De bello gildonoco de Claudien et la tradition épique* — REL 50 (1972) 23—24 (Résumé)

1103 MONACO, G. *Bonus Ancus* — GiorFil 24 (1972) 245—250

CLEMENS ALEXANDRINUS

1104 *[Clemens Alexandrinus] Werke,* I: *Protrepticus und Paidagogus.* Hrsg. v. O. STAEHLIN, 3. durchges. Aufl. v. U. TREU [GCS 12]. Berlin: Akad.-Verl. 1972. XCII, 365 pp.

1105 *[Clemens Alexandrinus] Clemente Alessandrino, Il Protrettico. Il Pedagogo.* A cura di M. GRAZIA BIANCO [Classici delle Religioni]. Torino: UTET 1971. 533 pp.

1106 BRAMBILLASCA, G. *Citations de l'Écriture sainte et des auteurs classiques dans le* Προτρεπτικὸς πρὸς ᾿Ελληνας *de Clément d' Alexandrie.* In: *Studia Pratristica XI* [TU 108] 8—12 (cf. 1972, 150)

1107 BRONTESI, A. *La soteria en Clemente Alessandrino* [Anal. Gregor. 186]. Roma: Univ. Gregor. ed. 1972. XXXI, 742 pp.

1108 DANIÉLOU, JEAN *La tradition selon Clément d'Alexandrie* — AugR 12 (1972) 5—18

1109 EIJK, A. H. C. VAN *The Gospel of Philip and Clement of Alexandria. Gnostic and Ecclesiastical Theology on the Resurrection and the Eucharist* — VigChr 25 (1971) 94—120

1110 FARANTOS, M. *Die Gerechtigkeit bei Klemens von Alexandrien* [Diss.] Bonn: 1972. 244 pp.

1111 FLOYD, W. E. G. *Clement of Alexandria's treatment of the problem of evil* [Oxford theol. Monogr.] Oxford: Univ. Pr. 1971. XXIII, 107 pp.

1112 HIRNER, A. *Die Stromata des Clemens von Alexandrien. Paradigma für die mediale Bedeutung der Philosophie zur Entfaltung christlicher Lehre. Ein Beitrag zum Diastasenproblem* [Diss.]. Innsbruck: 1970. 419 pp.

1113 JOHANNING, MARY MARGARET *The Notion of „Son" in Clement of Alexandria* [Diss.]. Marquette University: 1971. UM

1114 KNAUBER, A. *Ein frühchristliches Handbuch katechumenaler Glaubensinitiation: der Paidagogos des Clemens von Alexandrien* — MThZ 23 (1972) 311—334

1115 KUYUMA, M. *Clement of Alexandria and the Pagan Philosophy* [Japanese]. In: *European History of Christianity 1* (Tokyo 1971) 405—420

1116 KUYUMA, M. *Considerations on the Anthropology of Clement of Alexandria* [Japanese] — CathSt 11 (1972) 117—130

1117 KUYUMA, M. *L'exégèse de Clément d'Alexandrie* [Japanese with French Sum.] — BSNES 14 (1971) 19—39

1118 KUYUMA, M. *L'homme à l'image et à la ressemblance chez Clément d'Alexandrie* — ThStJ (1972) 13—15

1119 KUYUMA, M. *Notes on the Quis dives salvetur of Clement of Alexandria* [Japanese] — CathSt 11 (1972) 403—409

1120 KUYUMA, M. *Philosophy and Theology in Clement of Alexandria* [Japanese] — StMTh 13 (1971) 94—108

1121 LILLA, S. R. C. *Clement of Alexandria. A study in Christian Platonism and Gnosticism* [Oxford theological monographs]. London: Oxford Univ. press 1971. XIV, 266 pp.

1122 MEES, M. *Text- und Bibelvarianten im Paidagogos des Clemens von Alexandrien* — AugR 12 (1972) 425—435

1123 MÉHAT, A. *Clément d'Alexandrie et le sens de l'Écriture. 1er stromate, 176,1 et 179,3.* In: *Epektasis. Mélanges Jean Daniélou* (cf. 1972, 119) 355—365

1124 MORTLEY, R. 'Αναλογία *chez Clément d'Alexandrie* — REG 84 (1971) 80—93

1125 PAULSEN, D. *Ethical individualism in Clement of Alexandria* — Concord 43 (1972) 3—20

1126 PÉPIN, J. *La vraie dialectique selon Clément d'Alexandrie.* In: *Epektasis. Mélanges Jean Daniélou* (cf. 1972, 119) 375—383

1127 RIEDINGER, R. *Der Physiologos und Klemens von Alexandreia* — ByZ 66 (1973) 273—307

1128 RUIZ-JURADO, M. Le „monde" chez Clément d'Alexandrie — RHSpir 48 (1972) 5—23
1129 SARIOL DIAZ, JUAN Clemente de Alejandría, un teólogo liberal — AnGer 20 (1970/71) 357—361
1130 SCHMÖLE, KLAUS Läuterung nach dem Tode und pneumatische Auferstehung bei Klemens von Alexandrien [Diss.]. Münster: 1972. VIII, 152 pp.
1131 SZYMUSIAK, J. Klasycyzm Klemensa Aleksandryjskiego (Clément d'Alexandrie et les valeurs classiques) — STV 9 (1971) 289—302
[588] TIMOTHY, H. B.: Auctores, Generalia
1133 TSIRPANLIS, K. N. The theology of history according to Clement of Alexandria [en grec avec résumé en angl.] — Platon 24 (1972) 252—274
1134 WAGNER, W. H. A Father's Fate: Attitudes Towards and Interpretations of Clement of Alexandria — JRH 6 (1971) 209—231
1135 WOJTCZAK, J. Stosunek Klemensa Aleksandryjskiego do filozofii według Stromata (Quid Clemens Alexandrinus in libres qui inscribuntur Stromata de philosophia docuerit) — STV 9 (1971) 263—288

CLEMENS ROMANUS

1136 [Clemens Romanus] Carta de S. Clemento Romano aos Coríntios. Primórdios cristaos e estrutura. Tradução, introdução e notas por PAULO EVARISTO ARNS [Fontes da Catequese 3]. Petropolis: Editôra Vozes 1971. 80 pp.
1137 [Clemens Romanus] Épîtres aux Corinthiens. Introd., texte, trad. et notes par A. JAUBERT [SC 167]. Paris: Éd. du Cerf 1971. 276 pp.
1138 BEYSCHLAG, K. Zur εἰρήνη βαθεῖα (1. Clem. 2,2) — VigChr 26 (1972) 18—23
1139 BRUNNER, G. Die theologische Mitte des ersten Klemensbriefs. Ein Beitrag zur Hermeneutik frühchristlicher Texte [Frankfurter theologische Studien 11]. Frankfurt: Knecht 1972. IX, 177 pp.
1140 BUMPUS, HAROLD BERTRAM The Christological Awareness of Clement of Rome and its Sources. Winchester: Univ. Press of Cambridge 1972. XI, 196 pp.
1141 DEUSSEN, G. Weisen der Bischofswahl im 1. Clemensbrief und in der Didache — ThGl 62 (1972) 125—135
1142 EIZENHÖFER, L. Das Gemeindegebet aus dem ersten Klemensbrief in einem karolingischen Gebetbuch — SE 21 (1972/73) 223—240
1143 JOURJON, M. Remarques sur le vocabulaire sacerdotal dans la 1 Clementis. In: Epektasis. Mélanges Jean Daniélou (cf. 1972, 119) 107—110
1144 MAYER, H. T. Clement of Rome and His Use of Scripture — Concord 8 (1971) 536—540

1145 MEES, M. *Schema und Dispositio in ihrer Bedeutung für die Formung der Herrenworte aus dem I. Clemensbrief, Kap. XIII,2* — VetChr 8 (1971) 257—272

1146 MEES, M. *Das Herrenwort aus dem 1. Clemensbrief, Kap. 46,8 und seine Bedeutung für die Überlieferung der Jesusworte* — AugR 12 (1972) 233—256

1147 MØRSTAD, ERIK *Evangeliet, med henblikk på Paulus og 1. Klemensbrev* — NTT 69 (1968) 139—157

1148 RIGGI, C. *La liturgia della pace nella Prima Clementis* — Salesianum 33 (1971) 31—70; 205—261

[2147] STALDER, K.: Ius canonicum

1149 ULLMANN, W. *The Cosmic Theme of the Prima Clementis and its Significance for the Concept of Roman Rulership.* In: *Studia Patristica XI* [TU 108] (cf. 1972, 150) 85—91

1150 UNNIK, W. C. VAN *Noch einmal „tiefer Friede". Nachschrift zu dem Aufsatz von K. Beyschlag* — VigChr 26 (1972) 24—28

PSEUDO-CLEMENS ROMANUS

1151 MOLLAND, E. *La thèse „La prophétie n'est jamais venue de la volonté de l'homme" et les Pseudo-Clementines.* In: *Opuscula Patristica* (cf. 1971/72, 137) 61—77

1152 SCHOEPS, H. J. *Der Ursprung des Bösen und das Problem der Theodizee im pseudoklementinischen Roman.* In: *Judéo Christianisme* (cf. 1972, 131) 129—141

COLUMBANUS MINOR

1153 ÖNNERFORDS, A. *Die Latinität Columbas des Jüngeren in neuem Licht* — ZKG 83 (1972) 52—60

1154 SMIT, J. W. *Studies on the language and style of Columba the Younger (Columbanus).* Amsterdam: Hakkert 1971. VIII, 263 pp.

CONSTITUTIONES APOSTOLORUM

1155 FUNK, FR. X. *Die Apostolischen Konstitutionen. Eine literarisch-historische Untersuchung* [Nachdruck der Ausgabe Rottenburg 1891]. Frankfurt/M.: Minerva 1971. 390 pp.

1156 METZGER, M. *Les deux prières eucharistiques des constitutions apostoliques* — ReSR 45 (1971) 52—77

1157 WAGNER, G. *Zur Herkunft der Apostolischen Konstitutionen.* In: *Mélanges liturgiques offerts au R. P. Dom Bernard Botte O. S. B.* (cf. 1972, 136) 525—537

COSMAS INDICOPLEUSTES

1159 KIRWAN, L. P. *The Christian topography and the kingdom of Axum* — GJ 138 (1972) 166—177

CYPRIANUS CARTHAGINENSIS

1160 *[Cyprianus Carthaginensis] Opera, Pars I: Ad Quirinum, Ad For-*
     tunatum, ed. R. WEBER. *De lapsis, De ecclesiae catholicae unitate,*
     ed. M. BÉVENOT [CChr Ser. Lat. 3,1]. Turnhout: Brepols 1972. L,
     292 pp.

1161 *[Cyprianus Carthaginensis] De lapsis and De ecclesiae catholicae*
     unitate. Ed. by M. BÉVENOT [Oxford early Christian texts]. Oxford:
     Clarendon Pr. 1971. XXIII, 127 pp.

1162 BOGUCKI, M. *Problemy duszpasterskie w listach św. Cypriana (Pro-*
     blèmes pastoraux dans les epitres de Saint Cyprien) — STV 9 (1971)
     191—224

1163 CAMPENHAUSEN, H. VON *Zu Cyprian, ep. 74,2* — ZNW 62 (1971)
     135—136

1164 CAPMANY, JOSÉ *El sacerdocio ministerial según san Cipriano.* In: *Teo-*
     logía del Sacerdocio 4 (cf. 1972, 154) 143—175

1165 CLARKE, G. W. *Prosopographical Notes on the Epistles of Cyprian, I.*
     The Spanish Bishops of Epistle 67 — Latomus 30 (1971) 1141— 1145

1166 CLARKE, G. W. *Prosopographical notes on the Epistles of Cyprian, II.*
     The proconsul in Africa in 250 A.D. — Latomus 31 (1972) 1053—1057

1167 DAVIDS, A. *„Eine oder keine". Cyprians Lehre über Kirche und Tra-*
     dition — Concilium 8 (1972) 18—21

1168 DUQUENNE, L. *Chronologie des lettres de S. Cyprian. Le dossier de*
     la persécution de Dèce [Subsidia hagiographica 54]. Bruxelles:
     Société des Bollandistes 1972. 180 pp.

1169 FAHEY, M. A. *Cyprian and the Bible. A study in third century exe-*
     gesis [Beitr. zur Gesch. der bibl. Hermeneutik 9]. Tübingen: Mohr
     1971. VI, 696 pp.

1170 GAUDETTE, PIERRE *Baptême et vie chrétienne chez Saint Cyprien de*
     Carthage — Laval 27 (1971) 163—190; 251—279

[447] GUERRA GOMEZ, M.: Voces

1171 HAENDLER, G. *Cyprians Auslegung zu Galater 2,11 ff* — ThLZ 97
     (1972) 561—568

1172 HALLIBURTON, R. J. *Some reflections on St. Cyprian's doctrine of*
     the Church. In: *Studia Patristica XI* [TU 108] (cf. 1972, 150) 192—
     198

1173 HAMMAN, A. *La confession de la foi dans les premiers Actes des*
     martyrs. In: *Epektasis. Mélanges Jean Daniélou* (cf. 1972, 119)
     99—105

1174 MEMOLI, A. F. *Studi sulla formazione della frase in Cipriano* [Coll.
     di Studi classici 13]. Napoli: Libr. scientif. ed. 1971. 97 pp.

[1786] MERTON, TH.: Tertullianus

1175 MORESCHINI, C. *Contributo allo studio della tradizione manoscritta*
     degli Opuscula di Cipriano — StClOr 21 (1972) 244—253

1176 Myszor, W. *Zagadnienie herezji w listach św. Cypriana (Le problème de l'hérésie dans les lettres de Saint Cyprien)* — STV 9 (1971) 147—190

1177 Petitmengin, P. *Cinq manuscrits de saint Cyprien et leur ancêtre* — RHT 2 (1972) 197—230

1178 Philippard, G. *Une recension franco-hispanique des Acta Cypriani (BHL 2038)* — AB 90 (1972) 142

1179 Portolano, Antonio *Il dramma dei lapsi nell'epistolario di Cipriano.* Napoli: Federico e Adria 1972. 152 pp.

1180 Quacquarelli, A. *Note retoriche sui Testimonia di Cipriano* — VetChr 8 (1971) 181—209

1181 Renaud, B. *L'Église comme assemblée liturgique selon saint Cyprien. Ses charactéristiques. Ses principes d'unité* — RThAM 38 (1971) 5—68

1182 Simonetti, M. *Note sulla tradizione manoscritta di alcuni trattati di Cipriano* — StMe 12 (1971) 865—897

1183 Wickert, Ulrich *Sacramentum unitatis. Ein Beitrag zum Verständnis der Kirche bei Cyprian* [BZNW 41]. Berlin—New York: W. de Gruyter 1971. X, 164 pp.

[1802] Zell, R. L.: Tertullianus

PSEUDO-CYPRIANUS

1184 Bruns, J. E. *Biblical Citations and the Agraphon in Pseudo-Cyprian's ,Liber de montibus sina et sion'* — VigChr 26 (1972) 112—116

1185 Daniélou, J. *Le traité De centesima, sexagesima, tricesima et le judéo-christianisme latin avant Tertullien* — VigChr 25 (1971) 171—181

CYPRIANUS GALLUS

1186 Longpré, André *Traitement de l'Élision chez le poète Cyprianus Gallus* — Phoenix 26 (1972) 63—77

CYRILLUS ALEXANDRINUS

1187 Aubineau, M. *Deux homélies de Cyrille d'Alexandrie De hypapante (BHG 1958w et 1963)?* — AB 90 (1972) 100

1188 Ebied, R. Y., Wickham, L. R. *An Unknown Letter of Cyril of Alexandria in Syriac* — JThS 22 (1971) 420—434

[1636] Fee, G. D.: Origenes

1189 Holfelder, H. H. *Zu Horaz, Ep. I,7, 29—33 und Cyrill, Speculum sapientiae, III,11* — Her 96 (1968/69) 638—640

1190 Ioniţă, Viorel *La christologie de Saint Cyrille d'Alexandrie dans la perspective du dialogue avec les Églises néocalcédoniennes* [en roum.] — OrtBuc 23 (1971) 194—209

1191 Langgärtner, G. *Der Descensus ad Inferos in den Osterbriefen des Cyrill von Alexandrien.* In: *Wegzeichen. Festgabe Hermenegild M. Biedermann* (cf. 1971, 161) 95—100

1192 Manoir, H. du *Les premiers versets du quatrième Évangile commentés par Cyrille d'Alexandrie.* In: *Studia mediaevalia et mariologica P. Carolo Balić OFM dicata* (Rom 1971) 101—119

1192a Papapetros, K. E. ῾Η ἀποκάλυψις τοῦ Θεοῦ καὶ ἡ γνῶσις αὐτοῦ κατὰ τὸ ὑπόμνημα τοῦ Κυρίλλου Ἀλεξανδρείας εἰς τὸ κατὰ ᾿Ιωάννην εὐαγγέλιον. Athen: 1969. 144 pp.

1193 Seciciu, Timotei-Traian *La Christologie de Saint Cyrille d'Alexandrie à la lumière des tendences actuelles de rapprochement entre l'Église Orthodoxe et les Anciennes Églises Orientales* [Thèse de doctorat; en roum.] — Mitr Ban 22 (1972) 325—362

1194 Wilken, R. L. *Judaism and the Early Christian mind. A study of Cyril of Alexandria's exegesis and theology* [Yale Publ. in Religion 15]. New Haven: Yale Univ. Pr. 1971. XIV, 257 pp.

CYRILLUS HIEROSOLYMITANUS

1195 *[Cyrillus Hierosolymitanus] The works of Saint Cyril of Jerusalem, II: Catecheses 13—18, Mystagogical lectures, Sermon on the paralytic, Letter to Constantius.* Transl. by L. P. McCauley and A. A. Stephenson [FaCh 64]. Washington: Cath. Univ. of America 1970. XI, 273 pp.

1196 Orlandi, T. *Cirillo di Gerusalemme nella letteratura copta* — VetChr 9 (1972) 93—100

1197 Renoux, A. *Une version arménienne des catéchèses mystagogiques de Cyrille de Jérusalem* — Mu 85 (1972) 147—153

1198 Stănulet, Constantin *La doctrine eucharistique dans les œuvres de Saint Cyrille de Jérusalem* [en roum.] — OrtBuc 23 (1971) 210—218

1199 Stephenson, A. A. *Cyril of Jerusalem's trinitarian theology.* In: *Studia Patristica* [TU 108] (cf. 1972, 150) 234—241

DADIŠO QUATRAYA

1200 *[Dadišo Quatraya] Commentaire du livre d'Abba Isaie, Logoi I—XV.* Texte et version éd. par R. Draguet [CSCO 326, Scriptores syri 144 et 327, Scriptores syri 145]. Louvain: Secrétariat du CSCO 1972. XXVI, 325 et XXI, 266 pp.

DAMASUS I PAPA

1201 Piétri, Charles *Damase et Théodose: communion orthodoxe et géographie politique.* In: *Epektasis. Mélanges Jean Daniélou* (cf. 1972, 119) 627—634

DIADOCHUS PHOTICENSIS

1202 *[Diadochus Photicensis] Diadochus of Photice. Excerpts from the One Hundred Chapters on Spiritual Perfection.* Transl. by D. M. FREEMAN — Diak 7 (1972) 339—350

DIDACHE

1203 BETZ, J. *Die Eucharistie in der Didache* — ALW 11 (1969) 10—39
1204 CAMPOS, J. *La versión latine de la Didaché* — CD 184 (1971) 110—114
[1141] DEUSSEN, G.: Clemens Romanus
1205 MEES, M. *Die Bedeutung der Sentenzen und ihrer auxesis für die Formung der Jesusworte nach Diadaché 1. 3b—2,1* — VetChr 8 (1971) 55—76
1206 POPESCU, DAVID *La doctrine des 12 Apôtres* [traduction et présentation roum.] — GlB 31 (1972) 934—937
1207 ZILLES, URBANO *Didaqué. Catecismo dos Primeiros Cristãos* [Fontes da Catequese 1]. Petropolis: Vozes 1970. 84 pp.

DIDASCALIA

1208 BOJARSKI, J. *Miejsce i rola diakona w spoleczności chrześcijańskiej na podstawie Didascalia apostolorum (La place et la rôle de diacre dans la communauté chrétienne d'après la Didascalia apostolum)* — STV 9 (1971) 225—262

DIDYMUS ALEXANDRINUS

1209 *[Didymus Alexandrinus] Kommentar zum Ecclesiastes (Tura-Papyrus), IV: Kommentar zu Eccl. Kap. 7—7,18.* Hrsg., übers. u. erl. von J. KRAMER. *Kap. 7,19—8,8.* Hrsg. übers. u. erl. von B. KREBBER [Papyrol. Texte u. Abhandl. 16]. Bonn: Habelt 1972. XVII, 169 pp.
1210 BIENERT, W. A. *„Allegoria" und „Anagoge" bei Didymos dem Blinden von Alexandria* [PTS 13]. Berlin: W. de Gruyter 1972. XI, 188 pp.
1211 BROCK, S. *Didymus the Blind on Bardaisan* — JThS 22 (1971) 530—531
[536] BROCK, S.: Novum Testamentum
[2473] *La chaîne palestinienne sur le psaume 118.* Specialia in Vetus Testamentum
1212 HÖNSCHEID, JÜRGEN *Didymus der Blinde: De trinitate, Buch I* [Diss.]. Köln: 1972. 239 pp.
1213 KRAMER, J. *Einige Bemerkungen zum dritten Band des Ekklesiasteskommentars des Didymos* — ZPE 7 (1971) 188—192

AD DIOGNETUM

1214 KAWAMURA, A. *On Ad Diognetum — Mainly on the Problems of Chapter XI and XII.* [Japancsc]. In: *The Bible: Its Thoughts, History and Languages* — BibSt 9 (1972) 437—455

DIONYSIUS ALEXANDRINUS

1215 *[Dionysius Alexandrinus] Das erhaltene Werk.* Διονυσίου λείψανα.
Eingel., übers. u. mit Anmerk. vers. von W. A. BIENERT [BGL 2].
Stuttgart: Hiersemann 1972. VIII, 137 pp.

PS.-DIONYSIUS AREOPAGITA

1216 DUCLOW, D. F. *Pseudo-Dionysius, John Scotus Eriugena, Nicholas
of Cusa. An approach to the hermeneutic of the divine names* —
IPhQ 12 (1972) 260—278
1217 GOLTZ, HERMANN *Plera mesiteia. Zur Theorie der hierarchischen
Sozietät im Corpus areopagitum* [ev. theol. Diss.]. Halle: 1972.
357 pp. (daktyl.; auch im Buchhandel)
1217a HATHAWAY, R. F. *Hierarchy and the definition of order in the Letters
of the Pseudo-Dionysian writings.* Den Haag: Nijhoff 1969. XXVI,
180 pp.
1218 HORNUS, J.-M. *Le Corpus dionysien en syriaque* — Parole de l'Orient 1
(1970) 69—93
1219 RAMIS, POMPEYO *El problema del mal en Dionisio Areopagita* —
Crisis 18 (1971) 17—52
1220 SHELDON-WILLIAMS, I. P. *Henads and angels. Proclus and the Ps.-
Dionysius.* In: *Studia Patristica XI/II* [TU 108] (cf. 1972, 150) 65—71
1221 WIESSNER, GERNOT *Zur Handschriftenüberlieferung der syrischen
Fassung des Corpus Dionysiacum* [NAG 3]. Göttingen: Vandenhoeck & Ruprecht 1972. 54 pp.
1221a YANNARAS, CHRISTOS *De l'absence et de l'inconnaissance de Dieu
d'après les écrits aréopagitiques et Martin Heidegger.* Trad. du
grec. Préface d'OLIVIER CLÉMENT. Paris: Cerf 1971. 136 pp.

DIONYSIUS EXIGUUS

1222 LOZITO, V. *Gli inordinati circuli nella polemica ,De Paschate' di
Dionigi il Piccolo* — VetChr 9 (1972) 233—244

DIOSKORUS ALEXANDRINUS

1223 GRIGORIAN, M. VARD. *Bemerkungen über den Todestag des Dios-
koros von Alexandrien* — HA 86 (1972) 59—72

DOCTRINA ADDAEI

1224 GALVIN, ROBERT J. *Addai and Mari Revisited: The State of the
Question* — DunR 10 (1970) 3—31
1225 PEPPERMÜLLER, R. *Griechische Papyrusfragmente der Doctrina
Addai* — VigChr 25 (1971) 289—301

DOROTHEUS GAZENSIS

1226 ŠPIDLÍK, T. *Le concept de l'obéissance et de la conscience selon Dorothée de Gaza.* In: *Studia Pastristica XI* [TU 108] (cf. 1972, 150) 72—78

ENNODIUS

1227 NAVARRA, L. *Le componenti letterarie e concettuali delle Dictiones di Ennodio* — AugR 12 (1972) 465—478

1228 RALLO FRENI, R. A. *Le concezioni pedagogiche nella Paraenesis didascalica di Magno Felice Ennodio.* In: *Scritti Attisani II* (cf. 1971, 157) 109—126

EPHRAEM SYRUS

1229 *[Ephraem Syrus] Des heiligen Ephraem des Syrers Sermones.* III. Texte hrsg. von E. BECK [CSCO 320, Script. syri 138]. Louvain: Secrétariat du CSCO 1972. XII, 72 pp.

1230 *[Ephraem Syrus] Des heiligen Ephraem des Syrers Sermones.* III. Version hrsg. von E. BECK [CSCO 321, Script, syri 139]. Louvain: Secrétariat du CSCO 1972, XI, 102 pp.

1231 *[Ephraem Syrus] Des heiligen Ephraem des Syrers Hymnen auf Abraham Kidunaya und Julianos Saba.* Texte hrsg. von E. BECK [CSCO 322, Script. syri 140]. Louvain: Secrétariat du CSCO 1972. XI, 92 pp.

1232 *[Ephraem Syrus] Des heiligen Ephraem des Syrers Hymnen auf Abraham Kidunaya und Julianos Saba.* Übersetzung von E. BECK [CSCO 323, Script. syri 141]. Louvain: Secrétariat du CSCO 1972. XVI, 96 pp.

1233 BAILLY, L. *Une traduction latine d'un sermon d'Éphrem dans le Clm 3516* — SE 21 (1972/73) 71—80

1234 CHITTY, D. J. *A Word from St. Ephraim* — Sob 6 (1970) 38—40

1235 HALLEUX, A. DE *Une clé pour les hymnes d'Éphrem dans le Ms Sinaï syr. 10* — Mu 85 (1972) 171—199

1236 JANSMA, T. *Beiträge zur Berichtigung einzelner Stellen in Ephräms Genesiskommentar* — OrChr 56 (1972) 59—79

1237 JANSMA, T. *Ephraems Beschreibung des ersten Tages der Schöpfung. Bemerkung über den Charakter seines Kommentars zur Genesis* — OrChrP 37 (1971) 295—316

1238 JANSMA, T. *The Provenance of the Last Sections in the Roman Edition of Ephraem's Commentary on Exodus* — Mu 85 (1972) 155—169

EPIPHANIUS EPISC. SALAMINAE

1239 MOUTSOULAS, ELIE D. *L'ouvrage „sur les poids et mesures" d'Epiphane de Salamine* [en grec] — ThAthen 43 (1972) 309—339

[1623] Origenes

1240 RIGGI, C. *Epifanio divorzista?* Roma: Esse Gi Esse 1971. 74 pp.

EPIPHANIUS SCHOLASTICUS

1241 HANSLIK, R. *Epiphanius Scholasticus oder Cassiodor?* — Phil 115 (1971) 107—113

[1089] WEISSENGRUBER, F.: Cassiodorus Senator

EPISTULA APOSTOLORUM

[2375] EIJK, A. H. C. VAN: Novissima

EUGENIUS EPISCOPUS II TOLETANUS

1242 RIOU, Y. F. *Quelques aspects de la tradition manuscrite des Carmina d'Eugène de Tolède; du Liber Catonianus aux Auctores octo morales* — Revue d'Histoire des Textes (Paris) 2 (1972) 11—44

EUGIPPIUS ABBAS

1243 UYTFANGHE, M. VAN *Éléments évangéliques dans la structure et la composition de la „Vie de saint Sévérin" d'Eugippius* — SE 21 (1972/73) 147—159

1244 VOGÜÉ, A DE *La Règle d'Eugippe retrouvée?* — RAM 47 (1971) 233—266

EUSEBIUS CAESARIENSIS

1245 *[Eusebius Caesariensis] Werke, IV: Gegen Marcell. Über die kirchliche Theologie. Die Fragmente Marcells.* Hrsg. von E. KLOSTERMANN, durchges. von G. CH. HANSEN, 2. Auflage [GCS 11,2]. Berlin: Akad.-Verl. 1972. XXX, 263 pp.

1246 *[Eusebius Caesariensis] Histoire ecclésiastique, IV: Introduction, index et Addenda et corrigenda aux tomes I—IV.* Introd. par G. BARDY, Index par P. PÉRICHON, réimpr. avec suppl. [SC 73 bis]. Paris: Éd. du Cerf 1977. 339 pp.

1247 BARTELINK, G. J. M. *„Maison de prière" comme dénomination de l'église en tant qu'édifice, en particulier chez Eusèbe de Césarée* — REG 84 (1971) 101—118

1248 CANGH, J. M. VAN *Nouveaux Fragments Hexaplaires. Commentaire sur Isaie d'Eusèbe de Césarée (Cod. Laur. Plut., XI,4)* — RBi 78 (1971) 384—390

1249 CANGH, J. M. VAN *Addendum. A propos des Nouveaux fragments hexaplaire* — RBi 79 (1972) 76

1250 CHELIOTIS, ANDREAS S. *La science des religions chez Eusèbe, évêque de Césarée* [en grec] — ThAthen 43 (1972) 170—201

[2473] *La chaîne palestinienne sur le psaume 118:* Specialia in Vetus Testamentum

1251 CURTI, C. *Il codice Patmos, monastero S. Giovanni 215, e i Commentarii in Psalmos di Eusebio di Cesarea* [Studi classici in onore di Quintino Cataudella, Vol. 2 Extrait]. Catane: Univ., Fac. de philosophie et lettres 1972. 47 pp.

1252 CURTI, C. *Due articoli eusebiani (Commentarii in Psalmos)*. Noto Ionica: 1971. 61 pp.

1253 DOERRIE, H. *Une exégèse néoplatonicienne du prologue de l'Évangile de saint Jean (Amélius chez Eusèbe, Prép. év. 11, 19,1—4)*. In: *Epektasis. Mélanges Jean Daniélou* (cf. 1972, 119) 75—87

1254 DUPONT, C. *Décisions et textes constantiniens dans les œuvres d'Eusèbe de Césarée* — Via 2 (1971) 1—32

1255 GRANT, R. M. *Eusebius and his Church History*. In: *Essays in honor of M. S. Enslin* (cf. 1972, 158) 233—247

1256 GRILLONE, A. *Il labera ed il sogno miraculose nella Vita Constantini* — VetChr 8 (1971) 49—54

[1369] KEMLER, H.: Hegesippus

[312] KLEIN, R.: Opera ad historiam

1257 LEE, G. M. *Eusebius, H. E. 3, 39,4* — Bibl 53 (1972) 412

1258 LIVERANI, M. Συδύκ e Μισώρ. In: *Stud. Volterra* (cf. 1971, 148) 55—74

1259 LUIBHÉID, C. *Eusebius of Cesarae and the Nicene creed* — ITQ 29 (1972) 299—305

[2036] MCKAY, J. W.: Annus Liturgicus

1260 MITTMANN, S. *Danaba* — ZDPV 87 (1971) 92—94

1261 MORRIS, J. *The Chronicle of Eusebius: Irish Fragments* — BICS 19 (1972) 80—93

1262 MOSSHAMMER, A. A. *The Greek historical and biographical notices of Eusebius, 776—432 B. C.* [Diss.]. Brown Univ./Prividence: 1971. 268 pp. (microfilm)

1263 PLACES, EDOUARD DES *Les fragments de Numénius d'Apamée dans „La Préparation Evangélique" d'Eusèbe de Césarée* — CRAI (1971) 455—462

1264 SANSTERRE, J.-M. *Eusèbe de Césarée et la naissance de la théorie „Césaropapiste"* — Byzan 42 (1972) 131—195; 532—594

[375] SIMON, M.: Opera ad historiam

1265 SPEIGL, J. *Eine Kritik an Kaiser Konstantin in der Vita Constantini des Euseb.* In: *Wegzeichen. Festgabe Hermenegild M. Biedermann* (cf. 1971, 161) 83—94

1266 STORCH, RUDOLPH H. *The „Eusebian Constantine"* — CII 40 (1971) 145—155

1267 ΖΗΣΗ, ΘΕΟΔΩΡΟΥ 'Η ἐσχατολογία τοῦ Πλάτωνος κατὰ τὸν Εὐσέβιον Καισαρείας — Kleronomia 4 (1972) 229—239

EUSEBIUS EMESENUS

1268 LEHMANN, HENNING J. *Per piscatores. Orsordawkh. Studies in the Armenian version of a collection of homilies by Eusebius of Emesa and Severian of Gabala* [Engl. transl. with Dansk resumé] København: Univ., Diss. 1972. 425 pp.

EUSEBIUS GALLICANUS

1269 *[Eusebius Gallicanus (Ps.-Emesenus)] Collectio Homiliarum; Sermones extravagantes.* Disseruit IOH. LEROY, edidit FR. GLORIE. 3 Vols [CChr 101, 101 A, 101 B]. Turnhout: Brepols 1970/71. LIV, XVI, X, 1316pp.

1270 BUCHEM, L. A. VAN *L'Homélie Pseudo-Eusébienne de Pentecôte. L'Origine de la „Confirmatio" en Gaule Méridionale et l'interprétation de ce rite par Fauste de Riez.* Nijmegen: Drukkerij Gebr. Janssen NV 1967.

EUTROPIUS

1271 LINAGE CONDE, A. *Eutropio de Valencia y el Monacato* — Salmant 19 (1972) 635—646

EVAGRIUS ANTIOCHENUS

1272 BARTELINK, G. J. M. *Einige Bemerkungen über Euagrius' von Antiochien Übersetzung der „Vita Antonii"* — RBen 82 (1972) 98—105

EVAGRIUS PONTICUS

1273 *[Evagrius Ponticus] Traité pratique ou Le moine.* Introd., éd. crit. du texte grec., trad., comm. et tables de A. et C. GUILLAUMONT [SC 170/171]. Paris: Éd. du Cerf 1971. 771 pp. in 2 Bd.

1274 BAMMEK, E. *Christus Parricida* — VigChr 26 (1972) 259—262

1275 GUILLAUMONT, ANTOINE *Un philosoph au désert: Évagre le Pontique* — RHR 181 (1972) 29—56

1276 GUILLAUMONT, CLAIRE *Recherches sur la tradition grecque d'Évagre de Pontique. Édition critique du „Traité Pratique"* — AEHESHP 103 (1970/71) 887—889

1277 WEIJENBORG, R. *Pompeianus Ruricius, ancestor of Evagrius Ponticus of Antioch, and the origins of the Constantinian monogram* — Ant 46 (1971) 322—347

1278 WEIJENBORG, R. *Il „Contro Giudei" di Evagrio Pontico di Antiochia* — Ant 47 (1972) 617—640

FAUSTUS REIENSIS

[1270] BUCHEM, L. A. VAN: Eusebius Gallicanus
[1747] LOYEN, A.: Sidonius Apollinaris

FIRMICUS MATERNUS

1279 *[Firmicus Maternus] Julius Firmicus Maternus, The Error of the Pagan Religions.* Transl. and annotated by CLARENCE A. FORBES [ACW 37]. New York: Newman 1970. V, 251 pp.

1280 *[Firmicus Maternus] Mathesis, a fourth-century astrological treatise. Books I and II.* Transl. with a comm. by J. R. BRAM [Diss.]. New York: Univ. 1972. 307 pp. (microfilm)

1281 HOHEISEL, KARL *Das Urteil über die nichtchristlichen Religionen im Traktat „De errore profanarum religionum" des Julius Firmicus Maternus* [phil. Diss.]. Bonn: 1971. 434 pp.

PS.-FIRMICUS MATERNUS

1282 COLOMBAS, G. M. *Sobre el autor de las Consultationes Zacchaei et Apollonii* — StMon 14 (1972) 7—15

FLAVIUS MEROBAUDES

1283 CLOVER, FRANK A. *Flavius Merobaudes: A Translation and Historical Commentary.* Philadelphia: The Society 1971. 78 pp.

FRUCTUOSUS

[1526] GARCIA SUAREZ, G.: Isodorus Hispalensis

FULGENTIUS MYTHOGRAPHUS

1284 *[Fulgentius Mythographus] Expositio Virgilianae continentiae.* Introd., testo, trad. e comm. a cura di T. AGOZZINO e F. ZANLUCCHI. Padova: 1972. 95 pp.

1285 PASOLI, E. *Dividias mentis conficit omnis amor (Fulg. Exp. 34)* — GiorFil 24 (1972) 363—371

1286 STOKES, L. C. *Fulgentius. Expositio virgilianae continentiae* — ClassFolia 26 (1972) 27—63

FULGENTIUS RUSPENSIS

1287 CAL PARDO, ENRIQUE *La Redención por vía de Sacrificio según San Fulgencio de Ruspe* — EE 47 (1972) 459—485

1288 LEMARIÉ, J. *Un sermon inédit sur Matthieu 16, 13—18 de l'école de Fulgence de Ruspe* — REA 18 (1972) 116—123

GERMANUS EP. PARISIENSIS

1289 CABIÉ, R. *Les lettres attribuées à saint Germain de Paris et les origines de la liturgie gallicane* — BLE 73 (1972) 183—192

GREGORIUS ANTIOCHENUS

1290 AUBINEAU, M. *Une homélie de Grégoire d'Antioche (570—593) retrouvée dans le Vaticanus gr. 1975* — Byzan 42 (1972) 595—597

GREGORIUS ILLIBERITANUS

1291 VENA, CONSTANTINO *Gregorio di Elvira. I Tractatus de Libris Sacrarum Scripturarum.* [Fonti e sopravvivenza mediaevalae]. Roma: Libreria Ed. Pont. Univ. Lateranensis 1970. 265 pp.

GREGORIUS ILLUMINATOR

1292 *The teaching of Saint Gregory. An early Armenian catechism* (au témoignage d'Agathange) transl. and comment. by R. W. THOMSON [Harvard Armenian Texts and Studies 3]. Cambridge, Mass.: Harvard Univ. Pr. 1970. 207 pp.

GREGORIUS I MAGNUS

1293 *[Gregorius Magnus] Homiliae in Hezechihelem prophetam.* Cura et studio M. ADRIAEN [CChr Ser. Lat. 142]. Turnhout: Brepols 1971. XXII, 464 pp.

1294 *[Gregorius Magnus] Grzegorz Wielki św. Homilie na Ewangelie.* Ins Poln. übers. v. W. SZOŁDRSKI, Einleitung v. J. BOJARSKI [PSP 3]. Warszawa: Akademia Teologii Katolickiej 1969. 352 pp.

1295 *[Gregorius Magnus] Le lettere. Dal libro I lettere I—L.* Introduzione, testo latino e note a cura di GAETANO CORTI. Milano: Tipografia Soziale/Monza 1972. 202 pp.

1296 *[Gregorius Magnus] L'Italia dei miracolti.* A cura di FRANCESCO DELLACORTE [Primo scaffale latino 1]. Firenze: Nuova Italia 1971. XII, 227 pp.

1297 BORGHINI, B. *Congetture topografiche sul libro II dei Dialoghi di S. Gregorio* — Benedictina 19 (1972) 587—593

1298 CATRY, P. *Lire l'Écriture selon saint Grégoire le Grand* — ColCist 24 (1972) 177—201

1299 CATRY, P. *Épreuves du juste et mystère de Dieu. Le commentaire littéral du „Livre de Job" par saint Grégoire le Grand* — REA 18 (1972) 124—144

1300 DAGENS, C. *Grégoire le Grand et la culture; de la terrena sapientia à la docta ignorantia.* In: *Studia Patristica XI* [TU 108] (cf. 1971, 150) 20—21

1301 DESHUSSES, J. *Le Sacramentaire grégorien. Ses principales formes d'après les plus anciens manuscrits* [Spicilegium Friburgense Fasc. 16]. Freiburg (Schweiz): Éditions universitaires 1971. 756 pp.

1302 HERNANDO PÉREZ, JOSÉ *El arte de „gobernar las almas" según san Gregorio Magno.* In: *Teología del Sacerdocio 3* (cf. 1971, 153) 45—76

1303 HERNANDO PÉREZ, JOSÉ *El sacerdote y su ministerio en san Gregorio Magno.* In: *Teología del Sacerdocio 4* (cf. 1972, 154) 223—252

1304 MARSCHALL, W. *Eine afrikanische Appellation an Gregor den Großen.* In: *Festschrift Panzram* (cf. 1972, 130) 407—421

1305 MAYVAERT, P. *Bede's text of the Libellus responsionum of Gregory the Great to Augustine of Canterbury.* In: *Stud. presented to D. Whitelock* (cf. 1971, 118) 15—33

1306 PIKULIK, J. *Muzyczna działalność Grzegorza Wielkiego (Musikalische Aktivitäten Gregors des Großen)* — CoTh 40 (1970) 27—34

1307 RECCHIA, V. *La visione di san Benedetto e la „compositio" del secondo libro dei Dialoghi di Gregorio Magno* — RBen 82 (1972) 140—155

1308 ROSA, G. DE *Gregorio Magno e Agilufo.* Napoli: Libr. scientif. ed. 1970. VIII, 297 pp.

GREGORIUS NAZIANZENUS

1309 *[Gregorius Nazianzenus] Gegen die Putzsucht der Frauen.* Verbesserter griech. Text mit Übers., motivgesch. Überblick u. Komm. von A. KNECHT [Wiss. Komm. zu griech. u. lat. Schriftst.]. Heidelberg: Winter 1972. 147 pp.

1310 ALTHAUS, H. *Die Heilslehre des heiligen Gregor von Nazianz* [Münsteranische Beiträge z. Theologie 34]. Münster: Aschendorff 1972. VII, 232 pp.

1311 BELLINI, E. *Gregorio di Nazianzo, Teologia e Chiesa. Esperienza di fede e riflessione teologica.* Milan: Jaca book 1971. 150 pp.

1312 BENOIT, ALPHONSE *St. Grégoire de Nazianze, archevéque de Constantinople* [Nachdruck der Ausgabe Marseille/Paris 1876]. Hildesheim: G. Olms 1971. 788 pp.

1313 BORDAŞIU, DUMITRU *Aspects de l'existance chrétienne dans la vie et l'œuvre de Saint Grégoire le Théologien* [en roum.] — GlB 31 (1972) 59—62

1314 CRIMI, C. U. *Il problema delle „false quantities" di Gregorio Nazianzeno alla luce della tradizione manoscritta di un carme, I, 2,10 De virtute* — SG 25 (1972) 1—26

[1025] DAVID, P. I.: Basilius Magnus Caesariensis

1315 GEDEON, M. J. *Kanonikai diatakseis epistolai, Lyseis Thespismata ton Hagiotaton Konstantinoupoleos apo Gregoriou tou Theologou tou apo Adrianopolcos.* Mit einem Vorwort von J. DRUMMER [Nachdruck der Ausgabe Konstantinopel 1888/89 in zwei Bänden]. Amsterdam: Hakkert 1971. 896 pp.

[457] HALKIN, F.: Paleographica atque manuscripta

[1642] JUNOD, E.: Origenes

1316 KOEV, TOTJU *Hristologičeskite vǎzgledi na sveti Grigorij Bogoslov (Die christologischen Anschauungen des heiligen Gregor von Nazianz)* — DuchKult 1/2 (1972) 54—64

[1027] KOPEČEK, TH. A.: Basilius Magnus Caesariensis

1317 Mossay, J. *L'intervention „angélique" dans les funérailles de Con-*
     stance II. Note sur Grégoire de Nazianze, Oratio V,16. In: *Mélanges*
     liturgiques offerts au R. P. Dom Bernard Botte O. S. B. (cf. 1972,
     136) 379—399

1318 Papadopoulos, S. G. Γρηγόριος ὁ θεολόγος καὶ αἱ προϋποθέσεις
     πνευματολογίας αὐτοῦ. Athen: Sukes 1971. 162 pp.

1319 Petrescu, Nicolae *Idées sur la paix, l'ordre et la discipline dans*
     le XXXIIe discours de Saint Grégoire de Nazianze [en roum.] —
     MitrBan 22 (1972) 39—45

1320 Quere-Jaulmes, France *Les Pères sont-ils jansénistes? Remar-*
     ques sur la traduction classique de Grégoire de Nazianze — ReSR 45
     (1971) 270—275

1321 Schnayder, J. *Planowane przez Polska Akademię Umiejętności*
     wydanie pism Grzegorza z Nazjanzu — Sprawozdania z posiedzen
     kosmisji naukowych, Polska Akademia nauk, Kraków 13 (1969;
     Kraków 1970) 433—435

1322 Schnayder, J. *Editionis Gregorianae ab Academia Litterarum Cra-*
     coviensi institutae fata quae fuerint — STV 9 (1971) 5—19

[1037] Sirbu, C.: Basilius Magnus Caesariensis

1323 Špidlík, Thomas *Grégoire de Nazianze. Introduction à l'étude de sa*
     doctrine spirituelle [OCA 189]. Roma: Pont. Inst. Studiorum Orien-
     talium 1971. XX, 163 pp.

[383] Szymusiak, J. M.: Opera ad historiam

1324 Szymusiak-Affholder, C. M. *Psychologie et histoire dans le rêve*
     initial de Grégoire le théologien — Philol 115 (1971) 302—310

[1038] Teja, R.: Basilius Magnus Caesariensis

1325 Trisoglio, F. *S. Gregorio di Nazianzo scrittore e teologo in quaranta*
     anni di ricerche (1925—1965) — RSLR 8 (1972) 341—374

1326 Walter, Ch. *Un commentaire enluminé des Homélies de Grégoire*
     de Nazianze — CaAr 22 (1972) 115—129

1327 Walter, Ch. *Liturgy and the Illustration of Gregory of Nazianzen's*
     Homilies — REB 29 (1971) 183—212

[1042] Zagrean, J.: Basilius Magnus Caesariensis

GREGORIUS NYSSENUS

1328 *[Gregorius Nyssenus] Auctorum incertorum, vulgo Basilii vel Gre-*
     gorii Nysseni, sermones de creatione hominis, sermo de paradiso.
     Ed. H. Hoerner [Gregorii Nysseni opera Suppl.]. Leiden: Brill
     1972. CLXXIV, 101 pp.

1329 *[Gregorius Nyssenus] Gregor von Nyssa, Die große katechetische*
     Rede. Oratio catechetica magna. Eingeleitet, übersetzt und kommen-
     tiert von J. Barbel. [BGL 1]. Stuttgart: Hiersemann 1971. 231 pp.

1330 *[Gregorius Nyssenus] La vie de sainte Macrine.* Introd., texte crit., trad., notes et index par P. MARAVAL [SC 178]. Paris: Du Cerf 1971. 335 pp.

1331 *[Gregorius Nyssenus] Het leven van de heilige Macrina.* Vertaald en ingeleid door F. VAN DER MEER & G. BARTELINK. Utrecht: Spectrum 1971. 117 pp.

1332 ALEXANDRE, M. *L'interprétation de Luc 16,19—31 chez Grégoire de Nysse.* In: *Epektasis. Mélanges Jean Daniélou* (cf. 1972, 119) 425—441

1333 ALEXANDRE, M. *La théorie de l'exégèse dans le „De hominis opificio" et l'„In Hexaemeron".* In: *Écriture et culture philosophique dans la pensée de Grégoire de Nysse* (cf. 1971, 117) 81—110

1334 BERGADA, MARIA MERCEDES *Contribución bibliográfica para el estudio de Gregorio de Nyssa.* Buenos Aires: Universidad de Buenos Aires 1970. 64 pp.

1335 BOURNAKAS, APOSTOLOS *Das Problem der Materie in der Schöpfungslehre des Gregor von Nyssa* [phil. Diss.]. Freiburg/Br.: 1972. 224 pp.

1336 CANÉVET, M. *Exégèse et théologie dans les traités spirituels de Grégoire de Nysse.* In: *Écriture et culture philosophique dans la pensée de Grégoire de Nysse* (cf. 1971, 117) 144—168

1337 CANÉVET, M. *La perception de la présence de Dieu à propos d'une expression de la XIᵉ homélie sur le Cantique des cantiques.* In: *Epektasis. Mélanges Jean Daniélou* (cf. 1972, 119) 443—454

1339 ΧΡΗΣΤΟΥ, ΠΑΝΑΓΙΩΤΟΥ Τὸ ἀνθρώπινον πλήρωμα κατὰ τὴν διδασκαλίαν τοῦ Γρηγορίου Νύσσης — Kleronomia 4 (1972) 41—62

1340 CORSINI, E. *Plérôme humain et plérôme cosmique chez Grégoire de Nysse.* In: *Écriture et culture philosophique dans la pensée de Grégoire de Nysse* (cf. 1971, 117) 111—126

1341 CORSINI, E. *L'harmonie du monde et l'homme microcosme dans le De hominis opificio.* In: *Epektasis. Mélanges Jean Daniélou* (cf. 1972, 119) 455—462

1342 DANIÉLOU, JEAN *La θεωρία chez Grégoire de Nysse.* In: *Studia Patristica XI* [TU 108] (cf. 1972, 150) 130—145

1343 DANIÉLOU, J. *Orientations actuelles de la recherche sur Grégoire de Nysse.* In: *Écriture et culture philosophique dans la pensée de Grégoire de Nysse* (cf. 1971, 117) 3—17

1344 FER, N. *Cunoașterea lui Dumnezeu și idea de epectază la sfintul Grigorie de Nisa* — OrtBuc 23 (1971) 82—96

1345 FER, NICOLAE *La connaissance de Dieu et l'idée d'épectase chez Saint Grégoire de Nysse* [en roum.] — OrtBuc 23 (1971) 82—96

1346 HÖRNER, H. *Über Genese und derzeitigen Stand der großen Edition der Werke Gregors von Nyssa.* In: *Écriture et culture philosophique dans la pensée de Grégoire de Nysse* (cf. 1971, 117) 18—50

1347 HÜBNER, R. *Gregor von Nyssa als Verfasser der sog. Ep. 38 des Basilius. Zum unterschiedlichen Verständnis der* οὐσία *bei den kappadozischen Brüdern.* In: *Epektasis. Mélanges Jean Daniélou* (cf. 1972, 119) 463—490

1348 HÜBNER, R. *Gregor von Nyssa und Markell von Ankyra.* In: *Écriture et culture philosophique dans la pensée de Grégoire de Nysse* (cf. 1971, 117) 199—229

1349 KANIA, W. *Grzegorz z Nyssy, Zycie św. Makryny. (Vita Macrinae)* — AnCra 3 (1971) 383—404

1350 KASSUEHLKE, M. *Il secondo Colloquio internazionale su Gregorio di Nissa e la serie delle iniziative riguardanti il Nisseno* — RSLR 8 (1972) 652—654

[1027] KOPEČEK, TH. A.: Basilius Magnus Caesariensis

[1650] MACLEOD, C. W.: Origenes

1351 MARROU, H. I. *Une théologie de musique chez Grégoire de Nysse?* In: *Epektasis. Mélanges Jean Daniélou* (cf. 1972, 119) 501—508

1352 MATEO, SECO, L. F. *El concepto de salvación en la „Oratio Catechetica Magna"* — ScTh 4 (1972) 145—171

1353 MATEO SECO, LUCAS F. *Kenosis, exaltación de Cristo y Apocatástasis en la Exégesis a Filipenses 2, 5—11 de S. Gregorio de Nisa* — ScTh 3 (1971) 301—342

1354 MATEO SECO, LUCAS F. *La muerte y su más allá en el „Diálogo sobre el alma y la resurrección" de Gregorio de Nisa* — ScTh 3 (1971) 75—107

1355 MAY, G. *Einige Bemerkungen über das Verhältnis Gregors von Nyssa zu Basilios dem Großen.* In: *Epektasis. Mélanges Jean Daniélou* (cf. 1972, 119) 509—515

1356 MAY, G. *Die Chronologie des Lebens und der Werke des Gregor von Nyssa.* In: *Écriture et culture philosophique dans la pensée de Grégoire de Nysse.* (cf. 1971, 117) 51—67

1357 MÜHLENBERG, E. *Die philosophische Bildung Gregors von Nyssa in den Büchern Contra Eunomium.* In: *Écriture et culture philosophique dans la pensée de Grégoire de Nysse* (cf. 1971, 117) 230—251

1358 MUNITZ, JOSEPH *The Church at Prayer: Ecclesiological Aspects of St. Gregory of Nyssa's In Cantica Canticorum* — EChR 3 (1971) 385—395

1359 PARYS, M. VAN *Exégèse et théologie dans les livres „Contre Eunome" de Grégoire de Nysse: textes scriptuaires controversés et élaboration théologique.* In: *Écriture et culture philosophique dans la pensée de Grégoire de Nysse* (cf. 1971, 117) 169—196

1360 RONDEAU, M. J. *Exégèse du Psautier et anabase spirituelle chez Grégoire de Nysse.* In: *Epektasis. Mélanges Jean Daniélou* (cf. 1972, 119) 517—531

1361 SAFFREY, H. D. *Homo bulla. Une image épicurienne chez Grégoire de Nysse.* In: *Epektasis. Mélanges Jean Daniélou* (cf. 1972, 1119) 533—544

[89] SORIA, F.: Bibliographica

1362 STĂNULET, CONSTANTIN *La théologie de la résurrection chez Saint Grégoire de Nysse* [en roum.] — GlB 31 (1972) 317—325

1363 STEFANO, T. DI *La libertà radicale dell'immagine secondo S. Gregorio di Nissa* — DThP 75 (1972) 431—454

[1038] TEJA, R.: Basilius Magnus Caesariensis

1364 WILKEN, R. L. *Liturgy, Bible and Theology in the Easter Homilies of Gregor of Nyssa.* In: *Écriture et culture philosophique dans la pensée de Grégoire de Nysse* (cf. 1971, 117) 127—143

GREGORIUS THAUMATURGUS

1365 MAROTTA, E. *I neologismi nell'orazione ad Origene di Gregorio il Taumaturgo* — VetChr 8 (1971) 241—256

1366 MODRZEJEWSKI, J. *Grégoire le Thaumaturge et le droit romain* — RHDFE 49 (1971) 313—324

GREGORIUS TURONENSIS

1367 CARRIAS, M. *Études sur la formation des deux légendes hagiographiques à l'époque mérovingienne. Deux translations de saint Martin d'après Grégoire de Tours* — RHEF 57 (1972) 5—18

1368 DIESNER, H. J. *Fragen der Sozialgeschichte und des frühen Feudalismus bei Gregor von Tours* — Philol 115 (1971) 52—57

[1855] NAHMER, D. VON DER: Avitus

HEGESIPPUS

1369 KEMLER, H. *Hegesipps römische Bischofsliste* — VigChr 25 (1971) 182—196

1370 LUMPE, A. *Zum Hegesipp-Problem* — ByFo 3 (1968) 165—167

HERMAS PASTOR

1371 BAUSONE, C. *Aspetti dell'ecclesiologia del Pastore di Hermas.* In: *Studia Patristica XI* [TU 108] (cf. 1972, 150) 101—106

1372 FOLGADO FLOREZ, SEGUNDO *El binomio Cristo-Iglesia en el „Pastor" de Hermas* — CD 185 (1972) 639—670

1373 STANIEK, E. *Angelologia w Pasterzu Hermesa (Die Engellehre im Pastor des Hermas)* — STV 9 (1971) 51—82

1374 TANNER, R. G. *Latinisms in the Text of Hermas* — Colloquium 4 (1972) 12—23

HESYCHIUS HIEROSOLYMITANUS

1375 *[Hesychius Hierosolyminatus, Basilius Seleuciensis, Iohannes Bery-
tus, Ps.-Iohannes Chrysostomus, Leontius Constantinopolitanus]*
Hésychius de Jerusalem. Basile de Séleucie. Jean de Béryte. Pseudo-
Chrysostome. Léonce de Constantinople. *Homélies pascales, cinq
homélies inédites.* Introd., texte critique, trad., comm. et index de
M. AUBINEAU [SC 187]. Paris: Éd. du Cerf 1972. 555 pp.

1376 GARITTE, G. *L'homélie grégorienne d'Hésychius de Jérusalem sur
l'Hypapante* — Mu 84 (1971) 353—372

HIERONYMUS

1377 *[Hieronymus] Opere scelte, I: Uomini illustri. Vita di S. Paolo ere-
mita. Contro Elvidio. Lettere e omilie.* A cura di E. CAMISANI.
Torino: Utet 1971. 498 pp.

1378 *[Hieronymus] Textes sur la vie monastique.* Trad. par P. ANTIN
[Lettre de Ligugé 144]. Abbey de Ligugé: 1970. 38 pp.

1378a *[Hieronymus] S. Hieronymi Presbyteri opera.* Teil I: *Opera exe-
getica.* Vol. 7: *Commentariorum in Mattheum libri IV.* Éd. par
D. HURST et M. ADRIAEN [CChr 77]. Turnhout: Brepols 1969.
XVIII, 316 pp.

[738] ADAMS, J. DUQ.: Augustinus

1379 ANTIN, P. *Saint Jérôme, directeur mystique* — RHSpir 48 (1972)
25—30

1380 ANTIN, P. *Mots „vulgaires" dans Saint Jérôme* — Latomus 30
(1971) 708—709

1381 ANTIN, P. *La vieillesse chez S. Jérôme* — REA 17 (1971) 43—54

1382 ANTIN, P. *Catalogus chez Jérôme et Érasme* — REA 18 (1972)
191—193

1383 CID, A. *La vida monástica en San Jerónimo* — CultBib 28 (1971)
14—23; 90—105

1384 CROUZEL, H. *Saint Jérôme et ses amis toulousains* — BLE 73 (1972)
125—146

1385 DUVAL, Y. M. *Saint Cyprien et le roi de Ninive dans l'In Ionam de
Jérôme. La conversion des lettrés à la fin du IVe siècle.* In: *Epektasis.
Mélanges Jean Daniélou* (cf. 1972, 119) 551—570

1386 DUVAL, Y. M. *Tertullien contre Origène sur la résurrection de la
chair dans le „Contra Iohannem Hierosolymitanum" 23—36 de
saint Jérôme* — REA 17 (1971) 227—278

1387 ÉTAIX, R. *Un ancien florilège hiéronymien* — SE 21 (1972/73) 5—34

1388 ETCHEGARAY CRUZ, ADOLFO *Teoría de la traducción en la antigüedad clásica* — Helmantica 23 (1972) 493—502

1389 GNILKA, CHR. *Altersklage und Jenseitssehnsucht* — JAC 14 (1971)
5—23

1390 GUTIERREZ, L. *El monaquismo romano y San Jerónimo* — Communio 4 (1971) 49—78
[432] HAGENDAHL, H.: Philologia Patristica
1391 JAUREGUIZAR, E. *San Jerónimo y los clásicos*. Salamanca: Perficit 1970. 21 pp.
1392 KLIJN, A. F. J. *Jerome's Quotations from a Nazoraean Interpretation of Isaiah* — RechSR 60 (1972) 241—255
1393 LAMBERT, B. *Bibliotheca Hieronymiana Manuscripta. La tradition manuscrite des œuvres de saint Jérôme*. Tomes IV A et B. 2 vols. Steenbrugge: Abbaye S. Pierre 1972. IX, 227 pp. et VIII, 357 pp.
1394 MAY, SAMMIE G. *A study of Jerome's attitudes as exhibited in his controversies*. M. A. Thesis. Abilene: Christian College 1967.
1395 MENESTRINA, GIOVANNI *San Girolamo, il lettero e il biblista* [Conferenza tenuta a Trento il 16. 12. 71 nalla sala del Centro Bernardo Cesio. Quaderni della Dante 10]. Trento: Comitato della Soc. Nazionale Dante Alighieri 1972. 20 pp.
1396 NAUTIN, P. *Études de chronologie hiéronymienne (393—397)* — REA 18 (1972) 209—218
1397 OPELT, I. *Lukrez bei Hieronymus* — Her 100 (1972) 76—81
1398 PAVAN, V. *Hier. praef. ep. 65 (I. Hilberg)* — VetChr 9 (1972) 77—92
1399 STRENNA, A. *Aspects de la personnalité de saint Jérôme entrevue à travers sa correspondance* — REL 50 (1972) 20—23
1400 VOSS, B. R. *Noch einmal Hieronymus und Platons Protagoras* — RhM 115 (1972) 290—291

HILARIUS PICTAVIENSIS

1401 *[Hilarius Pictaviensis] La Trinità di S. Ilario di Poitiers*. A cura di GIOVANNI TEZZO. Torino: Utet 1971. 739 pp.
1402 DOIGNON, J. *Hilaire de Poitiers avant l'exile. Recherches sur la naissance, l'enseignement et l'épreuve d'une foi episcopale en Gaule au milieu du IVe siècle*. Paris: Études augustiniennes 1971. 667 pp.
1403 DOIGNON, J. *Hilaire de Poitiers avant l'exile. Bilan d'un recherche* — REA 17 (1971) 315—321
1404 DOIGNON, J. *Les langages de la foi chez Hilaire de Poitiers* — IL 24 (1972) 116—118
1405 DOIGNON, J. *La scène évangélique du baptême de Jesus commentée par Lactance (Div. inst. 4,15) et Hilaire de Poitiers (In Matth. 2, 5—6)*. In: Epektasis. Mélanges Jean Daniélou (cf. 1972, 119) 63—73
1406 DUVAL, Y. M. *Une traduction latine du Symbole de Nicée et une condamnation d'Arius à Rimini. Nouveau fragment historique d'Hilaire ou pièces des Actes du concile?* — RBen 82 (1972) 7—25
1407 FRANSEN, P. *Hilaire de Poitiers avant l'exil* — BijPhTh 33 (1972) 93—101

1408 GASNAULT, P. *L'ex-libris du VIIIᵉ S. d'un manuscrit de S. Hilaire* — Sc 25 (1971) 49—52

1409 GASTALDI, NESTOR J. *Hilario de Poitiers, exegeta del salterio. Un estudio de su exégesis en los Comentarios sobre los salmos.* Rosario: Editorial Apis 1969. 300 pp.

1410 PEÑAMARÍA DE LLANO, ANTONIO *Exégesis alegórica y significados de „Fides" en San Hilario de Poitiers* — MCom 56 (1972) 65—91

1411 PEÑAMARÍA, ANTONIO *Fides en Hilario de Poitiers* — MCom 55 (1971) 5—102

1412 POPOV, I. V. *Saint Hilaire, évêque de Pictavie* — Études Théologiques 7 (1971) 115—169

1413 TILLOY, PIERRE *Sant' Ilario. Un vescovo per il nostro tempo.* Trad. di O. NEMI. Roma: G. Volpe 1971. 231 pp.

HIPPOLYTUS ROMANUS

1414 *[Hippolytus Romanus] Tradição Apostolica de Hipólito de Roma. Liturgia e catequese em Roma no século III.* Traduçao e notas por M. da G. NOVAK e Introduçao de M. GIBIN. Em apéndice: *Textos Catequeticos* — *liturgicos de São Justino Mártir* [Fontes da Catequese 4]. Petropolis: Editora Vozes 1971. 100 pp.

1415 *[Hippolytus Romanus] Tradizione apostolica.* Introd., trad. e note a cura di R. TATEO. Alba: Ed. Paoline 1972. 150 pp.

1416 BOTTE, B. *L'Esprit-Saint et l'Église dans la „Tradition Apostolique" de Saint Hippolyte* — Didaskalia 2 (1972) 221—233

1417 CHADWICK, H. *Prayer at midnight.* In: *Epektasis. Mélanges Jean Daniélou* (cf. 1972, 119) 47—49

1418 FRICKEL, J. *Ein Kriterium zur Quellenscheidung innerhalb einer Paraphrase. Drei allegorische Deutungen der Paradiesflüsse Gen. 2,10 (Hippolyt, Refut. VI, 15—16); Sinn und Entwicklungsgeschichte* — Mu 85 (1972) 425—450

1419 FRICKEL, J. *Eine kritische Textausgabe der Apophasis Megale (Hippolyt, Ref. VI, 9—18)?* — WSt 6 (1972) 162—184

1420 HERZHOFF, BERNHARD *Zwei gnostische Psalmen. Interpretation und Untersuchung von Hippolytus, Ref. V, 10,2 und VI, 37,7* [Diss.]. Bonn: 1972. 142 pp.

1421 KLOWSKI, J. *Ist der Aer des Anaximenes als eine Substanz konzipiert?* — Her 100 (1972) 131—142

1422 MARCOWICH, M. *Displacement in Hippolytus' Elenchos.* In: *Philomathes. Studies Merlan* (cf. 1971, 143) 240—244

1423 MARCOWICH, M. *Eight fresh Hippolytean emendations* — ŽA 21 (1971) 635—658

1424 MORESCHINI, C. *La doxa di Platone nella Refutatio di Ippolito (I 19)* — StClOr 21 (1972) 254—260

1425 NAUTIN, P. *L'homélie d'Hippolyte sur le psautier et les œuvres de Josipe* — RHR 179 (1971) 137—179
1426 PRIGENT, PIERRE *Hippolyte, commentateur de l'Apocalypse* — ThZ 28 (1972) 391—412
1427 RICHARD, M. *Les difficultés d'une édition du commentaire de saint Hippolyte sur Daniel* — RHT 2 (1972) 1—10
[2003] SAXER, V.: Sacramenta et sacramentalia

PS.-HIPPOLYTUS ROMANUS

CANTALEMESSA, R.: Melito Sardensis

HONORIUS I PAPA

1428 VIARD, P. *Le pape Honorius I (625—638) et l'infaillibilité pontificale* — Esprit 81 (1971) 363 366

IACOBUS SARUGENSIS

1429 GUINAN, MICHAEL DAMON *The Eschatology of James of Sarug* [Diss.]. Catholic Univ. of America: 1972. (microfilm)
1430 KRÜGER, P. *Die sogenannte Philoxenosvita und die Kurzvita des Jakob von Sarugh* — OstkiSt 21 (1972) 39—49
1431 KRÜGER, P. *Neues über die Frage der Konfessionszugehörigkeit Jakobs von Sarugh. In: Wegzeichen. Festgabe Hermenegild M. Biedermann* (cf. 1971, 161) 245—252
1432 KRÜGER, P. *Ein bislang unbekannter sermo über das Leben und Werk des Jakob von Sarugh* — OrChr 56 (1972) 80—111
1433 KRÜGER, P. *Ein zweiter anonymer memra über Jakob von Sarugh* — OrChr 56 (1972) 112—149

IGNATIUS ANTIOCHENUS

1434 *[Ignatius Antiochenus] Inácio de Antioquía. Cartas.* Introdução e notas por Dom PAULO EVARISTO ARNS. Petropolis: Editora Vozes 1970. 104 pp.
1434a *[Ignatius Antiochenus] Ignace d'Antioche et Polykarp de Smyrne, Lettres.* Text grec, introd. trad. et notes de P. TH. CAMELOT [SC 10]. Paris: Cerf 1969. 252 pp.
1435 BERTHOUZOZ, ROGER *Le Père, le Fils et le Saint-Esprit d'après les Lettres d'Ignace d'Antioche* — FZPT 18 (1971) 397—418
1436 BORGEN, PEDER *En tradisjonshistorisk analyse av materialet om Jesu fødsel hos Ignatius* — TTK 42 (1971) 37—44
1437 CAMPENHAUSEN, H. VON *Das Bekenntnis im Urchristentum* — ZNW 63 (1972) 210—253
1438 MARTIN, J. P. *La pneumatología en Ignacio de Antioquia* Salesianum 33 (1971) 379—454

1439 MCCARTHY, JOSEPH M. *Ecclesiology in the Letters of St. Ignatius of Antioch: A Textual Analysis* — AmBenR 22 (1971) 319—325

1440 MEINHOLD, P. *Die Anschauung des Ignatius von Antiochien von der Kirche*. In: *Wegzeichen. Festgabe Hermenegild M. Biedermann* (cf. 1971, 161) 1—13

1441 MEINHOLD, P. *Christologie und Jungfrauengeburt bei Ignatius von Antiochien*. In: *Studia mediaevalia et mariologica P. Carolo Balić OFM dicata* (Rom 1971) 465—476

1442 PADBERG, R. *Das Amtsverständnis der Ignatiusbriefe (ca. 110 n. Chr.)* — ThGl 62 (1972) 47—54

1443 PERLER, OTHMAR *Die Briefe des Ignatius von Antiochien. Frage der Echtheit — neue arabische Übersetzung* — FZPT 18 (1971) 381—396

[2147] STALDER, K.: Ius canonicum

1444 STEAD, J. *St. Ignatius of Antioch, Unifier of Christians* — DR 89 (1971) 269—273

1445 WOODHALL, J. A. *The Eucharist Theology of Ignatius of Antioch* — Communio 5 (1972) 5—21

ILDEFONSUS TOLETANUS

1446 *[Ildefonsus Toletanus] Santos Padres Espanoles*, I: *De virginitate perpetua Sanctae Mariae*. Introd., vers., coment. y notas de V. BLANCO GARCÍA. *De cognitione baptismi y De itinere deserti*. Vers., introd. y notas de J. CAMPOS [BAC 320]. Madrid: La Ed. Catól. 1971. XXIV, 431 pp.

1447 *[Ildefonsus Toletanus] El De viris illustribus de Ildefonso de Toledo, estudio y edición crítica*. Por C. CODONER MERINO [Acta Salmanticensia Filos. y Letr. 65]. Salamanca: Univ. 1972. 150 pp.

1448 DOMÍNGUEZ DEL VAL, U. *Personalidad y herencia literaria de San Ildefonso de Toledo* — RET 31 (1971) 137—166; 283—334

1449 MALOY, R. *The sermonary of St. Ildephonsus of Toledo. A study of the scholarship and manuscripts* — ClassFolia 25 (1971) 243—301

1450 RIVERA, A. *Espiritualidad mariana, como actitud de servicio a la Señora, en San Ildefonso* — EMaria 36 (1972) 153—163

IOHANNES APAMEAENSIS

1451 *[Iohannes Apameaensis] Johannes von Apamea: Sechs Gespräche mit Thomasios, der Briefwechsel zwischen Thomasios und Johannes und drei an Thomasios gerichtete Abhandlungen*. Syrisch und deutsch hrsg. v. WERNER STROHTMANN [PTS 11]. Berlin/New York: W. de Gruyter 1972. 210; 220 pp.

IOHANNES BERYTUS

[1375] Hesychius Hierosolymitanus

IOHANNES CASSIANUS

1452 Nişcoveanu, Mircea *La contribution de Saint Jean Cassien à la connaissance du monachisme aux IVe et Ve siècles à la lumière de l'oecuménisme chrétien* [en roum.] — GlB 31 (1972) 549—562

IOHANNES CHRYSOSTOMUS

1453 *[Iohannes Chrysostomus] Sur la vaine gloire et l'éducation des enfants.* Introd., texte crit., trad. et notes par A. M. Malingrey [SC 188]. Paris: Du Cerf 1972. 308 pp.

1454 *[Iohannes Chrysostomus] Jan Chryzostom, Homilie i kazania wybrane (Homilien und Predigten in Auswahl)* ins Polnische übersetzt von W. Kania und mit einer Einleitung versehen von J. Bojarski [PSP 8]. Warszawa: Akademia Teologii Katolickiej 1971. 215 pp.

1455 Alves de Sousa, Pio Gonçalo *Objeto de los libros „De sacerdotio", de S. Juan Crisóstomo.* In: *Teología del Sacerdocio 4* (cf. 1972, 154) 203—221

1456 Bouhot, J.-P. *Version inédite du sermon „Ad neophytos" de S. Jean Chrysostome, utilisée par S. Augustin* — REA 17 (1971) 27—41

1457 Boularand, E. *Le sacerdoce, mystère de crainte et d'amour chez S. Jean Chrysostome* — BLE 72 (1971) 3—36

[453] Canart, P.: Paleographica atque manuscripta

1459 Danassis, A. K. *Johannes Chrysostomos. Pädagogisch-psychologische Ideen in seinem Werk* [Abhandlungen z. Philosophie, Psychologie u. Pädagogik 64]. Bonn: Bouvier 1971. 244 pp.

[1025] David, P. I.: Basilius Magnus Caesariensis

1460 Domanski, J. *Z patrystycznych źródel philosophia christi: św. Jan Chryzostom i erazmiańska koncepcja filozofii (On the Patristic Sources of Philosophia Christi St. John Chrysostom and the Erasmian Conception of Philosophy* — ZNUJ 250 (1971) f. 33, 87—102

1461 Dumortier, J. *Une assemblée chrétienne au IVe siècle* — MSR 24 (1972) 15—22

1462 Fecioru, Dumitru *St. Jean Chrysostome: Homélie au 4e Dimanche après la Pentecôte* [traduction roum.] — MitrOlt 24 (1972) 456—468

1463 Fecioru, Dumitru *St. Jean Chrysostome: Homélie au 5e Dimanche après la Pentecôte* [traduction roum.] — MitrOlt 24 (1972) 632—637

1464 Graffin, J. und Malingrey, A. M. *La tradition syriaque des homélies de Jean Chrysostome Sur l'incompréhensibilité de Dieu.* In: *Epektasis. Mélanges Jean Daniélou* (cf. 1972, 119) 603—609

1465 Greeley, Dolores *The Church as „Body of Christ" according to the Teaching of Saint John Chrysostom* [Ph. D. Diss.]. Univ. of Notre Dame: 1971. UM No. 71—19,079

1466 Grigorios, H. *La Liturgie — Eucharistie adressée à Dieu. La divine Eucharistie selon saint Jean Chrysostome.* Athènes: 1971. 136 pp.

1466a ΚΟΡΝΙΤΣΕΣΚΟΥ, ΚΟΝΣΤΑΝΤΙ ΝΟΥ Ι. Ὁ ἀνθρωπισμὸς κατὰ τὸν ἱερὸν Χρυσόστομον [AnVlat 10]. Thessaloniki: Ἴδρυμα Πατερ. μελετ. 1971. 146 pp.

1467 KRESTEN, O. *Kodikologische Rekonstruktion einer Chrysostomos-Handschrift aus dem 10. Jahrhundert, Cod. Vind. theol. Gr. 13* — RHT 2 (1972) 145—170

1468 KUCHAREK, C. *The Byzantine-Slav liturgy of St. John Chrysostom. Its origin and evolution.* Allendale: Alleluia press 1971. 840 pp.

1469 LECUYER, J. S. *Jean Chrysostome et l'ordre du diaconat.* In: *Mélanges B. Botte* (cf. 1972, 136) 295—310

1470 LEROUX, JEAN-MARIE *Jean Chrysostome et la querelle origéniste.* In: *Epektasis. Mélanges Jean Daniélou* (cf. 1972, 119) 335—341

1471 LUNDGREN, STEN *Johannes Chrysostomos — en fornkyrkans pastoralteolog* — ForumTheo 26 (1969) 30—36

1472 MURPHY, F. X. *The moral doctrine of St. John Chrysostom.* In: *Studia Patristica XI* [TU 108] (cf. 1972, 150) 52—57

1473 NEAMTU, MARIN *Une homélie inédite de Saint Jean Chrysostome à l'Épiphanie* [en roum.] — MitrOlt 24 (1972) 334—340

1474 NOWAK, E. *Le chrétien devant la souffrance. Étude sur la pensée de Jean Chrysostome* [Théologie historique 19]. Paris: Beauchesne 1972. 239 pp.

1475 RITTER, A. M. *Charisma im Verständnis des Johannes Chrysostomus und seiner Zeit. Ein Beitrag zur Erforschung der griechisch-orientalischen Ekklesiologie in der Frühzeit der Reichskirche* [Forsch. zur Kirchen- u. Dogmengesch. 25]. Göttingen: Vandenhoeck und Ruprecht 1972. 232 pp.

1476 SHEREGHY, BASIL *The Divine Liturgy of St. John Chrysostom.* Pittsburgh: Byzantine Seminary Press 1970. VIII, 247 pp.

[1037] SIRBU, C.: Basilius Magnus Caesariensis

1477 SKALITZKY, R. *Ammianus of Celeda: His Text of Chrysostom's „Homelies on Matthew"* — Aevum 45 (1970) 208—219

1478 SLADDEN, J. C. *Chrysostome and confirmation.* In: *Studia Patristica XI* [TU 108] (cf. 1972, 150) 229—233

1479 STOLERU, NICOLAE *La doctrine de la loi morale naturelle dans l'œuvre de Saint Jean Chrysostome* [en roum.] — StBuc 24 (1972) 266—274

1480 WENGER, A. *Une homélie inédite de Jean Chrysostome sur l'Épiphanie* — REB 29 (1971) 117—135

[1042] ZAGREAN, J.: Basilius Magnus Caesariensis

1480a ZISSIS, TH. N. Ἄνθρωπος καὶ κόσμος ἐν τῇ οἰκονομίᾳ τοῦ Θεοῦ κατὰ τὸν ἱερὸν Χρυσόστομον [AnVlat 9]. Thessaloniki: Πατριαρχ. Ἴδρυμα Πατρικων Πατερικων Μελετων 1971. 276 pp.

PS.-IOHANNES CHRYSOSTOMUS

1481 AUBINEAU, M. *Citations du Ps.-Chrysostome In Pascha sermo VII* — RSLR 7 (1971) 70—81

[1375] Hesychius Hierosolymitanus
1482 NAUTIN, P. *L'Opus imperfectum in Matthaeum et les Ariens de Constantinople* — RHE 67 (1972) 381—408; 745—766
1483 SIMONETTI, M. *Per una retta valutazione dell'Opus imperfectum Matthaeum* — VetChr 8 (1971) 87—97
[1495] VOICU, S. J.: Iohannes Hierosolymitanus

IOHANNES CLIMACUS

1484 IVÁNKA, E. VON *Zur hesychastischen Lichtversion* — Kairos 13 (1971) 81—95
1485 ΛΙΝΟΥ, ΠΟΛΙΤΗ Ἄγνωστο ἔργο τοῦ Νικηφόρου Καλλίστου Ξανθοπούλου ᾿Εξήγηση στὸν ᾿Ιωάννη τῆς Κλίμακος — Kleronomia 3 (1971) 69—84

IOHANNES DALIATHENSIS

1486 BEULEY, ROBERT *La collection des lettres de Jean de Dalyatha.* Édition critique avec traduction, introduction et notes — AEHESHP 104 (1971/72) 739—743

IOHANNES DAMASCENUS

1487 *[Iohannes Damascenus] Jan Damasceński św. Wykład wiary prawdziwej. De fide orthodoxa.* Ins Poln. übers. v. B. WOJKOWSKI. Warszawa 1969. 272 pp.
[620] AUBINEAU, M.: Ambrosius
1488 BORONKAI, I. *Übersetzungsfehler in Cerbanus' lateinischer Version von Johannes Damascenus und Maximus Confessor* — Philol 115 (1971) 32—45
1489 GHEORGHESCU, CHESARIE *La doctrine de l'union hypostatique chez Saint Jean Damascène* [en roum.] — OrtBuc 23 (1971) 181—193
1490 HEMMERDINGER, B. *Saint Jean Damascène, Barlaam et Joseph: L'intermédiaire arabe* — Byzan 64 (1971) 35—36
1491 KOTTER, B. *L'edizione delle opere di san Giovanni Damasceno* — RSLR 8 (1972) 435—437
1492 SAHAS, D. J. *John of Damascus on Islam. The heresy of the Ishmaelites.* Leiden: Brill 1972. XIV, 172 pp.
1493 SCHULTZE, B. *Das Beten Jesu nach Johannes von Damaskus.* In: *Wegzeichen. Festgabe Hermenegild M. Biedermann* (cf. 1971, 161) 101—130
[2307] SCHULTZE, B.: Anthropologia
[1882] SOLÁ, FRANCISCO DE PAULA: Josephus
1494 THEODOROS, ANDREAS *Quelques aspects de la doctrine de saint Jean Damascène sur le mal, la déification de l'homme et les icônes* ThAthen 43 (1972) 57—90

IOHANNES GAZENSIS

[1019] Barsanuphius
[1020] NEYT, F.: Barsanuphius

IOHANNES HIEROSOLYMITANUS

1495 VOICU, S. J. *Giovanni di Gerusalemme e Pseudo-Crisostomo. Saggio di critica di stile* — EuntDoc 24 (1971) 66—111

IOHANNES PHILOPONUS

1496 WOLFF, M. *Fallgesetz und Massebegriff. Zwei wissenschaftshistorische Untersuchungen zur Kosmologie des Iohannes Philoponus* [Quellen u. Stud. zur Philos. 2]. Berlin: de Gruyter 1971. X, 159 pp.

IOHANNES SCYTHOPOLITANUS

1497 BEIERWALTES, W. *Johannes von Skythopolis und Plotin.* In: *Studia Patristica XI* [TU 108] (cf. 1972, 150) 3—7

IRENAEUS LUGDUNENSIS

1498 *[Irenaeus Lugdunensis] Ireneus' Bevis for den apostolske forkyndelse.* Oversaettelse fra armenisk, inledning og noter b. JES P. AS-MUSSEN. København: G. E. C. Gads forlag 1970. 130 pp.
1499 ALDAMA, JOSÉ A. DE *El sacerdocio ministerial en san Ireneo (Observaciones sobre su teología).* In: *Teología del Sacerdocio 4* (cf. 1972, 154) 111—142
1500 BENTIVEGNA, J. *The matter as milieu divin in St. Irenaeus* — AugR 12 (1972) 543—548
1501 BOOTH, K. N. *Irenaeus and his Critics* — Colloquium 5 (1972) 4—11
1502 CAPPS, W. H. *Motif-Research in Irenaeus, Thomas Aquinas and Luther* — StTh 25 (1971) 133—159
1503 COMPOSTA, D. *Il diritto naturale in S. Ireneo* — Apollinaris 45 (1972) 599—612
1504 ΓΙΕΒΤΙΤΣ, ΑΘΑΝΑΣΙΟΥ Ἐκκλησία, Ὀρθοδοξία καὶ Εὐχαριστία παρὰ τῷ Ἁγίῳ Εἰρηναίῳ — Kleronomia 3 (1971) 217—249
1505 GROSSI, V. *Regula veritatis e narratio battesimale in sant'Ireneo* — AugR 12 (1972) 437—463
1506 IONIȚĂ, VIOREL *La Sainte Tradition vue par Saint Irénée de Lyon* [en roumain] — StBuc 23 (1971) 534—545
1507 LEBEAU, P. *Koinonia. La signification du salut selon saint Irénée.* In: *Epektasis. Mélanges Jean Daniélou* (cf. 1972, 119) 121—127
1508 LEE, G.M. *Note on Irenaeus* — VigChr 25 (1971) 29—30
1509 MEIJERING, E. P. *Die physische Erlösung in der Theologie des Irenäus* — NAKG 53 (1972) 147—159
1510 NAUTIN, P. *Irénée et la canonicité des Epîtres pauliniennes* — RHR 182 (1972) 113—130

1511 ORBE, ANTONIO *Parábolas evangélicas en San Ireneo*, I—II [BAC 331, 332]. Madrid: Editorial Católica 1972. XII, 460 pp.; 516 pp.

1512 ORBE, A. *Ipse tuum calcabit caput (San Ireneo y Gen. 3,15)* — Greg 52 (1971) 95—150; 215—271

1513 ORBE, ANTONIO *San Ireneo y la parábola de los obreros de la viña: Mt 20, 1—16* — EE 46 (1971) 35—62; 183—206

1514 ORBE, A. *Ecclesia, sal terrae, según san Ireneo.* In: *Judéo Christianisme* (cf. 1972, 131) 219—240

1515 PAVERD, F. VAN DE *The meaning of ἐκ μετανοίας in the Regula fidei of St. Irenaeus* — OrChrP 38 (1972) 454—466

1516 PERETTO, ELIO *La lettera ai Romani, cc. 1—8, nell' Adversus Haereses d'Ireneo* [QVChr 6]. Bari: Ist. di Letteratura cristiana antica 1971. 262 pp.

1517 ROUSSEAU, A. *La doctrine de Saint Irénée sur la préexistence du fils de Dieu dans Dém 43* — Mu 84 (1971) 5—42

1518 RUIZ JURADO, MANUEL *El concepto de mundo en S. Ireneo: La fe de la Iglesia como norma* — EE 47 (1972) 205—226

[2147] STALDER, K.: Ius canonicum

[588] TIMOTHY, H. B.: Auctores, Generalia

1519 WOOD, A. S. *The Eschatology of Irenaeus* — EvQ 91 (1969) 30—41

1520 YEVTIĆ, ATHANASE *L'enseignement de St. Irénée concernant l'Église, l'orthodoxie et l'eucharistie* — TP 1 (1972) 39—62

ISAAC NINIVITA

1521 POSSE, KRISTER *Grundläggande begrepp i Isaks av Ninive asketiskmystiska skifter* [Diss. Maschinenschrift]. Uppsala: Bibl. der Theol. Fakultät: 1968.

ISIDORUS HISPALENSIS

1522 *[Isidorus Hispalensis] History of the Goths, Vandals and Suevi.* Transl. with an introd. by G. DONINI and G. B. FORD. 2. Aufl. Leiden: Brill 1971. XI, 45 pp.

1523 CHARANIS, P. *Graecia in Isidore of Seville* — ByZ 64 (1971) 22—25

1524 *Compte rendu du Colloque isidorien tenu à l'Institut d'études latines de l'Université de Paris le 23 juin 1970* RHT 2 (1972) 282—288

1525 FRANK, K. S. *Isidor von Sevilla, Das „Mönchskapitel" (De ecclesiasticis officiis II 16) und seine Quellen* — RQ 67 (1972) 29—48

1526 GARCIA SUAREZ, GERMAN *La vida religiosa en San Isidoro y San Fructuoso* — EMerced 27 (1971) 275—284

1527 HUBERT, R. P. M. *Isidore de Séville Novateur? (Origines, I, XVIII—XIX.)* — REL 49 (1971) 290—301

1528 LÖSCHHORN, BERNARD *Die Bedeutungsentwicklung von lat. organum bei Isidor von Sevilla* — MuHelv 28 (1971) 193—226

1529 ROBLES CARCEDO, L. *Prolegómenos a un Corpus Isidorianum. Obras apócrifas, dudosas o espúrias.* Valencia: Universidad 1971. 19 pp.
1530 ROBLES, L. *Martín de Leon, divulgador de Isidoro* — Ligarzas 4 (1972) 235—243
1531 ROBLES, L. *El origin y la espiritualidad del alma. San Isidoro de Sevilla, San Agustín y la cuestión priscilianista* — EscrVedat 1 (1971) 407—488
[2305] ROBLES, L.: Anthropologia
1532 SANCHEZ FABA, FRANCISCO *San Isidoro, científico.* Cartagena: Ediciones Athenas 1970. 76 pp.

PS.-ISIDORUS HISPALENSIS

1533 *[Ps.-Isidorus Hispalensis] Liber de ordine creaturarum, un anónimo irlandés del siglo VII, estudios y edición crítica.* Por C. DÍAZ Y DÍAZ [Monogr. de la Univ. de Santiago de Compostela 10]. Santiago de Compostela: 1972. 240 pp.
1534 ROBLES, LAUREANO *Anotaciones a la obra del Pseudo-Isidoro „Commonitiuncula ad sororem"* — AST 44 (1971) 5—28
1535 VEGA, A. C. *De patrología española. La Lamentatio Origenis y el Lamentum paenitentiae del Ps. Isidoro* — BRAH 168 (1971) 29—39

JORDANES

1536 *[Jordanes] Jordanes, De originibus actibusque Getarum.* Testo, trad. e note di passi scelti a cura di O. GIORDANO. Bari: Adriatica 1972. 100 pp.

JULIANUS TOLETANUS

1537 CAMPOS, J. *El De comprobatione sextae aetatis libri tres de san Julián de Toledo.* In: *La Patrología toledano-visigoda* (cf. 1971/72, 142) 245—259
1538 ROBLES, ADOLFO *Fuentes literarias del Antikeimenon de Julián de Toledo* — EscrVedat 1 (1971) 59—135
1539 ROBLES SIERRA, A. *Prolegómenos a la edición del Antikeimenon de Julián de Toledo* — AST 42 (1969) 111—142

JULIUS AFRICANUS

1540 VIELLEFOND, J. *Les „Cestes" de Julius Africanus.* Études sur l'ensemble des fragments avec édition, traduction et commentaires. Florenz: 1970.

JULIUS PAPA

[2061] BARNARD, L. W.: Concilia

JUSTINUS MARTYR

1541 *[Justinus Martyr] Dialogue with Trypho, chapters 1—9.* Introd., text, comm. by J. M. C. VAN WINDEN [Philosophia Patrum 1]. Leiden: Brill 1971. X, 134 pp.

1542 BARNARD, L. W. *The Logos Theology of Justin Martyr* — DR 89 (1971) 132—141

1543 CRICONIS, CH. TH. *Le Logos et la doctrine s'y rapportant du Saint Justin Martyr et Philosophe.* Thessalonique: 1970. 47 pp.

[2375] EIJK, A. H. C. VAN: Novissima

1544 GRANE, LEIF *Sammenhaengen i Justins Apologi* — DTT 34 (1971) 110—129

1545 HAMILTON, J. *Justin's Apology, 66. A review of scholarship and a suggested synthesis* — EThL 48 (1972) 554—560

[2454] HELM, L.: Patrum exegesis

1546 HENAO ZAPATA, LUIS *San Justino y las anteriores dialécticas platónicas* — FrBogotá 13 (1971) 91—124; 189—224

[1414] Hippolytus Romanus

1547 OEYEN, C. *Die Lehre der göttlichen Kräfte bei Justin.* In: *Studia Patristica XI* [TU 108] (cf. 1972, 150) 215—221

1548 RATCLIFF, E. C. *The Eucharistic Institution Narrative of Justin Martyr's First Apology* — JEcclH 22 (1971) 97—102

1549 STORY, C. I. K. *The nature of truth in the Gospel of truth and in the writings of Justin Martyr. A study of the pattern of orthodoxy in the middle of the second century* [NT Suppl. 25]. Leiden: Brill 1972. XXIV, 247 pp.

LACTANTIUS

1550 *[Lactantius] Vom Zorne Gottes.* Lat. und deutsch. Eingel., hrsg., übertr. und erl. v. H. KRAFT und A. WLOSOK. 2., durchges. u. erg. Aufl. [Texte zur Forschung 4]. Darmstadt: Wissenschaftliche Buchgesellschaft 1971. XXIV, 105 pp.

1551 CASEY, S. C. *The Christian magisterium of L. Caecilius Firmianus Lactantius* [Diss. McGill Univ.]. Montreal: 1972. (microfilm)

1552 CILLERUELO, LOPE *Nota sobre el término Sacramentum, en Lactancio* — EAg 6 (1971) 89—100

[1405] DOIGNON, J.: Hilarius Pictaviensis

1553 DOMÍNGUEZ DEL VAL, URSICINO *El senequismo de Lactancio* — Helmántica 23 (1972) 291—323

1554 HECK, E. *Die dualistischen Zusätze und die Kaiseranreden bei Lactantius. Untersuchungen zur Textgeschichte der Divinae institutiones und der Schrift De opificio Dei* [Abhandl. der Heidelberger Akad. der Wiss. 1972, 2]. Heidelberg: Winter 1972. 235 pp.

1555 OGILVIE, R. M. *Lactantius, Div. inst. 6,18, 15—16* — VigChr 25 (1971) 56

1556 SZMIDT, S. *Znaczenie wyrazu fides u Laktancjusza (The meaning of the term „fides" in Lactantius)* — RoczTK 18 (1971) 133—142
1557 WEHRLI, F. L. *Caecilius Firmianus Lactantius über die Geschichte des wahren Gottesglaubens.* In: *Philomathes* (cf. 1971, 143) 251—263

LEO I MAGNUS

1558 BARTNIK, C. S. *Theology of history according to Leo the Great* (en polon. avec un résumé en angl.) [Rozprawy Wydz. teol.-kanon. 30]. Lublin: Towar. Nauk. Katol. Uniw. 1972. 285 pp.
1559 CHAVASSE, A. *Identification et date de la collecte préscrite par les sermons 6 à 10 du pape Léon le Grand.* In: *Epektasis. Mélanges Jean Daniélou* (cf. 1972, 119) 51—53
1560 HOPE, D. M. *The Leonine sacramentary. A reassessment of its nature und purpose* [Oxford theological monographs]. London: Oxford Univers. Press 1971. XIV, 164 pp.
1561 LAURAS, A. *Saint Léon le Grand et le manichéisme romain.* In: *Studia Patristica XI* [TU 108] (cf. 1972, 150) 203—209
[2089] SIEBEN, H. J.: Concilia, Acta conciliorum
1562 SOOS, MARIE BERNHARD DE *Le Mystère Liturgique d'après saint Léon le Grand* [Nachdruck der 1. Aufl. 1958]. Münster: Aschendorff 1972. 158 pp.
1563 STUDER, B. „*Consubstantialis Patri, Consubstantialis Matri*". *Une antithèse christologique chez Léon le Grand* — REA 18 (1972) 87—115

LEONTIUS CONSTANTINOPOLITANUS

[1375] Hesychius Hierosolymitanus

LUCIFER CALARITANUS

1564 CATELLI, G. *Studie sulla lingua e le stile di Lucifere di Cagliari* — AtTor 105 (1971) 123—247
1565 LONGOSZ,S. *Inwektywa Lucyferiusza z Calaris (The Invective of Luciferius of Calaris; Sum.)* — RoczTK 19 (1972) 181—194
1566 OPELT, I. *Formen der Polemik bei Lucifer von Calaris* — VigChr 26 (1972) 200—226

PS.-MACARIUS

1567 REQUENA, M. *El sentido de la Conversatio Morum en el Pseudo-Macario* — Cistercium 23 (1971) 7—22
1568 SAN ISIDRO, S. P. DE *Homilias espirituales del Pseudo-Macario.* Introducción, traducción y notas — Cistercium 24 (1972) 53—69

MARCELLUS ANCYRANUS

[2061] BARNARD, L. W.: Concilia
[1348] HÜBNER, R.: Gregorius Nyssenus

1572 POLLARD, T. E. *Marcellus of Ancyra, a neglected Father.* In: *Epektasis. Mélanges Jean Daniélou* (cf. 1972, 119) 187—196

1573 TETZ, M. *Zur Theologie des Markell von Ankyra, III: Die pseudoathanasianische Epistula ad Liberium, ein Markellisches Bekenntnis* — ZKG 83 (1972) 145—194

MARCION

1574 GAGER, J. G. *Marcion and Philosophy* — VigChr 26 (1972) 53—59

1575 KIKUCHI, E. *The Bible and Marcion* [Japanese] — St. Paul's Review „Arts and Letters" 30 (1972) 1—20

[2483] LODOVICI, E. S.: Specialia in Novum Testamentum

1576 WOLTMANN, J. *Der geschichtliche Hintergrund der Lehre Markions vom „Fremden Gott".* In: *Wegzeichen. Festgabe Hermenegild M. Biedermann* (cf. 1971, 161) 15—42

MARCUS DIACONUS

1577 *[Marcus Diaconus] Vita di San Porfirio, vescovo di Gaza.* Trad. du grec par C. CARTA [Quaderni de la Terra Santa]. Jerusalem: Franciscan printing press 1971. 93 pp.

MARCUS EREMITA

1578 CHADWICK, H. *The identity and date of Mark the Monk* — Eastern Churches Review (Oxford) 4 (1972) 125—130

MARIUS VICTORINUS

1579 *[Marius Victorinus] Commentarii in epistulas Pauli ad Galatas, ad Philippensis, ad Ephesios.* Ed. A. LOCHER [Bibl. script. Graec. et Rom. Teubneriana]. Leipzig: BSB Teubner 1972. XVI, 208 pp.

1580 *[Marius Victorinus] Marii Victorini Opera.* Recensuerunt PAULUS HENRY et PETRUS HADOT. P. 1: *Opera theologica* [CSEL 83]. Vindobonae: Hoelder-Pichler-Temsky 1971. XXXIX, 305 pp.

1581 CLARK, M. T. *The Neoplatonism of Marius Victorinus.* In: *Studia Patristica XI* [TU 108] (cf. 1972, 150) 13—19

1582 HADOT, P. *Marius Victorinus. Recherches sur sa vie et ses œuvres.* Paris: Études Augustiniennes 1971. 424 pp.

1583 WISCHMEYER, W. K. *Bemerkungen zu den Paulusbriefkommentaren des C. Marius Victorinus* — ZNW 63 (1972) 108—120

1584 ZIEGENAUS, ANTON *Die trinitarische Ausprägung der göttlichen Seinsfülle nach Marius Victorinus* [Münchner theol. Stud. 2. Abt 41]. Ismaning: Hueber 1972. XVI, 376 pp.

MARTINUS BRACARENSIS

1585 FREIRE, J. GERALDES *Manuscritos das „Sententiae patrum aegyptiorum" de S. Martinho de Dume.* In: *Repertorio de la historia de las ciencias eclesiásticas en España* (cf. 1971, 185) 83—97

MAXIMUS CONFESSOR

[1488] BORONKAI, I.: Iohannes Damascenus

1586 DALMAIS, I. H. *Mystère liturgique et divinisation dans la Mystagogie de saint Maxime le Confesseur.* In: *Epektasis. Mélanges Jean Daniélou* (cf. 1972, 119) 55—62

1587 EPIFANOVICH, S. L. *St. Maximus the Confessor and Byzantine theology.* New introduction by G. FLOROVSKY [Nachdruck der Ausgabe Kiev 1915]. Farnborough: Gregg 1971. 140 pp.

1588 GORAZD, ARCHIMANDRIT *Prepodobni Maksim izpovednik (Der heilige Maximus Confessor)* — CarkV 6 (1972) 1—3

1589 IONESCU, VIRGIL *L'œuvre de Saint Maxime le Confesseur dans l'ancienne littérature roumaine (jusqu' à 1850)* [en roum.] — StBuc 23 (1971) 605—615

1590 LACKNER, WOLFGANG *Der Amtstitel Maximos des Bekenners* — JOBG 20 (1971) 63—65

1591 TSIRPANLIS, CONSTANTIN N. *Acta S. Maximi* — ThAthen 43 (1972) 106—124

MAXIMUS TAURINENSIS

1592 LANGGÄRTNER, G. *Die Taufe bei Maximus von Turin.* In: *Zeichen des Glaubens* (cf. 1972, 162) 71—81

1593 POPA, ION *Les homélies baptismales de Saint Maxime de Turin* [en roum.] — StBuc 24 (1972) 103—113

1594 SAENZ, A. *El ministerio de la epifania en los sermones de san Maximo de Turin* — Stromata 28 (1972) 371—417

MELITO SARDENSIS

1595 CANTALAMESSA, R. *I più antichi testi pasquali della Chiesa. Le omelie di Melitone di Sardi e dell' Anonimo Quartodecimano e altri testi del II secolo.* Introd., traduz. e commento. [Bibliotheca „Ephemerides liturgicae". Sect. Historica, Fasc. 33]. Roma: Edizioni liturgiche 1972. 167 pp.

1596 CANTALAMESSA, R. *Les homélies pascales de Méliton de Sardes et du Pseudo-Hippolyte et les extraits de Théodote.* In: *Epektasis. Mélanges Jean Daniélou* (cf. 1972, 119) 263—271

1597 ESBROECK, M. VAN *Nouveaux fragments de Méliton de Sardes dans une homélie géorgienne Sur la croix* — AB 90 (1972) 63—99

1598 ESBROECK, M. VAN *Le traité sur la Pâque de Méliton de Sardes en Géorgien* — Mu 84 (1972) 373—394

1599 HALL, S. G. *Melito in the Light of the Passover Haggadah* — JThS 22 (1971) 29—46

1600 HAWTHORNE, GERALD F. *Christian Baptism and the Contribution of Melito of Sardis Reconsidered.* In: *Essays in honor of Allen P. Wikgren* (cf. 1972, 151) 241—251

[2032] KRETSCHMAR, G.: Annus Liturgicus
1601 MENDOZA, FERNANDO *Los Hapax Legomena en la Homilía Pascual de Melitón de Sardes* — ScTh 3 (1971) 523—527
1602 ΨΕΥΤΟΓΚΑ, B. Σ. Μελίτωνος Σάρδεων Τὰ περὶ τοῦ Πάσχα δύο (avec résumé en franç.) [AnVlat 8]. Thessaloniki: Πατριαρχ. Ἴδρυμα Πατερικῶν Μελέτων 1971. 256 pp.
1603 ΨΕΥΤΟΓΚΑ, ΒΑΣΙΛΕΙΟΥ Ἡ εἰς τὸ „Ἅγιον Πάσχα" ὁμιλία τοῦ Ψευδο-Ἱππολύτου εἶναι τὸ Πρῶτον βιβλίον τοῦ „Περὶ Πάσχα" διμεροῦς ἔργου τοῦ Μελίτωνος — Kleronomia 3 (1971) 26—65
1604 RICHARD, M. *Témoins grecs des fragments XIII et XV de Méliton de Sardes* — Mu (1972) 309—336

METHODIUS
1605 CROUZEL, H. *Les critiques adressées par Méthode et ses contemporains à la doctrine origénienne du corps ressuscité* — Greg 53 (1972) 679—716

MINUCIUS FELIX
1606 *[Minucius Felix] Marcus Minucius Felix, Ottavio*. A cura di E. PARATORE [Piccola Biblioteca Filosofica Laterza 73]. Bari: Laterza 1971. XXVII, 125 pp.
1607 CARVER, G. L. *Minucius Felix' Octavius and the Serapis cult* — ClBul 49 (1972) 25—27
[1789] PEZZELLA, S.: Tertullianus
1608 VERMANDER, J.-M. *Celse, source et adversaire de Minucius Felix* — REA 17 (1971) 13—25

NEMESIUS EMESIENSIS
1609 MORANI, M. *Un commento armeno inedito al „De natura hominis" di Nemesio* — RILSL 106 (1972) 407—410
1610 MORANI, M. *Il manoscritto chigiano di Nemesio* — RILSL 105 (1971) 621—635
1611 VERBEKE, G. *Filosofie en Christendom in het mensbeeld van Nemesius van Emesa* [Mededel. Vlaamse Acad. Kl. der Lett. 33]. Brussel: Paleis der Acad. 1971. 34 pp.

NESTORIUS
1612 BEBIS, G. S. *The Apology of Nestorius; a new evaluation*. In: Studia Patristica XI/II [TU 108] (cf. 1972, 150) 107—112

COLLECTIO NESTORIANA
1613 ABRAMOWSKI, L. — GOODMAN, Λ. E. *A Nestorian collection of Christological texts. Vol. 1: Syriac text. Vol. 2: Introduction, translation and indexes* [Univ. of Cambridge Oriental publications 18 u. 19]. New York: Cambridge Univ. press 1972. VIII, 223 pp.

[450] BROCK, S.: Paleographica atque manuscripta

NICEPHORUS I

1614 O'CONNELL, P. *The ecclesiology of St. Nicephorus I (758—828), patriarch of Constantinople*. Pentarchy and primacy [Orientalia christiana analecta 194]. Rom: Pont. Inst. Orientale 1972. 251 pp.

NICETAS EPISCOPUS REMESIANENSIS

1615 GAMBER, KLAUS *Die Taufkatechesen des Bischofs Niceta von Remesiana* — HLD 25 (1971) 27—29

NILUS ANCYRANUS

1616 PISCOPO, M. *La tradizione manoscritta della parafrasi del Manuale di Epitteto di S. Nilo* — Helikon 9/10 (1969/70) 593—603

PS.-NONNOS

1617 BROCK, SEBASTIAN *The Syriac Version of the pseudo-Nonnos Mythological Scholia*. New York: Cambridge University Press 1971. XI, 319 pp.

NOVATIANUS

1618 *[Novatianus] Opera*, ed. G. F. DIERCKS [CChr. Ser. Lat. 4]. Turnhout: Brepols 1972. XL, 346 pp.

1619 *[Novatianus] Novatian: The Trinity, the Spectacles, Jewish Foods, In Praise of Purity, Letters*. Transl. by RUSSELL J. DESIMONE. Washington: The Catholic University of America Press 1972.

1620 DIERCKS, G. F. *Some Critical Notes on Novatian's ,De bono pudicitiae'and the Anonymous ,Ad Novatianum'* — VigChr 25 (1971) 121—130

OPTATUS MILEVITANUS

1621 GOŁDA, A. *Z badańsemantycznych nad lacina chrześcijańska: „fides" i „fidelis" u Optata z Milewy (Les mots „fides" et „fidelis" chez Optat de Milève)* — RoczTK 19 (1972) 172—180

1622 MAŁUNOWICZÓWNA, L. *Znaczenie wyrazu sacramentum u św. Optata z Milewy (Signification du mot „sacramentum" chez Saint Optat de Milève)* — RoczTK 19 (1972) 163—171

1622a ŠAGI-BUNIĆ, TOMISLAV *Krštenje izvan Crkve. Kontroverzija izmedu Parmenijana i sv. Optata Milevitanskog (Taufe außerhalb der Kirche. Der Streit zwischen Parmenian und Optatus von Mileve)* [Kršćanska sadašnjost, Teološki radovi 2]. Zagreb: 1970.

ORIGENES

1623 *[Origenes] Veteris testamenti ab Origene recensiti fragmenta apud Syros servata quinque. Praemittitur Epiphanii De mensuris et ponderibus liber nunc primum integer et ipse Syriacus.* Ed. PAULUS DE LAGARDE [unveränd. photomech. Nachdruck der Ausgabe Göttingen: 1880]. Osnabrück: Zeller 1971. IV, 356 pp.

1624 *[Origenes] Contra Celsum.* A cura di A. COLONNA [CdR serie IV: La Religione Cattolica 19]. Torino: UTET 1971. 767 pp.

1625 ARDANAZ, S. F. *El problema del dinamismo trinitario en Orígenes* — Ang 49 (1972) 67—98

1626 BARGELIOTES, LEON *Origen's dual doctrine of God and Logos* — ThAthen 43 (1972) 202—212

1627 BARTHÉLÉMY, D. *Origène et le texte de l'Ancien Testament.* In: *Epektasis. Mélanges Jean Daniélou* (cf. 1972, 119) 247—261

1628 BENITO Y DURAN, ANGEL *El humanismo cristiano de Orígenes* — Augustinus 16 (1971) 123—148

1629 BLANC, C. *Le baptême d'après Origène.* In: *Studia Patristica XI* [TU 108] (cf. 1972, 150) 113—124

1630 BOADA, JOSÉ *El Pneuma en Orígenes* — EE 46 (1971) 475—510

1631 BRUEHL, L. *Die Erlösung des Menschen durch Jesus Christus. Anthropologische und soteriologische Grundzüge in der Theologie des Origenes* [Diss.]. Münster: 1971. XXXII, 256; II, 216 pp.

1632 CAMPS, J. R. *Comunicabilidad de la naturaleza de Dios según Orígenes* — OrChrP 38 (1972) 430—453

[2473] *La chaîne palestinienne sur le psaume 118:* Specialia in Vetus Testamentum

1633 CROUZEL, H. *Chronique origénienne* — BLE 72 (1971) 289—296

1634 CROUZEL, H. *L'exégèse origénienne de 1 Cor 3,11—15 et la purification eschatologique.* In: *Epektasis. Mélanges Jean Daniélou* (cf. 1972, 119) 273—283

[63] CROUZEL, H.: Bibliographica

1635 DALY, R. J. *Sacrifice in Origen.* In: *Studia Patristica XI* [TU 108] (cf. 1972, 150) 125—129

[1386] DUVAL, Y. M.: Hieronymus

[2375] EIJK, A. H. C. VAN: Novissima

[67] FARINA, R.: Bibliographica

1636 FEE, G. D. *The text of John in Origen and Cyril of Alexandria. A contribution to methodology in the recovery and analysis of Patristic citations* — Bibl 52 (1971) 357—394

1637 GRANT, R. M. *The Stromateis of Origen.* In: *Epektasis. Mélanges Jean Daniélou* (cf. 1972, 119) 285—292

1638 HANSON, R. P. C. *Did Origen apply the word homoousios to the Son?* In: *Epektasis. Mélanges Jean Daniélou* (cf. 1972, 119) 293—303

1639 HARL, M. *Origène et la sémantique du langage biblique* — VigChr 26 (1972) 161—187

1640 HARL, MARGUERITE *Origène et l'interprétation de l'Épître aux Romains: étude du chapitre IX de la „Philocalie".* In: *Epektasis. Mélanges Jean Daniélou* (cf. 1972, 119) 305—316

1641 JUNOD, E. *Étude critique. A propos de cinq traductions récentes d'œuvres d'Origène* — RThPh 21 (1971) 30—43

1642 JUNOD, E. *Remarques sur la composition de la „philocalie" d'Origène par Basile de Césarée et Grégoire de Nazianze* — RHPhR 52 (1972) 149—156

1643 KETTLER, F. H. *War Origenes Schüler des Ammonios Sakkas?* In: *Epektasis. Mélanges Jean Daniélou* (cf. 1972, 119) 327—334

1643 a KETTLER, F. H. *Die Ewigkeit der geistigen Schöpfung nach Origenes.* In: *Reformation und Humanismus. Robert Stupperich zum 65. Geburtstag.* Hrsg. v. MARTIN GRESCHAT und JOHANN FRIEDRICH GERHARD GOETERS. Witten: Luther-Verlag 1969. p. 272—297

1644 KÜBEL, P. *Zum Aufbau von Origenes ‚De principiis'* — VigChr 25 (1971) 31—39

1645 KÜBEL, PAUL *Schuld und Schicksal bei Origenes, Gnostikern und Platonikern.* 1972. 128 pp.

1646 LOBO, R. *Sāṃkhya-Yoga und spätantiker Geist. Eine Untersuchung der Allegorese des Origenes im Lichte der indischen Philosophie* [Diss.]. München: 1972. III, 196 pp.

1647 LOMIENTO, GENNARO *Il dialogo di Origene con Eraclide e i vescovi suoi colleghi sul Padre, il Figlio e l'anima* [Quad. di VetChr 4]. Bari: Adriatica 1971. 180 pp.

1648 LOMIENTO, G. *Cristo didaskalos dei pochi e la comunicazione ai molti secondo Origene* — VetChr 9 (1972) 25—54

1649 LUBAC, H. DE *Storia e Spirito. La comprensione della Scrittura secondo Origene.* Trad. du français par C. BENINCASA et F. SCORZA BARCELLONA [La parola di Dio 5]. Roma: Ed. Paoline 1971. 665 pp.

1650 MACLEOD, C. W. *Allegory and Mysticism in Origen and Gregory of Nyssa* — JThS 22 (1971) 362—379

1651 MÉNARD, JACQUES-E. *L'exégèse d'Origène de Mt. XVII, 1—9; Mc. IX, 2—10; Lc. IX, 28—36.* In: *Epektasis. Mélanges Jean Daniélou* (cf. 1972, 119) 367—372

1652 MÉNARD, J. E. *Transfiguration et polymorphie chez Origène.* In: *Epektasis. Mélanges Jean Daniélou* (cf. 1972, 119) 367—372

1653 MESSIER, M. *Les rapports avec autrui dans le „Contre Celse" d'Origène* — MSR 28 (1971) 189—194

1654 MILIK, J. T. *4Q Visions de Amram et une citation d'Origène* — RBi 79 (1972) 77—97

1655 NAUTIN, PIERRE *Une citation méconnue des „Stromates" d'Origène.* In: *Epektasis. Mélanges Jean Daniélou* (cf. 1972, 119) 373—374

1656 NAUTIN, P. *Notes critiques sur l'*In Iohannem *d'Origène (livres I—II)* — REG 85 (1972) 155—177

1657 NEMESHEGYI, P. *Theological Thought of Origen* [Japanese]. In: *European History of Christianity I* (Tokyo 1971) 421—457

1658 RICHARD, MARCEL *Les extraits du Commentaire d'Origène sur les Proverbes numériques (Prov. 30, 15—31).* In: *Epektasis. Mélanges Jean Daniélou* (cf. 1972, 119) 385—394

1659 RIUS CAMPS, J. *Comunicabilidad de la naturaleza de Dios según Orígenes, III: Consideración „catafatica" de la naturaleza de Dios* — OrChrP 38 (1972) 430—453

1660 ROBERTS, LOUIS W. *Philosophical Method in Origen's Contra Celsum* [Ph. D. Diss.]. Suny at Buffalo: 1971. UM Nr. 72—248

1661 RORDORF, W. *La diaconie des martyrs selon Origène.* In: *Epektasis. Mélanges Jean Daniélou* (cf. 1972, 119) 395—402

1662 ROWE, J. N. *Origen's subordinationism as illustrated in his Commentary on St. John's Gospel.* In: *Studia Patristica XI* [TU 108] (cf. 1972, 150) 222—228

1663 SIMONETTI, M. *La morte di Gesù in Origene* — RSLR 8 (1972) 3—41

1664 STUDER, B. *Zur Frage der dogmatischen Terminologie in der lateinischen Übersetzung von Origenes' De principiis.* In: *Epektasis. Mélanges Jean Daniélou* (cf. 1972, 119) 403—414

1665 TREVIJANO ETCHEVERRIA, RAMON *La didaskalía de Orígenes: caracteres de su doctrina* — SVict 18 (1971) 5—34; 121—154

1666 TRIPOLITIS, A. C. *The doctrine of the soul in the thought of Plotinus and Origen* [Diss. Univ. of Pennsylvania]. Philadelphia: 1971. 240 pp. (microfilm)

[1535] VEGA, A. C.: Ps.-Isidorus Hispalensis

1667 WEISS, B. *Die Unsterblichkeit der Seele als eschatologisches Heilsgut nach Origenes* — TTZ 80 (1971) 156—169

1668 WESOLOWSKY, STANLY *Toward a Synthesis of Origen's Theology of Redemption* — Diak 7 (1972) 252—270

1669 ZAJKOWSKI, T. A. *Leonidas* — STV 9 (1971) 83—104

OROSIUS

1670 BATELY, J. M. *The relationship between geographical information in the Old English Orosius and Latin texts other than Orosius* — Anglo-Saxon England (Cambridge) 1 (1972) 45—62

1671 DEROLEZ, R. *The orientation system in the Old English Orosius.* In: *Studies presented to D. Whitelock* (cf. 1971, 118) 253—268

1672 EBBESMEYER, J. H. *The epitome of Orosius in Reg. Lat. 342* [Diss.]. St. Louis Univ.: 1971. 260 pp. (microfilm)

1672a HEROLD, C. P. *The morphology of King Alfred's translation of Orosius.* Paris: Mouton 1968. 80 pp.

1673 Lippold, A. *Griechisch-makedonische Geschichte bei Orosius* —
     Chiron I (1971) 437—455
[892] Marrou, H. I.: Augustinus
1674 Piccirilli, L. *Una notizia di Trogo in Giustino e in Orosio* — ASNSP 3
     (1971) 301—306
1675 Torres, Casimiro *Notas preliminares en torno a la historiografía de
     Orosio* — CuadGal 26 (1971) 329—336
1676 Torres, Casimiro *Orosio y Numancia* — Celtiberia 22 (1972) 203—
     211

ORSIESIUS

[2326] Bacht, H.: Monachismus
[1680] Vogüé, A. de: Palladius

PACHOMIUS

1677 Cranenburgh, H. van *Étude comparative des récits anciens de la
     vocation de saint Pachôme* — RBen 82 (1972) 280—308
[2338] Hanslik, R.: Monachismus
1678 Vogüé, A. de *Les pièces latines du dossier pachômien. Remarques
     sur quelques publications récentes* — RHE 67 (1972) 26—67

PAISIOS

1679 Mihail, Paul *Traductions patristiques du prieur Païsie* [en roum.] —
     MitrOlt 24 (1972) 217—223

PALLADIUS

1680 Vogüé, A. de *Points de contact du chapitre XXXIII de l'Histoire
     Lausiaque avec les écrits d'Horsièse* — StMon 13 (1971) 291—294

PAPIAS

1681 Snell, A. *Josef Kürzinger on Papias* — Colloquium 4 (1971) 105—
     109

PASCHASIUS DUMIENSIS

1682 Freire, José Geraldes *A Versão Latina por Pascasio de Dume dos
     „Apophthegmata Patrum", I. Introducão cultural. Pascasio como
     tradutor. Texto critico; II. Descrição dos manuscritos. Genealogia
     dos códices.* Coimbra: Instituto de Estudos Classicos 1971 XVI,
     362 oo.; VIII, 430 pp.

PATRES APOSTOLICI

1683 *[Patres Apostolici] Die Apostolischen Väter.* Einf. und Textauswahl
     v. Franz Jehle [Die Kirchenväter und wir 18]. Neukirchen bei
     Lambach: St. Adalbero-Verlag d. Benediktinerabtei Lambach
     1971. 48 pp.

1684 EIJK, A. H. C. VAN *La résurrection des morts chez les Pères apostoliques*. Paris: Éditions Beauchesne 1971. 208 pp.

1685 KIKUCHI, E. *The Scriptures in the Apostolic Fathers* [Japanese] — St. Paul's Review „Arts and Letters" 32 (1972) 1—34

1686 PIEPKORN, ARTHUR CARL *Charisma in the New Testament and the Apostolic Fathers* — Concord 42 (1971) 369—389

1687 SABUGAL, S. *El título* Χριστός *en los Padres apostólicos y apologistas griegos* — AugR 12 (1972) 407—423

PATRES HISPANI

1688 *[Patres Hispani] Santos Padres Españoles*, II: *San Leandro, San Fructuoso, San Isidoro. Reglas monásticas de la España visigoda. Los tres libros de las „Sentencias"*. Ed. crit. por J. CAMPOS y I. ROCA [BAC 321]. Madrid: Editorial Católica 1971. X, 545 pp.

PAULINUS MEDIOLANENSIS

1689 MCCLURE, R. M. *Studies in the text of the Vita Ambrosii of Paulinus of Milan* [Diss. Univ. of California]. Los Angeles: 1971. 108 pp. (microfilm)

1690 MCCLURE, R. *The Greek Translation of the „Vita Ambrosii" of Paulinus of Milan* — SE 21 (1972/73) 57—70

PAULINUS NOLANUS

1691 *[Paulinus Nolanus] Antologia di Carmi*. A cura di SALVATORE COSTANZA. Introduzione, traduzione e testo. V. I. Messina: Peloritana 1971. 439 pp.

1692 COSTANZA, S. *Dottrina e poesia nel carme XXXI di Paolino da Nola* — GiorFil 24 (1972) 346—353

1693 DOIGNON, J. *Un récit de miracle dans les „Carmina" de Paulin de Nole* — RHSpir 48 (1972) 129—144

1694 GREEN, H. *The poetry of Paulinus of Nola. A study of his latinity* [Coll. Latomus 120]. Bruxelles: Colonel Chaltin 1971. VIII, 146 pp.

1695 RUGGIERO, A. *Il messaggio umano e cristiano nella poesia di Paolino da Nola*. Nola: Ed. Hyria 1972. 16 pp.

PAULUS DIACONUS

1696 *[Paulus Diaconus] Storia dei Longobardi*. Trad. e note di F. RONCORONI, introd. di E. FABIANI. Milano: Rusconi 1970. 312 pp.

PELAGIUS HIBERNUS

1697 BRECKENRIDGE, J. *Pelagius: The Making of a Heretic* — EvQ 92 (1970) 30—34

1698 CANNONE, G. *Sull'attribuzione del De vita christiana a Pelagio* — VetChr 9 (1972) 219—231

1699 DELIUS, W. *Pelagius-Probleme* — Helikon 11/12 (1971/1972) 494—497

1700 GRESHAKE, G. *Gnade als konkrete Freiheit. Eine Untersuchung zur Gnadenlehre des Pelagius.* Mainz: Matthias-Grünewald Verlag 1972. 343 pp.

1701 LUCAS, J. R. *Pelagius and St. Augustine* — JThS 22 (1971) 73—85

1702 MARTINETTO, G. *Les premières réactions antiaugustiniennes de Pélage* — REA 17 (1971) 83—117

[1741] TESELLE, EU.: Rufinus Syrus

PHILOSTORGIUS

1703 *[Philostorgius] Kirchengeschichte. Mit dem Leben des Lucian von Antiochien und den Fragmenten eines arianischen Historiographen* [GCS 21]. Hrsg. v. JOSEPH BIDEZ, 2. überarb. Aufl. besorgt v. F. WINKELMANN. Berlin: Akademie-Verlag 1972. CLXVIII, 393 pp.

POLYCARPUS

1704 BROX, N. *Der Konflikt zwischen Aniket und Polykarp* — Concilium 8 (1972) 14—18

1705 BROX, N. *Le conflit entre Anicet et Polycarpe* — Concilium (Nijmwegen) 71 (1972) 35—42

1706 SCHWARTZ, J. *Note sur le martyre de Polycarpe de Smyrne* — RHPhR 52 (1972) 331—335

1707 STEINMETZ, P. *Polykarp von Smyrna über die Gerechtigkeit* — Her 100 (1972) 63—75

PROCLUS CONSTANTINOPOLITANUS

1708 LUMPE, ADOLF *Die Epistula Uniformis des Proklos von Konstantinopel* — AHC 3 (1971) 1—20

PROCOPIUS CAESARIENSIS

1709 *[Procopius Caesariensis] Aus der Geheimgeschichte des byzantinischen Kaiserhofes. Die Anecdota des Prokopius.* Übertr., eingel. und erklärt v. HERMANN ENDRÖS. München: Goldmann 1971. 148 pp.

1710 *[Procopius Caesariensis] Procopio di Cesarea, Storia segreta* (Ἀνέκδοτα). Introduzione e traduzione di FILIPPO MARIA PONTANI. Roma: Newton Compton Italiana 1972. 162 pp.

1711 *[Procopius Caesariensis] Werke* (griechisch und deutsch). Vol. III: *Perserkriege.* Vol. IV: *Vandalenkriege.* Hrsg. von OTTO VEH. München: Heimeran 1970/71. 586 et 581 pp.

1712 *[Procopius Caesariensis] Prokopiusz z Cezarei, Historia sekretna. Anecdota.* Ins Poln. übers. v. A. KONAREK. Warszawa: 1969. 244 pp.

PROSPER AQUITANIUS

1713 *[Prosper Aquitanius] Opera.* II: *Expositio psalmorum (100—150). Liber sententiarum.* Cura P. CALLENS — M. GASTALDO [CChr Ser. Lat. 68 A]. Turnhout: Brepols 1972. XIV, 388 pp.

1714 LASSANDRO, D. *Note sugli Epigrammi di Prospere d'Aquitania* — VetChr 8 (1971) 211—222

PRUDENTIUS

1715 *[Prudentius] Inni della giornata.* Trad. in versi con testo a fronte, introd. e note di E. BOSSI. Bologna: Zanichelli 1970. XXV, 168 pp.

1716 BEATRICE, P. F. *L'allegoria nella Psychomachia di Prudenzio* — StPad 18 (1971) 25—73

1717 BUCHHEIT, VINZENZ *Christliche Romideologie im Laurentius-Hymnus des Prudentius.* In: *Das frühe Christentum im römischen Staat* (cf 1971, 111) 455—485

1718 CACITTI, R. *Subdita Christo servit Roma Deo. Osservazioni sulla teologia politica di Prudenzio* — Aevum 46 (1972) 402—435

1719 CUNNINGHAM, M. P. *Notes on the text of Prudentius* — TRAPA 102 (1971) 59—69

1720 GRASSO, N. *Prudenzio e la Bibbia* — Orpheus 19 (1972) 79—170

1721 KOMPER, URSULA „*Voce et tympano*". *Ein Beitrag zum Musikverständnis des Prudentius* — EA 47 (1971) 205—207

1722 LUNELLI, A. *Prudentius, Peristephanon 14, 42.* In: *Studi Vallot* (cf. 1972, 116) 239—245

1723 MÖNNICH, C. W. *Verlossende techniek. Prudentius, Cathemerinon V, 1—28.* Amsterdam: Noord-Hollandse Uitg. — Mij 1971. 36 pp.

1724 SABATTINI, T. A. *Storia e legenda nel Peristephanon di Prudenzio* — RiStCl 20 (1972) 32—53; 187—221

1725 SMOLAK, KURT *Der dreifache Zusammenklang* (Prud. Apoth. 147—154) — WSt 5 (1971) 180—194

1726 STEIDLE, W. *Die dichterische Konzeption des Prudentius und das Gedicht ‚Contra symmachum'* — VigChr 25 (1971) 241—281

1727 TORDEUR, P. *Essai d'analyse statistique de la métrique de Prudence* — ROIELA (1972, 2) 19—37

REGULA MAGISTRI

1728 BLECKER, M. P. *Roman law and consilium in the Regula magistri and the rule of St. Benedict* — Sp 47 (1972) 1—28

[75] JASPERT, B.: Bibliographica

1729 PENCO, G. *Un nuovo manoscritto italiano della Regula Magistri* — Benedictina 18 (1971) 227—233

[1096] PENCO, G.: Chromatius Aquileiensis

1730 VOGÜÉ, A. DE *Viclinas – vitulinas. Origène et sens d'un mot difficile de la Règle du Maître* — RBen 82 (1972) 309—310

ROMANUS MELODUS

1731 *[Romanus Melodus] Kontakia of Romanos, Byzantine Melodist. I.: On the Person of Christ.* Transl. and annotated by MARJORIE CARPENTER. Columbia: Univ. of Missouri Press 1970. XLIV, 380 pp.

1732 DALMAIS, I. H. *Imagerie syrienne et symbolisme hellénique dans les hymnes bibliques de Romanos le Mélode.* In: *Studia Patristica XI* [TU 108] (cf. 1972, 150) 22—26

[431] GROSDIDIER DE MATONS, J.: Philologia patristica

1733 KAMBYLIS, A. *Bemerkungen zum Text des Romanos* — ByZ 64 (1971) 28—32

1734 KORAKIDES, A. S. Τὸ πρόβλημα τῆς καταγογῆς τοῦ ʽΡωμανοῦ τοῦ Μελῳδοῦ. Συστηματικὴ ἔρευνα τοῦ θέματος ἐκ τῶν πηγῶν καὶ ἔθεσις τῶν αντισημιτικῶν στοιχείων τῶν κοντακίων. Athen: 1971. 47 pp.

1735 STICHEL, R. *Naturwissenschaftliche Kenntnis des Romanos im Noe-Hymnus* — Her 100 (1972) 249—251

1736 TOMADAKIS, N. B. *Romanos le Mélode n'est pas l'auteur de l'Acathiste* — Athena 72 (1971) 3—24

1737 TRYPANIS, C. A. *The word ἀμύνη* — Glotta 50 (1972) 35—36

RUFINUS AQUILEIENSIS

1738 *[Rufinus Aquileiensis] Il salterio di Rufino.* Edizione critica di FRANCESCA MERLO. Commento di JEAN GRIBOMONT [Collectanea Biblica Latina 14]. Roma: Abbazia S. Girolamo 1972. XI, 207 pp.

1739 BOGAERT, P. M. *La préface de Rufin aux Sentences de Sexte et à une œuvre inconnue. Interprétation, tradition du texte et manuscrit remembré de Fleury* — RBen 82 (1972) 26—46

RUFINUS SYRUS

1740 RONDET, H. *Rufin le Syrien et le Liber de Fide* — Augustiniana 22 (1972) 531—539

1741 TESELLE, EUGENE *Rufinus the Syrian, Caelestius, Pelagius: Explorations in the Prehistory of the Pelagian Controversy* — AugSt 3 (1972) 61—96

SALVIANUS MASSILIENSIS

1742 *[Salvianus Massiliensis] Oeuvres.* T. I: *Les lettres. Les Livres de Timothée à l'Église.* Introd., texte critique, trad. et notes par G. LAGARRIGUE [SC 176]. Paris: Éd. du Cerf: 1971. 348 pp.

1743 CINKE, V. *Salvian von Marseille und die Zerstörung der Stadt Trier* — Byslav 33 (1972) 1—5

SEVERIANUS GABALLENSIS

[1268] LEHMANN, H. J.: Eusebius Emesenus

SEVERUS ANTIOCHENUS

1744 *[Severus Antiochenus] La polémique antijulianiste.* III: *L'apologie du philalèthe. Version* par R. HESPEL [CSCO 318, Scriptores Syri 136]. Louvain: Secrétariat du C.S.C.O. 1971. XI, 152 pp.

1745 *[Severus Antiochenus] La polémique antijulianiste.* III: *L'apologie du philalèthe. Texte* par R. HESPEL [CSCO 319, Scriptores Syri 137]. Louvain: Secrétariat du C.S.C.O. 1971. VIII, 128 pp.

SIDONIUS APOLLINARIS

1746 *[Sidonius Apollinaris] Sidonio Apollinare, Antologia di versi,* a cura di R. SCIASCIA. Roma: Edizioni dell'Ateneo 1971. 159 pp.

1747 LOYEN, A. *La mère de Faustus, évêque de Riez (Sidoine Apollinaire, carmen XVI, v. 84)* — BLE 73 (1972) 167—169

SISEBUTUS REX

1748 LOF, L. J. VAN DER *Der Mäzen König Sisebutus und sein De eclipsi lunae* — REA 18 (1972) 145—151

1748a RECCHIA, V. *Sisebuto di Toledo, il Carmen de luna* [Quaderni de VetChr 3]. Bari: Ist. di Lett. crist. ant. dell'Univ. 1971. 293 pp.

SOCRATES SCHOLASTICUS

1749 *[Socrates Scholasticus] Sokrates Scholastyk Historia Kościelna.* Ins Polnische übersetzt von S. KAZIKOWSKI. Warszawa: 1972. 522 pp.

SOPHRONIUS HIEROSOLYMITANUS

1750 *[Sophronius Hierosolymitanus] Tres milagros.* Introd., selección, texto, trad. y notas de N. FERNÁNDEZ MARCOS [Suppl. de ECl 5 207—238] — ECl 16 (1972) 67

1751 SCHÖNBORN, C. VON *Sophrone de Jérusalem; vie monastique et confession dogmatique* [Théol. hist. 20]. Paris: Beauchesne 1972. 259 pp.

STEPHANUS I PAPA

1752 LAURIA, M. *Infames ed altri esclusi dagli ordini sacri secondo un elenco probabilmente precostantiniano* — Iura 21 (1970) 182—186

SULPICIUS SEVERUS

[1887] LOYEN, A.: Martinus Turonensis

SYNESIUS CYRENENSIS

1753 Cavalcanti, E. *Alcune annotazioni su Sinesio di Cirene* — RSLR 5 (1969) 122—134

1754 Garzya, A. *Il Dione di Sinesio nel quadro del dibattito culturale del IV secolo d. C.* — RFC 100 (1972) 32—45

1755 Lacombrade, C. *Une nouvelle édition des hymnes de Synésios de Cyrène* — REG 84 (1971) 151—157

1756 Pignani, A. *Due codici inesplorati degli Inni di Sinesio di Cirene* — PeI 12—14 (1970/1972) 78—83

1757 Rougé, J. *La justice à bord du navire.* In: *Studi Volterra* (cf. 1971, 148) 173—181

1758 Smolak, K. *Zur Himmelfahrt Christi bei Synesios von Kyrene (Hy. 8, 31—54 Terz.)* — JOBG 20 (1971) 7—30

1759 Vogt, J. *Das unverletzliche Gut. Synesius an Hypateia.* In: *Festschrift Merentitis* (cf. 1972, 155) 431—437

TATIANUS

1760 Johnson, E. A. *The First Harmony of the Gospel: Tatian's Diatessaron and its Theology* — JETS 14 (1971) 227—238

1761 Molitor, J. *Tatians Diatessaron und sein Verhältnis zur altsyrischen und altgeorgischen Überlieferung* (Fortsetzung) — OrChr 55 (1971) 1—61

1762 Murray, R. *Reconstructing the Diatessaron* — HeythropJ 10 (1969) 43—49

1763 Quispel, G. *Some remarks on the Diatessaron Haarense* — VigChr 25 (1971) 131—139

1764 Weijenborg, Reinhold *Die Berichte über Justin und Crescens bei Tatian* — Ant 47 (1972) 362—390

TERTULLIANUS

1765 *[Tertullianus] Tertullianus, Q. Septimius Florens, Adversus Marcionem*, edidit Claudio Moreschini. Milano-Varese: Ist. Editor. Cisalpino 1971. XIII, 434 pp.

1766 *[Tertullianus] Adversus Marcionem, Books I—V.* Ed. and transl. by Ernest Evans [Oxford eraly Christian text]. London: Oxford University Press 1972. 682 pp.

1767 *[Tertullianus] Adversus Valentinianos.* A cura di Aldo Marastoni, Pubb. Univ. Parma. Istituto Scienze Religiose [Pensatori Religiosi 10]. Padova: Gregoriana 1971. 300 pp.

1768 *[Tertullianus] De idololatria.* Einl., Übers. u. Komm. von H. Boehm [Diss.]. Wien: 1972. 200 pp. (dactyl.)

1769 *[Tertullianus] Tertulliani Adversus Valentinianos.* Text, translation and commentary ed. by Mark T. Riley [Ph. D. Diss.]. Stanford University: 1971. UM Nr. 71, 23, 548

1770 *[Tertullianus] Tertulliono. Apologetico.* Traduzione di ERNESTO BUONAIUTI, introduzione, revisione e commento di ETTORE PARATORE. Bari: Laterza 1972. XXVII, 273 pp.

1771 *[Tertullianus] De cultu feminarum. La toilette des femmes.* Introd., texte critique, trad. et commentaire par M. TURCAN [SC 173]. Paris: Édit. du Cerf 1971. 195 pp.

1772 *[Tertullianus] Tertulian, Wybór pism (Werke in Auswahl).* Ins Polnische übersetzt von W. KANIA und W. MYSZOR; mit einer Einleitung versehen von E. STANULA [PSP 5]. Warszawa: 1970. 213 pp.

1773 BARNES, T. D. *Tertullian. A historical and literary study.* Oxford: Clarendon Pr. 1971. XI, 320 pp.

1774 BERCHEM, DENIS VAN *Tertullians „De Pallio" und der Konflikt des Christentums mit dem Imperium Romanum.* In: *Das frühe Christentum im römischen Staat* (cf. 1971, 111) 106—128

1775 BOTTE, B. *Deux passages de Tertullien. De baptismo 7,1 et 8,2.* In: *Epektasis. Mélanges Jean Daniélou* (cf. 1972, 119) 17—20

1776 BRAUN, R. *Un nouveau Tertullien: Problèmes de biographie et de chronologie* — REL 50 (1972) 67—84

1777 BRAUN, R. *Tertullien et l'exégèse de I Cor 7.* In: *Epektasis. Mélanges Jean Daniélou* (cf. 1972, 119) 21—28

1778 CLERCQ, V. C. DE *The expectation of the second coming of Christ in Tertullian.* In: *Studia Patristica XI* [TU 108] (cf. 1972, 150) 146—151

[1386] DUVAL, Y. M.: Hieronymus

[2375] EIJK, A. H. C. VAN: Novissima

1779 EVANS, R. F. *Westliche Züge im Kirchenbegriff Tertullians.* In: *Antidosis* (cf. 1972, 98) 103—123

1780 FRÉDOUILLE, J. C. *Tertullien et la conversion de la culture antique.* Paris: Études augustiniennes 1972. 548 pp.

1781 FREND, W. H. C. *Their Word to Our Day. IX. Tertullian* — ExpT 81 (1969/70) 136—141

1782 GEEST, J. E. L. VAN DER *Le Christ et l'Ancien Testament chez Tertullien* [Latinitas Christianorum primaeva 22]. Nijmwegen: Dekker & van de Vegt 1972. XV, 258 pp.

1783 GROH, DENNIS, E. *Tertullian's Polemic against Social Co-optation* — CH 40 (1971) 7—14

[447] GUERRA GOMEZ, M.: Voces

[72] HERRMANN, L.: Bibliographica

1784 HORBURY, W. *Tertullian on the Jews in the Light of ,De Spectaculis XXX. 5—6'* — JThS 23 (1972) 455—459

[2483] LODOVICI, E. S.: Specialia in Novum Testamentum

1785 MAHÉ, JEAN-PIERRE *Tertullien et l'epistula Marcionis* — ReSR 45 (1971) 358—371

1786 MERTON, THOMAS *Das menschliche Gesicht. Tertullian und der heilige Cyprian über die Jungfrauen* — EA 48 (1972) 290—297

1787 NAZZARO, A. V. *Il De pallio di Tertulliano.* Napoli: Ed. Intercontinentalia 1972. 93 pp.

1788 PETRESCU, N. *Tertullianus: Liber de oratione* [traduction et prés. roum.] — MitrOlt 24 (1972) 40—60

1789 PEZZELLA, SOSIO *Cristianesimo e paganesimo romano: Tertulliano e Minucio Felice.* Bari: Adriatica 1972. 115 pp.

1790 ROCA MELIÁ, I. *El campo semántico de „saeculum" y „saecularis" en Tertuliano* — Helmántica 23 (1972) 417—449

[2003] SAXER, V.: Sacramenta et sacramentalia

1791 SCAGLIONI, C. *Sapientia mundi e Dei sapientia. L'esegesi di I Cor 1,18 —2,5 in Tertulliano* — Aevum 46 (1972) 183—215

1792 SCARPAT, G. *Una nuova edizione dell'Adversus Valentinianos* — Paideia 26 (1971) 327—334

1793 SIDER, R. D. *Ancient rhetoric and the art of Tertullian* [Oxford theological monographs]. London: Oxford univ. press 1971. 142 pp.

1794 STANULA, E. *Elementy montanistyczne w eklezjologii Tertuliana przed formalnym przejściem na montanizm (Die montanistischen Elemente in der Ekklesiologie von Tertullian vor seinem formalen Übertritt zum Montanismus)* — STV 9 (1971) 105—145

1795 STOCKMEIER, P. *Zum Verhältnis von Glaube und Religion bei Tertullian.* In: *Studia Patristica XI* [TU 108] (cf. 1972, 150) 242—246

1796 STRAND, KENNETH *Tertullian and the Sabbath* — AUSS 9 (1971) 129—146

1797 *Tertullien et la philosophie païenne* (Essai d'une conférence) — BulBudé (1971) 231—251

1798 TIBILETTI, C. *Filosofia e cristianesimo in Tertulliano* — Annali della Facoltà di Lettere e Filosofia Univ. di Macerata (Padova) 3—4 (1970/1971) 97—133

[588] TIMOTHY, H. B.: Auctores, Generalia

1799 TOIVIAINEN, KALEVI *Tertullianus ja kristittyjen asepalvelus* — TAik, TT 76 (1971) 263—272

1800 WASZINK, JAN HENDRIK *Index verborum et locutionum quae Tertulliani de anima libro continentur* [Veränd. Nachdruck der Ausgabe Bonn 1935]. Hildesheim—New York: Olms 1971. VII, 249 pp.

1801 WASZINK, J. H. *L'exégèse de quelques versets des Psaumes par Tertullien, en connexion avec la doctrine de la transmigration des âmes.* In: *Epektasis. Mélanges Jean Daniélou* (cf. 1972, 119) 237—244

1802 ZELL, R. L. *The priesthood of Christ in Tertullian and St. Cyprian.* In: *Studia Patristica XI* [TU 108] (cf. 1972, 150) 282—288

PS.-TERTULLIANUS

1803 RAMBAUX, C. *Un „locus non desperatus"*: *Carmen aduersus Marcionem, IV, 105* — REA 18 (1972) 43—45

THEODORETUS CYRENSIS

1804 ASHBY, G. W. *Theodoret of Cyrhus as exegete of the Old Testament.* Grahamstown: South Africa Rhodes Univ. 1972. V, 173 pp.
1805 CANIVET, P. *L'apôtre Pierre dans les écrits de Théodoret de Cyr.* In: *Epektasis. Mélanges Jean Daniélou* (cf. 1972, 119) 29—46
[2473] *La chaîne palestinienne sur le psaume 118:* Specialia in Vetus Testamentum
1806 KOUMAKIS, G. CH. *Das Sokratesbild in Therapeutik des Theodoretus und seine Quellen* — Platon 23 (1971) 337—351
1807 MANDAC, M. *L'union christologique dans les œuvres de Théodoret antérieures au concile d'Éphèse* — EThL 47 (1971) 64—96
1808 NAAMAN, P. *Théodoret de Cyr et le monastère de S. Maroun. Les origines des Maronites. Essai d'histoire et de géographie* [Bibl. de l'Univ. Saint-Esprit à Kaslik 3]. Beyrouth: Libr. du Liban 1971. XXIII, 171 pp.
1809 STEWARDSON, J. L. *The Christology of Theodoret of Cyrus according to his Eranistes* [Diss. Northwestern Univ.]. Evanston/Ill.: 1972. 424 pp. (microfilm)

THEODORUS LECTOR

1810 *[Theodorus Lector] Theodoros Anagnostes, Kirchengeschichte (Historia tripartita).* Hrsg. v. GÜNTHER CHRISTIAN HANSEN [GCS 54]. Berlin: Akademie-Verlag 1971. XLI, 288 pp.

THEODORUS MOPSUESTENUS

1811 CURTIN, T. A. *The baptismal liturgy of Theodore of Mopsuestia* [Diss. Catholic Univ. of America]. Washington: 1971. 406 pp. (microfilm)
1812 DEWART, J. MCW. *The theology of grace of Theodore of Mopsuestia* [The Catholic Univ. of America, Studies in Christian antiquity 16]. Washington: The Catholic Univ. of America press 1971. XIII, 160 pp.
1813 PARASCHIV, ION *Les Homélies catéchétiques de Théodore de Mopsueste* [traduction et prés. roum.] — GlB 31 (1972) 1165—1187
1814 ΖΗΣΗ, ΘΕΟΔΩΡΟΥ Ἡ περὶ τῆς ἀρχεγόνου καταστάσεως τοῦ ἀνθρώπου διδασκαλία τοῦ Θεοδώρου Μοψουεστίας — Kleronomia 3 (1971) 250—258

THEODORUS STUDITES

1815 *[Theodorus Studites] Un canone inedito di Teodoro Studita nel cod. Messanensis Gr. 153.* Ed. con annot. a cura di M. Arco Magrì. In: *Scritti Attisani* (cf. 1971, 157) II 85—101

1816 Esquerda Bifet, Juan *Culto y devoción mariana en San Teodoro Estudita —* Burgense 13 (1972) 445—455

1817 Matei, Corugă *Saint Théodore le Studite et son œuvre dans l'ancienne littérature roumaine* [en roum.] — StBuc 24 (1972) 723—731

1818 O'Connell, P. *The Letters and Catecheses of St. Theodore Studites —* OrChrP 38 (1972) 256—259

THEODOTUS ANCYRANUS

1819 Aubineau, M. *Une homelie greque inédite, attribuée à Théodote d'Ancyre, sur le baptême du Seigneur.* In: *Diakonia Misteos, Mélanges J. A. de Aldama,* Granada (1969) 3—28

THEOGNIOS

1820 Noret, Jacques *Une homélie inédite de Théognios, prêtre de Jérusalem (vers 460?)* — AB 89 (1971) 113—142

THEOPHANES CONFESSOR

1821 Besevliev, Veselin *Die Berichte des Theophanes und Nikephoros über die Thronwirren in Bulgarien 763—765* — JOBG 20 (1971) 67—82

THEOPHILUS ANTIOCHENUS

1822 Keary, M. B. *Note on* ΑΘΗΝᾶ ΦΙΛΌΚΟΛΠΟΣ *in Theophilus of Antioch* — REG 84 (1971) 94—100

1823 Simonetti, M. *La sacra Scrittura in Teofilo d'Antiochia.* In: *Epektasis. Mélanges Jean Daniélou* (cf. 1972, 119) 197—207

1824 Vermander, J.-M. *Théophile d'Antioche contre Celse: Ad Autolycos III —* REA 17 (1971) 203—225

TYCONIUS

1825 Hahn, Traugott *Tyconius — Studien. Ein Beitrag zur Kirchen- und Dogmengeschichte des 4. Jahrhunderts* [Neudruck der Ausgabe Leipzig 1900]. Aalen: Scientia-Verlag 1971. VII, 116 pp.

VENANTIUS FORTUNATUS

1826 Blomgren, Sven *In Venantii Fortunati carmina adnotationes novae* — Eranos 69 (1971) 104—150

1827 Folgado Florez, Segundo *Devoción y culto a la Virgen en Venancio Fortunato —* CD 184 (1971) 419—431

1828 MICHELS, THOMAS *Geburtstag des Herrn. Venantius Fortunatus, ca. 530 bis ca. 600.* — HLD 25 (1971) 97

VINCENTIUS LIRINENSIS

[2087] SIEBEN, H.-J.: Concilia

ZENO VERONENSIS

1829 *[Zeno Veronensis] Tractatus.* Édit. par B. LÖFSTEDT [CChr 22]. Turnhout: Brepols 1971. VIII, 230 pp.

1830 MARCHI, G. P. — ORLANDI, A. — BRENZONI, M. *Il culto di san Zeno nel Veronese.* Verona: Banca mutua popolare 1972. 244 pp.

1831 PIGHI, G. B. *Sancti Zenonis Veronensis episcopi historica popularisque persona* — Latinitas 20 (1972) 121—134

3. HAGIOGRAPHICA
a) Generalia

1832 *The Acts of the Christian Martyrs.* Introd., texts and transl. by HERBERT MUSURILLO [Oxford early Christian texts]. Oxford: Clarendon Press 1972. LXXIII, 379 pp.

1833 ALBERTSON, CLINTON *Anglo-Saxon Saints and Heroes.* New York: Fordham University Press 1967.

[2329] BAUMEISTER, TH.: Martyrium

1834 BOROVOY, VITALY *Recognition of Saints and Problems of Anathemas* — GrOrthThR 16 (1971) 245—259

1835 DUBOIS, JACQUES *Hagiographie historique* — AEHESHP 103 (1970/71) 545—562; 104 (1971/72) 503—510

1836 FERNANDEZ MARCOS, NATALIO *Sofronio. Tres milagros.* Introducción, selección, texto y notas — ECl 16 (1972) 207—237

1837 GAIFFIER, B. DE *Recherches d'hagiographie latine* [Subsidia hagiographica 52]. Bruxelles: Soc. des Bollandistes 1971. 144 pp.

1838 GAIFFIER, B. DE *Les Marsi dans quelques textes hagiographiques* — RiAC 48 (1972) 167—172

1839 HALKIN, F. *L'hagiographie grecque dans le ms. IV 692 de Bruxelles* — AB 89 (1971) 148

1840 HALKIN, F. *Recherches et documents d'hagiographie byzantine* [Subsidia hagiogr. 51]. Bruxelles: Soc. des Bollandistes 1971. VIII, 328 pp.

1841 HALKIN, F. *Les folios 390—415 du Sabaiticus 27* — AB 90 (1972) 386

1842 MAGOULIAS, HARRY *The Lives of the Saints as Sources of Data for the History of Commerce in the Byzantine Empire in the VIth and VIIth century* — Kleronomia 3 (1971) 303—330

1843 MESLIN, M. *Vases sacrés et boissons d'éternité dans les visions des martyrs africains.* In: *Epektasis. Mélanges Jean Daniélou* (cf. 1972, 119) 139—153

1844 MÖLLER, W. O. *The trinci trinqui and the martyrs of Lyon* — Historia 21 (1972) 127

1845 MUSURILLO, H. *Pagan and the Christian martyr acts. Apropos of a new edition* — ClassFolia 26 (1972) 114—121

1846 NIGG, WALTER *Der exemplarische Mensch. Begegnung mit Heiligen* (2. Aufl.). Freiburg i. Br.—Basel—Wien: Herder 1972. 126 pp.

1847 NORET, J. *Nouveaux fragments hagiographiques dans un palimpseste de Bruxelles* — AB 90 (1972) 390

1848 NORET, J. *Fragments hagiographiques grecs dans le palimpseste Bruxelles, Bibl. roy. IV. 459* — AB 90 (1972) 106

1849 PAPACHRYSSANTHOU, DENISE *Le monachisme athonite des origines jusqu'au typicon de Tzimiskès* — AEHESHP 103 (1970/71) 903—905

[2055] RORDORF, W.: Cultus

1850 ROUSSEAU, P. *The Spiritual Authority of the ‚Monk-Bishop‘. Eastern Elements in some Western Hagiography of the Fourth and Fifth Centuries* — JThS 22 (1971) 380—419

1851 SHERMAN, GEORGE ANTHONY *The Acta Martyrum: The language and event of revolution.* Philadelphia: Temple Univ., Diss. 1972. 238 pp. Mikrofilm

1852 STRAETEN, J. VAN DER *Les manuscrits hagiographiques d'Arras et de Boulogne-sur-Mer, avec quelques textes inédits* [Subsidia hagiographica 50]. Bruxelles: Société des Bollandistes 1971. 152 pp.

[479] WINKELMANN, F.: Paleographica atque manuscripta

b) Sancti singuli (in ordine alphabetico sanctorum)

AEMILIANUS

1853 HALKIN, F. *Saint Émilien de Durostorum martyr sous Julien* — AB 90 (1972) 27—35

ANASTASIA

1854 KAPPEL, G. *Die kirchenslavische Anastasienlegende* — Slavia 40 (1971) 9—19

AVITUS

1855 NAHMER, D. VON DER *Über die Entstehungszeit der ältesten Vita S. Aviti* — MLatJB 6 (1970) 7—13

BENEDICTUS

1856 DESEILLE, P. *San Benito „Patrono de Europa"* — VSob 73 (1972) 196—209

BLANDINA

1857 GUILLAUMIN, M. L. *Une jeune fille qui s'appelait Blandine. Aux origines d'une tradition hagiographique.* In: *Epektasis. Mélanges Jean Daniélou* (cf. 1972, 119) 93—98

CHRYSANTUS ET DARIA

1858 NORET, J. *La passion de Chrysanthe et Darie a-t-elle été rédigée en grec ou en latin?* — AB 90 (1972) 109—117

1859 STRYCKER, E. DE *Une citation de Virgile dans la Passion de Chrysanthe et Darie* — AB 90 (1972) 336

COSMAS ET DAMIANUS

[1906] FESTUGIÈRE, A.-J.: Thecla
[2052] PESOLE, B.: Cultus

CYRIACUS

1860 GARITTE, G. *La Vie géorgienne de saint Cyriaque et son modèle arabe* — BK 28 (1971) 92—105

CYRUS ET IOHANNES

[1906] FESTUGIÈRE, A.-J.: Thecla

DOMNINA

1861 LACKNER, WOLFGANG *Eine unedierte griechische Passion der kilikischen Martyrin Domnina* — AB 90 (1972) 241—259

EULALIA

1862 NAVARRO DEL CASTILLO, VICENTE *Santa Eulalia de Mérida* — RaExtr 27 (1971) 397—459

EUSEBIA M.

1863 NUÑEZ, ONOFRE *Oposición y crítica a la misa privada desde sus orígenes hasta la tardía Edad Media* — VyV 29 (1971) 367—382

1864 SAUGET, J.-M. *Sainte Eusébie martyre inconnue* — AB 90 (1972) 41—62

EUSEBIUS EP. SAMOSAT.

1865 DEVOS, P. *La vie syriaque de saint Eusèbe de Samosate* — AB 90 (1972) 360—362

FELIX

1866 ARGENIE, R. *Una rettificazione sul Martirio di S. Felice* — RiStCl 19 (1971) 24—25

FIACRIUS

1867 *XIIIᵉ Centenaire de S. Fiacre. Actes du Congrès, Meaux 1970.*
Meaux: Impr. André-Pouyet 1972. XIV, 337 pp.

FLORENTIUS PRESB. IN GLONNA MONTE

1868 HAMON, M. *La vie de saint Florent et les origines de l'abbaye du
Mont-Glonne* — BEC 129 (1971) 215—238

GALLUS

1869 MÜLLER, Iso *Die älteste Gallus-Vita* — ZSKG 66 (1972) 209—249

GEORGIUS

[1906] FESTUGIÈRE, A. J.: Thecla

GREGORIUS ILLUMINATOR

1870 ESBROECK, MICHEL VAN *Témoignages littéraires sur les sépultures
de saint Grégoire l'Illuminateur* — AB 89 (1971) 387—418

GURIAS ET SAMONAS

1871 DEVOS, P. *La liste martyrologique des Actes de Guriā et Shamōnā* —
AB 90 (1972) 15—16

HERMYLUS ET STRATONICUS

1872 HALKIN, F. *Trois textes inédits sur les saints Hermyle et Stratonice,
martyrs à Singidunum (Belgrade)* — AB 89 (1971) 5—45

HYPATIUS

[427] BARTELINK, B. J. M.: Philologia Patristica

HYPATIUS RUFINIANENSIS IN BITHYNIA

[1083] Callinicus Monachus

HYPERECHIUS

1873 POSWICK, F. *Les apophthegmes d'Hyperechios. L'ascèse du moine,
méditation des Écritures* — Collectanea Cistercensia 32 (1970)
231—255

IACOBUS MAIOR

1874 GAIFFIER, BAUDOUIN DE *Notes sur quelques documents relatifs à la
translation de saint Jacques en Espagne* — AB 89 (1971) 47—66
1875 GAIFFIER, B. DE *Notes on some documents bearing on the Translatio
Sancti Jacobi to Spain* — ClassFolia 26 (1972) 3—25

IANUARIUS

1876 MARINELLI, J. *Januarius episcopus in amphiteatro puteolano* — PalLat 42 (1972) 159—162

JOSEPHUS

1877 CANAL SANCHEZ, J. M. *San José en los libros apócrifos del N. T.* — EJos 25 (1971) 123—149

1878 GARRIDO BONAÑO, M. *San José en los calendarios y martirologios hasta el siglo XV inclusive* — EJos 25 (1971) 600—646

1879 GAUTHIER, R. *Saint Joseph d'après deux séries d'homélies latines du VIᵉ siècle sur S. Matthieu (le pseudo-Chrysostome et le pseudo-Origène)* — EJos 25 (1971) 161—182

[129] *San José en los XV Primeros siglos de la Iglesia:* Collectanae et Miscellanea

1880 MERCIER, G. *Saint Joseph dans les commentaires bibliques et les homéliaires du IX siècle* — EJos 25 (1971) 220—261.

1881 ORTIZ DE URBINA, I. S. *Giuseppe nella patrologia siriaca* — EJos 25 (1971) 150—160

1882 SOLÁ, FRANCISCO DE PAULA *La Josefologia de S. Andrés Cretense y S. Juan Damasceno* — EJos 25 (1971) 183—195

LEONIANUS

1883 STRAETEN, J. VAN DER *Vie arrageoise de S. Léonien, abbé à Vienne en Dauphiné* — AB 90 (1972) 119—136 ·

LUPERCIUS

1884 DEVERT, M. *Saint Luperc, patron du Gabardan, III: L'Église élusate au IVᵉ siècle.* Chez l'auteur: 1972. 112 pp.

MARCELLUS

1885 DOLBEAU, F. *A propos du texte de la Passio Marcelli Centurionis* — AB 90 (1972) 329—335

1886 LANATA, G. *Gli Atti del processo contro il centurione Marcello* — Byzan 42 (1972) 509—522

MARTINUS TURONENSIS

[1367] CARRIAS, M.: Gregorius Turonensis

1887 LOYEN, A. *Les miracles de saint Martin et les débuts de l'hagiographie en Occident* — BLE 73 (1972) 147—157

MARTYRES NAGRANENSES (HOMERITAE)

1888 DEVOS, PAUL *L'Abrégé syriaque BHO 104 sur les martyrs himyarites* — AB 90 (1972) 337—359

1889 SHAHÎD, I. *The martyrs of Najrân. New documents* [Subsidia hagiographica 49]. Bruxelles: Société des Bollandistes 1971. 306 pp.

NICOLAUS IUNIOR M. BUNENSIS

1890 SOPHIANOS, D. Z. Ἅγιος Νικόλαος ὁ ἐν Βουναίνῃ [Βιβλ. Σοφίας Ν. Σαριπόλου 22]. Athen: Phil. Fak. 1972. 211 pp.

ONUPHRIUS (BENOFER, ABUNAFER)

1891 SZCZUDŁOWSKA, A. — GODLEWSKI, W. *Koptyjska legenda o św. Onufrym (Une légende copte de Saint Onuphre)* — Euhemer 15 (1971) 23—26

ORONTIUS

1892 PROTOPAPA, LUIGI *S. Oronzo nella traduzione leccese*. Lecce: ITES 1972. 185 pp.

PATERNIANUS

1893 PRETE, S. *Note critiche alla Vita Paterniani* — Studia Picena (Fano Sonciniana) 38 (1970/71) 1—23

PATRICIUS HIBERNORUM

1894 *Four latin lives of St. Patrick. Colgan's Vita secunda, quarta, tertia, and quinta*. Ed. with introd., notes and indices by L. BIELER [Scriptores Lat. Hiberniae 8]. Dublin: Inst. for advanced Stud. 1971. XII, 276 pp.

1895 HARNEY, M. P. *The legacy of St. Patrick as found in his own writings*. Boston: St. Paul 1972. 144 pp.

1896 POWELL, D. *St. Patrick's Confession and the Book of Armagh* — AB 90 (1972) 371—385

PETRUS APOSTOLUS

1897 CORSANI, BRUNO *La tomba di Pietro a Roma* [Attualità Protestante]. Torino: Claudiana 1971. 27 pp.

1898 STRAETEN, JOSEPH VAN DER *Les Chaînes de S. Pierre. Une nouvelle version de la légende* — AB 90 (1972) 413—424

PROCOPIUS CAESARIENSIS

1899 EVANS, J. A. S. *Christianity and Paganism in Procopius of Caesarea* — GrRoBySt 12 (1971) 81—100

SECUNDUS

1900 GAIFFIER, B. DE *Un prologue passe-partout* — AB 90 (1972) 118

SERGIUS ET BACCHUS

1901 Mango, C. *The church of Saints Sergius and Bacchus at Constantinople and the alleged tradition of octogonal palatine churches* — JOBG 21 (1972) 189—193

SYMEON STYLITA IUNIOR

1902 Lafontaine-Dosogne, J. *L'influence du culte de saint Syméon Stylite le Jeune sur les monuments et les représentations figurée en Géorgie* — Byzan 41 (1971) 183—196

1903 Nasrallah, J. *Couvents de la Syrie du Nord portant le nom de Siméon* — Syria 49 (1972) 127—159

1904 Nasrallah, J. *Une Vie arabe de saint Syméon le Jeune (521—592)* — AB 90 (1972) 387—389

TATIANA

1905 Halkin, F. *Sainte Tatiana. Légende grecque d'une „martyre romaine"* — AB 89 (1971) 265—309

THECLA

1906 Festugière, A.-J. *Sainte Thècle, saints Côme et Damien, saints Cyr et Jean (extraits), saint Georges* [Collections greques de miracles]. Paris: Picard 1971. 349 pp.

THEODORUS ARCHIMANDRITA SYCEORUM

1907 Rydén, Lennart *Der Asket als Fresser* — Eranos 67 (1969) 48—53

1908 Waelkens, M. *Pessinonte et le Gallos* — Byzan 41 (1971) 349—373

THOMAS APOSTOLUS

1909 Garitte, G. *La passion arménienne de S. Thomas l'apôtre et son modèle grec* — Mu 84 (1971) 151—195

1910 Halkin, F. *Une nouvelle recension grecque du martyre de S. Thomas l'apôtre* — AB 89 (1971) 386

1911 Nedungatt, G. *St. Thomas the Apostle and the Hosios Thomas of Ortona* — OrChrP 38 (1972) 388—407

VINCENTIA ET MARGARITA

1912 Gaiffier, B. de *Saintes Vincente et Marguerite* — AB 90 (1972) 37—40

IV. Liturgica

1. GENERALIA

1913 BAUMSTARK, ANTON *Vom geschichtlichen Werden der Liturgie* [unv. rep. Nachdr. d. 1.—5. Aufl. Freiburg/Br. 1923]. Darmstadt: WB 1971. IX, 159 pp.

1914 BIFFI, I. *Preghiera e penitenza nella liturgia quaresemale ambrosiana* — Ambr 47 (1971) 41—52

1915 BOGAERT, P.-M. *Le livre deuterocanonique de Baruch dans la liturgie romaine.* In: *Mélanges B. Botte* (cf. 1972, 136) 31—48

1916 BOUYER, L. *L'improvisation liturgique dans l'Église ancienne* — MaisonDieu 111 (1972) 7—19

1917 BRUNI, V. *I funerali di un sacerdote nel rito bizantino secondo gli eucologi manoscritti di lingua greca* [Pubbl. dello Studium Bibl. Franciscanum Coll. minor 14]. Jerusalem: Franciscan Printing Pr. 1972. 237 pp.

[1289] CABIÉ, R.: Germanus Ep. Parisiensis

1918 CATTANEO, E. *Introducción a la Historia de la Liturgia Occidental* [Liturgia Serie A 6]. Madrid: Studium 1969. 156 pp.

1919 CATTANEO, E. *Quaresmia ambrosiana* — Ambr 47 (1971) 28—40

1920 CRAMER, MARIA *Koptische Liturgien.* Trier: Paulus-Verlag 1972. 90 pp.

[1811] CURTIN, T. A.: Theodorus Mopsuestenus

[1586] DALMAIS, I. H.: Maximus Confessor

1921 DALY, L. W. *Rotulus Beratinus, a Greek liturgy roll* — GrRoBySt 13 (1972) 109—117

[1301] DESHUSSES, J.: Gregorius I Magnus

1922 DÖLGER, FRANZ JOSEPH *Sol salutis. Gebet und Gesang im christlichen Altertum. Mit besonderer Rücksicht auf die Ostung in Gebet und Liturgie.* 3., um Hinweise vermehrte Aufl. [LQF 16/17]. Münster: Aschendorff 1972. IX, 445 pp.

1923 FRANK, H. *Die Vorrangstellung der Taufe Jesu in der altmailändischen Epiphanieliturgie und die Frage nach dem Dichter des Epiphaniehymnus Inluminans Altissimus* — ALW 13 (1971) 115—132

1924 GAMBER, KLAUS *Liturgisches Leben in Norikum zur Zeit des hl. Severin († 482)* — HLD 26 (1972) 22—32

1925 GAMBER, K. *Nochmals: Die eucharistischen Mahlzeiten* — RQ 67 (1972) 65—67

1926 GARITTE, G. *Un fragment d'Évangéliaire géorgien à la Bodléienne* — Mu 85 (1972) 107—146

1927 GARITTE, G. *Un index géorgien des lectures évangéliques selon l'ancien rite de Jérusalem* — Mu 85 (1972) 337—398

1928 GRÉGOIRE, R. *Les homéliaires mérovingiens du VIe—VIIe siècle* — StMe 13 (1972) 901—917

[1466] GRIGORIOS, H.: Iohannes Chrysostomus

[631] HEIMING, O.: Ambrosius

1929 HESBERT, R. J. *Les trentains grégoriens sous forme de cycles liturgiques* — RBen 81 (1971) 108—122

[2295] IBAÑEZ, J. — MENDOZA, F.: Mariologia

1930 IRWIN, KEVIN W. *Diaconate in the Ordination Prayers* — DunR 11 DunR 11 (1971) 77—85

1931 KLAUSER, TH. *Das römische Capitulare evangeliorum. Texte und Untersuchungen zu seiner ältesten Geschichte, I: Typen.* 2., um Verb. u. Erg. verm. Aufl., Nachdr. der 1. Aufl. 1935 [LQF 28]. Münster: Aschendorff 1972. CXX, 203 pp.

[1468] KUCHAREK, C.: Iohannes Chrysostomus

1932 LAGES, M. F. *The Most Ancient Penitential Text of the Armenian Liturgy* — Didaskalia 1 (1971) 43—64

1933 LAGES, M. F. *The Hierosolymitain Origin of the Catechetical Rites in the Armenian Liturgy* — Didaskalia 1 (1971) 233—250

1934 LECLERCQ, J. *Scopis mundatum (Matth. 12,44; Lc. 11,25). Le balai dans la Bible et dans la liturgie d'après la tradition latine.* In: *Epektasis. Mélanges Jean Daniélou* (cf. 1972, 119) 129—137

1935 MARGAŃSKI, B. *Praefatio praecis Eucharisticae in luce Patrum et scriptorum Ecclesiae considerata* [Excerpta ex dissertatione ad laurem in Pont. Instituto Liturgico S. Anselmi in Urbe]. Roma: 1971.

1936 MILLER, RONALD HOMER *Enlightenment through the Bath of Rebirth: The Experience of Christian Initiation in Late Fourth Century Jerusalem* [Diss.]. Fordham Univ.: 1972.

1937 NAGEL, WILLIAM *Geschichte des christlichen Gottesdienstes.* 2., verbesserte und erweiterte Auflage. Berlin: Walter de Gruyter 1970. 285 pp.

1938 NTEDIKA, J. *L'évocation de l'au-delà dans la prière pour les morts. Étude de patristique et de liturgie latines, IVe—VIIIes.* [Recherches africaines de théologie 2]. Louvain: E. Nauwelaerts 1971. XXXI, 287 pp.

1939 OLIVAR, A. *Quelques remarques historiques sur la prédication comme action liturgique dans l'Église ancienne.* In: *Mélanges B. Botte* (cf. 1972, 136) 429—443

1940 PASCUAL PEREZ, ARTURO *La imagen de la Iglesia en la liturgia española* [Colección de Estudios del Instituto Superior de Pastoral 4] Madrid: Instituto Superior de Pastoral 1971. 198 pp.

1941 PEREZ, A. P. *La imagen de la Iglesia en la liturgia española (V^e— VIIIe siècle)*. Madrid: Inst. sup. de pastoral 1971. 198 pp.

1942 PERLER, OTHMAR *Zu den Inschriften des Baptisteriums von Dura-Europos*. In: *Epektasis. Mélanges Jean Daniélou* (cf. 1972, 119) 173—185

1943 PINELL, JORGE *Liber Orationum Psalmographus. Colecta de Salmos del antiguo rito hispano* [Monumenta Hispaniae Sacrae. Series liturgica 9]. Madrid: Consejo Superior de Investigaciones Científicas 1972. 288 pp.

1944 PINELL, JORGE *La liturgia hispánica. Valor documental de sus textos para la historia de la teología*. In: *Repertorio de historia de las ciencias eclesiásticas en España* (cf. 1971, 185) 29—68

1945 QUECKE, H. *Das anaphorische Dankgebet auf den koptischen Ostraka B. M. Nr. 32799 und 33050 neu herausgegeben* — OrChrP 37 391—405

1946 QUECKE, HANS *Untersuchungen zum koptischen Stundengebet*. Louvain: Institute Orientaliste 1970. XL, 552 pp.

1947 RENOUX, A. *Le codex arménien Jérusalem 121, II: Édition* [Patrol. Orient. 36,2 Nr. 168]. Turnhout: Brepols 1971. 245 pp.

[948] RIES, J.: Augustinus

[1148] RIGGI, C.: Clemens Romanus

[84] ROCHE NAVARRO, A.: Bibliographica

1948 *Sacramentum Rhenaugiense, Handschrift Rh 30 der Zentralbibliothek Zürich*. Hrsg. von A. HAENGGI und A. SCHOENHERR [Spicilegium Friburgense 15]. Freiburg/Schweiz: Univ.-verl. 1971. XVI, 431 pp.

1949 SAENZ, PABLO *Notas sobre la oración monástica* — RLA 36 (1971) 188—193

1950 SALMON, P. *Les manuscrits liturgiques latins de la Bibliothéque Vaticane. Fasc. 4: Les livres de lectures de l'office. Les livres de l'office du chapitre. Les livres d'heures* [Studi e testi 267]. Cité du Vatican: Bibliothèque Vaticane 1971. 213 pp.

[145] *Sarmenta:* Collectanea et miscellanea

1951 SCHÜTZ, W. *Geschichte der christlichen Predigt* [Sammlung Göschen 7201]. Berlin: De Gruyter 1972. 233 pp.

1952 SCHWEITZER, E. *Fragen der Liturgie in Nordafrika zur Zeit Cyprians* — ALW 12 (1970) 69—84

1953 SHEPHERD, MASSEY H. *Confirmation: The Early Church* — Worship 46 (1972) 15—21

[1476] SHEREGHY, B.: Iohannes Chrysostomus

[1562] SOOS, M. B. DE: Leo I Magnus

1954 STEIDLE, BASILIUS *Fürbitten in der frühen Christenheit und im ältesten Mönchtum* — EA 48 (1972) 448—460

1955 SZYMUSIAK, J. *Zasadnicze kierunki modlitwy chrzéscijańskiej w trzech pierwszych wiekach (Les grandes orientations de la prière chrétienne des trois premiers sciècles)* — RoczTk 18 (1971) 143— 154

1956 TKADLĆIK, V. *Byzantinischer und römischer Ritus in der slavischen Liturgie.* In: *Wegzeichen. Festgabe Hermenegild M. Biedermann* (cf. 1971, 161) 313—332

[477] TREU, K.: Paleographica

1957 TRIACCA, A. M. *Per una migliore ambientazione delle fonti liturgiche ambrosiane sinattico-eucaristiche (Note metodologiche)* — Salesianum 33 (1971) 71—125

1958 VAZ, A. LUIS *A Liturgia Pré-Bracarense da „Peregrinação" de Eteria e do Priscilianismo* — OrLab 18 (1972) 270—277

1959 VAZ, A. LUIS *O Rito Bracarense.* Braga: Ed. Jose de Portugal Fernandes Dias 1970. 126 pp.

1960 VAZ, A. LUIS *O Rito Bracarense* — OrLab 18 (1972) 54—56

1961 VAZ, A. LUIS *O Rito Bracarense não foi suprimido pelo IV Concilio de Toledo* — OrLab 18 (1972) 143—153

1962 VAZ, A. LUIS *O Rito Bracarense: De S. Martinho de Dume a S. Geraldo* — OrLab 18 (1972) 387—395

1963 VAZ, A. LUIS *O Rito Bracarense: O I Concilio de Braga organiza o rito milenario* — OrLab 18 (1972) 317—322

1964 VERD, GABRIEL M. *La predicación latina en la transición medieval (451—751)* — MCom 57 (1972) 157—204

1965 VERD, G. M. *La predicación patrística española* — EE 47 (1972) 227—251

[1157] WAGNER, G.: Constitutiones Apostolorum

[1327] WALTER, CH.: Gregorius Nazianzenus

1966 WEBB, D. *La liturgie nestorienne des apôtres Addaï et Mari dans la tradition manuscrite.* In: *Eucharisties d'Orient et d'Occident* (cf. 1970, 121a) II 25—49

1967 WERNER, ERIC *The Sacred Bridge: Liturgical Parallels in Synagogue and Early Church.* New York: Schocken 1970. XVIII, 364 pp.

[1364] WILKEN, R. L.: Gregorius Nyssenus

2. MISSA

1968 ARRANZ, M. *L'économie du salut dans la prière du Post-Sanctus des anaphores de type antiochéen* — MaisonDieu 106 (1971) 46— 75

1969 BIFFI, I. *Appunti sulla riforma del Messale ambrosiano* — Ambr 47 (1971) 159—171

1969a *Corpus ambrosiano-liturgicum I: Das Sacramentarium triplex. Die Handschrift C 43 der Zentralbibliothek Zürich.* Teil 1: *Text* hrsg. von O. HEIMING [LWQF 49]. Münster: Aschendorff 1968. LXXXII, 478 pp.

1970 CUVA, A. *Pagine di storia del ministerio suddiaconale alla messa papale* — Salesianum 33 (1971) 3—29

[630] GALBIATI, E.: Ambrosius

1971 GAMBER, K. *Conversi ad Dominum. Die Hinwendung von Priester und Volk nach Osten bei der Messfeier im 4. und 5. Jahrhundert* — RQ 67 (1972) 49—64

1972 GAMBER, K. *Zur Liturgie Nubiens. Teile eines Eucharistiegebets auf Fragmenten eines Pergamentblattes vermutlich des 10. Jh.* — OstkiSt 20 (1971) 185—188

[1560] HOPE, D. M.: Leo I Magnus

1973 LAGES, M. F. *Sur les sens de „eisdem muneribus declaratur" dans la prière sur les offrandes de la messe de l'Épiphanie* — Didaskalia 1 (1971) 335—340

1974 MALAK, H. *Die Rolle der eucharistischen göttlichen Liturgie im Leben der koptischen Kirche gestern und heute* — Kyrios 12 (1972) 159—183

1975 *Missale Beneventanum von Canosa (Baltimore, Walters Art Gallery, MS W 6).* Hrsg. von S. REHLE, mit einem Vorw. von K. GAMBER [Textus patrist. et liturg. 9]. Regensburg: Pustet 1972. 194 pp.

[893] MARTIN, C.: Augustinus

1976 METZGER, MARCEL *Les deux prières eucharistiques des Constitutions Apostoliques* — ReSR 45 (1971) 52—77

1977 METZGER, MARCEL *La place des liturges à l'autel* — ReSR 45 (1971) 113—145

1978 RAMOS-LISSON, D. *Relación entre el Sacrificio Eucarístico y el Sacrificio de la Cruz según el „Liber Mozarabicus Sacramentorum"* — ScTh 4 (1972) 499—521

1979 ROCA-PUIG, R. *Citas y reminiscensias bíblicas en las anáforas griegas más primitivas. Los vocablos* παῖς *y* ἠγαπημένος *en P. Barc, inv. n. 154b. 157* — Byzantina 4 (1972) 193—203

1980 SOUBIGOU, LOUIS *A Commentary on the Prefaces and the Eucharistic Prayers of the Roman Missal.* Transl. by JOHN A. OTTO. Collegeville, Minn.: The Liturgical Press 1971. 340 pp.

1981 VAZ, A. LUIS *O Rito Bracarense, II. Ordinario de la Misa. Calendario. Texto.* Braga: Editor J. Dias Castro 1972. 100 pp.

3. SACRAMENTA ET SACRAMENTALIA

1982 ALESSIO, LUIS *La oración por los pecadores. La participación de la comunidad en el sacramento de la penitencia* — Teología 9 (1971) 183—196

[616] Ambrosius

[2254] BAREA, E.: Sacramenta

1982a BÂRLEA, O. *Die Weihe der Bischöfe, Presbyter und Diakone in vornicänischer Zeit* [Societas Academica Dacoromana. Acta philosophica et theologica 3]. München: Rumänische Akademische Gesellschaft 1969. 362 pp.

[1203] BETZ, J.: Didache

[1629] BLANC, C.: Origenes

[753] BOBRINSKOY, B.: Augustinus

1983 BROCK, S. B. *The consecration of the water in the oldest manuscripts of the Syrian Orthodox Baptismal Liturgy* — OrChrP 37 (1971) 317—332

1984 BROCK, S. *Studies in the Early History of the Syrian Orthodox Baptismal Liturgy* — JThS 23 (1972) 16—64

1985 CAVALLIN, HANS *Tron och dopet i fornkyrkan* — Svensk Pastoraltidskrift 10 (1968) 337—338; 358—360

1986 CAVALLIN, HANS *Andedopet i nya testamentet och fornkyrkan* — Svensk Pastoraltidskrift 13 (1971) 661—667

[2255] DASSMANN, E.: Sacramenta

1987 DIEZ PRESA, MACARIO *Trayectoria histórica de la confirmación* — IlCl 64 (1971) 188—209; 283—306

1988 DÖLGER, FRANZ JOSEPH *Die Sonne der Gerechtigkeit und das Schwarze. Eine religionsgeschichtliche Studie zum Taufgelöbnis* [Nachdruck der I. Aufl. 1918]. Münster: Aschendorff 1971. 180 pp.

1989 FERNANDEZ, DOMICIANO *Nuevas perspectivas sobre el sacramento de la penitencia. Historia, Teología, Pastoral* [Cuadernos de Pastoral 39]. Valencia: Comercial Editora de Publicaciones 1971. 230 pp.

1990 FERRARI, GIUSEPPE *Il Matrimonio nella Tradizione patristica liturgica orientale* — OrChr 12 (1972) 46—58

1991 GAMBER, KLAUS *Sacrificium laudis. Zur Geschichte des frühchristlichen Eucharistiegebetes* — HLD 26 (1972) 149—163

1992 GONZALEZ DEL VALLE, JOSE MARIA *El Sacramento de la Penitencia. Fundamentos históricos de su regulación actual.* Pamplona: Ediciones Universidad de Navarra 1972. 259 pp.

1993 GY, P.-M. *Die Taufkommunion der kleinen Kinder in der lateinischen Kirche.* In: *Zeichen des Glaubens* (cf. 1972, 162) 485—491

[1600] HAWTHORNE, G. F.: Melito Sardensis

1994 HERRERO, ZACARIAS *La penitencia en sus formas. Examen de su evolución histórica* — EAg 6 (1971) 3—31; EAg 7 (1972) 28—70; 231—254; 549—574

1995 KEIFER, RALPH ALLEN *Oblation in the first part of the Roman Canon: An Examination of a primitive eucharistic Structure and Theology in Early Italien and Egyptian Sources* [Diss.]. Univ. of Notre Dame: 1972. UM

1996 KLINGER, J. *Geneza sporu o epiklezę (Die Entstehung der Kontroverse um die Epiklese).* Warszawa: Chrześcijańska Akademia Teologiczna 1969. V, 224 pp.

1997 KOTTJE, R. *Aufkommen der täglichen Eucharistiefeier in der Westkirche und die Zölibatsforderung* — ZKG 82 (1971) 218—228

[1592] LANGGÄRTNER, G.: Maximus Taurinensis

1998 MCCARTHY, JOSEPH M. *The Pastoral Practise of the Sacraments of Cleansing in the Legislation of the Visigothic Church* — Class-Folia 2 (1970) 177—186

[2099] MEIGS, J. TH.: Symbola

[910a] MUSING, H. W.: Augustinus

1999 ORO, FERDINANDO DELL' *Il Sacramentario Gregoriano* — RiLit 59 (1972) 520—546

2000 ORTEMANN, CLAUDE *El Sacramento de los enfermos. Historia y significación.* Traducido del francés por CARLOS PRIETO [Experencias y Estudios Pastorales]. Madrid: Ediciones Marova 1972. 151 pp.

[2257] PAGELS, E.: Sacramenta

2001 PEREZ, LUIS M. *La práctica penitencial en la Iglesia antes del siglo XIII* — Liturgia 26 (1971) 20—39

[1593] POPA, I.: Maximus Taurinensis

2002 *Sacramentarium Gregorianum (Le sacramentaire grégorien), ses principales formes d'après les plus anciens manuscrits.* Étude comparative par JEAN DEHUSSES [Spicilegium Friburgense 16]. Fribourg: Éditions universitaires 1970. 765 pp.

2003 SAXER, V. *Figura corporis et sanguinis Domini. Une formule eucharistique des premiers siècles chez Tertullien, Hippolyte et Ambroise* — RiAC 47 (1971) 65—89

[554] SEVRIN, J. M.: Apocrypha

[1980] SOUBIGOU, L.: Missa

2004 TARBY, A. *La prière eucharistique de l'Église de Jérusalem* [Théol. hist. 17]. Paris: Beauchesne 1972. 198 pp.

2005 TRIACCA, ACHILLE M. *Riflessioni teologiche su alcuni prefazi del „Sacramentarium Bergomese"* — Salesianum 33 (1971) 455—494

2006 VANHENGEL, M. P. *Le rite et la formule de la chrismation postbaptismale en Gaule et en Haute-Italie du IVe au VIIIe siècle d'après les sacramentaires gallicans. Aux origines du rituel primitif* — SE 21 (1972/73) 161—222

2007 VANHOUTTE, M. *Het sakrament van de zieken. Evalutie van de ziekenzalving van uit historisch standpunt.* Leuven: Kathol. Univ. 1971. 178 pp. (polycopié)

2007a WHITAKER, E. C. *Documents of the baptismal liturgy.* 2nd edition. London: SPCK 1970. XXII, 256 pp.

2008 WINKLER, G. *Einige Randbemerkungen zu den Interzessionen in Antiochien und Konstantinopel im 4. Jahrhundert* — OstkiSt 20 (1971) 55—61

2009 WINKLER, G. *Die Interzessionen der Chrysostomusanaphora in ihrer geschichtlichen Entwicklung* (II. Teil) — OrChrP 37 (1971) 333—383

2010 YARNOLD, E. *Baptism and the Pagan Mysteries in the Fourth Century* — HeythropJ 13 (1972) 247—267

2011 ZILLES, URBANO *O Sacramento da Penitência* — REBras 31 (1971) 848—877

4. HYMNI

2011a ALTBAUER, MOSCHÉ *Psalterium Sinaiticum, an 11th century glagolitic manuscript from St. Catherine's monastery, mt. Sinai.* Skopje: Makedonska akademija nauka i umjetnosti 1971. XVI, 360 pp.

2012 *Analecta hymnica Graeca e codicibus eruta Italiae inferioris,* 3: *Canones Novembris.* Coll. et instr. ATHANASIUS KOMINIS. Roma: Instituto di Studi Bizantine e neoellenici dell' Univ. di Roma 1972. XI, 647 pp.

2013 *Analecta hymnica Graeca,* 5: *Canones januarii.* Coll. et instr. A. PROIOU [Ist. di studi biz. e neoelen. Univ. di Roma]. Roma: 1971. X, 619 pp.

2014 BRIOSO SANCHEZ, M. *Aspectos y problemas del himno cristiano primitivo.* Salamanca: Colegio Trilingüe de la Universidad 1972. 140 pp.

[1922] DÖLGER, F. J.: Liturgica

2015 FISCHER, B. *Das Motiv von der mors sacra im Hymnus zur Non. Tod des Christen oder Tod Christi?* In: *Epektasis. Mélanges Jean Daniélou* (cf. 1972, 119) 89—92

[1923] FRANK, H.: Liturgica

[1235] HALLEUX, A. DE: Ephraem Syrus

2016 HOLLEMAN, A. W. J. *The Oxyrhynchus papyrus 1786 and the relationship between ancient Greek and early christian music* — VigChr 26 (1972) 1—17

2017 HUSMANN, H. *Die syrischen Auferstehungskanones und ihre griechischen Vorlagen* — OrChrP 38 (1972) 209—242

[2407] KEHL, A.: Gnostica

2018 LEFÈVRE, P. *A propos d'une antienne du jeudi saint* — EThL 48 (1972) 127—130
[648] MAISANO, R.: Andreas Cretensis
2019 MITSAKIS, KARIOPHILIS *The Hymnography of the Greek Church in the Early Christian Centuries* — JOBG 20 (1971) 31—49
2020 *Mysterien Christi. Frühchristliche Hymnen.* Aus dem Griech. übertr. von TH. MICHELS. Münster: Aschendorff 1972. 76 pp.
2021 PROXOROV, G. M. *A codicological analysis of the illuminated Akathistos to the Virgin (Moscow, State Historical Museum, Synodal Gr. 429)* — DumPap 26 (1972) 237—252
[1731] Romanus Melodus
2022 TOMADAKIS, N. V. Ἀγοθησαυρίσματα, 10: Τὸ ξύλον — Athena 70 1968) 3—36
2023 TRYPANIS, C. A. *Three new early Byzantine hymns* — ByZ 65 (1972) 334—338

5. ANNUS LITURGICUS

2024 ABAD, JOSE ANTONIO *Génesis y evolución del leccionario hispano „de cotidiano"* — Burgense 12 (1971) 41—60
2025 BERTONIÈRE, G. *The historical development of the easter vigil and related services in the Greek church* [Orient. christ. Anal. 193]. Roma: Pontif. Ist. Stud. orient. 1972. XXVII, 321 pp.
2026 CANTALAMESSA, RANIERO *La Pasqua della nostra salvezza. Le tradizioni pasquali della Bibbia e della primitiva Chiesa.* Torino: Marietti 1972. 255 pp.
2027 CATTANEO, E. *Il Calendrio liturgico ambrosiano* — Ambr 47 (1971) 263—278
[2255] DASSMANN, E.: Sacramenta
[1598] ESBROECK, M. VAN: Melito Sardensis
2028 FARIA, SEBASTIÃO *O Mistério Eucaristico na Solenidade do Natal à luz do Sacramentario Veronense* — ThBraga 6 (1971) 470—535
2029 FARIA, SEBASTIÃO *Infirmitatis Primitiae — Um tema eucaristico de Natal do Sacramentario Veronense (Ve 1269)* — ThBraga 6 (1971) 299—321
[630] GALBIATI, E.: Ambrosius
2030 HAAG, H. *Vom alten zum neuen Pascha. Geschichte und Theologie des Osterfestes* [Stuttgarter Bibelstud. 49]. Stuttgart: KBW Verl. 1971. 142 pp.
2031 HALKIN, F. *La nouvelle année au 24 septembre* — AB 90 (1972) 36
2032 KRETSCHMAR, G. *Christliches Passa im 2. Jahrhundert und die Ausbildung der christlichen Theologie.* In: *Judéo Christianisme* (cf. 1972, 131) 287—323

2033 KRETSCHMAR, G. *Festkalender und Memorialstätten Jerusalems in altkirchlicher Zeit* — ZDPV 87 (1971) 167—205

2034 LOZITO, V. *Studi sulla Pasqua* — VetChr 9 (1972) 401—405

2035 MARTINEZ SAIZ, PABLO *El tiempo pascual en la liturgia hispánica. Desarrollo, estructura y contenido ideológico* [Estudios del Instituto Superior de Pastoral de Salamanca 2] Madrid: Instituto Superior de Pastoral 1969. 336 pp.

2036 MCKAY, J. W. *The date of Passover and its significance* — ZAW 84 (1972) 435—447

2037 RORDORF, WILLY *Sabbat und Sonntag in der Alten Kirche* [Traditio Christiana 2]. Zürich: Theologischer Verlag 1972. XXIX, 256 pp.

2038 RORDORF, WILLY *Sabbat et dimanche dans l'Église ancienne*, version franç. par E. VISINAND et W. NUSSBAUM [Traditio Christiana 2]. Neuchâtel/Paris: Delachaux—Niestlé 1972. XXIX, 256 pp.

2039 RORDORF, WILLY *El domingo. Historia del día de descanso y de culto en los primeros siglos de la Iglesia cristiana*. Madrid: Marova 1971. 320 pp.

2040 TABOR, JAMES DANIEL *The Sabbath day during the first four centuries of the Christian Church*. M. A. Thesis. Pepperdine Univ.: 1971.

[1981] VAZ, A. L.: Missa

6. OFFICIUM DIVINUM

2041 BIANCHI, B. *Presencia de los Padres en la Liturgia de las Horas* — RLA 36 (1971) 166—170

2042 ELIZALDE, M. DE *Liturgia de las Horas y Oración en la Tradición Monástica Primitiva* — RLA 36 (1971) 155—165

2043 FERRO CALVO, MAURICIO *La celebración de la venida del Señor en el oficio hispánico* [Colección de Estudios 5] Madrid: Instituto Superior de Pastoral 1972. 280 pp.

2044 NEGOTTSA, A. *The psalter in the Orthodox Church* — SEÅ 32 (1967) 55—68

[473] ROCHA, P.: Paleographica atque Manuscripta

7. CULTUS (HYPER-)DULIAE, VENERATIO ICONUM RELIQUIARUMQUE

[2329] BAUMEISTER, TH.: Martyrium

2045 DIMITRIJEVIC, DIMITRIJE *Die Mutter Gottes in der Liturgie der Ostkirche der ersten Jahrhunderte*. In: *De primordiis Cultus Mariani Acta Congressus Mariologici-Mariani in Lusitania anno 1967 celebrati* (Rom: Pont. Academia Mariana internat. 1970) 387—405

[1816] ESQUERDA BIFET, J.: Theodorus Studites

[1827] FOLGADO FLOREZ, S.: Venantius Fortunatus

2046 FREISTEDT, E. *Altkirchliche Totengedächtnistage und ihre Beziehung zum Jenseits-Glauben und Totenkultus der Antike*. 2ᵉ éd. (Réimpr. anastat. de l'éd. de 1928) [Liturgiewissenschaftliche Quellen und Forschungen, Fasc. 24]. Münster: Aschendorff 1971. 214 pp.

2047 GARRIDO BONAÑO, M. *Culto y veneración a la Madre de Jesús en la primitiva Iglesia* — EMaria 36 (1972) 35—74

[1878] GARRIDO BONAÑO, M.: Josephus

2048 GRABAR, ANDRÉ *Martyrium. Recherches sur le culte des reliques et l'art chrétien antique* [Nachdruck der Ausgabe Paris 1946]. London: Variorum Reprints 1972. 2 vols. 1136 pp.

[2170] HERRAN, L. M.: Doctrina auctorum, Generalia

2049 KÄHLER, H. *Die frühe Kirche. Kult und Kulturraum*. Berlin: Mann 1972. 72 pp.

2050 KLAUSER, TH. *Rom und der Kult der Gottesmutter Maria* — JAC 15 (1972) 120—135

2051 KLAUSER, TH. *Die Cathedra im Totenkult der heidnischen und christlichen Antike* [Nachdruck der 1. Aufl. 1927; LWQF 21]. Münster: Aschendorff 1971. XII, 206 pp.

[2033] KRETSCHMAR, G.: Annus Liturgicus

2052 PESOLE, BIAGIO *I santi medici Cosma e Damiano ed il loro culto in Conversano*. Note storiche. Presentazione di C. F. RUPPI. Messina: Molfetta 1972. 113 pp.

2053 PUHALO, LEV *The Wondrous Apparition of the Sign of the all-honourable cross over Jerusalem in 351 A. D.* — OL 22 (1972) 13—17

2054 RĂMUREANU, I. *La vénération des icônes dans les trois premiers siècles* — StBuc 23 (1971) 621—671

[1450] RIVERA, A.: Ildefonsus Toletanus

2055 RORDORF, W. *Aux origines du culte des martyrs* — Irénikon 45 (1972) 315—331

2056 TESTINI, P. *Le origini dell'iconografia di S. Giuseppe (sec. IV—VI)* — EJos 25 (1971) 684—713

V. Iuridica, symbola

1. GENERALIA

2057 CARON, PIER GIOVANNI „*Aequitas romana*" *misericordia patristica et epicheia aristotelica nella dottrina dell'aequitas canonica.* Milano: Giuffré 1971. 118 pp.

2057a DAUVILLIER, JEAN *Histoire du droit et des institutions de l'Église en Occident.* Tome II: *Les temps apostoliques (Ier siècle).* Paris: Sirey 1970. 744 pp.

2058 KELLY, J. N. D. *Die Begriffe Katholisch und Apostolisch in den ersten Jahrhunderten.* In: *Katholizität und Apostolizität* (cf. 1971, 132) 9—21

2059 SAUMAGNE, CH. *La lex de dedicatione aedium (450—504) et la divinitas Christi.* In: *Studi Volterra* (cf. 1971, 148) I 41—65

[973] SOTO, E.: Augustinus

[1157] WAGNER, G.: Constitutiones Apostolorum

2. CONCILIA, ACTA CONCILIORUM

2060 *Actes de la conférence de Carthage, 411, I: Introduction générale; II: Texte et traduction de la Capitulation générale et des Actes de la première séance.* Par S. LANCEL [SC 194—195]. Paris: Éd. du Cerf 1972. 404 et 520 pp.

2061 BARNARD, L. W. *Pope Julius, Marcellus of Ancyra and the Council of Sardica. A reconsideration* — RThAM 38 (1971) 69—79

2062 BONICELLI, SILVIO CESARE *I concili particolari da Graziano al Concilio di Trento. Studio sull'evoluzione del diretto nella Chiesa latina.* Brescia: Morcelliana 1971. 216 pp.

[664] BOULARAND, É.: Arius

2063 CAMELOT, P. TH. *Efeso y Calcedonia* [Historia de los Concilios Ecuménicos 2]. Traducción de M. M. GARIJO. Vitoria: Editorial Eset 1971. 269 pp.

2064 CHADWICK, H. *The origin of the title „oecumenical council"* — JThS 23 (1972) 132—135

2065 CHITESCU, N. *The Difference between the Horoi and the Canon and its Importance for the Reception of the Synod of Chalcedon* — GrOrthThR 16 (1971) 108—132

2066 ΧΡΥΣΟΥ, ΕΥΑΓΓΕΛΟΥ Ἡ διάταξις τῶν συνεδριῶν τῆς ἐν Χαλκεδόνι Οἰκουμενικῆς Συνόδου — Kleromia 3 (1971) 259—284

2067 *Concilium universale Constantinopolitanum sub Justiniano habitum, I: Concilii actiones 8. Appendices Graecae. Indices.* Hrsg. von E. SCHWARTZ und J. STRAUB [Acta conciliorum oecumenicorum 4]. Berlin: de Gruyter 1971. XXXVIII, 286 pp.

2068 COWLEY, R. W. *The Ethiopian Church and the Council of Chalcedon* — Sob 6 (1970) 33—38

[2103] CROUZEL, H.: Canones

[1406] DUVAL, Y. M.: Hilarius Pictaviensis

[2105] FLOCA, I. N.: Canones

2069 KARMIRIS, J. *The Distinction between the Horoi and the Canons of the Early Synods and their Significance for the Acceptance of the Council of Chalcedon by the non-Chalcedonian Churches* — GrOrt-ThR 16 (1971) 79—107

2070 KONIDARIS, G. *The Christological Decisions of Chalcedon — Their history down to the 6th Ecumenical Synod 451—680/81* — GrOrthThR 16 (1971) 63—78

2071 KRIKORIAN, VARDAPET MESROB *The First Three Ecumenical Councils and their Significance for the Armenian Church* — GrOrthThR 16 (1971) 193—209

[2106] LAEUCHLI, S.: Canones, decretales

[870] LAMIRANDE, É.: Augustinus

2072 LANNE, JACQUES-EMMANUEL *L'origine des synodes* — ThZ 27 (1971) 201—222

2073 LUMPE, ADOLF *Die Synode von Turin vom Jahre 398* — AHC 4 (1972) 7—25

2074 MALONEY, R. P. *Early Conciliar Legislation on Usury (A Contribution to the Study of Christian Moral Thinking)* — RThAM 39 (1972) 145—157

2075 MEHLMANN, JOÃO *A propósito do „Iatrocínio" de Efeso de 449 d. C.* — EstH 10 (1971) 141—157

2076 METZ, RENÉ *Historias de los Concilios.* Traducción de E. PONS [Colección ¿ Qué Se? 48]. Vilassar de Mar (Barcelona): Oikos-Tau 1971. 126 pp.

2077 MUNIER, C. *Vers une édition nouvelle des Conciles Africains (345—525)* — REA 18 (1972) 249—259

2078 MUNIER, CH. *La tradition du 2ᵉ concile de Carthage (390)* — ReSR 46 (1972) 193—211

2079 ORLANDIS, JOSE *Sobre el origen de la „Lex in confirmatione concilii"* — AHDE 41 (1971) 113—126

2080 PAPANDREOU, DAMASKINOS *A Historico-Theological Review of the Anathemata of the Fourth Ecumenical Council by the Armenian Church* — GrOrth ThR 16 (1971) 173—192

2081 PAPOULIDES, C. *La place de l'Empereur à Byzance pendant les conciles oecuméniques* — Byzantina 3 (1971) 125—133

2082 PLÖCHL, W. M. *Das Factum „Konzil" in rechtshistorischer Sicht* — IC 11 (1971) 135—178

2083 ROSA PEREIRA, I. DA *Un „ordo" visigótico para a reunião do concílio provincial* — RaPortHist 13 (1971) 197—209

[366] SAMUEL, V. C.: Opera ad historiam

[85] SAWICKI, J. TH.: Bibliographica

[86] SAWICKI, J. TH.: Bibliographica

2084 SCHANNAT, JOHANN FRIEDRICH und HARTZHEIM, JOSEPH *Concilia 358—816*. Praefatio; praefatio chronographica et hierarchica de episcopatus Germaniae ab a. C. 300 ad 1500; indices; series regum [Neudruck der Ausgabe Köln 1759]. Aalen: Scientia-Verlag 1970. XVII, 548 pp.

2085 SIEBEN, H. J. *Zur Entwicklung der Konzilsidee, II: Die fides Nicaena als Autoritätsidee nach dem Zeugnis vorephesinischen Schrifttums* — ThPh 46 (1971) 40—70

2087 SIEBEN, H.-J. *Zur Entwicklung der Konzilsidee II, III: Der Konzilsbegriff des Vinzenz von Lerin* — ThPh 46 (1971) 364—386

2088 SIEBEN, H.-J. *Zur Entwicklung der Konzilsidee IV: Konzilien im Leben des Augustinus von Hippo* — ThPh 46 (1971) 496—528

2089 SIEBEN, H.-J. *Zur Entwicklung der Konzilsidee V: Leo der Große über Konzilien und Lehrprimat des Römischen Stuhles* — ThPh 47 (1972) 358—401

2090 SIRMOND, JACQUES *Concilia antiqua Galliae*. Cum epistulis pontificum, principum constitionibus et aliis Gallicanae rei ecclesiasticae monumentis. T. I: 314—751 [Neudruck der Ausgabe Paris 1629]. Aalen: Scientia-Verlag 1970/72. XXXIII, 678 pp.

2091 SOLÁ, FRANCISCO DE PAULA *El Monogenismo y el Pecado Original en los Concilios Arausicano y Tridentino* — Espíritu 20 (1971) 101—133

[1961] VAZ, A. L.: Liturgica Gencralia

[1963] VAZ, A. L.: Liturgica Generalia

2092 VRIES, WILHELM DE *Papst und Konzil, westliche und östliche Tradition* — WuW 27 (1972) 483—498

2093 VRIES, W. DE *Das zweite Konzil von Konstantinopel (553) und das Lehramt von Papst und Kirche* — OrChrP 38 (1972) 331—366

[2150] VRIES, W. DE: Hierarchia

2094 WŁODARSKI, S. *Siedem soborów ekumenicznych (Die sieben ökumenischen Konzile)*. Warszawa: 1969. 225 pp.

3. SYMBOLA

[664] BOULARAND, É: Arius

[1406] DUVAL, Y. M.: Hilarius Pictaviensis

2095 KELLY, JOHN NORMAN DAVIDSON *Altchristliche Glaubensbekenntnisse. Geschichte und Theologie.* Aus d. Engl. übertr. v. KLAUS DOCKHORN unter Mitarbeit v. ADOLF MARTIN RITTER. Göttingen: Vandenhoeck & Ruprecht 1972. 449 pp.

2096 KUNZE, JOHANNES *Das nizänisch-konstantinopolitanische Symbol* [Stud. zur Gesch. der Theol. und der Kirche III, 3. Neudr. der Ausg. Leipzig: 1898]. Aalen: Scientia-Verl. 1972. 72 pp.

2097 MADEY, J. *Orthodoxe Stellungnahme zu einer ‚Ökumenischen' Übersetzung des Glaubensbekenntnisses von Nizäa und Konstantinopel —* Kyrios 12 (1972) 61—65

2098 MAINBERGER, GONSALV *Vom Zeichen zum Symbol —* WuW 26 (1971) 413—421

2099 MEIGS, JAMES THOMAS *Baptismal and Eucharistic Symbolism in the Early Church to A. D. 451: A Study in the Dimensions of Relationship* [Diss.]. The Southern Baptist Theological Seminary: 1971.

[152] Symbolon

2100 VEGA, ANGEL CUSTODIO *De Patrología Española. La expresión antipriscilianista „non sic unum deum solitarium vel quasi solitarium" y la datación de ciertas „profesiones de fe" antiguas —* BRAH 168 (1971) 207—225

2101 VÖÖBUS, A. *New Sources for the Symbol in Early Syrian Christianity —* VigChr 26 (1972) 291—296

4. CANONES, DECRETALES

2102 BAUER, J. B. *Ein parodierter Konzilskanon —* MLatJb 6 (1970) 149—151

2103 CROUZEL, H. *Le canon du concile d'Arles de 314 sur le divorce —* BLE 72 (1972) 128—131

2104 ESCALLADA, A. *A propósito del canon 14 del V Concilio Ecuménico —* Communio 4 (1971) 17—46

2105 FLOCA, IOAN N. *Les canons du Concile de Sardica* [en roumain] — StBuc 23 (1971) 720—726

2106 LAEUCHLI, S. *Power and sexuality. The emergence of Canon law at the synod of Elvira.* Philadelphia: Temple Univ. Pr. 1972. X, 144 pp.

2107 NARDONE, RICHARD MORTON *Church elections in theory and practice: a study of canonical legislation in the fourth and fifth century.* Toronto: Ont. University of St. Michael's College 1972, 336 pp. (Microfilm)

5. IUS CANONICUM, HIERARCHIA, DISCIPLINA ECCLESIASTICA

[1982a] BÂRLEA, O.: Sacramenta et Sacramentalia

2108 BASSETT, WILLIAM W. (Ed.) *The Choosing of Bishops; Historical and Theological Studies.* Hartford, Conn.: The Canon Law Society of America 1971. 111 pp.

[1164] CAPMANY, J.: Cyprianus

2109 CARLA, PAUL-LAURENT *La femme et les ministères pastoraux d'après la Tradition* — NovaVet 47 (1972) 263—290

[233] CONNER, R. D.: Opera ad historiam

2110 CONSTANTELOS, DEMETRIOS *Mariage et célebat du clergé dans l'Église* — ConciliumT 78 (1972) 29—36

2111 CROUZEL, H. *Sacerdoce et célibat* — EThL 48 (1972) 561—563

2112 DELHAYE, P. *Rétrospective et prospective des ministères féminins dans l'Église. Réflections à propos d'un livre de M. Gryson* — RThL 3 (1972) 55—75

[1141] DEUSSEN, G.: Clemens Romanus

2113 ECHLIN, EDWARD P. *The Deacon in the Church: Past and Future.* New York: Alba House 1971.

2114 ENO, ROBERT B. *Shared Responsibility in the Early Church* — ChicS (1970) 129—141

[808] FERNANDEZ GONZALEZ, J.: Augustinus

[809] FERNANDEZ GONZALEZ, J.: Augustinus

[69] FORSBERG, J.: Bibliographica

[2263] FRANKE, P.: Sacerdotium (primatus)

2115 FRAZEE, C. A. *The origins of clerical celibacy in the western church* — CH 41 (1972) 149—167

2116 GALLAGHER, CL. *Canon law and the Christian community. I: A classical view* — HeythropJ 12 (1971) 281—296

[2264] GARCIA, R.: Sacerdotium

2117 GIBSON, E. *Femmes et ministères dans l'Église.* Trad. par Y. RICKARDS, préf. de Y. CONGAR. Tournai: Casterman 1971. 254 pp.

2118 GOMEZ-MAS, R. A. *Algunas reflexiones en torno a la succesión apostólica y a la continuidad ministerial en las Iglesias* — Communio 5 (1972) 193—208

[1992] GONZALEZ DEL VALLE, J. M.: Sacramenta et Sacramentalia

2119 GRANT, R. M. *Early episcopal succession.* In: *Studia Patristica XI* [TU 108] (cf. 1972. 150) 179—184

2120 GRYSON, R. *Le ministère des femmes dans l'Église ancienne* [Recherches et synthèses. Section d'histoire 4]. Gembloux: J. Duculot 1972. 203 pp.

2121 GRYSON, R. *Sacerdoce et célibat. A propos d'un ouvrage récent* — RHE 67 (1972) 67—80

2122 GUERRA GOMEZ, MANUEL *La „plebs" y los „ordines" de la sociedad romana y su traspaso al pueblo cristiano.* In: *Teología del Sacerdocio 4* (cf. 1972, 154) 253—293

2123 GUY, J.-CL. *Les origines du célibat ecclésiastique. A propos d'un livre récent* — RAM 47 (1971) 89—96

2124 HALLEUX, A. DE *L'institution patriarcale et la pentarchie. Un point de vue orthodoxe* — RThL 3 (1972) 177—199

[1217a] HATHAWAY, R. F.: Ps.-Dionysius Areopagita

2125 HEGGELBACHER, O. *Die Aufgabe der frühchristlichen Patriarchate.* In: *Festschrift Panzram* (cf. 1972, 130) 393—405

2126 HEIMERL, HANS *Die Funktion des Bischofs für die Leistung der Gesamtkirche* — IC 11 (1971) 56—91

[1303] HERNANDO PEREZ, J.: Gregorius I Magnus

2127 JERG, E. *Vir venerabilis. Untersuchungen zur Titulatur der Bischöfe in den außerkirchlichen Texten der Spätantike als Beitrag zur Deutung ihrer öffentlichen Stellung* [WBTh 26]. Wien: Herder 1970. 290 pp.

[1369] KEMLER, H.: Hegesippus

2128 KLOSTERMANN, FERDINAND *Demokratie und Hierarchie in der Kirche* — WuW 27 (1972) 323—336

[872] LAMIRANDE, E.: Augustinus

[1752] LAURIA, M.: Stephanus I Papa

2129 LEGRAND, H.-M. *Der theologische Sinn der Bischofswahl nach ihrem Verlauf in der alten Kirche* — Concilium 8 (1972) 494—500

2130 LEMAIRE, A. *Von den Diensten zu den Ämtern. Die kirchlichen Dienste in den ersten zwei Jahrhunderten* — Concilium 8 (1872) 721—728

2131 LEMAIRE, A. *Des services aux ministères, les services ecclésiaux dans les deux premiers siècles* — Concilium (Nijmwegen) 80 (1972) 39—51

2132 LEMAIRE, A. *Les ministères aux origines de l'Église. Naissance de la triple hiérarchie: évêques, presbytres, diacres* [Lectio divina, Fasc. 68]. Paris: Éd. du Cerf 1971. 251 pp.

[2267] MARSCHALL, W.: Sacerdotium (primatus)

2133 MARTIN, JOCHEN *Die Genese des Amtspriestertums in der frühen Kirche. Der priesterliche Dienst 3* [Quaestiones disputatae 48]. Freiburg i. Br.—Basel—Wien: Herder 1972. 118 pp.

[2268] MCCUE, J. F.: Sacerdotium (primatus)

2134 MERINO BARRAGAN, LORENZO *Orígenes y vicisitudes históricas del celibato ministerial* — Burgense 12 (1971) 91—161

[2270] METHODIUS: Sacerdotium (primatus)

2135 MŁOTEK, A. *Zobowiazania katolików świeckich do apostołowania według Ojców Kościoła (Apostolat, Tâche obligatoire des catholiques laics selon les Pêres de l'Église)* — ColSal 4 (1972) 191—202

2135a MOHLER, JAMES A. *The origin and Evolution of the Priesthood. A Return to the Sources.* Staten Island, N. Y.: Alba House 1970.

2136 MOHLER, J. A. *Origen y evolución del sacerdocio.* Traducción de F. ALVAREZ [Espíritu y Vida 34]. Santander: Ed. Sal Tarrae 1970. 140 pp.

2137 MONTSERRAT TORRENTS, JOSE *Las elecciones episcopales en la historia de la Iglesia* [Colección Portic Hispanic]. Barcelona: Editorial Portic 1972. 288 pp.

2138 MYSHTSYN, V. *The Organisation of the Christian Church during its first two Centuries* [Nachdruck der Ausgabe 1909]. Farnborough: Gregg 1971. 494 pp.

2139 NOETHLICHS, K. L. *Zur Einflußnahme des Staates auf die Entwicklung eines christlichen Klerikerstandes. Schicht- und berufsspezifische Bestimmungen für den Klerus im 4. und 5. Jahrhundert in den spätantiken Rechtsquellen* — JAC 15 (1972) 136—153

2140 NYLANDER, IVAR *Om biskopsämbetet i den gamla kyrkan* — Forum-Theo 28 (1971) 107—112

[2273] OÑATIBIA, I.: Sacerdotium

[2274] OÑATIBIA, I.: Sacerdotium

[1442] PADBERG, R.: Ignatius Antiochenus

2140a PARLATO, V. *L'ufficio patriarcale nelle chiese orientali dal IV al X secolo. Contributo allo studio della ‚Communio'.* [Pubblicazioni dell' Istituto di diritto pubblico di Facoltà di giurisprudenza dell'Univ. di Roma]. Padua: A Milano 1969. 232 pp.

2141 POTZ, R. *Patriarch und Synode in Konstantinopel. Das Verfassungsrecht des ökumenischen Patriarchates* [Kirche & Recht 10]. Wien: Herder 1971. 162 pp.

2142 RIPOLLES, EMIL M. *Clerical celibacy in the ancient church: a struggle against Gnosticism.* M. A. Thesis. Abilene Christian College 1970.

2143 RODRIGUEZ, FELIX *El crecimiento de la Colección Canónica Hispana a través de sus „Capitula"* — MCom 56 (1972) 5—24

2144 *Sacerdocio y celibato.* Ed. J. COPPENS [Bibl. de autores crist. 326]. Madrid: La Ed. Catól. 1971. XVI, 603 pp.

2145 SALAJKA, MILAN *Biblický a starokřestanský odkaz řádu církve (Biblisches und urchristliches Vermächtnis der Kirchenordnung)* — NábR 43 (1972) 3   8

2146 SLOYAN, G. *Motifs bibliques et patristiques du célibat des ministères de l'Église* — Concilium (Nijmwegen) 78 (1972) 13—27

2147 STALDER, KURT *Apostolische Sukzession und Eucharistie bei Clemens Romanus, Irenäus und Ignatius von Antiochien* — IKZ 62 (1972) 231—244/63 (1973) 100—128

2148 STALDER, KURT ΕΠΙΣΚΟΠΟΣ — IKZ 61 (1971) 200—232

[385] TAYLOR, J. J.: Opera ad historiam

[153] Teología del Sacerdocio: Collectanea

[154] Teología del Sacerdocio: Collectanea

2149 TORRENTS, J. M. *Las elecciones episcopales en la historia de la Iglesia.* Barcelona: Portic 1972. 288 pp.

[2278] VILEIA, A.: Sacerdotium (primatus)

2150 VRIES, W. DE *Die Struktur der Kirche gemäß dem ersten Konzil von Nikaia und seiner Zeit.* In: *Wegzeichen. Festgabe Hermenegild M. Biedermann* (cf. 1971, 161) 55—81

[2279] VRIES, W. DE: Sacerdotium (primatus)

2151 WALICZEK, K. *Przepisy prawne o podmiocie chrztu do V wieku (Les règles canoniques concernant le sujet du baptême jusqu'au Ve siècle)* — AnCra 2 (1970) 371—400

2152 ZMIRE, PAUL *Recherches sur la collégialité épiscopale dans l'Église d'Afrique* — RechAug 7 (1971) 3—72

VI. Doctrina auctorum et historia dogmatum

1. GENERALIA

2153 AKAGI, Y. *Dogma and Authority* [Japanese]. Tokyo: 1971. 620 pp.

2153a ALONSO SCHOEKEL, L. *Il dinamismo della Tradizione.* Brescia: 1970.

2154 BAGATTI, B. *I giudeo-cristiani e l'anello di Salome* — RechSR 60 (1972) 151—160

2155 BENOIT, ANDRÉ *Attualità dei Padri della Chiesa.* Bologna: Il Mulino 1971. 113 pp

2156 BURKILL, T. A. *The evolution of Christian thought.* London: Cornell Univ. press 1971. X, 504 pp.

2157 CAGIANO DE AZEVEDO, M. *Due iscrizioni longobarde a Orvieto e Bagnoregio* — RAL 27 (1972) 375—381

2158 CAMPOS, J. *La „Virginitas Mentis" y la „Integritas Fidei" en la doctrina patrística* — Salmant 19 (1972) 365—379.

2159 DANIÉLOU, J. *Le V*ᵉ *Esdras et le Judéo-christianisme latin au second siècle.* In: *Ex orbe religionum* (cf. 1972, 141) 162—171

2160 ESCRIBANO-ALBERCA, I. *Zum zyklischen Zeitbegriff der alexandrinischen und kappadokischen Theologie.* In: *Studia Patristica XI* [TU 108] (cf. 1972, 150) 42—51

2161 EVDOKIMOV, P. *El conocimiento de Dios en la tradición oriental.* Madrid: Ediciones Paulinas 1969. 206 pp.

2162 GARRETT, JAMES LEO *The History of Christian Doctrine: Retrospect and Prospect* — ReExp 68 (1971) 245—260

2163 GARRIGUES, J.-M., LE GUILLOU, M.-J., RIOU, A. *Le caractère sacerdotal dans la tradition des Pères grecs* — NRTh 93 (1971) 801—820

2164 GOMEZ-MAS, R. A. *Temas fundamentales del docetismo* — Communio 4 (1971) 153—191

2165 GONZÁLEZ, J. L. *A history of Christian thought, II: From Augustine to the eve of the Reformation.* Nashville/Tenn.: Abingdon Pr. 1971. 352 pp.

2166 GRANT, R. M. *The uses of history in the Church before Nicaea.* In: *Studia Patristica XI* [TU 108] (cf. 1972, 150) 166—178

2167 GUNTHER, J. J. *Syrian Christian dualism* VigChr 25 (1971) 53—59; 81 93

2168 HAMMAN, A. *Dogmatik und Verkündigung in der Väterzeit* — ThGl 61 (1971) 109—140

2169 HAUSCHILD, W.-D. *Gottes Geist und der Mensch. Studien zur früh-christlichen Pneumatologie* [Beiträge zur evangelischen Theologie 63]. München: Kaiser 1972. 312 pp.

2170 HERRAN, L. M. *El servicio de amor en la devoción a Nuestra Señora (de San Ildefonso a San Bernardo)* — EMaria 36 (1972) 165—193

2171 KELLY, J. N. D. *Il pensiero cristiano delle origini.* Trad. di M. GIRARDET, introd. di R. CANTALAMESSA [Coll. di studi relig.]. Bologna: Il Mulino 1972. XXIV, 610 pp.

2172 KRAFT, R. A. *In Search of „Jewish Christianity" and its „Theology"* — RechSR 60 (1972) 81—92

2173 LANGE, G. *Bild und Wort. Die katechetischen Funktionen des Bildes in der griechischen Theologie des VI.—IX. Jht.* [Schriften z. Religionspädagogik u. Kerygmatik 6]. Würzburg: Echter-Verl. 1969. 262 pp.

2174 LAWRENCE, ROBERT *Faith and reason in certain second century apologists.* M. A. Thesis. Abilene Christian College: 1969.

[649] LEROY, F. J.: Anonymus

2174a LYONNET, S. — SABOURIN, L. *Sin, redemption and sacrifice. A biblical and patristic study* [Analecta biblica 48]. Rom: Biblical Institute press 1970. XVI, 351 pp.

2175 MESLIN, M. *Réflection actuelle sur l'Arianisme* — LumVi 20 (1971) 88—103 (Nr. 104)

2176 MIRCEA, IOAN *La Rédemption dans le Nouveau Testament selon la doctrine des Pères* [en roum.] — StBuc 24 (1972) 24—44

2177 MOLINER, J. M. *Historia de la Espiritualidad* [Facultad de Teología del Norte de España 26]. Burgos: Editorial El Monte Carmelo 1972. 559 pp.

2178 MORAL, T. *Une nouvelle histoire de la spiritualité* — RHE 67 (1972) 423—436

2179 NOLTE, JOSEF *Dogma in Geschichte. Versuch einer Kritik des Dogmatismus in der Glaubensdarstellung* [ÖF 2]. Freiburg i. Br./Basel/ Wien: Herder 1971. 258 pp.

2179a PABLO, J. M. *El Espíritu Santo en los orígenes del cristianismo.* Zürich: 1971.

2180 PELIKAN, J. *The Christian tradition. A history of the development of doctrine, I: The emergence of Catholic tradition (100—600).* Chicago: Univ. of Chicago Pr. 1971. XXIII, 395 pp.

2181 RAHNER, HUGO *Miti greci nell'interpretazione cristiana.* Bologna: Il Mulino 1971. XXV, 438 pp.

2182 RAMOS-OLIVEIRA, ANTONIO *Los orígenes del cristianismo y de la Iglesia. Los fundamentos éticos de la civilización de Occidente.* Mexico: „Oasis" 1972. 327 pp.

2183 RATZINGER, JOSEPH *Die Einheit der Nation. Eine Vision der Kirchenväter* [Bücherei der Salzburger Hochschulwochen]. Salzburg/München: Pustet 1971. 115pp.

2184 RONDET, HENRI *Historia del Dogma.* Traducción de A. E. LATOR [Biblioteca Herder 130]. Barcelona: Editorial Herder 1972. 316 pp.

2185 RORDORF, W. *Un chapitre d'éthique judéo-chrétienne, les deux voies* — RechSR 60 (1972) 109—128

2186 ROUGIER, L. *La genèse des dogmes chrétiens.* Paris: Albin Miches 1972. 308 pp.

2187 RUIZ JURADO, MANUEL *El concepto del mundo en los tres primeros siglos del cristianismo.* Roma: Universidad Gregoriana 1971. 87 pp.

2188 SCHATZ, M. *Ethics of the Fathers in the light of Jewish history.* New York: Bloch 1971. 268 pp.

2189 SIMON, M. und ROCCA-SERRA, G. *Per annos quinque et viginti. Un exemple de symbolique des nombres dans l'Église ancienne* — RHPhR (1971) 51—62

2190 SIMONETTI, M. *Le origini dell'arianesimo* — RSLR 7 (1971) 317—330

2191 SIMONETTI, M. *Postilla sull'arianesimo latino* — RSLR 6 (1970) 77—81

2192 SIMONETTI, M. *La traduzione nella controversia ariana* — AugR 12 (1972) 37—50

2193 SINISCALCO, PAOLO *L' uomo e il tempo nei primi secoli della nostra era.* Dispense integrative. Torino: Litografia Arigiana 1972. 65 pp.

2194 SÖLL, GEORG *Dogma und Dogmenentwicklung* [HDG I]. Freiburg i. Br.—Basel—Wien: Herder 1971. 258 pp.

2195 STAATS, R. *Ogdoas als ein Symbol für die Auferstehung* — VigChr 26 (1972) 29—52

2196 STINSON, CHARLES HERBERT „Substantia Corporis". *A study of Philosophical Semantics and Terminology in Latin Christian Dogma with special reference to the Eucharist: From Tertullian's Time to the Berengarian Controversy* [Diss.]. Columbia Univ.: 1971.

2197 SUGGS, M. JACK *The Christian Two Ways Tradition: Its Antiquity, Form and Function.* In: *Essays in honor of Allen P. Wikgren* (cf. 1972, 151) 60—74

2198 THURMAN, W. S., ASHEVILLE, N. C. *A Juridical and Theological Concept of Nature in the sixth Century A. D.* — Byslav 32 (1971) 77—84

2199 TILLICH, PAUL *Vorlesungen über die Geschichte des christlichen Denkens. Teil 1: Urchristentum bis Nachreformation.* Hrsg. und übers. von INGEBORG C. HENEL. Stuttgart: Evangelisches Verlagswerk 1971. 311 pp.

2200 VIVES, J. *Los Padres de la Iglesia. Textos doctrinales del cristianismo desde los origenes hasta S. Atanasio.* Selección y traducción. Barcelona: Ed. Herder 1971. 502 pp.

2201 WALKER, W. O. *Christian origins and resurrection faith* — JR 52 (1972) 41—55

2202 WELLS, G. A. *The Jesus of the early Christians. A study of Christian origins.* London: Pemberton 1971. VI, 362 pp.

2203 WILES, M. F. *Psychological analogies in the Fathers.* In: *Studia Patristica XI* [TU 108] (cf. 1972, 150) 264—267

2204 WILLIAMS, GEORGE HUNTSTON *Christian Attitudes Toward Nature* — CSR 2 (1971) 3—25; 2,2 (1972) 112—126

2205 YOUNG, F. M. *The idea of sacrifice in neoplatonic and patristic texts.* In: *Studia Patristica XI* [TU 108] (cf. 1972, 150) 278—281

2206 ZIEGENAUS, A. *Die Genesis des Nestorianismus* — MThZ 23 (1972) 335—353

2. QUAESTIONES GENERALES AD DOCTRINAM SINGULORUM AUCTORUM SPECTANTES

2207 BROX, N. *Der einfache Glaube und die Theologie. Zur altkirchlichen Geschichte eines Dauerproblems* — Kairos 14 (1972) 161—187

[785] CARLSON, CH. P.: Augustinus

[814] FLOREZ, R.: Augustinus

[822] GALINDO RODRIGO, J. A.: Augustinus

[823] GALINDO RODRIGO J. A.: Augustinus

[832] GOMEZ DE MIER, V.: Augustinus

2208 OSBORN, E. F. *From Justin to Origen. The pattern of apologetic* — Prudentia 4 (1972) 1—22

[1323] SPIDLIK, TH.: Gregorius Nazianzenus

[1428] VIARD, P.: Honorius I Papa

3. SINGULA CAPITA HISTORIAE DOGMATUM

a) Religio, Revelatio
(Fontes, Scriptura sacra, Traditio)

2209 APPEL, N. *The New Testament Canon: Historical Process and Spirit's Witness* — ThSt 32 (1971) 627—646

2210 BRUCE, F. F. *New Testament History.* New York: Doubleday 1971.

2211 CAMPENHAUSEN, H. VON *La formation de la Bible chrétienne.* Trad. par D. APPIA et M. DOMINICÉ. Neuchâtel: Delachaux & Niestlé 1971. 307 pp.

2212 DANIÉLOU, J. *Recherche et tradition chez les Pères du IIe et IIIe siècles* — NRTh 94 (1972) 449—461

[1108] DANIÉLOU, J.: Clemens Alexandrinus

[627a] DANTU, C.: Ambrosius

2213 FRANK, ISIDOR *Der Sinn der Kanonbildung. Eine historisch-theologische Untersuchung der Zeit vom 1. Clemensbrief bis Irenäus von Lyon* [Freiburger theol. Studien 91]. Freiburg i. Br./Basel/Wien: Herder 1971. 224 pp.

2213a GRANT, R. M. *La formation du Nouveau Testament*. Trad. de l'angl. par J. H. MARROU. Paris: Éd. du Seuil 1969. 207 pp.

2214 GUZIE, T. W. *Patristic Hermeneutics and the Meaning of Tradition* — ThSt 32 (1971) 647—658

2215 KALIN, EVERETT, R. *The Inspired Community: A Glance at Canon History* — Concord 42 (1971) 541—549

[1575] KIKUCHI, E.: Marcion

2216 LOISY, ALFRED *Histoire du canon du Nouveau Testament* [Paris 1891]. Repr. Frankfurt/M.: Minerva 1971. 310 pp.

[1649] LUBAC, H. DE: Origenes

2217 MOULE, C. F. D. *La genèse du Nouveau Testament*. Trad. par R. MAZERAND [Le monde de la Bible]. Neuchâtel: Delachaux & Niestlé 1971. 219 pp.

2218 MURRAY, R. *How did the Church determine the Canon of Scripture?* — HeythropJ 11 (1970) 115—126

[1510] NAUTIN, P.: Irenaeus

2219 OHLIG, K.-H. *Die theologische Begründung des neutestamentlichen Kanons in der alten Kirche* [Kommentare und Beiträge z. Alten u. Neuen Testament]. Düsseldorf: Patmos-Verlag 1972. 336 pp.

2220 ORBE, A. *Ídeas sobre la tradición en la lucha antignóstica* — AugR 12 (1972) 19—35

2221 SEYBOLD, MICHAEL *Offenbarung. Von der Schrift bis zum Ausgang der Scholastik* [HDG I, 1a]. Freiburg i. Br./Basel/Wien: Herder 1971. 152 pp.

2222 YOWELL, KENNETH WAYNE *The Theological Position of the Old Testament in the Second Century* [Diss.]. Abilene Christian College: 1972.

b) Trinitas (Deus trinus et unus)

[1625] ARDANAZ, S. F.: Origenes

2223 BAILLEUX, E. *Dieu Trinité et son œuvre* — RechAug 7 (1971) 189—218

[749] BAILLEUX, E.: Augustinus

[621] BELVAL, N. J.: Ambrosius

[1435] BERTHOUZOZ, A.: Ignatius Antiochenus

[1416] BOTTE, B.: Hippolytus Romanus

2224 FORD, J. M. *The ray, the root and the river. A note on the Jewish origin of Trinitarian images.* In: *Studia Patristica XI/II* [TU 108] (cf. 1972, 150) 158—165

2225 FORTMAN, EDMUND J. *The Triune God. A historical study of the doctrine of the trinity.* London: Hutchinson 1972. XXVI, 382 pp.

2226 GRANT, R. M. *Le dieu des premiers chrétiens.* Trad. par A. M. GIROUDOT. Paris: Du Seuil 1971. 160 pp.

[1347] HUEBNER, R.: Gregorius Nyssenus

[877] LEDARIA FERRER, L. F.: Augustinus

[1647] LOMIENTO, G.: Origenes

2227 MARTÍN, JOSÉ PABLO *El Espíritu Santo en los orígenes del cristianesimo. Estudio sobre I Clemente, Ignacio, II Clemente y Justino martir* [Biblioteca di scienze religiose 2]. Zürich: Pas 1971. 370 pp.

2228 MAYR, FRANZ K. *Patriarchalisches Gottesverständnis? Historische Erwägungen zur Trinitätslehre* — ThQ 152 (1972) 224—255

[899] MAYR, F. K.: Augustinus

2229 SIMAN, E.-P. *L'expérience de l'Esprit par l'Église, d'après la tradition syrienne d'Antioche* [Théologie historique 15]. Paris: Beauchesne 1971. 352 pp.

[1199] STEPHENSON, A. A.: Cyrillus Hierosolymitanus

[980] TURRADO, A.: Augustinus

[1584] ZIEGENAUS, A.: Marius Victorinus

c) Oeconomia divna
aa) Creatio, providentia

[743] ALVAREZ GOMEZ, M.: Augustinus

[1237] JANSMA, T.: Ephraem Syrus

2230 MÖLLER, E. W. *Geschichte der Kosmologie in der griechischen Kirche bis auf Origenes. Mit Specialuntersuchungen über die gnostischen Systeme* [Nachdruck der Ausgabe Halle 1860]. Hildesheim: G. Olms 1971. 572 pp.

[923] PARMA, C.: Augustinus

[988a] VERICAT NUNEZ, J. F.: Augustinus

bb) Christologia

[1613] ABRAMOWSKI, L. — GOODMAN, A. E.: Collectio Nestoriana

[529] ARAI, S.: Apokrypha, Quaestiones

[747] BABCOCK, W. S.: Augustinus

[1626] BARGELIOTES, L.: Origenes

[748] BAILLIEUX, É.: Augustinus

[1542] BARNARD, L. W.: Justinus Martyr

[1052] BORIAS, A.: Benedictus Nursinus

[1053] BORIAS, A.: Benedictus Nursinus

[1140] BUMPUS, H. B.: Clemens Romanus

2231 COMAN, IOAN G. *La Personne du Logos Jésus-Christ à la lumière des premiers quatres siècles patristiques* [en roum.] — StBuc 24 (1972) 666—673

[2068] COWLEY, R. W.: Concilia

2232 DUMEIGE, G. *Le Christ médecin dans la littérature chrétienne des premiers siècles* — RiAC 48 (1972) 115—141

2233 EVERY, GEORGE *The Monophysite Question, Ancient and Modern* — EChR 3 (1971) 405—414

[1372] FOLGADO FLOREZ, S.: Hermas Pastor

2234 GRILLMEIER, ALOIS *Die altkirchliche Christologie und die moderne Hermeneutik.* In: *Theologische Berichte.* Hrsg. im Auftrag der Theol. Hochschule Chur von JOSEPH PFAMMATTER und der Theol. Fakultät Luzern v. FRANZ FURGER. Zürich/Einsiedeln/Köln: 1972.

[1638] HANSON, R. P. C.: Origenes

[665] HOLLAND, J. A. B.: Arius

[686] HOLLAND, J. A. B.: Athanasius Alexandrinus

[687] HOLLAND, J. A. B.: Athanasius Alexandrinus

[653] HÜBNER, R.: Apollinarius Laodicensis

2235 IBAÑEZ, J. — MENDOZA, F. *Diversas presencias de Cristo en las Homilías Pascuales griegas* — ScTh 4 (1972) 83—121

[1190] IONITĂ, V.: Cyrillus Alexandrinus

2236 KARPP, HEINRICH *Textbuch zur altkirchlichen Christologie. Theologia und Oikonomia* [NStB 9]. Neukirchen-Vluyn: Neukirchener Verlag 1972. VIII, 167 pp.

[1316] KOEV, T.: Gregorius Nazianzenus

[2070] KONIDARIS, G.: Concilia, Acta Conciliorum

[2481] LAURENTIN, R.: Specialia in Novum Testamentum

[1807] MANDAC, M.: Theodoretus Cyrensis

2237 MEHLMANN, JOÃO *Geminae Gigas Substantiae. História de uma fórmula cristológica* — Verbum 28 (1971) 139—178

[1441] MEINHOLD, P.: Ignatius Antiochenus

[915] NEWTON, J. T.: Augustinus

[2420] ORBE, A.: Gnostica

[1045] PARYS, M. VAN: Basilius Seleuciensis

[1517] ROUSSEAU, A.: Irenaeus

[1662] ROWE, J. N.: Origenes

2237a SCHLIER, H. — MUSSNER, F. *Zur Frühgeschichte der Christologie. Ihre biblischen Anfänge und die Lehrformel von Nikaia.* Freiburg: 1970.

[2308] SCHWANZ, P.: Anthropologia

[1193] SECICIU, T.-T.: Cyrillus Alexandrinus

[640] SEMPLICIO, B.: Ambrosius

2238 SESAN, M. *De la christologie patristique* [en roum.] — MitrMold 47 (1971) 432—452

2239 SIMONETTI, M. *Note di cristologia pneumatica* — AugR 12 (1972) 201—232

[2437] SIMONETTI, M.: Gnostica

2240 SONOBE, F. *The History of the Nicene Christology* [Japanese]. Tokyo: 1972. 118 pp.

[1809] STEWARDSON, J. L.: Theodoretus Cyrensis

[1563] STUDER, B.: Leo I Magnus

2241 WELTE, B. *Zur Frühgeschichte der Christologie. Ihre biblischen Anfänge und die Lehrformel von Nikaia* [Quaestiones Disputatae 51]. Freiburg/Wien: 1971. 117 pp.

2242 WINSLOW, DONALD F. *Christology and Exegesis in the Cappadocians* — CH 40 (1971) 389—396

2243 YOUNG, F. M. *A Reconsideration of Alexandrian Christology* — JEcclH 22 (1971) 103—114

cc) Soteriologia

[1310] ALTHAUS, H.: Gregorius Nazianzenus

[1107] BRONTESI, A.: Clemens Alexandrinus

[1631] BRUEHL, L.: Origenes

[1287] CAL PARDO, E.: Fulgentius Ruspensis

2244 LAFONT, G. *Théologie du salut au temps des Pères de l'Église* — FoiTemps 1 (1971) 526—543

[696] SCURAT, K. E.: Athanasius Alexandrinus

dd) Ecclesiologia
α) Ecclesia, Corpus Christi

2245 BANKS, R. *From Fellowship to Organisation: A Study in the Early History of the Concept of the Church* — RThR 30 (1971) 79—89

[1371] BAUSONE, C.: Hermas Pastor

[1416] BOTTE, B.: Hippolytus Romanus

[765] BOYER, C.: Augustinus

[784] CAPANAGA, V.: Augustinus

2246 CONGAR, Y. M. J. *Die Lehre von der Kirche. Von Augustinus bis zum Abendländischen Schisma. Vom Abendländischen Schisma bis zur Gegenwart.* Aus dem Französischen übersetzt von H. SAYER [Handbuch der Dogmengeschichte III, Fasc. 3c—3d: Christologie, Soteriologie, Ekklesiologie, Mariologie, Gnadenlehre]. Freiburg im Breisgau: Herder 1971. VII, 192 et VI, 127 pp.

[62] CONGAR, Y.: Bibliographica
[1167] DAVIDS, A.: Cyprianus
2247 ENO, R. B. *Some nuances in the ecclesiology of the Donatists —* REA 18 (1972) 46—50
2248 EVANS, R. F. *One and Holy. The Church in Latin patristic thought* [Church historical series 92]. London: S.P.C.K. 1972. IX, 182 pp.
[1779] EVANS, R. F.: Tertullianus
[1372] FOLGADO FLOREZ, S.: Hermas Pastor
[1465] GREELY, D.: Iohannes Chrysostomus
[1172] HALLIBURTON, R. J.: Cyprianus
[871] LAMIRANDE, E.: Augustinus
[79] LEGRAND, H. M.: Bibliographica
[1439] MCCARTHY, J. M.: Ignatius Antiochenus
[1440] MEINHOLD, P.: Ignatius Antiochenus
[1614] O'CONNELL, P.: Nicephorus I
[921] PALERMO RAMOS, R.: Augustinus
[1940] PASCUAL PEREZ, A.: Liturgica
2249 RAHNER, H. *L'ecclesiologia dei Padri. Simboli della Chiesa.* Trad. de l'allem. par L. PUSCI et A. POMPEI. Roma: Ed. Paoline 1971. 992 pp.
2250 ROBITAILLE, LUCIEN *L'église, Épouse du Christ, dans l'interprétation patristique du Psaume 44 (45) III* — Laval 27 (1971) 41—65
[1475] RITTER, A. M.: Iohannes Chrysostomus
2251 RORDORF, WILLY *Die Hausgemeinde der vorkonstantinischen Zeit.* In: *Kirche: Tendenzen und Ausblicke,* hrsg. von COLIN W. WILLIAMS. Gelnhausen/Berlin: Burckhardthaus 1971. 190—196; 235—237
[1794] STANULA, E.: Tertullianus
[985a] VERGES, S.: Augustinus
[1183] WICKERT, U.: Cyprianus
2252 ZIZIOULAS, J. D. *Ecclesiological Issues inherent in the Relations between Eastern Chalcedonian and Oriental non-Chalcedonian Churches* — GrOrthThR 16 (1971) 144—162

β) Sacramenta (sacramentalia, charismata)

2253 AUNE, DAVID E. *The Phenomenon of Early Christian „Anti-Sacramentalism".* In: *Essays in honor of Allen P. Wikgren* (cf. 1972, 151) 194—214
2254 BAREA, ERNESTO *Trayectoria histórica de la teología del bautismo —* IlCl 64 (1971) 15—26; 89—116
[1203] BETZ, J.: Didache
[1629] BLANC, C.: Origenes
[757] BOBRINSKOY, B.: Augustinus

2255 DASSMANN, E. *Eucharistie als wirksames Zeichen christlicher Brü-derlichkeit. Eine patristisch-biblische Erwägung zum Fronleichnams-fest* — BiBe 13 (1972) 48—51
[1109] EIJK, A. H. C. VAN: Clemens Alexandrinus
[825] GARCIA DE MELO, G.: Augustinus
[1992] GONZALEZ DEL VALLE, J. M.: Sacramenta et Sacramentalia
[1600] HAWTHORNE, G. F.: Melito Sardensis
2256 HOSSIAU, A. *Incarnation et communion selon les Pères grecs* — Irénikon 45 (1972) 457—468
[1592] LANGGÄRTNER, G.: Maximus Taurinensis
[898] MAYER, C. P.: Augustinus
[910a] MÜSING, H. W.: Augustinus
[2000] ORTEMANN, C.: Sacramenta et sacramentalia
2257 PAGELS, E. *A Valentinian interpretation of baptism and eucharist, and its critique of orthodox sacramental theology and practise* — HThR 65 (1972) 153—170
[2001] PEREZ, L. M.: Sacramenta et sacramentalia
2258 SALDON, EUTIQUIANO *El Matrimonio. Misterio y signo. Del siglo I a San Agustín.* Pamplona: Universidad de Navarra 1971. 156 pp.
[554] SEVRIN, J. M.: Apocrypha
[2196] STINSON, CH. H.: Doctrina auctorum et historia dogmatum
[984] VELA, L.: Augustinus
2259 VRIES, W. DE *Beicht- und Bußpraxis bei Ost- und Westsyrern* — OstkiSt 20 (1971) 273—279
[2011] ZILLES, U.: Sacramenta et sacramentalia

γ) Sacerdotium (primatus)

[1499] ALDAMA, J. A. DE: Irenaeus Lugdunensis
[1457] BOULARAND, E.: Iohannes Chrysostomus
2260 COMAN, IOAN G. *Le sens et les tâches du sacerdoce selon les Saints Pères des quatres premiers siècles* [en roum.] — MitrOlt 24 (1972) 9—15
[234] CONGAR, Y. M. J.: Opera ad historiam
2261 CONTE, P. *Chiesa e primato nelle lettere dei papi del secolo VII* [Pubbl. dell'Univ. cattol. del Sacro Cuore Saggi e Ric. 3ª Ser. Sc. stor. 4]. Milano: Vita e Pensiero 1971. XVI, 586
2262 DONOVAN, DANIEL *The Levitical priesthood and the ministry of the New Testament. A study in the Ante-Nicene-Church* [kath. theol. Diss.]. Münster: 1972. XIV, 612 pp.
2263 FRANKE, P. *Traditio legis und Petrusamt* — VigChr 26 (1972) 263—271

2264 GARCIA, ROBERTO *El primado romano y la colegialidad episcopal en la controversia nestoriana* — StudiumAv 11 (1971) 21—63

2265 GAUDEMET, J. *Aspects de la Primauté romaine du Ve au XVe siècle* — IC 11 (1971) 92—134

[2118] GOMEZ-MAS, R. A.: Ius canonicum

[2126] HEIMERL, H.: Ius canonicum, Hierarchia

[286] HERTLING, L. VON: Opera ad historiam

2266 JOANNOU, P. P. *Die Ostkirche und die Cathedra Petri im 4. Jahrhundert.* Bearb. von G. DENZLER [Päpste und Papsttum 3]. Stuttgart: Hiersemann 1972. VIII, 309 pp.

2267 MARSCHALL, W. *Karthago und Rom. Die Stellung der nordafrikanischen Kirche zum apostolischen Stuhl in Rom* [Päpste und Papsttum 1]. Stuttgart: Hiersemann 1971. IX, 240 pp.

[2133] MARTIN, J.: Ius Canonicum, Hierarchia, Disciplina Ecclesiastica

[573] MATEO-SECO, L. F.: Auctores, Generalia

2268 McCUE, J. F. *Roman Primacy in the First Three Centuries* — Concilium 64 (1971) 36—44

2269 McCUE, J. *Der römische Primat in den drei ersten Jahrhunderten* — Concilium 7 (1971) 245—250

2270 METHODIOS (Métropolite d'Axoum) *Genèse et développement du sacerdoce chrétien* — EPh 54 (1972) 479—508

2272 MONACHINO, V. *Communio e primato nella controversia ariana.* In: *Comunione interecclesiale* (cf. 1972, 112) 319—402

[918] O'GRADY, J. F.: Augustinus

2273 OÑATIBIA, IGNACIO *Presbiterio, Colegio apostólico y apostolicidad del ministerio presbiteral.* In: *Teología del Sacerdocio 4* (cf. 1972, 154) 71—109

2274 OÑATIBIA, IGNACIO *Teología del sacerdocio en los primeros siglos. Presentación.* In: *Teología del Sacerdocio 4* (cf. 1972, 154) 7—10

2275 PIÈRRE (Évêque) *Problèmes primatiaux au temps du concile de Chalcédoine* — MEPRO 77 (1972) 35—62

2276 POWER, DAVID N. *Ministers of Christ and his Church: The Theology of the Priesthood.* London: Geoffrey Chapman 1969. 216 pp.

2277 PRUSAK, BERNHARD P. *The Roman Patriarch and the Eastern Churches: The Question of Autonomy in Communion* — AER 166 (1972) 627—643

[2089] SIEBEN, H. J.: Concilia, Acta conciliorum

[153] Teología del Sacerdocio: Collectanea

[154] Teología del Sacerdocio: Collectanea

2278 VILELA, A. *La condition collégiale des prêtres au IIIe siècle* [Théol. hist. 14]. Paris: Beauchesne 1971. 429 pp.

2279 VRIES, W. DE *Neuerung in Theorie und Praxis des römischen Primates (Die Entwicklung nach der konstantinischen Wende)* — Concilium 7 (1971) 250—253

2280 VRIES, WILLIAM DE *The Primacy of Rome as seen by the Eastern Church* — Diak 6 (1971) 221—231
2281 WŁODARSKI, S. *Prymat w Kościele (Le primat dans l'Église)*. Warszawa: Chrześcijańska Akademia Teologiczna 1971. 160 pp.

δ) Ecclesia et Status

2282 AZKOUL, M. *Sacerdotium et Imperium: The Constantinian Renovatio According to the Greek Fathers* — ThSt 32 (1971) 431—464
2283 BAINTON, ROLAND H. *Die frühe Kirche und der Krieg*. In: *Das frühe Christentum im römischen Staat* (cf. 1971, 111) 187—216
[761] BONNER, G.: Augustinus
2284 CANTALAMESSA, R. *Cristianesimo e impero Romano nel pensiero dei Padri anteniceni. Per una valutazione storica della svolta Costantiniana* — AugR 12 (1972) 373—390
[629] DIESNER, H.-J.: Ambrosius
2285 LINDNER, R. D. *God and Caesar. Case studies in the relationship between christianity and the state*. Longview (Tex.): Conference on Faith and History 1971. VII, 140 pp.
2286 MORESCHINI, C. *Lo sviluppo del cristianesimo e l'autorità imperiale in alcuni studi recenti* — AteRo 17 (1972) 78—93

ee) Mariologia

2287 ALDAMA, JOSE ANTONIO DE *Los orígenes del culto mariano de imitación* — EMaria 36 (1972) 75—93
2288 ALDAMA, J. A. DE *La tragedia Christus patiens y la doctrina mariana en la Capadocia del siglo IV*. In: *Epektasis. Mélanges Jean Daniélou* (cf. 1972, 119) 417—423
2289 ALDAMA, J. A. DE *María en la patrística de los siglos I y II* [Bibl. de autores crist. 300]. Madrid: La Ed. catól. 1970. X, 380 pp.
2290 BAGATTI, B. *La verginità di Maria negle apocrifi del II—III secolo* — Marianum 33 (1971) 281—292
2291 BARTINA, SEBASTIAN *Doctrina y espiritualidad mariana en la tradición copta* — EMaria 36 (1972) 95—123
2292 CARO MENDOZA, R. *La homilética mariana griega en el siglo V*. Dayton: Marian Libr. Stud. 1971. 266 pp.
2293 *Corpus Marianum Patristicum, II: Scriptores Orientales qui a Concilio Nicaeno usque ad Concilium Ephesenum fuerunt* [Publ. de la Fac. teol. del Norte de España Sede de Burgos]. Burgos: Ed. Aldecoa 1972. 546 pp.
2294 DELIUS, WALTER *Texte zur Geschichte der Marienverehrung und Marienverkündigung in der Alten Kirche* [KlT 23]. Berlin: W. de Gruyter 1971. 40 pp.

[2045] DIMITRIJEVIC, D. : Cultus
[805] FELGUERAS, I. : Augustinus
[815] FOLGADO FLOREZ, S. : Augustinus
[2047] GARRIDO BONAÑO, M. : Cultus
2295 IBAÑEZ, J. — MENDOZA, F. *María Madre de Jesús y Madre de la Iglesia en la perspectiva teológica de la liturgia visigótica* — ScTh 3 (1971) 343—421
2296 IBAÑEZ, J. — MENDOZA, F. *La maternidad divina de María, dogma proclamado en Efeso. A propósito de un libro de Th. Camelot* — ScTh 4 (1972) 559—574
[2050] KLAUSER, TH. : Cultus
2297 REBIĆ, ADALBERT *Svjedočanstvo Biblije o Mariji (Testimonium de Maria in S. Scriptura)* — Bogoslovska smotra 41 (1971) 193—200
2298 RÉGAMEY, P. *Los mejores textos sobre la Virgen María* [Patmos. Libros de Espiritualidad 143]. Madrid : Ediciones Rialp 1972. 237 pp.
[1450] RIVERA, A. : Ildefonsus Toletanus
2299 RODRIGO, ROMUALDO *María, Madre de la Iglesia, según san Agustín* — Augustinus 16 (1971) 287—312
[638] SANDRO DUCCI, M. : Ambrosius
2300 STAROWIEYSKI, M. *Maria nova Eva in traditione Alexandrina et Antiochena saeculo V* — Marianum 34 (1972) 329—385
2301 TJÄDER, JAN-OLOF *Christ, Our Lord, Born of the Virgin Mary* (ΧΜΓ *and* VDN) — Eranos 68 (1970) 148—190

ff) Anthropologia
α) „imago et similitudo", peccatum et gratia
(praedestinatio)

[703] BARNARD, L. W. : Athenagoras
[2384] BIANCHI, U. : Gnostica
[1631] BRUEHL, L. : Origenes
[1812] DEWART, J. MCW : Theodorus Mopsuestenus
[810] FERNÁNDEZ GONZÁLEZ, J. : Augustinus
2302 FORTMAN, E. J. *Teología del hombre y de la gracia. Estudios sobre la teología de la gracia.* Traducción de E. SAIZ. Santander : Editorial Sal Terrae 1970. 504 pp.
2303 GOLUB, IVAN *Čovjek — slika Božja. Nov pristup starom problemu (Der Mensch als Gottes Abbild. Ein Zugang zu einem alten Problem)* — Bogoslovska smotra 41 (1971) 377—390
2304 GOULON, A. *Le malheur de l'homme à la naissance. Un thème antique chez quelques Pères de l'Église* — REA 18 (1972) 3—26
[1700] GRESHAKE, G. : Pelagius Hibernus

[857] KOWALCZYK, S.: Augustinus
[1645] KÜBEL, P.: Origenes
[1116] KUYUMA, M.: Clemens Alexandrinus
[2424] PAGELS, E. H.: Gnostica
[927] PEGUEROLES, J.: Augustinus
[938] PHILIPS, G.: Augustinus
2305 ROBLES, LAUREANO *El origen y la espiritualidad del alma : San Isidoro de Sevilla, San Agustín y la cuestión priscilianista* — EscrVedat 1 (1971) 407—488
2306 RONDET, H. *Original sin. The patristic and theological background.* Trad. du français. London: Ecclesia press 1972. 283 pp.
[963] SAUSER, E.: Augustinus
2307 SCHULTZE, B. *Byzantinisch-patristische ostchristliche Anthropologie (Photius und Johannes von Damascus)* — OrChrP 38 (1972) 172— 194
2308 SCHWANZ, PETER *Imago Dei als christologisch-anthropologisches Problem in der Geschichte der Alten Kirche von Paulus bis Clemens von Alexandrien.* Halle (Saale): Niemeyer 1970. 248 pp.
[2091] SOLÁ, F. DE PAULA: Concilia
[982] VACA, C.: Augustinus
2309 VANNESTE, A. *Le dogme du péché originel.* Trad. par A. FREUND [Rech. africaines de théol. Trav. de la Fac. de théol. de l'Univ. de Kinshasa 1]. Louvain: Nauwelaerts 1971. VIII, 164 pp.
2310 YARNOLD, EDWARD *The Theology of Original Sin* [ThTS 28]. Notre Dame, Ind.: Fides 1972. 96 pp.

β) Virtutes (et vitia), vita activa,
vita contemplativa

[744] AZCONA, J. L.: Augustinus
[745] AZCONA, J. L.: Augustinus
[746] AZCONA, J. L.: Augustinus
[755] BERROUARD, M. F.: Augustinus
2311 BOURGEAULT, G. *Décalogue et morale chrétienne. Enquête patristique sur l'utilisation et l'interprétation chrétienne du décalogue de c. 60 à c. 220.* Paris: Desclée; Montréal: Bellarmin 1971. 484 pp.
2312 BOURGEAULT, GUY *La spécificité de la morale chrétienne selon les Pères des deux premiers siècles* — ScEs 23 (1971) 137—152
2312a BOURKE, V. J. *Histoire de la morale.* Trad. de l'Anglais par J. MIGNON. Paris: Éditions du Cerf 1970. 518 pp.
[767] BRABANT, O.: Augustinus
2313 CROUZEL, H. *L'Église primitive face au divorce. Du premier au cinquième siècle* [Théologie historique 13]. Paris: Beauchesne 1971. 410 pp.

2314 DELHAYE, P. *La morale des Pères* — Seminarium 33 (1971) 623—638

[807] FERNANDEZ GONZALEZ, J.: Augustinus

2315 FONTAINE, J. *Valeurs antiques et valeurs chrétiennes dans la spiritualité des grands propriétaires terriens à la fin du 4ᵉ siècle occidental.* In: *Epektasis. Mélanges Jean Daniélou* (cf. 1972, 119) 571—595

2316 FRANK, K. S. *Vita apostolica. Ansätze zur apostolischen Lebensform in der alten Kirche* — ZKG 82 (1971) 145—166

2317 GNILKA, CHR. *Aetas spiritalis. Die Überwindung der natürlichen Altersstufen als Ideal frühchristlichen Lebens* [Theophaneia 24]. Bonn: P. Hanstein 1972. 271 pp.

[283a] HAUSHERR, I.: Opera ad historiam

2318 JOLY, R. *L'originalité de la morale chrétienne selon les Apologistes du IIᵉ siècle* Réseaux (Mons Ciéphum) (1972) 39—46 (Nr. 18/19)

[2074] MALONEY, R. P.: Concilia

2319 MURPHY, FRANCIS X. *Moral Teaching in the Primitive Church.* Glen Rock, N. J.: Paulist 1968. 118 pp.

[1472] MURPHY, F. X.: Iohannes Chrysostomus

2320 PANECKI, W. *Secundae nuptiae w życiu i prawie starożytnych chrześcijan (De secundis nuptiis in veterum christianorum vita et legibus)* — PKan 14 (1971) 253—265

2321 PELLAND, GILLES *Le dossier patristique relatif au divorce* — ScEs 24 (1972) 285—312

2322 STOCKMEIER, PETER *Scheidung und Wiederverheiratung in der Alten Kirche* — ThQ 151 (1971) 39—51

2323 SWITEK, G. *Discretio spirituum. Ein Beitrag zur Geschichte der Spiritualität, I, 1: Discretio spirituum in der Väterzeit* — ThPh 47 (1972) 36—54

2324 VELLIAN, J. *Fast in the Syrian Church* — OstkiSt 21 (1972) 30—38

2325 WITEK, S. *Koncepcja pokory w patrystyce Wschodu (L'idée de l'humilité dans la patristique orientale)* AnCra 2 (1970) 257—278

γ) Virginitas, martyrium, monachismus

2326 BACHT, H. *Das Vermächtnis des Ursprungs. Studien zum frühen Mönchtum* [Studien zur Theologie des geistlichen Lebens 5]. Würzburg: Echter 1972. 291 pp.

2327 BARNES, T. D. *Three Neglected Martyrs* — JThS 22 (1971) 159—161

2328 BAUER, JOHANNES B. *Askese und Weltflucht* — WuW 27 (1972) 403—420

2329 BAUMEISTER, TH. *Martyr invictus. Der Martyr als Sinnbild der Erlösung in der Legende und im Kult der frühen koptischen Kirche. Zur Kontinuität des ägyptischen Denkens* [Forschungen zur Volkskunde 46]. Münster: Verl. Regensberg 1972. 219 pp.

2330 BENITO Y DURÁN, ANGEL *Los monacatos de san Basilio y san Agustín y su coincidencia en el pensamiento del trabajo corporal* — Augustinus 17 (1972) 357—396

[1383] CID, A.: Hieronymus

[791] COVI, D.: Augustinus

[792] COVI, D.: Augustinus

2331 EIJK, T. H. C. VAN *Marriage and virginity, death and immortality.* In: *Epektasis. Mélanges Jean Daniélou* (cf. 1972, 119) 209—235

[2042] ELIZALDE, M. DE: Officium divinum

[120] España Eremítica: Collectanea

2332 FESTUGIÈRE, A.-J. *Historia monachorum in Aegypto* [Subsidia hagiographica 53]. Bruxelles: Soc. des Bollandistes 1971. CXXXIII, 140 et IX, 142 pp.

2333 FISKE, A. *Friends and friendship in the monastic tradition* [Centro intercultural de docum. Cuaderno 51]. Mexico: 1970.

2334 FRANK, SUSO *Die Erforschung der Anfänge des Mönchtums und die Frage der Hermeneutik* — FS 53 (1971) 28—44

[1056] GALLEGO, T.: Benedictus Nursinus

2335 GARCIA SUAREZ, G. *La vida religiosa en la primera regla cenobítica* — Confer 10 (1971) 677—697

[650] GARCIA SUAREZ, G.: Antonius

[826] GARCIA SUAREZ, G.: Augustinus

[1026] GARCIA SUAREZ, G.: Basilius Magnus Caesariensis

[1526] GARCIA SUAREZ, G.: Isidorus Hispalensis

2336 GORCE, D. *Die Gastfreundlichkeit der altchristlichen Einsiedler und Mönche* — JAC 15 (1972) 66—91

2337 GUILLAUMONT, A. *Monachisme et éthique judéo-chrétienne* — RechSR 60 (1972) 199—218

[1390] GUTIERREZ, L.: Hieronymus

[71] GUY, J. C.: Bibliographica

[1173] HAMMAN, A.: Cyprianus

2338 HANSLIK, R. *Klosterregeln im Mönchstum des Ostens und Westens von Pachomius zu Benedikt von Nursia* — AOAW 108 (1971) 195—203

[1058] HEUFELDER, E.: Benedictus Nursinus

2339 JESSUP, BRYCE *An investigation of the concept of fasting in Biblical and Ante-Nicene literature.* M. A. Thesis. Pepperdine Univ. 1968.

2340 KNOWLES, DAVID *El monacato cristiano* [Biblioteca para el hombre actual 45]. Madrid: Ediciones Guadarrama 1969. 256 pp.

2340a Kostof, S. *Caves of God. The monastic environment of Byzantine Cappadocia.* Cambridge/Mass.: M. I. T. Pr. 1972. XXII, 296 pp.
[166] Kubis, A.: Methodologica
2341 Leroy, J. *Experience of God and primitive cenobitism* — Monastic Studies (Pine City/N. Y.) 9 (1972) 59—81
[1271] Linage Conde, A.: Eutropius
[1061] Manning, E.: Benedictus Nursinus
2341a Melani, G. *Monachesimo orientale* [Quaderni de ‚La Terra Santa']. Jerusalem: Franciscan printing press 1970. 116 pp. et 73 fig.
[1786] Merton, Th.: Tertullianus
[1062] Miquel, P.: Benedictus Nursinus
2342 Mohler, James A. *The Heresy of Monasticism.* New York: Alba House 1971. XVIII, 263 pp.
[1808] Naaman, P.: Theodoretus Cyrensis
[1903] Nasrallah, J.: Symeon Stylita Iunior
[1452] Niscoveanu, M.: Iohannes Cassianus
2343 O'Callaghan, J. *El tracte d'Abat a les lletres Gregues del Segle VI* — StMon 13 (1971) 7—12
[347] Orlandis, J.: Opera ad historiam
2344 Outtier, B. *Le modèle arabe d'une collection ascétique géorgienne* — BK 29/30 (1972) 357—358
[1849] Papachryssanthou, D.: Hagiographica
2345 Petzhold, H. *Zum Frömmigkeitsbild der hl. Säulensteher* — Kleronomia 4 (1972) 251—266
[1032] Pluta, A.: Basilius Magnus Caesariensis
2346 Raasch, J. *The monastic concept of purity of heart and its sources* (V) — StMon 12 (1970) 7—41
[2142] Ripolles, E. M.: Disciplina ecclesiastica
2347 Rordorf, W. *Martirio e testimonianza* — RSLR 8 (1972) 239—258
2348 Rousseau, P. *Blood-relationships among early eastern ascetics* — JThS 23 (1972) 135—144
2349 Ruppert, Fidelis *Das pachomianische Mönchtum und die Anfänge klösterlichen Gehorsams* [Würzburg, theol. Diss. 1971]. Münsterschwarzach: Vier-Türme-Verl. 1971. XXX, 466 pp.
2350 Ryan, John *Irish Monasticism: Origins and Early Development* [Nachdruck der Ausgabe 1931]. Ithaca: Cornell 1972. XV, 418 pp., XIV
2351 Sá Bravo, Hipolito de *El Monacato en Galicia.* La Coruña: Editorial Librigal 1972. 2 vols. 322 pp.
[961] Sage, A.: Augustinus
2352 Sen, F. *Precursores del monacato cristiano en Qumran?* — CultBib 28 (1971) 9—13
2353 Spanneut, M. *Épictète chez les moines* — MSR 29 (1972) 49—57
[1954] Steidle, B.: Liturgica

2354 SWEARER, DONALD K. — ZINN, GROVER A. *Monasticism East and West, an Inquiry* — RRel 31 (1972) 521—532
2355 THUNBERG, LARS *Änglalivet i munkgestalt, Randanmärkningar till ett motiv i fornkyrkans monastica tradition* [with a summary in English] — KÅ 72 (1972) 59—83
2356 TIBILETTI, C. *Motivazioni dell'ascetismo in alcuni autori cristiani* — AtTor 106 (1971/72) 489—537
[987] VERHEIJEN, L. M. J.: Augustinus
2357 VOGÜÉ, A. DE *Sub regula vel abbate. The theological significance of the ancient monastic rules.* In: *Rule and life.* An interdisciplinary symposium (Spencer, Mass., 1971) 21—64
[1082] VOGÜÉ, A. DE: Caesarius Arelatensis
[1244] VOGÜÉ, A. DE: Eugippius Abbas
2358 WEBER, HUGO *Die Pflege des jungfräulichen Standes in Angelsachsen im Jahrhundert seiner Christianisierung* — EA 48 (1972) 271—282
2359 WULF, FRIEDRICH *Charismatische Armut im Christentum. Geschichte und Gegenwart* — GeiLeb 44 (1971) 16—31

δ) Vita Christiana et societas humana

[190] ALVAREZ, J.: Opera ad historiam
[193] ARIAS, G.: Opera ad historiam
[1628] BENITO Y DURAN, A.: Origenes
[761] BONNER, G.: Augustinus
2360 FUCHS, HARALD *Die frühe christliche Kirche und die antike Bildung.* In: *Das frühe Christentum im römischen Staat* (cf. 1971, III) 33—46
2361 JÜRGENS, HEIKO *Pompa diaboli. Die lateinischen Kirchenväter und das antike Theater* [Tübinger Beiträge zur Altertumswissenschaft 46]. Stuttgart: Kohlhammer 1972. XLIX, 336 pp.
2362 KUUSSNIEMI, AATTO *Kirkon suhtautuminen aviolüton pysyvyyteen ja eronneiden unteen aviolütoou patristisena aikana ja keskiajalla* — TAik, TT 76 (1971) 353—361
[874] LARRABE, J. L.: Augustinus
[875] LARRABE, J. L.: Augustinus
2363 LITTLE, LESTER K. *Pride Goes before Avarice. Social Change and the Vices in Latin Christendom* — AHR 76 (1971) 16—49
2364 MALONE, M. T. P. *Christian attitudes towards women in the fourth century. Background and new directions* [Diss.]. Toronto: 1971 (microfilm)
2365 MALUNOWICZOWNA, L. *Strojenic się kobiet w ocenie starożyntnych pisarzy chrześcijańskich (Das Erscheinungsbild der Frauen in der Sicht der christlichen Schriftsteller der Antike)* — RoczH 17 (1969) 95—114

2366 MARRIN, ALBERT (Ed.) *War and the Christian Conscience: from Augustine to Martin Luther King, Jr.* Chicago: Regnery 1971. IX, 342 pp.

[960] RUIZ JURADO, M.: Augustinus

2367 TER VRUGT-LENTZ, J. *Das Christentum und die Leberschau* — VigChr 25 (1971) 17—28

2368 VOULGARAKIS, EL. *Das spöttische Duell zwischen Christen und Heiden während der ersten drei Jahrhunderte* [en grec] — ThAthen 43 (1972) 243—270

2369 WEISMANN, WERNER *Kirche und Schauspiele. Die Schauspiele im Urteil der lateinischen Kirchenväter unter besonderer Berücksichtigung von Augustin* [Coll. Cassiciacum 27]. Würzburg: Augustinus-Verl. 1972. 244 pp.

2370 WOHLFAHRT, K. A. *Die Haltung der alten Kirche zum Kriegsdienst* — TTZ 81 (1972) 170—182

gg) Angeli et daemones

2371 *Anges et démons, textes patristiques.* Trad. par E. DE SOLMS, introd. de L. BOUYER [Les points cardinaux 21]. 89-Saint-Léger-Vauban: Les Presses monastiques 1972. 195 pp.

2372 ESBROECK, MICHAEL VAN *Nathanaël dans une homélie géorgienne sur les Archanges* — AB 89 (1971) 155—176

[657] FERNANDEZ MARCOS, N.: Apophthegmata Patrum

[1220] SHELDON-WILLIAMS, I. P.: Ps.-Dionysius Areopagita

2373 SIMON, MARCEL *Remarques sur l'angélolâtrie juive au début de l'ère chrétienne* — CRAI (1971) 120—134

[1373] STANIEK, E.: Hermas Pastor

hh) novissima

2374 ATZBERGER, LEONHARD *Geschichte der christlichen Eschatologie innerhalb der vornicänischen Zeit. Mit theilw. Einbeziehung d. Lehre vom christl. Heile überhaupt* [Unveränd. Nachdr. d. 1896 in Freiburg im Br. ersch. Ausg. Photomechan. Nachdr.]. Graz: Akadem. Druck- u. Verlagsanstalt 1970. XII, 646 pp.

[1354] MATEO SECO, L. F.: Gregorius Nyssenus

[1634] CROUZEL, H.: Origenes

2375 EIJK, A. H. C. VAN „*Only that can rise which has previously fallen*". *The history of a formula* — JThS 22 (1971) 517—529

[1684] EIJK, A. H. C. VAN: Patres Apostolici

2376 FISCHER, J. A. Μελέτη Θανάτου. *Eine Skizze zur frühen griechischen Patristik.* In: *Wegzeichen. Festgabe Hermenegild M. Biedermann* (cf. 1971, 161) 43—54

[2398] GARCÍA BAZAN, F.: Gnostica
[1429] GUINAN, M. D.: Iacobus Sarugensis
2377 LOI, V. *La tipologia dell'Agnello pasquale e l'attesa escatologica in età patristica* — Salesianum 33 (1971) 187—204
2378 MORRIS, L. *Apocalyptic.* Grand Rapids/Mich.: Eerdmans. 1972. 87 pp.
2379 PODSKALSKY, GERHARD *Byzantinische Reichseschatologie. Die Periodisierung der Weltgeschichte in den 4 Großreichen (Dan 2 u. 7) und des 1000jährigen Friedensreiches (Apok 20). Eine motivgeschichtliche Untersuchung.* München: Fink 1972. X, 114 pp.
2380 RUSH, A. C. *Death as a spiritual marriage. Individual and ecclesial eschatology* — VigChr 26 (1972) 81—101
[964] SCHINELLER, P.: Augustinus
[1130] SCHMÖLE, K.: Clemens Alexandrinus
[1667] WEISS, B.: Origenes
[555] WILLIAMS, M. A.: Apocrypha
[1519] WOOD, A. S.: Irenaeus Lugdunensis
2381 ŽUŽEK, R. *La transfiguración escatológica del mundo* — OrChrP 37 (1971) 182—222

VII. Gnostica

2381a ADAM, A. *Texte zum Manichäismus*. Berlin: W. de Gruyter 1969.
132 pp.

2382 ARAI, S. *Early christianity and gnosticism* [japan. mit eng. Zus.
fass.]. Tokyo: Iwanami Shoten 1971. XVI, 402 pp.

2382 ARAI, S. *On the Logion 30 of the Gospel According to Thomas*
[Japanese] — ThStJ 10 (1971) 197—201

[530] ARAI, S.: Apocrypha

2383 BALLARD, P. H. *Reasons for refusing the Great Supper* — JThS 23
(1972) 341—350

[534] BEARDSLEE, W. A.: Apocrypha

2384 BIANCHI, U. *Anthropologie et conception du mal; les sources de
l'exégese gnostique* — VigChr 25 (1971) 197—204

2385 BILDE, P. *Gnosticismens oprindelse. Skitse til forskningshistorisk
oversigt* — DTT 34 (1971) 241—255

2386 BOEHLIG, A. *Zur Frage nach den Typen des Gnostizismus und seines
Schrifttums*. In: *Studia G. Widengren oblata I* (cf. 1972, 141) 389—
400

2387 BRANDT, MIROSLAV *Dogmatske relacije nekih glagoljickih apokrifnih
spisa (Dogmatische Inhalte einiger glagolitischer apokrypher Schriften)* — Kolo 9 (Zagreb 1970) 1013—1021

2388 BRANDT, MIROSLAV *Dualisticka zamisao o otkupu davoljeg prava
na covjeka u novozavjetnim tekstovima i patristici. Prilog pitanju
o genezi neomanihejskog dualizma (Der dualistische Gedanke über
die Tilgung des Teufelsanspruches auf den Menschen im NT und in
der Patristik. Ein Beitrag zur Frage nach dem Ursprung des neumani-
chäischen Denkens)* — Hrvatski znanstveni zbornik Zagreb (1971)
191—230

2389 *Christentum und Gnosis* hrsg. von WALTER ELTESTER [ZNW 37].
Berlin: Töpelmann 1969. VIII, 143 pp.

2390 COLPE, C. *Heidnische, jüdische und christliche Überlieferung in den
Schriften aus Nag Hammadi I* — JAC 15 (1972) 5—18

2391 DAHM, HELMUT *Die Gnosis*. Bd. 2: *Koptische und mandäische
Quellen*. Zürich: Artemis 1971. 498 pp.

2392 *The fac-simile edition of the Nag Hammadi Codices. Codex VI* and
Codex VII. Pref. by J. M. ROBINSON. Published under the Auspices
of the Department of Antiquities of the Arab Republic of Egypt

in Conjunction with the United Nations Educational, Scientific and Cultural Organization. Leiden: Brill 1972. XI, 84 pp. and XIII, 136 pp.

[1109] EIJK, A. H. C. VAN: Clemens Alexandrinus

2393 L'Évangile de vérité. Trad., introd. et comm. par J. E. MÉNARD [Nag Hammadi Stud. 2]. Leiden: Brill 1972. X, 228 pp.

2394 FINNESTAD, RAGNHILD BJERRE The Cosmogonic Fall in the Evangelium Veritatis — Temenos 7 (1971) 38—49

2395 FRICKEL, J. Eine neue Deutung von Gen 1,26 in der Gnosis. In: Studia G. Widengren oblata I (cf. 1972, 141) 413—423

[455] FRYE, R. N.: Paleographica atque manuscripta

2396 FUNK, WOLF-PETER Die zweite Apokalypse des Jacobus aus Nag-Hammadi-Codex V. Neu herausgegeben und kommentiert [theol. Diss.]. Berlin: 1971.

2397 GARCÍA BAZAN, F. Gnosis. La esencia del dualismo gnóstico. Buenos Aires: Ediciones universitarias Argentinas 1971. XII, 170 pp.

2398 GARCÍA BAZAN, F. Escatologia en la gnosis — Stromata 26 (1970) 99—106

2399 GIBBONS, JOSEPH ANTHONY A Commentary on the Second Logos of the Great Seth [Diss.]. Yale Univ.: 1972.

2400 Die Gnosis. Bd. II: Koptische und mandäische Quellen. Eingel., übers. u. erl. von M. KRAUSE und K. RUDOLPH, mit Registern zu I und II von W. FOERSTER [Die Bibl. der alten Welt, Reihe Antike und Christentum]. Zürich: Artemis-Verl. 1971. 504 pp.

2401 Gnosis. A selection of gnostic texts. I: Patristic evidence. Ed. by W. FOERSTER, with contributions by E. HAENCHEN and M. KRAUSE, transl. by R. M. WILSON, S. C. HALL, D. HILL and G. C. STEAD. New York: Oxford Univ. Pr. 1972. 367 pp.

[2164] GOMEZ-MAS, R. A.: Doctrina auctorum, Generalia

[269] GRANT, R. M.: Opera ad historiam

2402 GUILLAUMONT, ANTOINE Le texte syriaque des Odes de Salomon — AEHESHP 104 (1971/72) 119—122

2403 HAARDT, ROBERT Gnosis. Character and Testimony. Transl. from the German by J. F. HENDRY. Leiden: Brill 1971. X, 423 pp.

2404 HAARDT, R. Gnosis und Freiheit. Die Gnosis ist Freiheit (Evangelium nach Philippus 132,10). Einige Bemerkungen zur Exposition des Problems. In: Studia G. Widengren oblata I (cf. 1972, 141) 440—448

2405 HADOT, I. Einige Bemerkungen zur Darstellung des Manichäismus bei Simplikios. In: Studia Patristica XI [TU 108] (cf. 1972, 150) 185—191

2406 HELMBOLD, A. K. Gnostic elements in the Ascension of Isaiah — NTS 18 (1972) 222—227

[1420] HERZHOFF, B.: Hippolytus Romanus

[461] KASSER, R.: Paleographica atque manuscripta

2407 KEHL, A. *Beiträge zum Verständnis einiger gnostischer und früh-christlicher Psalmen und Hymnen* — JAC 15 (1972) 92—119

2408 KLIJN, A. F. J. *Christianity in Edessa and the Gospel of Thomas* — NovTest 14 (1972) 70—77

2409 KRAUSE, M. *Aussagen über das Alte Testament in z. T. bisher unveröffentlichten gnostischen Texten aus Nag Hammadi.* In: *Studia G. Widengren oblata I* (cf. 1972, 141) 449—456

2410 KRAUSE, MARTIN *Zur „Hypostase der Archonten" in Codex II von Nag Hammadi* — Enchoria 2 (1972) 1—19

2411 KRAUSE, MARTIN *Die Petrusakten in Codex VI von Nag Hammadi.* In: *Essays on the Nag Hammadi Texts in Honor of Alexander Böhlig* (cf. 1972, 121) 36—58

[1645] KÜBEL, P.: Origenes

2412 LEISEGANG, H. *La Gnose.* Trad. de la 3e éd. par J. GOUILLARD [Petit Bibl. Payot 176]. Paris: Payot 1971. 288 pp.

[1121] LILLA, S. R. C.: Clemens Alexandrinus

2413 MACRAE, G. W. *A Nag Hammadi tractate on the soul.* In: *Studia G. Widengren oblata I* (cf. 1972, 141) 471—479

2414 MACRAE, G. *La pubblicazione della Biblioteca gnostica di Nag Hammadi* — RSLR 7 (1971) 599—600

2415 MAHÉ, JEAN-PIERRE *Quelques remarques sur la religion des „Métamorphoses" d'Apulée et les doctrines gnostiques contemporaines* — ReSR 46 (1972) 1—19

2416 MARGUL, T. *Manichaeism* — Euhemer (Warszawa PWN) 16 (1972) 45—56

2417 MARTIN, L. H. *The Epistle to Rheginos. Translation, commentary, and analysis* [Diss.]. Claremont Univ.: 1972. 334 pp. (microfilm)

2418 MÉNARD, J.-E. *L'Evangile de Vérité et le Dieu caché des littératures antiques* — ReSR 45 (1971) 146—161

[2230] MÖLLER, E. W.: Creatio, providentia

2419 MÜHLENBERG, E. *Wirklichkeitserfahrung und Theologie bei dem Gnostiker Basilides* — KuD 18 (1972) 161—175

[551] MYSZOR, W.: Apocrypha

[81] MYZOR, W.: Bibliographica

2420 ORBE, ANTONIO *La Cristologia de Justino gnóstico* — EE 47 (1972) 437—457

[2220] ORBE, A.: Traditio

2421 ORLANDI, T. *Due nuove collane dedicate ai testi gnostici copti di Nag Hammadi* — RSO 47 (1972) 47—53

2422 ORLANDI, T. *Rassegna di studi sull'Evangelium veritatis* — RSLR 7 (1971) 491—501

2423 ORT, L. J. R. *Mani. A Religio-Historical Description of His Personality* [Supplementa ad Numen, Altera Series, Dissertationes ad historiam religionum pertinentes 1]. Leiden: Brill 1967

180 Gnostica

2424 PAGELS, E. H. *The Valentinian claim to esoteric exegesis of Romans as basis for anthropological theory* — VigChr 26 (1972) 241—258

2425 PEARSON, B. A. *Jewish haggadic traditions in the Testimony of truth from Nag Hammadi (CG IX,3).* In: *Studia G. Widengren oblata I* (cf. 1972, 141) 457—470

2426 PEEL, M. L. — ZANDEE, J. „*The Teachings of Silvanus" from the Library of Nag Hammadi* — NovTest 14 (1972) 294—311

2427 PRUEMM, K. *Gnosis an der Wurzel des Christentums? Grundlagenkritik der Entmythologisierung.* Salzburg: Müller 1972. 720 pp.

2428 QUISPEL, G. *Het Evangelie van Thomas en de Nederlanden.* Amsterdam: Elsevier 1971. 142 pp.

2429 QUISPEL, G. *Mani et la tradition évangélique des judéo-chrétiens* — RechSR 60 (1972) 143—150

2430 QUISPEL, G. *Mani, the apostle of Jesus Christ.* In: *Epektasis. Mélanges Jean Daniélou* (cf. 1972, 119) 667—672

[948] RIES, J.: Augustinus

[2142] RIPOLLES, E. M.: Disciplina ecclesiastica

2431 ROBINSON, J. M. *The international Committee for the Nag Hammadi codices. A progress report* — NTS 18 (1972) 236—242

2432 RUDOLPH, K. *Gnosis und Gnostizismus. Ein Forschungsbericht* — ThRu 36 (1971) 1—61; 89—124; 37 (1972) 289—360

2433 SCARBOROUGH, J. *Gnosticism, drugs, and alchemy in late Roman Egypt* — Pharmacy in History (Madison/Wisc.) 13 (1971) 151—157

2434 SCHENKE, H. M. *Das Ägypter-Evangelium aus Nag-Hammadi-Codex III* — NTS 16 (1969/70) 196—208

2435 SCHENKE, H. M. *Der Jacobusbrief aus dem Codex Jung* — OLZ 66 (1971) 117—130

[553] SCHOEDEL, W. R.: Apocrypha

[87] SCHOLER, D. M.: Bibliographica

[88] SCHOLER, D. M.: Bibliographica

2436 SEGELBERG, E. *The Mandaen Week and the Problem of Jewish Christian an Mandaen Relationship.* In: *Judéo Christianisme* (cf. 1972, 131) 273—286

[554] SEVRIN, J. M.: Apocrypha

2437 SIMONETTI, M. *Note di cristologia gnostica* — RSLR 5 (1969) 529—553

2438 SIMONETTI, M. *Note sull'interpretazione gnostica dell'Antico Testamento* — VetChr 9 (1972) 331—359

[2195] STAATS, R.: Doctrina, Generalia

[1549] STORY, C. I. K.: Justinus Martyr

2439 TAKIZAWA, T. *The Parallel Description of the so-called „Hymn of the Pearl"* [Japanese] — StudChr 6 (1971) 23—27

2440 TAKIZAWA, T. *On the „Psalms of Thomas"* [Japanese] — StudChr 7 (1972) 29—32

2441 TILL, WALTER CURT *Die gnostischen Schriften des koptischen Papyrus Berolinensis 8502.* 2. erweiterte Aufl., bearb. v. HANS-MARTIN SCHENKE [TU 60]. Berlin: Akademie-Verlag 1972. XIV, 366 pp.

2442 TRÖGER, KARL-WOLFGANG *Mysterienglaube und Gnosis im Corpus Hermeticum 13* [TU 110]. Berlin: Akademie-Verlag 1971. XVIII, 186 pp.

2443 TURBESSI, G. *Quaerere Deum. Il tema della ‚ricerca di Dio‘ nella gnosi e nello gnostismo* — Benedictina 18 (1971) 1—31

[555] WILLIAMS, M. A.: Apocrypha

2444 WILSON, R. MCL. *Gnosis und Neues Testament.* Aus dem Englischen übersetzt von L. KAUFMANN. Stuttgart: Kohlhammer 1971. 152 pp.

2445 WILSON, R. MCL. *Gnosticism in the Light of Recent Research* — Kairos 13 (1971) 282—288

2446 WILSON, R. MCL. *Jewish Christianity and Gnosticism* — RechSR 60 (1972) 261 272

2447 WILSON, R. MCL. *Philo of Alexandria and Gnosticism* — Kairos 14 (1972) 213—219

2448 WISSE, F. *The Nag Hammadi Library and the Heresiologists* — VigChr 25 (1971) 205—223

VIII. Patrum exegesis Veteris et Novi Testamenti

1. GENERALIA

[1804] ASHBY, G. W.: Theodoretus Cyrensis

2449 AUNE, D. E. *Early Christian Biblical Interpretation* — EvQ 91 (1969) 89—96

[702] BARNARD, L. W.: Athenagoras

[1627] BARTHÉLÉMY, D.: Origenes

[758] BOGDAPROSTE, GH.: Augustinus

[1336] CANÉVET, M.: Gregorius Nyssenus

2450 *Catenae in Evangelia Aegypticae puae supersunt* PAULI DE LAGARDE *studio et sumptibus edita*. Gottingae: Dieterich 1886 [unv. foto-mech. Nachdr.]. Osnabrück: Zelter 1971. 243 pp.

[1299] CATRY, P.: Gregorius I Magnus

2451 DALMAIS, I. H. *Colloques du Centre de Recherches d'Histoire et des Religions de Strasbourg. La Bible et les Pères* — RHR 180 (1971) 221—222

2452 DUPLACY, J. *L'inventaire générale des citations patristiques de la Bible grecque* — VigChr 25 (1971) 157—160; 26 (1972) 313—318

[1169] FAHEY, M. A.: Cyprianus

2453 FREDE, H. J. *Bibelzitate bei Kirchenvätern. Beobachtungen bei der Herausgabe der „Vetus Latina"*. In: *La Bible et les Pères* (cf. 1971, 105) 96—97

2454 HELM, LOTHAR *Studien zur typologischen Schriftauslegung im 2. Jahrhundert. Barnabas und Justin* [Diss.]. Heidelberg: 1971. XIV, 92; 50 pp.

2455 HORTON, FRED L. *Melchizedek Tradition through the first five centuries of the Christian era and in the epistle to the Hebrews* [Ph. D. Diss.]. Duke University: 1971. UM No. 71—24, 190

2456 KRUSE-BLINKENBERG, LARS *Pesitta som eksegese-historisk vidne* — DTT 31 (1968) 259—287

[1117] KUYUMA, M.: Clemens Alexandrinus

[873] LAOYE, J. A.: Augustinus

2457 LELOIRE, L. *La lecture de l'Écriture selon les anciens pères* — RAM 47 (1971) 183—200

[1144] MAYER, H. T.: Clemens Romanus

[1122] MEES, M.: Clemens Alexandrinus

[1146] MEES, M.: Clemens Romanus

[1123] MÉHAT, A.: Clemens Alexandrinus

[1880] MERCIER, G.: Josephus
[1410] PEÑAMARIA, A.: Hilarius Pictaviensis
2458 QUACQUARELLI, A. *Note sull'iperbole nelle sacra Scrittura e nei Padri* — VetChr 8 (1971) 5—26
2459 QUACQUARELLI, ANTONIO *Saggi patristici. Retorica ed esegesi biblica* [VetChr 5]. Bari: Adriatica Ed. 1971. 556 pp.
2460 RORDORF, WILLY *La vigne et le vin dans la tradition juive et chrétienne.* In: *Université de Neuchâtel, Annales 1969—1970* 131—146
2461 RULER, A. A. VAN *The Christian Church and the Old Testament.* Transl. by G. W. BROMILEY. Grand Rapids/Mich.: Eerdmans 1971. 104 pp.
[639] SANTORSKI, A.: Ambrosius
2462 SCHILD, M. E. *Leading motifs in some western Bible prologues* — JRH 7 (1972) 91—109
[2438] SIMONETTI, M.: Gnostica
2463 SINISCALCO, P. *Mito e storia della salvezza. Ricerche sulle più antiche interpretazione di alcune parabole evangeliche* [Filol. class. e glottologia 5]. Torino: Univ. Fac. di Lett. e Filos. 1971. 242 pp.
2464 STAROWIEYSKI, M. *Eva in traditione Antiochena, Alexandrina et Palaestinensi saeculo V* [Excerpta ex dissertatione ad doct. in Fac. Theolog. Pontificiae Universitatis Gregorianae]. Roma: 1972. 88 pp.
2465 WILKEN, R. L. *The interpretation of the baptism of Jesus in the later Fathers.* In: *Studia Patristica XI* [TU 108] (cf. 1972, 150) 268—277
2466 WILKEN, ROBERT L. *The Christianizing of Abraham: The Interpretation of Abraham in Early Christianity* — Concord 43 (1972) 723—731
[2242] WINSLOW, D. F.: Christologia

2. SPECIALIA IN VETUS TESTAMENTUM

Liber Genesis

[1236] JANSMA, T.: Ephraem Syrus
[932] PELLAND, G.: Augustinus

Gn 1

[1237] JANSMA, T.: Ephraem Syrus

Gn 1, 26

[2395] FRICKEL, J.: Gnostica

Gn 2, 10

[1418] FRICKEL, J.: Hippolytus Romanus

Gn 3, 15

[1512] ORBE, A.: Irenaeus

Gn 4, 1

[698] BAGGARLY, J. D.: Ps.-Athanasius

Gn 5

2467 TESTA, E. *La figura di Noè secondo i SS. Padri (Contributo alla storia della esegesi)* — StBibF 20 (1970) 138—165

Gn 49

[619] ARGAL, M. A.: Ambrosius

Liber Exodi

2468 SCHLOSSER, HANSPETER *Quellengeschichtliche Studien zur Interpretation des Leben-Moses-Zyklus bei den Vätern des 4. Jahrhunderts* [Diss.]. Freiburg/Br.: 1972. 256 pp.

[1238] JANSMA, T.: Ephraem Syrus

Ex 3, 14

2469 NOCE, C. *L'Esodo 3,14 nell'interpretazione dei Padri Latini.* Roma: Pontif. Univ. del Laterano 1971. 87 pp.

Psalmi

2470 ALESSIO, LUIS „*Reinó Dios desde el madero*". *Sobre la interpretación cristiana de los salmos* — RaBi 32 (1971) 327—337

2471 DEVREESSE, R. *Les anciens commentateurs grecs des Psaumes.* Città del Vaticano: Bibl. apost. Vat. 1970. XX, 336 pp.

[1409] GASTALDI, N. J.: Hilarius Pictaviensis

[674] LEANZA, S.: Arnobius Minor

[1360] RONDEAU, M. J.: Gregorius Nyssenus

[1801] WASZINK, J. H.: Tertullianus

Ps 6

2472 KNUTH, HANS CHRISTIAN *Zur Auslegungsgeschichte von Psalm 6.* Tübingen: J. C. B. Mohr 1971. X, 430 pp.

Ps 44

[2250] ROBITAILLE, L.: Ecclesiologia

Ps 81—85

[723] Augustinus

Ps 118

2473 *La chaîne palestinienne sur le psaume 118. Origène, Eusèbe, Didyme, Apollinaire, Athanase, Théodoret, I: Introduction, texte grec critique et traduction; II: Catalogue des fragments, notes et indices.* Par M. HARL avec la collab. de G. DORIVAL [SC 189/190]. Paris: Éd. du Cerf 1972. 861 p. in 2 Bd.

Liber Proverbiorum
Prv 12, 23

[866] LA BONNARDIÈRE, A. M.: Augustinus

Prv 30, 15—31

[1658] RICHARD, M.: Origenes

Liber Sapientiae

[867] LA BONNARDIÈRE, A.-M.: Augustinus

Liber Iob

[1299] CATRY, P.: Gregorius I Magnus

Isaias Propheta

[1020] NEYT, F.: Barsanuphius, Iohannes Gazensis

Hieremias Propheta

[691] KANNENGIESSER, CH.: Athanasius Alexandrinus

Hiezecihel Propheta
Ez 37

2474 OTRANTO, G. *Ezechiele 37, 1—14 nell'esegesi patristica del secondo secolo* — VetChr 9 (1972) 55—76

3. SPECIALIA IN NOVUM TESTAMENTUM

Quattuor evangelia

2475 MERKEL, H. *Widersprüche zwischen den Evagelien. Ihre polemische und apologetische Behandlung in der Alten Kirche bis zu Augustin.* Tübingen: Mohr 1971. VI, 295 pp.

[1511] ORBE, A.: Irenaeus

Evangelium secundum Mattheum

[1879] GAUTHIER, R.: Josephus

Mt 3, 13—17 par

[1405] DOIGNON, J.: Hilarius Pictaviensis

Mt 5, 32

2476 CROUZEL, H. *Le texte patristique de Matthieu V, 32 et XIX, 9 —* NTS 19 (1972) 98—119

Mt 6, 11

[797] DÜRIG, W.: Augustinus

Mt 7, 6

2478 HJÄRPE, JAN „*Pärlor för svin*". *Ett „Jesusord" i arabisk tradition —* SEÅ 36 (1971) 126—135

Mt 16, 13—18

[1288] LEMARIÉ, J.: Fulgentius Ruspensis

Mt 17, 1—9 par

[1651] MÉNARD, J. E.: Origenes

Mt 19, 9 cf. CROUZEL, H.: Mt 5, 32

Mt 20, 1—16

[1513] ORBE, A.: Irenaeus Lugdunensis

Evangelium secundum Marcum
Mc 2, 18—22

[793] CREMER, F. G.: Augustinus

Evangelium secundum Lucam
Lc 16, 19—31

[1332] ALEXANDRE, M.: Gregorius Nyssenus

Evangelium secundum Iohannem

2479 FEE, G. D. *The Text of John in The Jerusalem Bible: A Critique of the Use of Patristic Citations in New Testament Textual Criticism* — JBL 90 (1971) 163—173
[1636] FEE, G. D.: Origenes
[1662] ROWE, J. N.: Origenes

Io 1, 4

2480 SIMONETTI, MANLIO *Sulla interpretazione di Giovanni 1,4.* In: *Epektasis. Mélanges Jean Daniélou* (cf. 1972, 119) 197—207

Io 1, 1—18

[1253] DÖRRIE, H.: Eusebius Caesariensis
[1292] MANOIR, H. DU: Cyrillus Alexandrinus

Io 17, 5

2481 LAURENTIN, R. *Doxa, I: Problèmes de christologie. Jean 17,5 et ses commentaires patristiques; II: Documents. Jean 17,5 et ses commentaires patristiques.* Paris: Bloud & Gay 1972. 282 & 338 pp.

Io 19, 23—24

2481a AUBINEAU, MICHEL *La tunique sans couture du Christ. Exégèse patristique de Jean 19, 23—24.* In: Kyriakon I (cf. 1969/70, 80) 100—127

Ad Romanos

[725] Augustinus
[1640] HARI, M.: Origenes
[2424] PAGELS, E. H.: Gostica

Rm 1—8

[1516] PERETTO, E.: Irenaeus

Rm 14, 23b

[983] VEER, A. C. DE: Augustinus

Ad Corinthios I

I Cor 1, 18 — 2, 5

[1791] SCAGLIONI, C.: Tertullianus

I Cor 15, 24—28

2482 SCHENDEL, E. *Herrschaft und Unterwerfung Christi. 1. Korinther 15, 24—28 in Exegese und Theologie der Väter bis zum Ausgang des 4. Jhts.* [Beitr. zur Gesch. bibl. Exegese 12]. Tübingen: Mohr 1971. X, 228 pp.

I Cor 3, 12—15

[1634] CROUZEL, H.: Origenes

I Cor 7

[1777] BRAUN, R.: Tertullianus

Ad Galatas

[725] Augustinus

2483 LODOVICI, E. SAMEK *Sull'interpretazione di alcuni testi della Lettera ai Galati in Marcione e in Tertulliano* — Aevum 46 (1972) 371—401

Gal 2, 11 ff.

[1171] HAENDLER, G.: Cyprianus

Gal 6,2

[864] LA BONNARDIÈRE, A. M.: Augustinus

Ad Philippenses

Phil 2, 5—11

[1353] MATEO SECO, L. F.: Gregorius Nyssenus

Phil 2, 6—7

2484 GRELOT, P. *La traduction et l'interprétation de Ph 2, 6—7. Quelques éléments d'enquête patristique* — NRTh 93 (1971) 897—922; 1009—1026

Ad Timotheum I

I Tim 4, 14

2485 HOFIUS, O. *Zur Auslegungsgeschichte von ‚presbyterion'* *I. Tim.*
4, 14 — ZNW 62 (1971) 128—129

Apocalypsis Iohannis

[1426] PRIGENT, P.: Hippolytus Romanus

IX. Recensiones

R 1 ABEL, F. (1971/72, 486): MuHelv 29 (1972) 294—295 = Heinimann, S. — Gy 79 (1972) 549—551 = Schmitt

R 2 *The Acts of the christian martyrs* ed. H. MUSURILLO (1971/72, 1832): REL 50 (1972) 440—442 = Dolbeau — CH 41 (1972) 535 = Helgeland — JBL 91 (1972) 439—440 = Grant — AB 90 (1972) 194 = Halkin — RHE 67 (1972) 643 = Hockey — ClassFolia 26 (1972) 321—322 = Marique

R 3 ADAM, A. (1965, 1082): EA 47 (1971) 77 = Jaspert, B. — CV 14 (1971) 73—74 = Molnár, A.

R 4 ADAM, A. (1969/70, 65): CH 40 (1971) 350—351 = Groh, J.

R 5 ADAM, A. (1971/72, 2381a): ReSR 45 (1971) 377—378 = Ménard, J. — Helmántica 23 (1972) 183—184 = Reta, O. — Augustinus 17 (1972) 440 = Reta, O.

R 6 ADAMS, J. D. (1971/72, 738): REA 18 (1972) 316 = de Veer — TLS 71 (1972) 1409 — CH 41 (1972) 532 = Kaegi — ThSt 33 (1972) 591—592 = Schatkin, M. — Greg 53 (1972) 361—363 = Hallett, G. L. — CD 185 (1972) 137 = Manrique, A. — RRel 31 (1972) 307 = Range, J. — ModS 50 (1972) 87 = Bourke, V.

R 7 ADRIAEN, M. (1969/70, 1416): RBen 81 (1971) 160—161 = Verbraken, P.

R 8 *Aetheria* ed. G. NOVAK — A. BECKHÄUSER (1971/72, 600): REBras 31 (1972) 530—531 = Beckhäuser, A.

R 9 *Aetheria* ed. J. WILKINSON (1971/72, 599): JEcclH 23 (1972) 268—269 = Hardy — JThS 23 (1972) 242—245 = Hunt — RThL 3 (1972) 364 = Hossiau — PalExQ 104 (1972) 67—68 = Bishop — HeythropJ 13 (1972) 204—205 = Crehan, J. — ModCh 15 (1972) 197—199 = Wadsworth, M. — ExpT 83 (1971—72) 60 = Davies, J. G.

R 10 *Agnello, arcivescovo...* (1971/72, 605): Byzan 42 (1972) 277—279 = Sansterre

R 11 AKELEY, T. C. (1967/68, 110) CHR 56 (1970) 324—325 = Manrique, J.

R 12 ALAND, K. (1971/72, 557): CH 41 (1972) 110 = Maxwell, C.

R 13 ALBERTSON, C. (1971/72, 1833): CHR 56 (1970) 336—338 = Deanesly, M.

R 14 ALDAMA, J. A. DE (1969/70, 553): JThS 23 (1972) 326 = Chad-
wick — RThL 3 (1972) 365 = Hossiau — RSPh 56 (1972) 440 =
Laurentin — NRTh 94 (1972) 982 = Galot, J. — Augustinus 17
(1972) 88 = Calvo, T. — Espíritu 20 (1971) 63—65 = Solá, F.
de P. — Burgense 12 (1971) 419 = Gil de las Heras, F. —
StMon 13 (1971) 251 = Puig, P. — FZPT 19 (1972) 462—463 =
Studer, B. — EThL 47, 1 (1971) 241 = Philips, G. — EE 46
(1971) 557—559 = Dalmau, J. M. — ScTh 3 (1971) 197—200 =
Mateo Seco, L. F. — Salmant 18 (1971) 419 = Llamas, E. —
ThBraga 7 (1972) 110—111 = Faría, M. de — Manresa 43
(1971) 397 = Granero, J. M. — StudiumAv 11 (1971) 143 =
García, R. — IlCl 64 (1971) 227 = Robles, V.

R 15 ALONSO SCHOEKEL, L. (1971/72, 2153a): EtThR 47 (1972) 107—109
— Barlct   EThL 48 (1972) 668 — EAg 6 (1971) 270—271 =
Mielgo, C.

R 16 ALTANER, B. (1967/68, 66): Lychnos (1969/70) 389—390 =
Hultgren

R 17 ALTBAUER, M. (1971/72, 2011a): Slovo 22 (1972) 146—148 =
Nazor, A.

R 18 ALVAREZ, J. (1969/70, 714): Augustinus 16 (1971) 405—408 =
Capanaga, V. — RAgEsp 12 (1971) 253 — Canera, G.

R 19 ALVAREZ CAMPOS, S. (1969/70, 2061): AB 90 (1972) 202—203 =
Noret, J. — Helmántica 23 (1972) 179—180 = Reta, O. —
EJos 26 (1972) 115 = Llamas, E. — IlCl 64 (1971) 835—836 =
Fernández, D. — NRTh 94 (1972) 981 = J. G. — RET 32 (1972)
244—245 = Merino, P. — EThL 48, 1 (1972) 227—228 =
Philips, G. — CD 184 (1971) 153 = Manrique, A. — EE 47
(1972) 87—88 = Aldama, J. A. de — ScTh 3 (1971) 194—197;
4 (1972) 644—645 = Mateo Seco, L. F. — Ant 47 (1972)
147—149 = Weijenborg, R. — Esprit 81 (1971) 500 = Billet, B.

R 20 Ambrosius ed. G. COPPA (1969/70, 611): Latomus 30 (1971)
528 529 = Duval, Y.-M.

R 21 Ambrosius ed. M. GARRIDO BONAÑO (1966, 882): MCom 55
(1971) 347 = Valero, J. B.

R 22 Ambrosius ed. R. GRYSON (1971/72, 615): Irénikon 45 (1972)
133—134 = H. M. — VS 126 (1972) 766—767 = Dalmais, I. II.
— StMon 14 (1972) 317—318 = Pifarré, C. M. — AteRo 17
(1972) 147—148 = Naldini — REL 50 (1972) 320—321 =
Fontaine — BLE 73 (1972) 300—302 = Boularand — ACl 41
(1972) 696 = Verheijen — RBen 82 (1972) 343 = Verbraken —
NRTh 94 (1972) 929—930 = Martin, Ch. — ReHS 48 (1972)
507 — N. N. — RSLR 9 (1973) 96 98 = Pizzolato Clergy 54
(1969) 652—654 = Richards, M. — Esprit 82 (1972) 555—556 =
Duval, Y.-M.

R 23 *Ambrosius* ed. W. T. WIESNER (1969/70, 612): RBen 82 (1972) 343 = Verbraken

R 24 *Amphilochus Iconiensis* ed. E. OBERG, (1971/72, 645a): RiStCl 19 (1971) 256—257 = d'Agostino — RPh 46 (1972) 130—132 = Irigoin — OrChr 56 (1972) 221—222 = Davids — ArGran 34 (1971) 258—259 = Aldama, J. A. de

R 25 *Analecta hymnica Graeca* ed. A. PROIOU (1971/72, 2013): OrChr 38 (1972) 278 = Raes

R 26 *Ancient History Atlas* ed. M. GRANT (1971/72, 179): CW 66 (1972) 185 = Seitala, W.

R 27 ANDRESEN, C. (1971/72, 192): DDT 34 (1971) 311—312 = Balling, J. L. — JEcclH 23 (1972) 264 = Drewery, B. — StMon 14 (1972) 258—259 = Rosès, C. — TTZ 81 (1972) 249—250 = Sauser, E. — ArGran 34 (1971) 311—312 = Balling, J. L. — Temenos 7 (1971) 117—128 = Kiviranta, S. — RSPh 56 (1972) 621—628 = de Durand

R 28 ANTIN, P. (1967/68, 1279): Sc 24 (1970) 379 = Manning — VigChr 25 (1971) 233 = van der Nat — CR 21 (1971) 135—136 = Frend, W. H. C. — Irénikon 45 (1972) 571 = M. P. — ReSR 45 (1971) 100—101 = Munier, Ch.

R 29 *Antologia cristiana* ed. Q. CATAUDELLA (1969/70, 555): RSLR 8 (1972) 621—623 = Trisoglio

R 30 ARMSTRONG, A. H. (1971/72, 743a): Augustinus 17 (1972) 311— 312 = Oroz, J. — AugR 10 (1970) 199 = Morán

R 31 *Arnobius Maior* ed. J. M. P. B. VAN DER PUTTEN (1971/72, 667): CR 22 (1972) 416 = Hudson-Williams — ACl 41 (1972) 346— 347 = Knecht — REAnc 73 (1971) 286—287 = Courcelle, P. — RPh 45 (1971) 369 = Le Bonniec, H.

R 32 ARNOLD, E. (1971/72, 194): Enc 32 (1971) 170—171 = Battles, F.

R 33 ASMUSSEN, J. P. (1965, 1199): RSLR 1 (1965) 497—499 = Duchesne-Guillemin, J.

R 34 *Asterius Amasenus Episcopus* ed. C. DATEMA (1969/70, 667): ThLZ 97 (1972) 445—446 = Schultz — AB 89 (1971) 215—216 = Halkin, F.

R 35 *Athanasius* ed. R. W. THOMSON (1971/72, 680): TLS 70 (1971) 1063 — SJTh 25 (1972) 375—377 = Frend, W. H. C. — JThS 23 (1972) 239—241 = Louth, A. — HeythropJ 13 (1972) 338—339 = Armstrong, A. H. — SelLib 8 (1971) 483 = Vives, J. — Theology 75 (1972) 42—43 = Hall S. G. — CH 41 (1972) 113 = Wagner — NRTh 93 (1971) 708 = Martin — VigChr 26 (1972) 232—234 = Meijering — Bibl 53 (1972) 127 = des Places — HistRel 182 (1972) 207—208 = Nautin, P. — JEcclH 22 (1971) 378 = Turner, H. E. W. — CD 185 (1972) 135 = Manrique — Augustinus 17 (1972) 205 = Oroz

R 36 *Athenagoras* ed. W. R. SCHOEDEL (1971/72, 700): JEcclH 23 (1972) 347—348 = Barnard — ClassFolia 26 (1972) 323 = Brannan — DR 90 (1972) 291—292 = Billam — RHE 67 (1972) 644 = Hockey — RHPhR 52 (1972) 506 = Prigent — CH 41 (1972) 402—403 = Grant — Theology 75 (1972) 604—605 = Hall, S. G. — RHPhR 52 (1972) 316 = Orosio, P.

R 37 ATIYA, A. S. (1967/68, 116): CHR 57 (1971) 453—454 = Dennis, G. — Kyrios 11 (1971) 121 = Madey, J.

R 38 *Atlas zur Kirchengeschichte* ed. H. JEDIN, K. S. LATOURETTE, J. MARTIN (1969/70, 118): ZMRW 55 (1971) 118 = Promper, W. — ZRGG 24 (1972) 94 = Jaspert, B. — ZEvKR 16 (1971) 324—326 = Campenhausen, H. von — KrS 127 (1971) 139—140 = Pfister, R. — NRTh 94 (1972) 871—873 — Mols, R. — HJ 92 (1972) 485—486 — Engelmann, U. — USa 26 (1971) ThPh 47 (1972) 288—290 = Grillmeier, A. — ThQ 151 (1971) 271—273 = Reinhardt — 234—235 = Bauder, G. — ArGran 35 (1972) 405 = Sotomayor, M. — RThom 72 (1972) 664 = de Santo-Tomas, J. J. — REB 30 (1972) 360 = Janin, R. — RBen 81 (1971) 343 = Verbraken, P. — REH 66 (1971) 960—965 = Aubert, R. — EvTh 31 N.F. 26 (1971) 61—62 = Wolf, E. — BLE 72 (1971) 315 = E. G. — WiWh 34 (1971) 220—221 = Clasen, S. — LuthRundbl 19 (1971) 265 = Oe — OstkiSt 21 (1972) 216—222 = Suttner, E. C. — ThBraga 7 (1972) 581 = Arieiro — ThRe 67 (1971) 268—270 = Franzen, A. — EA 47 (1971) 262 = Engelmann, U.

R 39 *Atti degli Apostoli* ed. J. LEAL, M. CELLETTI, A. MARCHESI (1971/72, 524): Salesianum 33 (1971) 540 — Ant 46 (1971) 382 = Bellini

R 40 AUBINEAU, M. (1967/68, 1353): ReSR 45 (1971) 175 = Ménard, J.

R 41 AUBINEAU, M. (1971/72, 1375): Byzan 42 (1972) 616 = N.N. — BLE 73 (1972) 305—306 = Crouzel, H. — CR 24 (1974) 295—296 = C. W. Macleod — StMon 14 (1972) 582—583 = Ribera, R. — NRTh 94 (1972) 831—832 = Martin, C. — RBen 82 (1972) 345 = Bogaert, P.-M. — OrChrP 38 (1972) 476 = Raes, A.

R 42 *Augustinus* ed. B. ALTANER (1964, 506): RAgEsp 13 (1972) 495 = Morá, C.

R 43 *Augustinus* ed. R. ARGENIO (1969/70, 708): REA 17 (1971) 336 = G. F. — Augustinus 16 (1971) 93—94 = Orosio, P.

R 44 *Augustinus* ed. F. BERROUARD (1969/70, 696): JThS 22 (1971) 251—252 = Wright, D. F. — CaHist 17 (1972) 268—269 = Orrieux, C. — Esprit 81 (1971) 599—600 = Duval, Y.-M.

R 45 *Augustinus* ed. M.-F. BERROUARD (1971/72, 717a): CBQ 33 (1971) 90—91 = Eno, R. B. — Ang 49 (1972) 263—265 = Gunten, F. von — RAgEsp 12 (1971) 239 = Fernández González, J. — ScEs 23 (1971) 259 = Pelland, G.

R 46 *Augustinus* ed. L. CARROZZI (1971/72, 721): AugR 12 (1972) 190—191 = Gentili

R 47 *Augustinus* ed. M. DANGOISSE (1971/72, 709): REA 18 (1972) = 297 = Brix

R 48 *Augustinus* ed. V. EBOROWICZ (1971/72, 724): REA 18 (1972) 300 = Brix

R 49 *Augustinus* ed. A. ETCHEGARAY — J. OROZ RETA (1971/72, 728): REA 18 (1972) 299 = Bleuzen

R 50 *Augustinus* ed. D. GENTILI (1969/70, 694): REA 18 (1972) 297 = Madec

R 51 *Augustinus* ed. W. M. GREEN — K. D. DAUR (1969/70, 704): JThS 23 (1972) 253—256 = Walsh, P. G. — RBen 81 (1971) 333—334 = P. V. — Augustinus 17 (1972) 201 = Oroz, J.

R 52 *Augustinus* ed. W. M. GREEN (1971/72, 712): REA 18 (1972) 298 = Bleuzen

R 53 *Augustinus* ed. G. MARZI (1969/70, 699): LS 7 (1972) 246—248 = Serra — REA 17 (1971) 331 = G. F. — Augustinus 17 (1972) 80—81 = Capanaga, V.

R 54 *Augustinus* ed. A. MARZULLO (1967/68, 754): Vichiana 1 (1972) 188—196 = Magliozzi — RSLR 5 (1969) 492 = Siniscalco — REA 18 (1972) 296 = Bleuzen — Latomus 30 (1971) 738—739 = Courcelle, P. — Augustinus 17 (1972) 78—80 = Capánaga, V.

R 55 *Augustinus* ed. W. J. MOUNTAIN — FR. GLORIE (1967/68, 767a): ZKG 82 (1971) 261—265 = Fontaine, J.

R 56 *Augustinus* ed. A. MUTZENBECHER (1969/70, 703): REA 17 (1971) 334—335 = L. B. — RBen 91 (1971) 344 = P. V. — VigChr 25 (1971) 313—317 = Waszink, J. H. — RAgEsp 13 (1972) 217 = Morán, C. — Augustinus 17 (1972) 201 = Oroz, J.

R 57 *Augustinus* ed. V. PALADINI — V. PARONETTO (1971/72, 716): AugR 12 (1972) 578 = di Bernardino

R 58 ed. M. PELLEGRINO, T. ALIMONTI, L. CARROZZI (1969/70, 702): REA 17 (1971) 331—332 = L. B. — Maia 24 (1972) 380 = Pugliarello, M.

R 59 *Augustinus* ed. C. J. PERL (1964, 509): Greg 46 (1965) 876—877 = Bellini, E.

R 60 *Augustinus* ed. PERL (1967/68, 762): ThQ 152 (1972) 87 = Rief, J.

R 61 *Augustinus* ed. C. J. PERL (1971/72, 715): CD 185 (1972) 760 = Folgado Flórez, S. — ZKTh 94 (1972) 484 = Jungmann

R 62 *Augustinus* ed. M. PETSCHENIG (1967/68, 770): FrBog 13 (1971) 155—156 = Morales, F.

R 63 *Augustinus* ed. G. DE PLINVAL — J. DE LA TULLAYE (1966, 970): NRTh 93 (1971) 717—718 = Lebeau, P. — Greg 51 (1972) 406 = Orbe, A.

R 64 *Augustinus* ed. RUSSEL (1967/68, 768): EAg 6 (1971) 297 = Morán, J.

R 65 *Augustinus* ed. A. SAGE (1971/72, 718): REA 18 (1972) 301

R 66 *Augustinus* ed. M. SKUTELLA (1969/70, 690): RBen 81 (1971) 156 = P. V.

R 67 *Augustinus* ed. M. SKUTELLA — M. PELLEGRINO — C. CARENA (1965, 453a): BTAM 11 (1971) 212 = Mathon

R 68 *Augustinus* ed. V. TARULLI (1971/72, 723): AugR 12 (1972) 187— 189 = Monteverde — REA 18 (1972) 300 = Bleuzen

R 69 *Augustinus* ed. A. TRAPÈ (1971/72, 719): VetChr 9 (1972) 409 = Quacquarelli — REA 18 (1972) 301

R 70 *Augustinus* ed. S. E. WIRT (1971/72, 711): BiblSacr 128 (1971) 377 = Deibler, E. C.

R 71 *Ausonius* ed. A. PASTORINO (1971/72, 1007): Latinitas 20 (1972) 101 = Marsiglio — ASNSP, 3. Ser. 1 (1971) 531—540 = Nardo — ACl 41 (1972) 347—349 — Problemi della Pedagogica (1972) 507—508 = Semi

R 72 AYERST, D. — FISHER, A. S. T. (Ed.) (1971/72, 197): Thom 36 (1972) 193—195 = Ramsey, B. — JEcclH 23 (1972) 257 = Drewery, B.

R 73 BAER, R. A. (1969/70, 359) RFC 100 (1972) 199—202 = Nazarro

R 74 BAGATTI, B. (1971/72, 199): IsExJ 21 (1971) 243—244 = Avi-Yonah, M. — EF 73 (1972) 271—273 = Cortés, E.

R 75 BAKER, D. (1971/72, 136a): JEcclH 23 (1972) 176—178 = Barnard, L. W.

R 76 BARBEL, J. (1969/70, 560): REA 18 (1972) 353 = Bleuzen — EAg 6 (1971) 149 = Morán, J.

R 77 BARDY, G. (1967/68, 2050): REspir 30 (1971) 109 = Pablo Maroto, D. de — HeythropJ 10 (1969) 94—95 = Butterworth, R.

R 78 BÂRLEA, O. (1971/72, 1982a): Maison Dieu 110 (1972) 156—157 = Dalmais, J.-H. — EE 47 (1972) 124—125 = Segovia, A. — Greg 53 (1972) 581—582 = Galot, J. — EThL 47, 1 (1971) 549—550 = Coppens, J. — VigChr 26 (1972) 68—71 = Hamman, A. — OstkiSt 20 (1971) 324—326 = Biedermann, H. M. — OrChrP 38 (1972) 279—280 = Raes, A. — RechSR 60 (1972) 464 = Kannengiesser — Ant 46 (1971) 515 = Avedillo, J. A. M.

R 79 BARLEY, M. W. — HANSON, R. P. C. (1971/72, 202): JBAA 33 (1970) 155 = Painter, K. S. — RQ 13 (1970) 58—60 = Ferguson, E.

R 80 *Barnabae Epistula* ed. P. PRIGENT und R. A. KRAFT (1971/72, 1014): EE 47 (1972) 89 — de Aldama — RHEF 58 (1972) 398—399 = Palanque, J.-R. — Irénikon 45 (1972) 432 = E. L. — VS 126 (1972) 767—768 = Dalmais, I.-H. — BHPhR 51 (1971) 409 = Pringent, P.

R 81 BARNARD, L. W. (1967/68, 1423): VigChr 25 (1972) 148—149 = Cunningham — CHR 56 (1970) 323—324 = Rush, A. C.

R 82 BARNES, T. D. (1971/72, 1773): ThLZ 97 (1972) 851—853 = Andresen, C. — Helmantica 23 (1972) 179 = Ortall, J. — RHE 67 (1972) 288 = Hockey — Augustinus 17 (1972) 219 = Oroz, J. — PalLat 42 (1972) 36—37 = Molina, M. — REAnc 74 (1972) 344—346 = Courcelle, P. — Emerita 41 (1973) 534—535 = Rodón, E. — Theology 75 (1972) 158 = Luibhéid, C. — DR 90 (1972) 145—146 = Murphy, G. M. H. — RBen 82 (1972) 356 = Verbraken — ZKTh 94 (1972) 484 = Jungmann — AtPavia 50 (1972) 463—466 = Frassinetti

R 83 *Basanuphius* ed. L.REGNAULT — P. LEMAIRE — B. OUTTIER (1971/72, 1019): Irénikon 45 (1972) 434 = M. v. P.

R 84 BARTELINK, G. J. M. (1969/70, 407): ReHS 48 (1972) 105—107 = N. N.

R 85 *Basilius Magnus* ed. L. LÈBE — O. ROUSSEAU (1969/70, 941): Latomus 30 (1971) 528 = Duval, Y.-M. — OrChrP 37 (1971) 250 = Špidlík, T. — MitrOlt 24 (1972) 136—137 = Vornicescu, N. — HistRel 182 (1972) 100 = Guillaumont, A.

R 86 *Basilius Caesariensis* ed. A. SMETS und M. VAN ESBROECK (1969/70, 942): NRTh 93 (1971) 713 = Martin — RHEF 57 (1971) 348 = Palanque, J. R. — RPh 45 (1971) 158—159 = des Places, E. — RBen 81 (1971) 155—156 = Bogaert, P.-M. — RHSpir 48 (1972) 117—120 = Jouvenot, C. — VigChr 26 (1972) 234—237 = van Winden — JThS 22 (1971) 240—241 = Amand de Mendieta, E. — OrChrP 37 (1971) 541 = Špidlík, T. — Irénikon 45 (1972) 134 = M. v. P. — EE 47 (1972) 94 = de Aldama — Broteria 95 (1972) 601—602 = Morato, N. — RAgEsp 13 (1972) 217 = Morán, C. — RHR 181 (1972) 97—98 = Dalmais, I. H. — Esprit 81 (1971) 599 = Duval, Y.-M.

R 87 BATIFFOL, P. (1971/72, 204): CD 185 (1972) 756—757 = Manrique, A. — Stromata 28 (1972) 633 — Aevum 46 (1972) 365 — Esprit 81 (1971) 583 = Viard, P.

R 88 BAUER, J. B. (1971/72, 533): RC 17 (1971) 629 = Arias, L. — MontCarm 80 (1972) 668 = Martín del Blanco, M. — CultBib 29 (1972) 381 = Soria, V. — EAg 7 (1972) 163 = Mielgo, C. — ScTh 4 (1972) 247—248 = Aranda, G. — Salmant 19 (1972) 452—453 = Turrado, L. — VyV 29 (1971) 517 = Zamora, H. — Pentecostés 10 (1972) 57 = Lage, F. — EMerced 28 (1972) 329—330 = Pikaza, J. — ETrin 6 (1972) 244 = Pujana, J.

R 89 BAUER, W. (1971/72, 206): CBQ 34 (1972) 201—202 = Vawter, B. — RRel 31 (1972) 151 = Murphy, C. — WestThJ 34 (1972) 183—186 = Woolley, P. — LW 19 (1972) 302 = Schild, M. — Enc 33 (1972) 416—418 = Kraabel, A. — JChSt 14 (1972) 142—144 =

McMillon, L. — JEcclH 23 (1972) 263—264 = Drewery, B. — ExpT 83 (1971/72) 313 = Ward, M.

R 90 BAUR, J. (1967/68, 1996): TTh 11 (1971) 317—318 = Willems, B. A.

R 91 BAVEL, T. J. VAN (1969/70, 721): TTh 11 (1971) 86—87 = Verhees, J. — REA 18 (1972) 336 = de Veer

R 92 BEATO, L. (1967/68, 697): RET 30 (1970) 331 = Oroz — CT 98 (1971) 641—642 = Cordero

R 93 BECKER, A. (1967/68, 782): ThQ 152 (1972) 191—192 = Rief, J.

R 94 BECKER, C. (1967/68, 1467): Latomus 31 (1972) 233—235 = Beaujeu

R 95 BELLINI, E. (1969/70, 1173): StMon 14 (1972) 315 = Pifarré, C. M. — Greg 53 (1972) 171 = Orbe, A. — Salesianum 33 (1971) 540 = Riggi — JEcclH 23 (1972) 196—197 = Sykes, D. A. — OrChrP 38 (1972) 328 = Špidlík — RechSR 60 (1972) 467 = Kannengiesser — ThLZ 97 (1972) 369—371 = Bertram — FZPT 19 (1972) 457 = Studer, B. — EAg 6 (1971) 532—533 = Morán, J. — EE 47 (1972) 96 = de Aldama

R 96 BÉNÉ, CH. (1969/70, 722): CHR 57 (1972) 637—638 = Bense

R 97 *Benedictus Nursinus* ed. D. H. FARMER (1968/69, 1004): Sc 24 (1970) 445—446 = Manning — MAev 41 (1972) 132 = Wright, C. E.

R 98 *Benedictus Nursinus* ed. A. DE VOGÜÉ (1971/72, 1047—49): OrChrP 38 (1972) 280 = Špidlík — Esprit 182 (1972) = Oury, G. — NRTh 94 (1972) 830—831 = Martin, Ch.

R 99 BENOÎT, A. (1969/70, 148): EA 48 (1972) 318—319 = Jaspert, B. — EAg 6 (1971) 564 = Morán, C.

R 100 BENOÎT, A. (1971/72, 2155): CD 185 (1972) 760 = Manrique, A.

R 101 BERGADÁ, M. M. (1969/70, 1194): Augustinus 17 (1972) 86—87 = Orosio, P. — Irénikon 45 (1972) 134 = M. v. P. — CT 99 (1972) 201—202 = Hernández, R. — Laval 28 (1972) 95 = Poirier, P.-H.

R 102 BERNARD, J. (1967/68, 1063): BLE 72 (1971) 140—142 = Boularand, E. — VigChr 26 (1972) 153—154 = van Winden, J. C. M. — ThRe 67 (1971) 377—379 = Grasmück, E. L. — RET 30 (1970) 327—329 = Capánaga — SelLib 9 (1972) 256—257 = Vives, J.

R 103 BERNARDI, J. (1967/68, 646): RSLR 8 (1972) 187 = Forlin Patrucco — RechSR 60 (1972) 466 = Kannengiesser — RHE 65 (1970) 511 = Mossay, J.

R 104 BERTOLA, E. (1969/70, 724): REA 18 (1972) 363 = Madec

R 105 BERTRAND, G.-M. (1966, 785): CD 184 (1971) 653 = Manrique, A.

R 106 BEYSCHLAG, K. (1966, 1463): RSLR 5 (1969) 155—158 = Tibiletti

R 107 *La Bible et les Pères* (1971/72, 105): JEcclH 23 (1972) 195 = Hanson — NRTh 94 (1972) 960 = Dideberg — JBL 90 (1971) 503—504 = Epp, E. J. — RET 32 (1972) 243—244 = Merino, P. — HistRel 180 (1971) 221—222 = Dalmais, I. H. — EtThR 46 (1971) 464—465 = Roussel, B. — StMon 14 (1972) 312—313 = Pifarré, C. M.

R 108 *Biblia Sacra iuxta Latinam Vulgatam Versionem* (1969/70, 474): ReSR 45 (1971) 379 = Ménard, J.

R 109 BIELER, L. (1971/72, 1894): AB 90 (1972) 201—202 = van der Straeten — DR 90 (1972) 221—224 = Watkin — RBen 82 (1972) 344 = Verbraken — RHE 67 (1972) 1021 = Dauphin

R 110 BIENERT, W. A. (1971/72, 1210): Platon 24 (1972) 343—348 = Bonis — ArGran 35 (1972) 350—351 = Segovia, A.

R 111 BIHLMEYER, K. (1969/70, 152): RThom 72 (1972) 163 = Santo-Thomas, J. J. de

R 112 BIOLO, S. (1969/70, 725): RUO 41 (1971) 335 = Lamirande, É. — RET 31 (1971) 374—375 = Capánaga, V. — RAgEsp 12 (1971) 483 = Cilleruelo, L. — Augustinus 16 (1971) 190—191 = Capánaga, V. — CC 122 (1971) 95 = Ferrua, A.

R 113 BODIN, Y. (1966, 1667): HistRel 182 (1972) 100 = Nautin, P.

R 114 BÖHLIG, A. (1967/68, 69): JSS 16 (1971) 247—250 = Widengren, G.

R 115 BOER, S. DE (1967/68, 1239): ThLZ 96 (1971) 273—274 = Bertram, G. — NRTh 95 (1973) 877 = Martin, Ch.

R 116 *Boethius* ed. E. GEGENSCHATZ — O. GIGON (1969/70, 982): ThPh 46 (1971) 136 = Sieben

R 117 *Boethius* ed L. ORBETELLO (1969/70, 983): RPFE 162 (1972) 67 = Jolivet

R 118 *Boethius* ed. R. DEL RE (1967/68, 1032): Salesianum 33 (1971) 173 = Gastaldelli

R 119 *Boethius* ed. S. J. SIERRA (1967/68, 1033): RSLR 5 (1969) 493 = Vajda

R 120 BONNER, G. (1971/72, 760): BTAM 11 (1972) 368 = Mathon

R 121 BORCHARDT, C. F. A. (1966, 1676): HeythropJ 10 (1969) 95 = Yarnold, E.

R 122 BORGOMEO, P. (1971/72, 763): Broteria 95 (1972) 487—489 = Mauricio, D.

R 123 BOULARAND, E. (1971/72, 664): BLE 73 (1972) 298—300 = Crouzel, H. — NRTh 94 (1972) 972—973 = Renwart, L. — Esprit 82 (1972) 554—555 = Duval, Y.-M.

R 124 BOURGEAULT, G. (1971/72, 2311): Greg 53 (1972) 173s = Hamel, E.

R 125 BOURKE, V. J. (1971/72, 2312a): RAgEsp 12 (1971) 288 = García, Cl.

R 126 BOURKE, V. J. (1965, 474): Augustinus 16 (1971) 409 = Orosio, P.
R 127 BOUSSET, W. (1969/70, 2009): CBQ 33 (1971) 242—243 = Brown, S. — ReExp 68 (1971) 548 = Hinson, E. — SR 1 (1971) 254 = Richardson, P.
R 128 BOWMAN, J. (1967/68, 138): BiZ 15 (1971) 150—151 = Müller
R 129 BOYER, C. (1969/70, 735): REA 18 (1972) 336 = Bleuzen
R 130 BOYER, C. (1969/70, 734): JES 8 (1971) 428—430 = Mondin, B. — RThom 71 (1971) 190 = Leroy, M.-V. — Augustinus 16 (1971) 94 = Capánaga, V.
R 131 BRABANT, O. (1971/72, 767): REA 18 (1972) 341 = Brix — MSR 28 (1971) 233—234 = Huftier, M. — EThL 47, 1 (1971) 527—528 = Janssen, A. — Irénikon 45 (1972) 572 = M. P. — ThQ 152 (1972) 178—179 − Vogt — NRTh 94 (1972) 836 = Dideberg, D. — Esprit 81 (1971) 679 − Huftier, M.
R 132 BRECHTKEN, J. (1969/70, 739): REA 16 (1970) 344 = Brechtken
R 133 *Brevario Patristico* ed. T. ŠPIDLÍK (1971/72, 107): StMon 14 (1972) 582 = Ravilo, S.
R 134 BROCK, S. (1971/72, 1617): CW 66 (1972) 53—54 = Metzger, B. M.
R 135 BROEK, R. VAN DER (1971/72, 562): REL 50 (1972) 463—440 = Fontaine, J.
R 136 BROUDÉHOUX, J.-P. (1969/70, 1033): RHEF 57 (1971) 347—348 = Vandevoorde, P. — BLE 73 (1972) 293 = Crouzel — Ang 48 (1971) 244—245 = Filippi, N. — EThL 47 (1971) 253—254 = Janssen, A. — EAg 6 (1971) 295—296 = Morán, J. — MSR 28 (1971) 57 = Boulanger, J.-C. — RHE 67 (1972) 118—119 = Camelot — ArGran 34 (1971) 259 = Segovia, A. — ThPh 46 (1971) 308—310 = Sieben — CD 184 (1971) 147—148 = Manrique, A. — Irénikon 45 (1972) 570 = O. R. — REspir 31 (1972) 244 = Guerra, A. — ThSt 33 (1972) 763—764 = Sherlock, J. A. — TEsp 16 (1972) 283—284 = Velasco, A. — StMon 13 (1971) 252 = Llunch, A. — HistRel 182 (1972) 98—99 = Nautin, P.
R 137 BROWN, P. (1971/72, 217): DDT 35 (1972) 228—229 = Balling, J. L. — JEcclH 23 (1972) 258 = Drewery, B. — TT 35 (1972) 228—229 = Balling, J. L. — JThS 23 (1972) 231—233 = Frend, W. H. C.
R 138 BROWN, P. (1971/72, 772): CD 183 (1970) 608—609 = Manrique, A. — Espíritu 20 (1971) 179—180 = Pegueroles, J. — StMon 13 (1971) 200—201 = Olivar, A. — RAgEsp 12 (1971) 191 = Viuda, I. de la
R 139 BROWN, P. (1967/68, 789): ArPap 21 (1971) 351—353 = Bavel, T. J. van — Prudentia 2 (1970) 98—99 = Minn, H. R. — Crisis 19 (1972) 238—239 = Oroz, J. — Augustinus 17 (1972) 201—202 = Oroz, J. = RSLR 5 (1969) 648—650 = Pincherle, A.

R 140 BROWN, P. (1971/72, 771): REA 18 (1972) 354 — ArSR 34 (1972) 175—176 = Meslin, M. — NRTh 94 (1972) 835—836 = Dideberg, D. — EtPh (1972) 74—75 = Margolin — RSPhTh 56 (1972) 551 = Saffrey — RHEF 58 (1972) 133 = Palanque, J. R. — NovaVet 47 (1972) 232—234

R 141 BROWN, P. (1971/72, 773): Theology 75 (1972) 213—214 = Markus, R. A. — DR 90 (1972) 213—214 = Murphy, G. M. H. — Augustinus 17 (1972) 313 = Oroz, J. — CD 185 (1972) 759 = Manrique, A. — RSPhTh 56 (1972) 633—636 = de Durand — HeythropJ 13 (1972) 455—457 = Walsh, M. J. — ExpT 83 (1971/72) 315—316 = Graham, A.

R 142 BROWNE, G. M. (1969/70, 430): ZSavR 89 (1972) 400—406 = Rupprecht, H.-A.

R 143 BROWNING, R. (1971/72, 218): Sp 47 (1972) 748—750 = Barker, J. W. — REB 30 (1972) 358 = Darrouzès, J. — JEcclH 23 (1972) 180—181 = Nicol, D. M. — Thou 47 (1972) 628 = Powers, J.

R 144 BROX, N. (1967/68, 1997): ReSR 45 (1971) 173 = Ménard, J.

R 145 BRUCE, F. F. (1971/72, 2210): ThT 29 (1972) 203—204 = Wilken, R.

R 146 BRUNN, E. ZUM (1969/70, 742): RechSR 60 (1972) 479 = Kannengiesser

R 147 BUCHEM, L. A. VAN (1971/72, 1270): CHR 56 (1970) 334—335 = Meehan, M.

R 148 BUDRIESI, R. (1969/70, 161): AB 90 (1972) 438 = Halkin — ZKTh 94 (1972) 368 = Sauser

R 149 BÜTTNER, H. — MÜLLER, I. (1967/68, 147): HZ 215 (1972) 385—386 = Prinz

R 150 BULLARD, R. A. (1960/70, 2137): ThLZ 97 (1972) 125—129 = Fischer, K. M. — RSR 46 (1972) 176 = Ménard — RBen 81 (1971) 350 = Bogaert, P. M. — AB 90 (1971) 209—210 = Esbroeck, M. van — ArGran 34 (1971) 303 = Segovia, A. — EAg 6 (1971) 143 = Mielgo, C. — RaBi 34 (1972) 374 = Losada, D. — FS 53 (1971) 361 = Baumeister, Th. — ReSR 46 (1972) 176 = Ménard, J.

R 151 BURKE, J. B. — WIGGINS, J. B. (1971/72, 223): SR 1 (1971) 250—252 = Lamirande, É.

R 152 BURKILL, T. A. (1971/72, 2156): RRel 30 (1971) 718—719 = Kelleher, M. — SR 1 (1971) 246 = Reeve, R. — RQ 15 (1972) 219 = Ferguson, E. — RelLife 41 (1972) 135 = Brightman, R. — CH 41 (1972) 255 = Watson, R. — BiblSacr 129 (1972) 179 = Lindsay, F.

R 153 BUTLER, C. (1969/70, 2074): CD 184 (1971) 292 = Manrique, A.
— EAg 6 (1971) 329 = Cilleruelo, L. — RSLR 7 (1971) 387—389 =
Penco

R 154 *Caesarius Arelatensis* ed. M. J. DELAGE (1971/72, 1077): JThS 23
(1972) 508—510 = Wallace-Hadrill — Irénikon 45 (1972) 135 =
O. R. — NRTh 94 (1972) 827—829 = Martin, Ch. — StMon 14
(1972) 528—529 = Ribera, R. — RHEF 58 (1972) 92—93 =
Palanque, J. R. — RLE 73 (1972) 304—305 = Boularand —
RBen 82 (1972) 347 = Verbraken — ReSR 46 (1972) 277 =
Munier — ACl 41 (1972) 699 = Verheijen — EE 47 (1972)
100 = de Aldama — EAg 7 (1972) 174—175 = Cilleruelo, L. —
VS 126 (1972) 773—775 = Dalmais, I.-H. — Clergy 57 (1972)
567—568 = Hockey, F. — Esprit 82 (1972) 556 = Duval, Y.-M.

R 155 CAIMARI, A. (1971/72, 778): AST 44 (1971) 196 = Vives, J. —
Augustinus 17 (1972) 77—78 = Capánaga, V. — StMon 13
(1971) 545 = Capó, A.

R 156 CALLAHAN, J. F. (1967/68, 795): Mn 25 (1972) 100—101 = Winden,
J. C. M. van — RechSR 60 (1972) 475 = Kannengiesser —
BTAM 11 (1971) 213 = Hissette — RPL 70 (1972) 430 =
Hissette

R 157 *Callinicos* ed. G. J. M. BARTELINK (1971/72, 1083): RBen 82
(1972) 345 = Bogaert, P.-M. — NRTh 94 (1972) 828—829 =
Martin, Ch. — VS 126 (1972) 771—772 = Dalmais, I.-H.

R 158 *The Cambridge History of the Bible* ed. P. R. ACKROYD, C. F.
EVANS (1969/70, 1990): JEcclH 23 (1972) 174—175 = Simon,
M. — BSOAS 34 (1971) 457 = E. V. — CBQ 33 (1971) 233—
234 = Reardon, P. H. — EAg 6 (1971) 116 = Mielgo, C. — JBL 90
(1971) 103 = Grant, F. C. — JHR 6 (1971) 384—385 = Scullon,
J. J. — JES 8 (1971) 440—442 = Benko, S. — RBi 79 (1972) 312 =
O'Connor, J. M. — ThZ 27 (1971) 365 = Reicke — CHR 58
(1972) 472—473 = Skehan — AHR 77 (1972) 94—100 = Smith
— JEH 23 (1972) 174—175 = Simon — RelLife 40 (1971) 128 =
Armstrong — ReExp 68 (1971) 402 = Hinson, E. — RQ 14
(1971) 233—235 = Ferguson, E. — BiblSacr 128 (1971) 163 =
Ryrie, C. — CH 40 (1971) 206 = Perrin, N. — WestThJ 35 (1972)
104—106 = Harman, A. — ExpT 82 (1970/71) 55—56 = Caird —
CaHist 17 (1972) 264—266 = Orrieux, C.

R 159 *The Cambridge history of Bible*, II ed. G. W. LAMPE (1969/70,
1990a): AHR 77 (1972) 100—106 = Funkenstein — Salmant 18
(1971) 404—405 = Arnaldich, L. — JRS 7 (1973) 264—270 =
Ward, J. O. — RPh 45 (1971) 157 = Chantraine, P. — Broteria 93 (1971) 402 = Morão, A. — Irénikon 45 (1972) 132 —
M. V. d. H. — JEcclH 22 (1971) 65—67 = Bakhuizen van den
Brink, J. N. — WestThJ 33 (1970/71) 234—238 = Hutchinson, G.

— HeythropJ 10 (1969) 449 = J. B. — ExpT 81 (1969/70) = Bruce, F. — HistRel 179 (1971) 76—79 = Koenig, J.

R 160 *The Cambridge History of Later Greek and Early Medieval Philosophy* ed. A. H. ARMSTRONG (1967/68, 152): Augustinus 17 (1972) 437 = Oroz, J. — Crisis 19 (1972) 235—236 = Oroz, J.

R 161 CAMELOT, P.-T. (1969/70, 2028): WiWh 34 (1971) 205—207 = Gerken, A.

R 162 CAMELOT, P.-TH. (1971/72, 2063): CD 185 (1972) 375—376 = Folgado Florez, S. — Salmant 19 (1972) 476—477 = Martín Hernandez, F. — ScTh 4 (1972) 559—574 = Ibañez, J.-Mendoza, F. — SelLib 9 (1972) 472—473 = Sóla, F. de P. — ETrin 6 (1972) 370—371 = Pujara, J. — AIA 32 (1972) 290 = Pazos, M. R.

R 163 CAMERON, A. (1971/72, 1099): Phoenix 26 (1972) 319—322 = Dilke — REAnc 74 (1972) 324—334 = Demougeot, E. — CW 65 (1971) 29 = Eadie, J. W.

R 164 CAMPENHAUSEN, H. VON (1967/68, 651): StBuc 14 (1972) 3—4 = Cezar, V.

R 165 CAMPENHAUSEN, H. VON (1967/68, 1951): TTK 41 (1970) 78—82 = Kvalheim, H.

R 166 CAMPENHAUSEN, H. VON (1969/70, 563): JAAR 39 (1971) 236 = Machenzie, R.

R 167 CAMPENHAUSEN, H. VON (1969/70, 20): EAg 6 (1971) 146 = Morán, J.

R 168 CAMPENHAUSEN, H. VON (1967/68, 1951): RHPhR 51 (1971) 384—386 = Prigent, P.

R 169 CAMPENHAUSEN, H. VON (1969/70, 1906): JEcclH 22 (1971) 126—127 = Frend, W. H. C. — SJTh 24 (1971) 346—347 = Wright, D. F.

R 170 CAMPENHAUSEN, H. VON (1971/72, 2211): CD 185 (1972) 729—730 = Salas, A. — Burgense 13 (1972) 590—591 = Perez Calvo, J. — EAg 7 (1972) 393 = Mateos, C.

R 171 CAMPOS, S. A. (1969/70, 2061): BLE 75 (1974) 68—69 = Boularand, E. — Ang 49 (1972) 125—126 = Greenen, J. G. — Ant 47 (1972) 147—149 = Weijenborg, R. — Greg 52 (1971) 373—374 = López-Gay, J. — EE 47 (1972) 87 = de Aldama — EThL 48 (1972) 227 = Philips — RSPh 56 (1972) 440 = Laurentin — CaJos 20 (1972) 302 = Gauthier, R.

R 172 CANFORA, F. (1969/70, 614): REAnc 73 (1971) 288 = Courcelle, P. — AHR 76 (1971) 747 = McGeachy, J. A. — ThLZ 97 (1972) 284—286 = Bertram

R 173 CANTALAMESSA, R. (167/68, 1322): Irénikon 45 (1972) 286 = E. L. — Sc 24 (1970) 146 = Manning — DTT 34 (1971) 154—155 = Hydahl, N. — RSLR 5 (1969) 158—163 = Gribomont

R 174 CANTALAMESSA, R. (1971/72, 1595): EL 86 (1972) 300—301 = Triacca, A. M., S. D. B. — Phase 12 (1972) 476—477 = Llabrés, P. — ThBraga 7 (1972) 576—577 = Correia, F. C.

R 175 CANTALAMESSA, R. (1971/72, 2026): AugR 12 (1972) 579 = Grossi — REA 18 (1972) 318 = Madec — ZKTh 94 (1972) 352 = Jungmann — CD 185 (1972) 785—789 = Manrique, A.

R 176 CARMIGNAC, J. (1969/70, 2222a): RHE 66 (1971) 553—556 = Leloire, L.

R 177 CARNICELLI, T. A. (1969/70, 745): MAev 39 (1970) 174—176 = Ball, C. J. E.

R 178 CARNICELLI, T. A. (1969/70, 745): JEGP 70 (1971) 526—528 = Campbell, J. J.

R 179 CARON, P. G. (1971/72, 2057): REDC 28 (1972) 418—419 = Portero, L. — IC 12 (1972) 525—526 = Delgado, G. — RHDFE 50 (1972) 123 = d'Agostino

R 180 CARRIAS, M. (1969/70, 1757): ProvHist 21 (1971) 199 = Palanque, J.-R.

R 181 CARTER, R. E. (1969/70, 1311): OrChrP 38 (1972) 522 = Ettlinger, G. H. — ByZ 65 (1972) 417—418 = Malingrey, A.-M. — StMon 14 (1972) 315—316 = Olivar, A.

R 182 CARTER, R.-E. (1967/68, 1353a): ReSR 45 (1971) 175 = Ménard, J.

R 183 CASINI, ALFONSO (1969/70, 1600): RiStCl 20 (1972) 299—300 = d'Agostino, V.

R 184 CASTELLA, G. (1971/72, 227): CD 184 (1971) 671 = Orcasitas, M. A.

R 185 The Catacombs and the Colosseum ed. S. BENKO — J. J. O'ROURKE (1971/72,): CH 41 (1972) 533—534 = Constantelos — AHR 77 (1972) 756—757 = Clover — ReExp 69 (1972) 100 = Hinson, G.

R 186 CATTANEO, E. (1969/70, 1794): CT 98 (1971) 442—443 = Fernández, P.

R 187 CHADWICK, H. (1967/68, 162): REDC 28 (1972) 193 = Sanchez Vaquero, J. — CD 184 (1971) 444—445 = Orcasitas, M. A.

R 188 CHADWICK, O. (1967/68, 1053): ZKG 82 (1971) 102 = Lorenz, R. — JEcclH 23 (1972) 197—198 = Chitty, D. J. — ModCh 12 (1968/69) 174—175 − Walker, D. — MAev 39 (1970) 40—41 − Stacpoole, A.

R 190 Christentum am Roten Meer ed. F. ALTHEIM — R. STIEHL (1971/72, 97): AB 90 (1972) 429—430 = Devos

R 189 CHÊNEVERT, J. (1969/70, 1478): ThSt 32 (1971) 532—533 = Wilken, R. L. — EAg 6 (1971) 296 = Morán, J.

R 191 Das frühe Christentum im römischen Staat ed. R. KLEIN (1971/72, 111): REL 50 (1972) 423—424 = Fredouille, J.-Cl. — ArGran 34 (1971) 305 = Segovia, A. — WSt 6 (1972) 250 = Römer

R 191 *Christentum und Gnosis* ed. E. ELTESTER (1969/70, 71 a): REA 17
(1971) 183 = Brix
R 193 CHRISTIANSEN, I. (1969/70, 2208): ZKG 83 (1972) 396—397 =
Bienert, W. A. — SrTK 48 (1972) 182 = Johnson, B.
R 194 CHRISTOPHE, P. (1969/70, 1018): Irénikon 45 (1972) 572 = O. R. —
RET 31 (1971) 462—463 = Barroso, F. C. — RAM 47 (1971)
218—219 = Guy, J.-Cl. — NRTh 94 (1972) 196—197 = Bacq,
Ph. — RHPhR 51 (1971) 235 = Koch, G. — GuL 45 (1972)
233 = Switek, G.
R 195 *Chromatius Aquileiensis* ed. J. LEMARIÉ — H. T. TARDIF (1969/70,
1024): NRTh 93 (1971) 658 = Martin — Greg 53 (1972) = Orbe —
RPh 45 (1971) 371—373 = Doignon, J. — RBen 81 (1971) 332 =
Verbraken — AST 42 (1969) 383 = Vives — REL 49 (1971)
401—402 = Fontaine — REA 17 (1971) 190—191 = Madec, G.
— RiAC 47 (1971) 352—357 = Saxer — AST 43 (1970) 189 =
Vives — REAnc 73 (1971) 476 = Courcelle, P. — EE 47 (1972)
99 = de Aldama — JThS 23 (1972) 246—247 = Ashworth, H. —
MSR 29 (1972) 39 = Savon — Helmántica 22 (1971) 439—440 =
Guillén, J. — Latomus 30 (1971) 404—407 = Duval, Y.-M. —
JThS 22 (1971) 242 = Ashworth, H. — Irénikon 44 (1971) 455 =
O. R. — ACl 41 (1972) 359 = Marrou — ReSR 45 (1971) =
Chavasse, A. — Esprit 81 (1971) 600 = Duval, Y.-M.
R 196 *Chromatius Aquileiensis* ed. J. LEMARIÉ (1971/72, 1090): Esprit 81
(1971) 600 = Duval, Y.-M.
R 197 CILLERUELO, L. (1966, 1069): BTAM 11 (1970) 127 = Mathon
R 198 CLARK, M. T. (1969/70, 752): Augustinus 17 (1972) 311 =
Oroz, J.
R 199 *Classical influence on European culture* ed. R. R. BOLGAR (1971/72,
111a): Augustinus 17 (1972) 431 = Esparza, T. — RBen 81
(1971) 351 = Bogaert, P.-M.
R 200 *Claudius Claudianus* ed. J. B. HALL (1969/70, 1026a): LFilol 95
(1972) 198—200 = Kutáková — AJPH 92 (1971) 381 = Levy
R 201 *Claudius Claudianus* ed. H. J. LEY (1971/72, 1097): GR 19 (1972)
216—217 = Clarke — CW 66 (1972) 43 = Eadie, J. — REAnc 74
(1972) 323 = Bardon, H.
R 202 *Clemens Alexandrinus* ed. M. G. BIANCO (1971/72, 1105):
LibriRiv 24 (1972) 1530—1531 — Ant 47 (1972) 692—696 =
Giamberardini
R 203 *Clemens Alexandrinus* ed. C. MONDÉSERT — CH. MATRAY — H. I.
MARROU (1969/70, 1029): NRTh 93 (1971) 657 = Martin —
JThS 22 (1971) 609—610 = Chadwick, H. — REAnc 73 (1971)
280—284 = Courcelle, P. — Greg 53 (1972) 790—791 = Orbe,
A. — Irénikon 44 (1971) 279—280 = O. R. — Emerita 40
(1972) 217—220 = Brioso — CH 41 (1972) 402 = Grant — EE 47

(1972) 90 = de Aldama — ThLZ 96 (1971) 692 = Altendorf, H.-D. — RPh 45 (1971) 354 = des Places, E. — ReSR 46 (1972) 168 = Ménard — RHEF 57 (1971) 348 = Palanque, J. R.

R 204 *Clemens Romanus* ed. P. E. ARNS (1971/72, 1136): REBras 31 (1971) 529—530 = Beckhäuser, A.

R 205 *Clemens Romanus* ed. A. JAUBERT (1971/72, 1137): JThS 23 (1972) 325 = Chadwick — REB 30 (1972) 343 = Darrouzès — RPh 46 (1972) 316 = des Places — NRTh 93 (1971) 709 = Martin — REAnc 74 (1972) 334—342 = Courcelle, P. — RBen 81 (1971) 329—330 = Bogaert, P. M. — RHEF 59 (1972) 398—399 = Palanque, J.-R. — RThom 72 (1972) 152 = Santo-Thomas, J. J. de — Bibl 53 (1972) 128 = des Places — VS 126 (1972) 767—768 – Dalmais, I.-H. — ACl 41 (1972) 350   351 = Amand de Mendieta — EE 47 (1972) 88 = de Aldama — RHE 67 (1972) 456—458 = Camelot — ThLZ 97 (1972) 358—369 = Wiefel — Esprit 81 (1971) 596—597 = Duval, Y.-M. — RHR 182 (1972) 206—207 = Prigent, P.

R 206 *Ps.—Clemens Romanus* ed. B. REHM — F. PASCHKE (1965, 629a): DLZ 92 (1971) 25—27 = Berthold — Greg 51 (1972) 402 = Orbe, A.

R 207 COLGRAVE, B. (1967/68, 1205): JThS 22 (1971) 253—256 = Meyvaert, P.

R 208 COLWELL, E. C. (1969/70, 491): Interpr 25 (1971) 370—371 = Story, C. — ReExp 68 (1971) 123 = Stagg, F.

R 209 *Concilium universale Constantinopolitanum* ed. E. SCHWARTZ — J. STRAUB (1971/72, 2067): JEH 23 (1972) 270—271 = Browning — REDC 28 (1972) 737—738 = Domínguez del Val, U. — AHP 9 (1971) 424—430 = Schönmetzger, A. — ArGran 34 (1971) 304—305 = Segovia, A.

R 210 *Concordance de la Bible* ed. M. BARDY (1971/72, 170): RBi 78 (1971) 438—442 – Allmen, D. v.

R 211 CONGAR, Y. (1969/70, 2029): ArSR 33 (1972) 226—227 = Vauchez, A. — ThSt 32 (1971) 318—320 = McBrien, R. P. — OrChrP 37 (1971) 504—505 = Dejaive, G. — MSR 28 (1971) 116—117 = Huftier, M. — RThom 72 (1972) 268—269 = Leroy, M.-V. — Natgrac 18 (1971) 419 = Armellada, B. de — RBen 81 (1971) 345—346 = P. V. — RAgEsp 12 (1971) 492—493 = Cantera, G. — Laval 27 (1971) 87 = Pagé, J. — OrtBuc 24 (1972) 245—250 = Buzescu, N. C.

R 212 CONGAR, Y. (1967/68, 1196): CCM 15 (1972) 234—236 = Tüchle — OrtBuc 24 (1972) 573—574 = Drăgulin, G. — RUO 24 (1972) 179—180 = Lesage, G. — HistRel 179 (1971) 221—222 = Nautin, P.

R 213 CONTE, F. (1971/72, 2261): RBen 82 (1972) 357 = P. V. — CD 185 (1972) 588 = Manrique, A.

R 214 CONZELMANN, H. (1969/70, 185): JBL 91 (1972) 119—120 = Adams — RThPh (1972) 205 = Bonnard — ZRGG 24 (1972) 72—73 = Klaus — TTh 11 (1971) 455 = Vink, J. G. — WiWh 35 (1972) 73 = Maly, K.

R 215 *Corpus Ambrosiano-liturgicum* ed. O. HEIMING (1969/70, 610): RHE 67 (1972) 187—188 = Jaubert, A.

R 216 *Corpus ambrosiano-liturgicum I* ed. O. HEIMING (1971/72, 1969a): HeythropJ 10 (1969) 436—437 = Ashworth, H. — AB 87 (1969) 268—271 = Philippart — RBen 79 (1969) 448 = Verbraken — ThLZ 94 (1969) 314—315 = Nagel

R 217 *Corpus christianorum, Initia,* ed. J. M. CLÉMENT (1971/72, 93): RBen 82 (1972) 340 = Verbraken — REA 18 (1972) 203 = Folliet — REL 50 (1972) 328 = Fontaine — RiStCl 20 (1972) 435—436 = Verdière

R 218 CORSARO, F. (1969/70, 1408): Helmántica 22 (1971) 441—442 = Jimenez Delgado, J.

R 219 CORSINI, E. (1967/68, 1528): VigChr 25 (1971) 234—236 = Wes, M. A.

R 220 *Cosmas Indicopleustes* ed. W. WOLSKA-CONUS (1967/68, 99; 1969/70, 1055): JThS 22 (1971) 621—622 = Chadwick, H. — OrChrP 38 (1972) 317 = Vries, W. de — ByZ 65 (1972) 407 = Riedinger, R. — ThLZ 96 (1971) 274 = Knorr, U. W. — Sp 47 (1972) 574—578 = Alexander — RBen 82 (1972) 159 = Bogaert — EE 47 (1972) 101 = Aldama, J. A. de — NRTh 93 (1971) 664 = Martin — RHEF 57 (1971) 348 = Palanque, J. R.

R 221 COURCELLE, P. (1967/68, 811): Gn 44 (1972) 828—829 = Andresen, C. — Gy 78 (1971) 486—487 = Hörmann

R 222 COURCELLE, P. (1969/70, 754): RPh 45 (1971) 180—181 = Ernout, A. — JS (1971) 5—14 = Marrou, H. I. — Augustinus 16 (1971) 93 = Oroz, J.

R 223 COURCELLE, P. (1969/70, 570a): VigChr 25 (1971) 234 = Waszink, J. H. — RPh 45 (1971) 180 = André, J.

R 224 COVI, D. (1971/72, 791): REA 18 (1972) 330 = Brix

R 225 CREMER, F. G. (1971/72, 793): AugR 12 (1972) 577 = Beinlich — RecAug 8 (1972) 301—373

R 226 CRESPO, R. (1969/70, 988): GGA 224 (1972) 248—255 = Hilder

R 227 CRICONIS, CH. TH. (1971/72, 1543): OrtBuc 24 (1972) 52—54 = Alexe, St.

R 228 CROCCO, A. (1969/70, 990): Vichiana 1 (1972) 202 = Nazarro

R 229 CROMBIE, A. C. (1969/70, 186): RSF 27 (1972) 236—240 = Vasoli, C.

R 230 CROUZEL, H. (1971/72, 63): Bibl 53 (1972) 129 = des Places —
ScTh 4 (1972) 636—637 = Ibáñez, J. — NRTh 94 (1972) 834—
835 = Martin, Ch. — BLE 73 (1972) 294—296 = Boularand —
RBen 82 (1972) 341 = Bogaert — OrChrP 38 (1972) 477—479 =
Schultze — HistRel 181 (1972) = Nautin, P.

R 231 CROUZEL, H. (1971/72, 2313): Irénikon 44 (1971) 278 = O. R. —
ThQ 152 (1972) 177—178 = Vogt — TTh 12 (1972) 470 = von
Eupen, Th. — SelLib 9 (1972) 257 = Cuyás, M. — CC 122 (1971)
541—543 = Greco, G. — MSR 28 (1971) 231—233 = Huftier, M.
— CD 184 (1971) 293 = Manrique, A. — RET 32 (1972) 377 =
Barroso, F. C. — RUO 42 (1972) 315—317 = Guindon, H.-M. —
RDC 22 (1972) 223—229 = de Naurois, L. — RHR 182 (1972)
205—206 = Dalmais, I. H. — ByZ 65 (1972) 463—466 = Amand
de Mendieta, E. — EThL 47 (1971) 544—546 = Janssen, A. —
EAg 7 (1972) 196 = Herrero, Z. — StMon 14 (1972) 313 =
Dalmau, B. — Bibl 53 (1972) 579—583 = Quacquarelli — OrChrP
38 (1972) 266 = Raes — Greg 52 (1971) 813—815 = Greco —
ThRe 68 (1972) 457—459 = Cramer — ThPh 46 (1971) 441—443 =
Sieben — Esprit 81 (1971) 366—367 — ThSt 33 (1972) 333—338 =
Sherlock, J. A. — REDC 27 (1971) 704 = García Barbarena, T. —
AST 44 (1971) 195—196 = Vives, J.

R 232 CULLMANN, O. (1966, 111): Erasmus 23 (1971) 335—338 = Wallace,
D. H.

R 233 CUMING, G. J. (1969/70, 97): ArSR 31 (1971) 188 = Vauchez, A.

R 234 CURTI, C. (1967/68, 1066): RPh 45 (1971) 160—161 = Langlois,
P. — Helmántica 22 (1971) 347 = Reta, O. — REA 17 (1971)
187—189 = Bleuzen, E.

R 235 CURTI, C. (1971/72, 1252): RBen 81 (1971) 331s = Bogaert,
P.-M. — Aevum 46 (1972) 361 = Clerici — Helmántica 23 (1972)
529—530 = Orosio, P. — BulBudé (1971) 437—438 = Langlois,
P. — Humanitas 23/24 (1971/72) 555 = Geraldes Freire —
RHE 67 (1972) 1051 = de Halleux

R 236 *Cyprianus Carthaginensis* ed. M. BEVENOT (1971/72, 1161): RHE 67
(1972) 289 = Hockey — CH 41 (1972) 400 = Rusch — JEcclH 23
(1972) 178—180 = Greenslade, S. L. — Theology 75 (1972) 326—
327 = Hall, S. G. — HeythropJ 13 (1972) 336—337 = Wiles, M.
— Augustinus 17 (1972) 206 = Ortall, J. — ThSt 33 (1972) 600 =
Fahey, M. A. — SJTh 25 (1972) 480—482 = Fasholé-Luke, E. W.
— JThS 23 (1972) 499—500 = Frend, W. H. C.

R 237 *Cyprianus Carthaginensis* ed. G. SIROLLI (1969/70, 1057; 1058);
CC 122 (1971) 508 = Ferrua, A.

R 238 *Cyprianus Carthaginensis* ed. O. E. STANULA (1969/70, 1056):
ThLZ 96 (1971) 599—603 = Starke, A.

R 239 *Ps.—Cyprianus Carthaginensis* ed. D. VAN DAMME (1969/70, 1069): ZKG 83 (1972) 106—109 = van der Lof — Latomus 30 (1971) 401—402 = Braun, R. — ThRe 67 (1971) 45—48 = Tränkle, H. — REA 17 (1971) 185—187 = Brix, L. — EAg 6 (1971) 293 = Morán, J. — Sc 25 (1971) 408 = Masai

R 240 *Cyrillus Hierosolymitanus* ed. A. PIÉDAGNEL — P. PARIS (1966, 1109): Greg 51 (1972) 405—406 = Orbe, A.

R 241 *Cyrillus Hierosolymitanus* ed. A. PIÉDAGNEL und P. PARIS (1966, 1511): NRTh 93 (1971) 711 = Martin, Ch.

R 242 *Cyrillus Hierosolymitanus* ed. L. P. MCCAULEY — A. A. STEPHENSON (1969/70, 1074): RHE 67 (1972) 239 — JThS 23 (1972) 241—242 Halliburton — Clergy 56 (1971) 832 = Richards, J. M. — Thought 47 (1972) 147—148 = Musurillo — Helmántica 22 (1971) 427—428 = Jimenez Delgado, J. — StudiumAv 11 (1971) 144 = Fernandez Manzanedo, M.

R 243 *Damascius* ed. C. ZINTZEN (1967/68, 1117): Sc 24 (1970) 153 = Leroy-Molinghen — ByZ 64 (1971) 65—68 = Hörmann, W.

R 244 DANIÉLOU, J. (1961, 907): TTK 39 (1968) 58—60 = Danboldt, L. J.

R 245 DANIÉLOU, J. (1966, 2708): STK 45 (1969) 259—261 = Block, P.

R 246 DANIÉLOU, J. — MARROU, H. J. (1969/70, 189): Aevum 45 (1970) 369—371 = Granata, A.

R 247 DANIÉLOU, J. (1969/70, 188): CC 122 (1971) 507 = Jacques, X. — RThom 71 (1971) 690—691 = J. L. — NRTh 93 (1971) 994 = Denis

R 248 DANIÉLOU, J. — CHARLAT, R. DU (1969/70, 173): CC 122 (1971) 325—326 = Grasso, D. — RLA 37 (1972) 186 = Villa, N. D.

R 249 DANIÉLOU, J. (1969/70, 1200): RHR (1972) 74—79 = Harl — ScTh 4 (1972) 637—641 = Mateo Seco, L. F. — JThS 22 (1971) 614—618 = Macleod, C. W. — PhLit 25 (1972) 34—39 = Dalfen, J. — RechSR 60 (1972) 476 = Kannengiesser — StudiumAv 12 (1972) 180 = García — VigChr 26 (1972) 237—240 = Winden, J. C. M. van — RPL 70 (1972) 141 = Marion

R 250 DANTU, C. (1971/72, 627a): REA 18 (1972) 205 = Madec, G.

R 251 DAUVILLIER, J. (1969/70, 192): RDC 22 (1972) 238—240 = Bernhard, J. — RHEF 57 (1971) 346—347 = Palanque, J.-R. — TTh 11 (1971) 459 = Huizing, P. — AKK 140 (1971) 309—312 = Merzbacher, F. — JEcclH 23 (1972) 175—176 = Simon, M. — RHDFE 49 (1971) 336—340 = Congar, Y. — ScEs 23 (1971) 393 = Pelland, G. — Laval 28 (1972) 87 = Fortin, B. — CH 41 (1972) 111 = Bassett, W. — RThom 72 (1972) 157 = de Santo-Tomas, J. J. — CBQ 33 (1971) 560—562 = Elliot, J. H. — AnCan 16 (1972) 173—180 = Andrieu-Guitran, A. — Stmon 13 (1971) 515—516 = Pifarré, C. M. — ArSR 31 (1971) 189—190 =

Hadot, J. — RBen 81 (1971) 344 = Bogaert, P.-M. — BLE 72 (1971) 132—133 = Griffe, E. — FZPT 19 (1972) 458—460 = Studer, B. — ReSR 46 (1972) 273—275 = Metz, R. — Esprit 81 (1971) 434—436 = Cothenet, E. — CaHist 17 (1972) 266—268 = Orrieux, C.

R 252 DAVIDS, E. A. (1967/68, 1449): Kairos 13 (1971) 75—76 = Haardt

R 253 DAVIS, H. F. (1971/72, 175): JES 9 (1972) 361—362 = O'Brien, E.

R 254 DECRET, F. (1969/70, 760): ThRe 67 (1971) 449—450 = Mayer, C. — LEC 40 (1972) 251—252 = Wankenne — Studium 68 (1972) 576—580 — RHE 67 (1972) 466—467 = Meslin, M.

R 255 DEEN, H. (1969/70, 2051): IC 11 (1971) 494 = González del Valle, J. M. — CD 184 (1971) 149 = Manrique, A. — Burgense 13 (1972) 406 = López Martínez — RAgEsp 12 (1971) 514 = Justel, M.

R 256 DEISSLER, A. — SCHLIER, H. — AUDET, J. P. (1969/70, 74): REBras 31 (1971) 1053—1054 = Kloppenburg, B.

R 257 DERISI, O. N. (1966, 1088): CT 98 (1971) 271 = Alonso, U.

R 258 DESHUSSES, J. (1971/72, 1301): RET 32 (1972) 251—252 = Gracía, J. A. — OrChrP 37 (1971) 259—261 = Gamber, K. — AB 90 (1972) 206—208 = Philippart, G. — ArGran 34 (1971) 319—320 = Muñoz, A. S. — EAg 6 (1971) 534 = Andrés, L. — RBen 81 (1971) 339—341 = Bogaert, P.-M. — VetChr 9 (1972) 181 = Carletti — BLE 73 (1972) 269—274 = Martimort — JThS 23 (1972) 261—264 = Moreton

R 259 DETORAKIS, TH. E. (1969/70, 1678): AB 89 (1971) 441—442 = Halkin, F.

R 260 DEVILLIERS, N. (1971/72, 649a): StMon 14 (1972) 260 = Humet

R 261 DEVREESSE, R. (1971/72, 2471): RBi 79 (1972) 316 = Tournay

R 262 *Diadochus Photicensis* ed. E. DES PLACES (1966, 1514): NRTh 93 (1971) 716—717 = Martin, Ch.

R 263 DIAZ DE CERIO, F. (1967/68, 814): Augustinus 16 (1971) 430 = González, R.

R 264 DIAZ Y DIAZ, M. C. (1971/72, 1533): AST 45 (1972) 174—175 = Solà, F. de P.

R 265 *Dictionnaire grec-francais du Nouveau Testament* ed. M. CARREZ — F. MOREL (1971/72, 173): Laval 28 (1972) 315—316 = Langevin, P.

R 266 *Dictionnaire d'Histoire et de Géographie ecclésiastiques* ed. R. AUBERT (1967/68, 100): Esprit 81 (1971) 59—64 = Donot, A.

R 267 *Didymus Alexandrinus* ed. G. BINDER — L. LIESENBORGHS (1969/70, 1094): RBi 79 (1972) 311 = Tournay, R.

R 268 *Didymus Alexandrinus* ed. M. GRONEWALD (1969/70, 1092): VigChr 26 (1972) 76—77 = Winden, J. van — RBi 78 (1971) 474 = R. T. — RFC 100 (1972) 347—349 = Colonna — JEA 58 (1972)

334—335 = Brock — Mn 26 (1973) 429 = Smit Sibinga —
VetChr 10 (1973) 198 = Pavan — OrChrP 37 (1971) 503—504 =
Ortiz de Urbina — REAnc 58 (1971) 471—473 = Courcelle —
ArGran 34 (1971) 260 = Segovia

R 269 *Didymus Alexandrinus* ed. U. HAGEDORN — D. HAGEDORN —
L. KOENEN (1967/68, 1126): RBi 79 (1972) 311 = Tournay, R.

R 270 *Didymus Alexandrinus* ed. A. HENRICHS (1967/68, 1124): Sc 24
(1970) 158 = Torfs — ThRe 67 (1971) 48—53 = Reichmann, V. —
VigChr 25 (1971) 73—76 = Winden, J. van — JThS 22 (1971)
612—613 = Kelly, J. N. D.

R 271 *Der priesterliche Dienst I* mit Beiträgen v. A. DEISSLER, H. SCHLIER,
J. P. AUDET (1969/70, 74): RThL 3 (1972) 97—98 = Giblet —
NRTh 93 (1971) 866 = Renard

R 272 DINKLER, E. (1969/70, 197): OrChrP 37 (1971) 280—282 =
Ammann, A. M. — ThRu 36 (1971) 277—284 = Diebner, B. —
EA 47 (1971) 259—260 = Engelmann, U.

R 273 *Dionysius Exiguus* ed. H. VAN CRANENBURGH (1969/70, 1114):
RBen 81 (1971) 159—160 = Bogaert, P.-M. — OrChrP 38
(1972) 281—282 = Špidlík, T. — JThS 22 (1971) 233—237 =
Chitty, D. J. — NRTh 93 (1971) 719—720 = Martin, Ch. —
RLA 37 (1972) 197 = Elizalde, M. de — REB 29 (1971) 326 =
Darrouzès, J. — Latomus 31 (1972) 217—219 = Fontaine —
Sc 25 (1971) 406 = Masai

R 274 DODDS, E. (1969/70, 198): NriSt 54 (1972) 467—473 = Pirozzi, M.

R 275 DOIGNON, J. (1971/72, 1402): RHEF 58 (1972) 359—361 =
Palanque, J.-R. — EE 47 (1972) 279—280 = Segovia, A. —
REL 50 (1972) 426—429 = Braun, R.

R 276 DOSSETTI, G. L. (1967/68, 1906): Sc 24 (1970) 442 = Masai

R 277 DUFNER, G. (1967/68, 1201): Sc 24 (1970) 161 = Brounts

R 278 DULLES, A. (1971/72, 566): EtThR 47 (1972) 485 = Roussel

R 279 DUVAL, P.-M. (1971/72, 242a): AtPavia 49 (1971) 199—202 =
Chevallier — RHE 67 (1972) 461—463 = Carrias, M. — RBPh 49
(1971) 525—527 = Salmon

R 280 DVORNÍK, F. (1966, 2622): ArOr 39 (1971) 102—103 = Klíma, O.

R 281 *Dynamius Massiliensis* ed. S. GENNARO (1966, 1539): RSLR 5
(1969) 705 = Carena — AB 90 (1972) 203—206 = Philippart

R 282 EADIE, J. W. (1971/72, 244): CW 66 (1972) 51 = Keresztes, P.

R 283 *Écriture et culture philosophique dans la pensée de Grégoire de
Nysse.* ed. M. HARL (1971/72, 117): HistRel 182 (1972) 210—211 =
Dalmais, H.-I.

R 284 EDOKIMOV, P. (1971/72, 2161): EAg 6 (1971) 537 = Bernardo,
J. M. — RC 17 (1971) 348 = Jiménez, A.

R 285 EHRHARDT, A. A. T. (1969/70, 367): HZ 215 (1972) 645—647 =
Schwarte, K.-H. — ArGran 34 (1971) 261—262 = Segovia, A.

R 286 EICHINGER, M. (1969/70, 1486): ThZ 27 (1971) 59 = Hamman — RET 31 (1971) 115—116 = Merino, P. — NRTh 94 (1972) 833—834 = Martin, Ch.

R 287 ELDRIDGE, L. A. (1969/70, 1128): JBL 90 (1971) 368—370 = Bee, G. D.

R 288 ELORDUY, E. (1969/70, 768): RET 30 (1970) 169—170 = Merino — EDeusto 19 (1971) 188—189 = Mañaricúa, A. E. de

R 289 ELTESTER, W. (1969/70, 71 a): WestThJ 34 (1971) 74—75 = Villiers, J.

R 290 EMMI, B. (1969/70, 608): CD 184 (1971) 181—182 = Folgado Florez, S.

R 291 *Ephraem Syrus* ed. F. GRAFFIN (1967/68, 1145): OrChrP 38 (1972) 328 = Špidlík — EF 72 (1971) 244—245 = Molar, N. del — Irénikon 44 (1971) 131 = O. R. — NRTh 93 (1971) 712 = Martin — Greg 51 (1972) 405 = Orbe, A.

R 292 *Ephraem Syrus* ed. L. LELOIR (1966, 1545): RSLR 5 (1969) 449 = Quispel — NRTh 93 (1971) 711 = Martin — Greg 51 (1972) 404 = Orbe, A.

R 293 *Epistula Jacobi apocrypha* ed. M. MALININE (1967/68, 598): BiblOr 26 (1969) 444 — HistRel 179 (1971) 209—214 = Guillaumont, A. — OLZ 66 (1971) 117—130 = Schenke, H. M.

R 294 ERA, A. DELL' (1967/68, 1596): Humanitas 21/22 (1969/70) 504—505 = Ribeiro Ferreira

R 295 ERA, A. DELL' (1969/70, 1603): Helmántica 22 (1971) 427 = Guillén, J. — REG 84 (1971) 151—157 = Lacombrade, Chr.

R 296 ERBETTA, M. (1966, 746): SelLib 8 (1971) 158—160 = Solá, F. de P.

R 297 *España Eremítica* (1971/72, 120): REDC 28 (1972) 466 = García y García, A.

R 298 ETCHEGARAY CRUZ, A. (1971/72, 801): REA 18 (1972) 337 = Bleuzen

R 299 *Eucharisties d'Orient et d'Occident* (1971/72, 121 a): MSR 29 (1972) 153 = Didier — REBras 31 (1971) 784—785 = Beckhäuser, A. — RAgEsp 12 (1971) 256—257 = Fernandez González, J. — ThZ 28 (1972) 366—367 = Paquier, R. — REDC 27 (1971) 542 = Echeverría, L. de — RSPhTh 56 (1972) 558 = Raffin — RiAC 47 (1971) 155—157 = Saxer — Esprit 82 (1972) 463—464 = Didier, J.-Ch.

R 300 *Eusebius Gallicanus* ed. J. B. LEROY — F. GLORIE (1971/72, 1269): RBen 82 (1972) 345—347 = Bogaert — REL 50 (1972) 326—328 — Fontaine — Greg 53 (1972) 788 = Orbe, A.

R 301 *Evagrius Ponticus* ed. A. und C. GUILLAUMONT (1971/72, 1273): JThS 23 (1972) 256—258 = Chadwick — NRTh 94 (1972) 825—826 = Martin, Ch. — HistRel 182 (1972) 208—210 =

Nautin — ACl 41 (1972) 351—354 = Amand de Mendieta —
EE 47 (1972) 96 = de Aldama — CH 41 (1972) 534—535 =
Helgeland — RBen 82 (1972) 158—159 = Bogaert, P.-M. —
RHEF 58 (1972) 398—399 = Palanque, J.-R. — REAnc 74
(1972) 334—342 = Courcelle, P. — REB 30 (1972) 344—345 =
Darrouzès, J. — ReHS 48 (1972) 97—99 = Guy, J.-Cl. — RThAM
39 (1972) 133—134 = Petit, F. — StMon 14 (1972) 262 =
Badia, B.

R 302 *Das Evangelium nach Thomas* ed. J. LEIPOLDT (1967/68, 2137):
OLZ 67 (1972) 145—148 = Weiss

R 303 *L'Évangile selon Philippe* ed. J. E. MÉNARD (1967/68, 599): JAOS 92
(1972) 188—189 = Wisse

R 304 EVANS, D. (1969/70, 1421): Sp 47 (1972) 307—308 = Cavarnos —
Mu 84 (1971) 553—560 = Halleux, A. de — HZ 213 (1971)
659—660 = Chrysos, E. — OrChr 56 (1972) 226—227 = Gessel,
W. — AB (1971) 313 = Esbroeck, M. van — REB 29 (1971) 344 =
Darrouzès — CH 40 (1971) 206 = Donahue, F.

R 305 *Expositio totius mundi et gentium* ed. J. ROUGÉ (1966, 260):
NRTh 93 (1971) 712—713 = Martin, Ch.

R 306 FAHEY, M. A. (1971/72, 1169): Erasmus 24 (1972) 708—710 =
Rordorf — RHE 67 (1972) 540 = Gryson — ArGran 35 (1972)
351—352 = Segovia, A. — CBQ 34 (1972) 212—213 = O'Do-
herty, E. — JEcclH 23 (1972) 178—180 = Greenslade, S. L. —
EvQ (1972) 49—50 = Bruce, E. F.

R 307 FARINA, G. (1971/72, 803): REA 18 (1972) 332

R 308 FARINA, R. (1966, 1560): JThS 22 (1971) 231—233 = Millar, F. —
CD 184 (1971) 151—152 = Manrique

R 309 FARINA, R. (1971/72, 67): JThS 23 (1972) 326 = Chadwick —
ThQ 152 (1972) 392—393 = Geerlings, W. — EE 47 (1972) 91 =
Aldama, J. A. de — StMon 14 (1972) 314—315 = Olivar, A. —
CD 184 (1971) 180 = Manrique, A. — NRTh 93 (1971) 553 =
Martin

R 310 *The Later Christian Fathers* ed. H. BETTENSON (1969/70, 561):
ThLZ 96 (1971) 436—437 = Schultz, W. — StudiumAv 11 (1971)
143 = Fernández de Léon, A. — HeythropJ 12 (1971) 96 =
Butterworth, R. — Augustinus 16 (1971) 411 = Oroz, J. —
JAAR 39 (1971) 389 = Steinmetz

R 311 FEE, G. D. (1967/68, 495a): ThLZ 96 (1971) 747—749 = Kil-
patrick, G. D. — JThS 22 (1971) 198—200 = Birdsall

R 312 *La femme* ed. F. QUÉRÉ-JAULMES (1967/68, 2083): HistRel 179
(1971) 221 = Guillaumont, A.

R 313 FERGUSON, E. (1971/72, 249): CH 41 (1972) 401 = Battles, F.

R 314 FERGUSON, E. (1971/72, 248): CH 41 (1972) 401 = Sordi

R 315 FERNANDEZ, D. (1971/72, 1989): EE 47 (1972) 300—301 = Escudé, J.

R 316 FERNÁNDEZ, D. (1967/68, 1158): RET 31 (1971) 226—228 = Domínguez

R 317 FERNÁNDEZ GONZÁLES, J. (1971/72, 810): REA 18 (1972) 351 = Brix

R 318 FERNÁNDEZ GONZÁLES, J. (1969/70, 770): EE 47 (1972) 148 = Nicolau — RET 32 (1972) 390 = Jiménez Duque, M.

R 319 FERRO CALVO, M. (1971/72, 2043): AST 44 (1971) 407—408 = Llopis, J. — Phase 12 (1972) 477—478 = Llopis, J.

R 320 FESTUGIÈRE, A. J. (1964, 1424): OLZ 66 (1971) 36—38 = Delekat

R 321 FESTUGIÈRE, A.-J. (1963, 1040): TTK 39 (1968) 60—61 = Modalsli, O.

R 322 FESTUGIÈRE, A. J. (1971/72, 1906): Salmant 19 (1972) 466 467 = Domínguez del Val, U. — BulBudé (1971) 438—437 = Wartelle, A. — Erasmus 24 (1972) 526—527 = Kemmer

R 323 FESTUGIÈRE, A. J. (1969/70, 1781): REB 30 (1972) 345 = Darrouzès — Hell 25 (1972) 234—237 = Tsolakis — Mu 85 (1972) 289—292 = Drescher — AB 89 (1971) 203—204 = Halkin, F.

R 324 FINN, T. A. (1967/68, 1832a): CD 184 (1971) 651—652 = Manrique, A.

R 325 *Firmicus Maternus* ed. C. A. FORBES (1971/72, 1279): ClPh 67 (1972) 221—222 = Wurtz

R 326 FISKE, A. (1971/72, 2333): REA 18 (1972) 308 = Brix

R 327 FLOREZ, R. (1971/72, 814): Augustinus 17 (1972) 421—422 = Muñoz-Alonso, A.

R 328 FLOYD, W. E. G. (1971/72, 1111): RechSR 60 (1972) 476 = Kannengiesser — RelStud 8 (1972) 175—176 = Hick — HeythropJ 12 (1971) 443—444 = Butterworth, R. — SJTh 25 (1972) 247—248 = Frend, W. H. C. — JThS 23 (1972) 495 = Stead, G. C. — ScTh 4 (1972) 256—259 = Ramos, D. — RHE 67 (1972) 646 = Hockey — RBen 81 (1971) 330 = Bogaert, P.-M. — Worship 46 (1972) 57 = Wasnie, B. — CH 40 (1971) 318 = Grant, R.

R 329 FONTAINE, J. (1967/68, 383): JThS 22 (1971) 230—231 = Hammond, C. P. — AJPh 92 (1971) 367—369 = Swift, L.

R 330 FONTAINE, J. (1969/70, 578): RHE 66 (1971) 561—562 = Testard, M. — MH 28 (1971) 244 = Schäublin, C. — RPh 46 (1972) 163—164 = Langlois, P. — Emerita 39 (1971) 494—495 = Codoñer, C. — EE 47 (1972) 87 = Aldama, J. A. de — RThom 72 (1972) 145 = de Santo-Tomas, J. J. — RBPh 50 (1972) 205 = Riché — Hispania 31 (1971) 199 = Mitre Fernández

R 331 FORTINO, E. (1969/70, 672): Irénikon 44 (1971) 141

R 332 FORTMAN, E. J. (1971/72, 2302): Augustinus 16 (1971) 410 = Capánaga, V.

R 333 FOUSEK, M. (1971/72, 254): CH 41 (1972) 401—402 = Evans — JRH 7 (1972) 76—77 = Emmett

R 334 FRAISSE, J.-Cl. (1967/68, 826): Latomus 30 (1971) 545 = Langlois, P.

R 335 FRANK, H. (1971/72, 1923): REA 18 (1972) 308 = Brix

R 336 FRANK, I. (1971/72, 2213): RSPhTh 56 (1972) 640—641 = Congar — ThPh 46 (1971) 585—586 = Beumer — ZKTh 94 (1972) 233—234 = Piepiorka — TTK 42 (1971) 224 = Wisloff, C. F. — HistRel 182 (1972) 203—204 = Nautin, P.

R 337 FREIRE, J. G. (1971/72, 1682): Brotéria 94 (1972) 412—413 = Mauricio, D. — Augustinus 17 (1972) 317 = Oroz, J. — Helmantica 23 (1972) 172—173 = Dominguez del Val, U. — ACl 41 (1972) 698 = Verheijen — ClassFolia 26 (1972) 153—160 = Barlow — OrChrP 38 (1972) 223 = Špidlík

R 338 FREND, W. H. C. (1965, 1166): Gn 45 (1973) 691—697 = Andresen, C.

R 339 FREND, W. H. C. (1971/72, 256): JEcclH 23 (1972) 255—256 = Drewery, B.

R 340 FREUDENBERGER, R. (1967/68, 205): HZ 215 (1972) 648—650 = Schwarte, K.-H.

R 341 FREUDENBERGER, R. (1969/70, 216): HZ 215 (1972) 648—650 = Schwarte, K.-H. — BiblOr 28 (1971) 234—236 = Jonkers, E. J. — Augustinus 17 (1972) 436 = Merino, P. — ZDMG 122 (1972) 313—317 = Hennig, D. — JRS 61 (1971) 311—312 = Barnes, T. D.

R 342 FRICKEL, J. (1967/68, 1315): VigChr 25 (1971) 72 = Ménard

R 343 FRIDH, Å. (1967/68, 1725): CD 184 (1971) 290—291 = Manrique, A.

R 344 GAFFRON, H. G. (1969/70, 2148): JBL 91 (1972) 124—126 = Isenberg — VigChr 25 (1971) 153—154 = Quisel, G. — ReSR 45 (1971) 377 = Ménard, J.-E.

R 345 GAIFFIER, B. DE (1971/72, 1837): AM 84 (1972) 325 = Higounet — CRAI (1972) 101 = Marrou — AB 90 (1972) 190 — RBen 82 (1972) 352 = Verbraken — StMon 14 (1972) 529 = Olivar, A.

R 346 GAIFFIER, B. DE (1967/68, 1671): BEC 129 (1971) 507—511 = Vezin — ClassFolia 25 (1971) 361 = Manrique

R 347 GALAVARIS, G. (1969/70, 1801): History 56 (1971) 252 = Nicol, D. M. — HZ 214 (1972) 382—384 = Engemann

R 348 GALAVARIS, G. (1969/70, 1176): Byslav 32 (1971) 126—128 = Myslivec, J. — Manuscripta 16 (1972) 55—56 = MacNamee, M. B. — ArBu 54 (1972) 346 = Mango, C.

R 349 GAMBER, K. (1969/70, 1844): EL 86 (1972) 299—300 = Triacca, A. M. — RBen 81 (1971) 339 = P. V. — Erasmus 23 (1971) 525—528 = Lang, O.

R 350 GAMBER, K. (1967/68, 1775): Erasmus 23 (1971) 467—470 = Kähler, E.

R 351 GAMBER, K. (1969/70, 1459): Erasmus 24 (1972) 776—778 = Kähler, E.

R 352 GAMBERONI, J. (1969/70, 2218): JBL 91 (1972) 254—255 = Dumm — BiZ 15 (1971) 127 = Haag, H.

R 353 GARCÍA BAZÁN, F. (1971/72, 2397): Greg 53 (1972) 172 = Orbe — RaBi 34 (1972) 280

R 354 GASTALDI, N. J. (1969/70, 1262): ThPh 46 (1971) 445—447 = Sieben — EThL 47, 1 (1971) 226 = Coppens, J. — RaBi 32 (1971) 178—180 = Bierzychudek, E. — RLA 37 (1972) 198 = Elizalde, M. de — REL 50 (1972) 430—431 = Doignon — CD 184 (1971) 146 = Manrique, A. — StMon 13 (1971) 254 = Llunch, A. — Salmant 18 (1971) 407 = Dominguez del Val, U. — Irénikon 45 (1972) 287 = H. M. — TEsp 16 (1972) 285—286 = Velasco, A. — Augustinus 17 (1972) 86 = Oroz, J.

R 355 GAUDEMET, J. (1958, 1002): RThom 72 (1972) 159 = de Santo-Tomas, J. J.

R 356 GEMAYEL, P.-É. (1965, 997): RHR 180 (1971) 203—205 = Coquin, R.-G.

R 357 GHALI, I. A. (1971/72, 264a): ArSR 34 (1972) 201 = Bensimon, D.

R 358 GIBSON, E. (1971/72, 2117): EThL 48 (1972) 238 = Janssen

R 359 GIET, S. (1969/70, 1086): RHR 181 (1972) 93—95 = Prigent — RBen 81 (1971) 153—154 = Bogaert, P. M. — CD 184 (1971) 294 = Manrique, A. — RHE 66 (1971) 970—972 = Camelot — RSLR 8 (1972) 576 = Scorza Barcellona

R 360 GIET, ST. (1969/70, 1087): Esprit 81 (1971) 597 = Duval, Y.-M.

R 361 GIGON, O. (1969/70, 221): EAg 6 (1971) 157—158 = Barrio, J. L. — Augustinus 16 (1971) 428 = Oroz, J. — CT 98 (1971) 255—256 = Llinares, J. A.

R 362 GIOVANNI, A. DE (1969/70, 783): RiStCl 19 (1971) 249—250 = D'Agostino, V.

R 364 GNILKA, J. (1969/70, 1969): StMon 13 (1971) 246—247 = Carbo-nell, J. B. — TTZ 80 (1971) 379—380 = Schenke, L.

R 365 Die Gnosis Bd. I ed. E. HAENCHEN — M. KRAUSE — W. FOERSTER (1969/70, 2149): ThRe 67 (1971) 533—534 = Baumeister, T. — EAg 6 (1971) 292 = Morán, J. — ReSR 45 (1971) 376 = Ménard, J. — Latomus 30 (1971) 569 = Crahay

R 366 Die Gnosis Bd. II ed. M. KRAUSE — K. RUDOLPH (1971/72, 2400): CW 66 (1972) 54 = MacRae — BiblOr 29 (1972) 86—87 = Wilson — ThRe 67 (1971) 533—534 = Baumeister, T.

R 367 GODFREY, J. (1971/72, 264b): HistRel 180 (1971) 107—108 = Crépin, A.

R 368 GONZÁLEZ, J. L. (1969/70, 225): CH 40 (1971) 207 = MacKenzie, J. — ReExp 68 (1971) 270 = Hinson, E. — RelLife 41 (1972) 415—416 = Wolf, R. — RQ 15 (1972) 219—220 = Ferguson, E. — JEcclH 23 (1972) 295—262 = Drewery —EtThR 47 (1972) 481—485 = Roussel, B.

R 369 GONZÁLEZ, J. F. (1971/72, 833): StMon 13 (1971) 201 = Gri, C.

R 370 GONZÁLEZ, J. L. (1971/72, 2165): CH 41 (1972) 404 = Mackenzie

R 371 GONZÁLEZ FAUS, J. (167/68, 1392): RET 31 (1971) 114 = Velasco

R 372 GONZÁLEZ FAUS, J. (1969/70, 1361): RET 32 (1972) 377—379 = González de Carrea, S. — StudiumAv 11 (1971) 145 = García Extremeño, Cl.

R 373 GOPPELT, L. (1971/72, 265a): JEcclH 22 (1971) 251—252 = Drewery, B. — ExpT 82 (1970/71) 156 = Davies, J. G. — JThS 22 (1971) 214—215 = Garrard, L. A.

R 374 GRANT, R. M. (1969/70, 227): JThS 23 (1972) 228—230 = Frend, W. H. C. — Theology 74 (1971) 587—588 = Graham, A. A. K. — EvQ (1971) 242—243 = Bruce, F. F. — BaptQ 24 (1971—72) 414—415 = Brown, R. — Clergy 56 (1971) 982—984 = Bonner, G. — HeythropJ 13 (1972) 200—202 = Corbishley — ExpT 82 (1970/71) 377 = Davies, J. G. — CH 40 (1971) 474 = Hardy, E. — AnglThR 54 (1972) 131—133 = Norris — JAOS 92 (1972) 190 = Gruen, E. — RelLife 40 (1971) 133 = Frank, H. — Interpr 25 (1971) 229 = MacKenzie, J. — CW 64 (1971) 172 = Musurillo, H.

R 375 GRANT, R. M. (1964, 1452): RThom 71 (1971) 130 = Lauzière, M.-E.

R 376 GRANT, R. M. (1971/72, 2213a): Esprit 81 (1971) 35—36 = Morler, M.

R 377 GRANT, R.-M. (1971/72, 2226): FoiTemps 1 (1971) 329 = Jadoul, G. — ReSR 46 (1972) 164 = Ménard, J. — NRTh 93 (1971) 746 = Renwart — Esprit 81 (1971) 453 = M. M.

R 378 *The Greek New Testament* ed. K. ALAND, M. BLACK, B. M. METZGER, A. WIKGREN (1966, 677): DTT 31 (1968) 62—64 = Linton, O. — SEÅ 32 (1967) 158—162 = Cavallin, H. C.

R 379 GREEN, M. (1969/70, 230): CalTJ 6 (1971) 122—127 = Recker, R. — BiblSacr 128 (1971) 171 = Peters, G. — CH 40 (1971) 209 = Metzger, B. M. — JThS 22 (1971) 229 = Bettenson, H.

R 380 GREEN, H. (1971/72, 1694): AtPavia 50 (1972) 469—471 = Roncoroni — ACl 41 (1972) 697 = Verheijen — RPh 46 (1972) 348 = Ernout, A. — REL 50 (1972) 434 = Fontaine, J. — RBPh 50 (1972) 975—976 = Cousin, J.

R 381 *Gregorius Illuminatur*, ed. R. W. THOMSON (1971/72, 1292): Sp 47 (1972) 555—557 = Garsoïan — CH 41 (1972) 403 = Balás — JEcclH 23 (1972) 197 = Lang — JThS 23 (1972) 515—517 = Brock — OrChrP 37 (1971) 539 = Dejaive, G. — AB 89 (1971) 444—445 = Esbroeck, M. van

R 382 *Gregorius Magnus* ed. M. ADRIAEN (1971/72, 1293): VetChr 9 (1972) 387—388 = Recchia — RHE 67 (1972) 849—851 = Catry — RBen 82 (1972) 347—348 = P. V.

R 383 *Gregorius Magnus* ed. A. J. SOBERANAS (1967/68, 1193): Sc 24 (1970) 469 = Mateu

R 384 *Gregorius Magnus* ed. W. SZOŁDRSKI — J. BOJARSKI — E. STANULA (1969/70, 1153): ThLZ 97 (1972) 917—918 = Sames, A.

R 385 *The earliest life of Gregory the Great* ed. B. COLGRAVE (1967/68, 1205): MAev 38 (1969) 177—178 = Blair, P. H.

R 386 *Gregorius Nazianzenus* ed. P. GALLAY (1964, 809; 1967/68, 1211): Sc 24 (1970) 469—470 = Lagarde-Lamberts — JHS 89 (1969) 139 = Rudberg, S. Y.

R 387 *Gregorius Nazianzenus* ed. A. TUILIER (1969/70, 1170): Clergy 55 (1970) 741—742 = Doyle, E. — Esprit 81 (1971) 599 = Duval, Y.-M. — NRTh 93 (1971) 714 = Martin — Irénikon 44 (1971) 130 = O. R.

R 388 *Gregorius Nyssenus* ed. M. AUBINEAU (1966, 1625): Helmantica 22 (1971) 442—444 = Guillén, J.

R 389 *Gregorius Nyssenus* ed. V. W. CALLAHAN (1967/68, 1229): VigChr 26 (1972) 77—79 = van Heck

R 390 *Gregorius Nyssenus* ed. F. VAN DER MEER — G. BARTELINK (1971/72, 1331): AB 90 (1972) 439—441 = Halkin

R 391 *Gregorius Nyssensus* ed. P. MARAVAL (1971/72, 1330): Irénikon 45 (1972) 433—434 = M. v. P. — RBen 82 (1972) 343 = Bogaert — ACl 41 (1972) 688—692 = Amand de Mendieta — OrChrP 38 (1972) 327 = Špidlík — RHEF 58 (1972) 398—399 = Palanque, J.-R. — VS 126 (1972) 771—772 = Dalmais, I.-H. — NRTh 94 (1972) 829 = Martin, Ch. — AB 90 (1972) 439—441 = Halkin, F. — Esprit 82 (1972) 555 = Duval, Y.-M.

R 392 *Gregorius Nyssenus* ed. J. BARBEL (1971/72, 1329): ThPh 47 (1972) 617—618 = Grillmeier — ZKTh 94 (1972) 482 = Jungmann — RSPhTh 56 (1972) 551 = Camelot — RBen 82 (1972) 342 = Bogaert — ThRe 68 (1972) 380—381 = Dassmann — TTZ 81 (1972) 255 = Sauser, E.

R 393 *Gregorius Thaumaturgus* ed. H. CROUZEL (1969/70, 1222): RHSpir 48 (1972) 116—117 = Jouvenot — NRTh 93 (1971) 658 = Martin — ZKTh 94 (1972) 483 = Jungmann — VigChr 26 (1972) 305—308 = Winden, J. van — JThS 23 (1972) 238 = Chadwick — RPh 45 (1971) 159—160 = Places, E. des — RThPh

22 (1972) 52 = Brunner, F. — RET 32 (1972) 485—487 = Velasco, A. — RThPh 21 (1971) 42—43 = Junod, E. — ReHS 48 (1972) 116—117 = Jouvenot, Ch. — Clergy 55 (1970) 830—832 = Butterworth, R.

R 394 GRILLONE, ANTONIO (1971/72, 1256): RiStCl 19 (1971) 242—243 = D'Agostino V.

R 395 GROSSI, V. (1969/70, 786): REA 18 (1972) 349

R 396 GRYSON, R. (1969/70, 1948): ThLZ 96 (1971) 920 = Altendorf, H.-D. — TTh 11 (1971) 86 = Brekelmans, A. J. — ThRe 67 (1971) 428 = N. N. — RechSR 59 (1971) 306 Kannengiesser, C.

R 397 GRYSON, R. (1971/72, 2120): FoiTemps 2 (1972) 338 = Weber, Ph.

R 398 GÜLZOW, H. (1969/70, 231): ZSavR 89 (1972) 454—457 = Ziegler, A. W.

R 399 GUIDI, M. (1971/72, 277a): RAgEsp 13 (1972) 517 = Viuda, I. de la — EAg 6 (1971) 565 = Aparicio, T.

R 400 GUILLAUMONT, A. (1971/72, 1275): HistRel 181 (1972) 118—120

R 401 HAAG, H. (1969/70, 2070): SVict 18 (1971) 236—237 = González, A. — Augustinus 16 (1971) 424 = Ruiz, J. — Liturgia 26 (1971) 183 = Alamo, C. del — CT 98 (1971) 644 = Cordero, J. — Manresa 43 (1971) 194 = Granero, J. M. — MontCarm 79 (1971) 151 = Martín, M. — EF 72 (1971) 136 = Dasquens Solé, J. — EMerced 27 (1971) 650—653 = Pikaza, J. — VyV 29 (1971) 145 = Albizu, J. L.

R 402 HAAG, H. (1971/72, 2030): RBi 79 (1972) 128—130 = Langlamet

R 403 HAARDT, R. (1971/72, 2403): ExpT 83 (1971—72) 219 = Wilson, R. McL. — CD 185 (1972) 589 = Manrique, A.

R 404 HAARDT, R. (1967/68, 2145): ThLZ 97 (1972) 892—896 = Nagel — Helmántica 23 (1972) 183 = Ortall, J. — WSt 6 (1972) 251 = Zelzer

R 405 HABLE-SELASSIE, M. S. (1971/72, 279): AB 90 (1972) 468 = Devos

R 406 HADOT, P. (1967/68, 1651): JHS 90 (1970) 242 = Rist, J. M.

R 407 HADOT, P. (1971/72, 1582): Erasmus 24 (1972) 753—756 = Beierwaltes — Aph 35 (1972) 332 = Solignac — RechSR 60 (1972) 477 = Kannengiesser — REL 50 (1972) 431—434 = Duval, Y.-M. — REA 18 (1972) 204—205 = Doignon, J. — RHEF 58 (1972) 400 = Palanque, J.-R. — JThS 23 (1972) 505—508 = Armstrong, A. H. — VetChr 9 (1972) 389—393 = Cannone

R 408 HÄNGGI, A. — PAHL, I. (1967/68, 1812): ETrin 6 (1972) 570 = Silanes, N.

R 409 HÄRING, N. M. (1966, 1417): EThL 50 (1974) 322—323 = Bultot, R. — ModS 50 (1972) 234 = Rice, L.

R 410 HAGEMANN, W. (1969/70, 1246): Bibl 53 (1972) 422—424 = Penna — TTh 12 (1972) 105 = Verhees, J.

R 411 HAGENDAHL, H. (1967/68, 839): Mn 25 (1972) 98—100 = Thierry — Emerita 39 (1971) 496—498 = Pastor, M. M.

R 412 HAHN, F. (1969/70, 1807): TTh 11 (1971) 315—316 = Spiertz, F. — Stromata 27 (1971) 588—589 = J. I. V. — EtThR 46 (1971) 96—97 = Bouttier, M.

R 413 HAHN, V. (1969/70, 623): VigChr 25 (1971) 312—313 = Doignon, J. — REA 17 (1971) 189 = Madec, G. — HJ 91 (1971) 221 = Dickerhof, H. — ZKG 82 (1971) 260—261 = Lorenz, R.

R 414 HALKIN, F. (1971/72, 1840): RHE 67 (1972) 571—572 = Aubert

R 415 HAMMAN, A. (1969/70, 2041): VigChr 25 (1971) 226—227 = Rordorf, W. — OrLab 17 (1971) 431 = Areias, E. — Lumen 20 (1971) 368—371 = Inchaurraga, P.

R 416 HAMMAN, A. (1971/72, 280): RHEF 58 (1972) 398 = Palanque, J.-R. — Esprit 82 (1972) 554 — EtThR 47 (1972) 486—487 = Roussel, B.

R 417 HAMMAN, A. (1971/72, 34): TTh 11 (1971) 458 = Davids, A.

R 418 HAMELL, J. P. (1969/70, 2368): Clergy 55 (1970) 412—413 = Ashworth, H.

R 419 HAND, V. (1969/70, 791): REA 18 (1972) 315 = Bleuzen

R 420 HANSSENS, J. M. (1969/70, 1271): RechSR 60 (1972) 463 = Kannengiesser — Liturgia 26 (1971) 175 = Palacios, M. — CD 184 (1971) 148 = Manrique, A. — BLE 72 (1971) 300—301 = Martimort, A.-G. — Sc 26 (1972) 178 = Masai — Esprit 82 (1972) 206—207 = Oury, G.

R 421 *La chaîne palestinienne sur le psaume 118* ed. M. HARL — G. DORIVAL (1971/72, 2473): AST 45 (1972) 175—176 = Vives, J.

R 423 HATHAWAY, R. F. (1971/72, 1217a): StMon 13 (1971) 255 = Lluch, A.

R 424 HAUSHERR, I. (1971/72, 283a): StMon 14 (1972) 259 = Pifarré, C. M. — Irénikon 45 (1972) 138 = N. E. — Manresa 43 (1971) 105 = Arias, D. — HistRel 182 (1972) 104—105 = Guillaumont, A. — NRTh 92 (1970) 551 = Bertrand

R 425 HENRICHS, A. — KOENEN, L. (1969/70, 2152): JAC 14 (1971) 150—153 = Colpe — VigChr 26 (1972) 79—80 = Quispel

R 426 HENSS, W. (167/68, 533): AB 89 (1971) 210—212 = Esbroeck, M. van

R 427 HEROLD, C. P. (1971/72, 1672a): MAev 40 (1971) 266—268 = Liggins, E. M.

R 428 HERRMANN, L. (1969/70, 242): RPh 46 (1972) 164—165 = Ernout, A. — RHR 180 (1971) 196—197 = Ménard, J.-E. — Emerita 40 (1972) 258—259 = Piñero, F. — Augustinus 17 (1972) 433 = Oroz, J. — MH 28 (1971) 252 = Béranger, J. — RSR 46 (1972) 163 = Ménard — Gy 79 (1972) 463 — Fauth — Gn 43 (1971) 723 = Frend, W. H. C. — CW 64 (1971) 172 = Seaver, J. E.

R 429 *Hesychius Hierosolymitanus, Basilius Seleuciensis, Iohannes Bery-*
tus, Ps.-Iohannes Chrysostomus, Leontius Constantinopolitanus ed.
M. AUBINEAU (1971/72, 1375): Greg 53 (1972) 792—793 = Orbe,
A. — VS 126 (1976) 772—773 = Dalmais, I.-H.

R 430 *Hieronymus* ed. B. LAMBERT (1969/70, 1235): MA 77 (1971)
337—340 = Weber (I. u. II) — ZKG 83 (1972) 109—111 =
Vregille, B. de — NRTh 93 (1971) 719 = Martin, Ch. —
Manuscripta 15 (1971) 100—103 = Heimann, D. F. — ThLZ 96
(1971) 692 = Altendorf, H.-D. — RechSR 60 (1972) 481 =
Kannengiesser — REL 49 (1971) 385—387 = Petitmengin —
RHE 66 (1971) 975 = Antin, P. — REAnc 74 (1972) 351 =
Courcelle, P. — StMon 13 (1971) 463 = Olivar, A. — Gn 45
(1973) 46—50 = Opelt, I. — AB 90 (1972) 185—188 = Philipp-
part — Latomus 30 (1971) 750 = Antin, P. — HS 24 (1971)
481 = Urbel, J. P. de

R 431 *Hieronymus* ed. I. S. KOZIK (1967/68, 1291): VigChr. 26 (1972)
157—159 = Thierry — Mu 85 (1972) 559 = Garitte — StMon 13
(1971) 463 = Badia, B.

R 432 *Hieronymus* ed. D. HURST — M. ADRIAEN (1971/72, 1378a):
RBen 81 (1971) 159 = P. V.

R 433 *Hieronymus* ed. G. GOTTARDI (1969/70, 1233): CC 122 (1971)
508 = Ferrua, A.

R 434 *Hieronymus* ed. S. ALIQUÒ (1969/70, 1232): CC 122 (1971) 203—
204 = Ferrua, A.

R 435 *Hieronymus* ed. P. ANTIN (1971/72, 1378): RPh 46 (1972) 165 =
Ernout — StMon 13 (1971) 201 = Amengual, F. — RAM 47 (1971)
113—114 = Guy, J.-Cl.

R 436 *Hieronymus* ed. D. VALLARSI — M. ADRIAEN (1969/70, 1231):
RBen 81 (1971) 332—333 = Bogaert, P.-M.

R 437 *Hilarius Pictaviensis* ed. G. TEZZO (1971/72, 1401): Ant 47 (1972)
149—152 = G. Giamberardini

R 438 HILLGARTH, J. N. (1969/70, 248): CW 64 (1971) 311—312 =
Groh, D. E.

R 439 *Hippolytus Romanus* ed. B. BOTTE (1967/68, 1312): Sc 24 (1970)
477 = Manning

R 440 *Hippolytus Romanus* ed. G. DIX (1967/68, 1313): Augustinus 16
(1971) 412 = Ortall, J. — JEcclH 22 (1971) 58—59 = Dugmore,
C. W. — SrTK 47 (1971) 50 = Hägglund, B.

R 441 *Hipolytus Romanus* ed. G. NOVAK — M. GIBIN (1971/72, 1414):
REBras 32 (1972) 248—249 = Beckhäuser, A.

R 442 *Histoire du droit ... de l'Église en Occident* ed. J. DAUVILLIER
(1969/70, 192): Bibl 53 (1972) 453—457 = Sandmel — RSR 46
(1972) 273—275 = Metz — CH 41 (1972) 111 = Bassett —
Laval 28 (1972) 87—88 = Fortin — History 57 (1972) 108—109 =

Parker — JEH 23 (1972) 175—176 = Simon — CHR 58 (1972) 473—475 = Bourke

R 443 *Historia religionum* ed. C. J. BLEEKER — G. I. WIDENGREN (1969/70, 78): ZAW 83 (1971) 127—128 = Fohrer

R 444 HOFFMANN, W. (1963, 398): WiWh 35 (1972) 48—54 = Senger, H. G.

R 445 *Deux homélies anoméennes* ... ed. J. LIÉBAERT (1969/70, 1336): RSLR 7 (1971) 351—353 = Cantalamessa

R 446 HONINGS, B. (1969/70, 793): REA 16 (1970) 366 — Augustinus 17 (1972) 422 = Armas, G.

R 447 HOPE, D. M. (1971/72, 1560): ZKTh 94 (1972) 352—353 = Jungmann — RBen 82 (1972) 162 = Verbraken — ThLZ 97 (1972) 674—675 = Zimmermann — RHE 67 (1972) 289 = Dauphin — CH 41 (1972) 256—257 = Rusch — JEH 23 (1972) 370—371 = Jasper — BLE 73 (1972) 267 = Martimort — JThS 23 (1972) 510—512 = Ashworth, H. — MAev 41 (1972) 241—243 = Crehan, J. H.

R 448 HOWIE, G. (1969/70, 794): StudiumAv 12 (1972) 266 = Blazquez, N. — Augustinus 17 (1972) 293—300 — Oroz, J. — AugSt 3 (1972) 205 = Kevane

R 449 HRUBY, K. (1971/72, 570): EMZ 29 (1972) 154—155 = Lohr, D. — TTK 43 (1972) 236 = Wisløff, C. F.

R 450 HUBER, W. (1969/70, 1891): BiblOr 29 (1972) 81—85 = Kniper, G. J. — DTT 34 (1971) 155 = Hyldahl, N. — ThLZ 96 (1971) 193—200 = Strobel, A.

R 451 *Iberian Fathers* ed. C. W. BARLOW (1969/70, 1003): EAg 6 (1971) 297 = Morán, J. — JThS 22 (1971) 252—253 = Matthews, J. F.

R 452 *Iberian Fathers* ed. C. W. BARLOW (1969/70, 1432): StMon 13 (1971) 465—466 = Badia, B. — AB 90 (1972) 226—227 = Noret — ThBraga 6 (1971) 237—240 = Freire, J. G. — Helmantica 22 (1971) 444 = Jimenez Delgado, J. — Clergy 55 (1970) 830—832 = Butterworth, R.

R 453 *Ignatius Antiochenus* por PAULO EVARISTO ARNS (1971/72, 1434): REBras 31 (1971) 250 = Beckhäuser, A.

R 454 *Ignatius Antiochenus* ed. P. T. CAMELOT (1971/72, 1434a): RThom 72 (1972) 153 = de Santo-Tomas, J. J.

R 455 *Initia Patrum Latinorum* ed. J. M. CLÉMENT (1971/72, 93): RiStCl 20 (1972) 435—436 = Verdière, R. — REA 18 (1972) 203 = Folliet, G. — RBen 82 (1972) 340—341 = Verbraken, P. — StMon 14 (1972) 581 = Jaspert, B.

R 456 *Iohannes Chrysostomus* ed. M. AUBINEAU (1967/68, 1353): DTT 32 (1969) 144—145 = Lehmann, H. J. — Greg 51 (1972) 407 = Orbe, A. — RHPhR 52 (1972) 505 = Bénoit, A. — JThS 22

(1971) 618 = Chadwick, H. — ZKG 83 (1972) 252—253 = Winkelmann — Erasmus 24 (1972) 457—458 = Kemmer

R 457 *Iohannes Chrysostomus* ed. J. DUMORTIER (1966, 1717): NRTh 93 (1971) 715—716 = Martin, Ch.

R 458 *Iohannes Chrysostomus* ed. B. GRILLET (1967/68, 1349): EF 72 (1971) 242 = Molar, N. del

R 459 *Iohannes Chrysostomus* ed. R. E. CARTER (1967/68, 1353a): JThS 22 (1971) 618—619 = Chadwick, H. — RHPhR 52 (1972) 506 = Benoit, A. — DTT 32 (1969) 144—145 = Lehmann, H. J. — Erasmus 24 (1972) 457—458 = Kemmer, A. — ZKG 83 (1972) 252—253 = Winkelmann

R 460 *Iohannes Chrysostomus* ed. R. E. CARTER (1969/70, 1311): OrChrP 38 (1972) 522 = Ettlinger — JThS 23 (1972) 579 = Chadwick — Byz 65 (1972) 417—418 = Malingrey

R 461 *Iohannes Chrysostomus* ed. H. MUSURILLO — B. GRILLET (1966, 1718): Greg 51 (1972) 407—408 = Orbe, A. — NRTh 93 (1971) 715—716 = Martin, Ch.

R 462 *Iohannes Chrysostomus* ed. A. M. MALINGREY (1967/68, 1348): NRTh 93 (1971) 716 = Martin — VigChr 26 (1972) 159 = van Winden — Esprit 81 (1971) 616 = Duval, Y.-M.

R 463 *Iohannes Chrysostomus* ed. A.-M. MALINGREY (1969/70, 1303): NRTh 93 (1971) 659 = Martin — EE 47 (1972) 98 = de Aldama — RAM 47 (1971) 221—222 = Boularand, E. — REG 84 (1971) 251—251 = Defradas, J. — RBen 81 (1971) 331—332 = Bogaert, P.-M. — MSR 28 (1971) 113—115 = Dumortier, J. — Esprit 81 (1971) 600 = Duval, Y.-M.

R 464 *Iohannes Chrysostomus* ed. W. KANIA (1971/72, 1454): RBen 82 (1972) 344 = Verbraken — EThL 48 (1972) 305

R 465 *Iohannes Chrysostomus* ed. A. DEL ZANNA (1969/70, 1304; 1305): RSLR 7 (1971) 183 = Ceccherelli

R 466 *Iohannes Damascenus* ed. E. WEIHER (1969/70, 1346): Slavia 40 (1971) 115—120 = Bláhová, E.

R 467 *Iohannes Damascenus* ed. P. B. KOTTER (1969/70, 1345): OrChrP 38 (1972) 271 = Ortiz de Urbina — ZRGG 23 (1971) 176—177 = Jaspert — JThS 22 (1971) 620 = Chadwick, H.

R 468 *Irenaeus* ed. J. P. ASMUSSEN (1971/72, 1498): SrTK 47 (1971) 50—51 = Hägglund, B.

R 469 *Irenaeus Lugdunensis* ed. A. ROUSSEAU, L. DOUTRELEAU, CH. MERCIER (1969/70, 1356): VigChr 25 (1971) 227—229 = Grant — Irénikon 44 (1971) 127—128 = O. R. — ThLZ 96 (1971) 690—692 = Karpp, H. — RSR 46 (1972) 83 = Ménard

R 470 *Isaias Gazaeus* ed. R. DRAGUET (1967/68, 1404): RHE 66 (1971) 150—157 = Vööbus, A.

R 471 *Isidorus Hispalensis* ed. G. B. FORD (1969/70, 1382): Helmantica 22 (1971) 443 = Jimenez Delgado, J.

R 472 *Isidorus Hispalensis* ed. G. DONINI — G. B. FORD (1969/70, 1381): RHE 67 (1972) 349 = Muraille — Helmántica 22 (1971) 355 = Ortall, J. — NPh 56 (1972) 505—506 = Orban — RiStCl 19 (1971) 104—105 = Agostino, V. de — Latinitas 19 (1971) 172 = Greenwood, D. — CR 22 (1972) 279 = Walsh — REL 49 (1971) 413 = Reydellet

R 473 *Itala* ed. A. JUELICHER (1969/70, 477): BiZ 15 (1971) 147—148 = Schnackenburg — FS 54 (1972) 371 = Fürst, H.

R 474 IVÁNKA, E. VON (1964, 411): EAg 6 (1971) 530—531 = Morán, J.

R 475 JAEGER, W. (1972/72, 295a): HistRel 179 (1971) 220 = Nautin, P. — RHE 67 (1972) 647 — Dauphin

R 476 JANSMA, T. (1969/70, 939): OrChr 55 (1971) 233—235 = Davids

R 477 JASPERT, B. (1971/72, 75): NRTh 94 (1972) 549

R 478 JAUBERT, A. (1967/68, 222): RThom 72 (1972) 144—145 = Santo-Tomas, J. J. de

R 479 JAUREGUIZAR, E. (1969/70, 1249): CD 184 (1971) 180 = Manrique, A.

R 480 JEREMIAS, J. (1967/68, 1835): RHR 180 (1971) 199—201 = Coquin, R.-G. — RThom 72 (1972) 487—488 = Leroy, M.-V.

R 481 JEREMIAS, J. (1969/70, 502): CC 122 (1971) 437—438 = Jacques, X. — RThPh (1971) 267 = Bonnard — EtThR 47 (1972) 242 = Vassaux

R 482 JERG, E. (1971/72, 2127): REA 18 (1972) 318 — ThRe 68 (1972) 25—26 = Stuiber — REDC 28 (1972) 421 = Funk — ArGran 34 (1971) 308 = Segovia, A.

R 483 JOHANNY, R. (1967/68, 704): RechSR 60 (1972) 469 = Kannengiesser — Irénikon 45 (1972) 571 = O. R. — REA 18 (1972) 206 = Madec, G.

R 484 JOLY, R. (1967/68, 392): Augustinus 17 (1972) 108 = Oroz, J.

R 485 JONES, A. — MARTINDALE, J. — MORRIS, J. (1971/72, 300): CE 65 (1972) 207—208 = Jones, C. — Phoenix 26 (1972) 140—182 = Barnes, T. — JThS 23 (1972) 268 = Chadwick, H.

R 486 JONES, A. H. M. (1971/72, 301): CW 65 (1972) 279 = Gregory, T.

R 487 *San José en los XV primeros siglos de la Iglesia* (1971/72, 129): ArGran 35 (1972) 389 = Florez, I. — RAgEsp 13 (1972) 215 = Gutierrez — RC 18 (1972) 431 = Mier, A. de — EAg 7 (1972) 215 = Aparicio, T. — Burgense 13 (1972) 594 = López Martínez, N. — MontCarm 79 (1971) 463 = Pacho, A.

R 488 JOSSA, G. (1969/70, 1363): VigChr 26 (1972) 302 303 = Grant, R.-M. — RAgEsp 13 (1972) 203 = Morán, C. — StudiumAv 11 (1971) 145 = Montero, J. — Latomus 31 (1972) 650 = Braun —

RThL 3 (1972) 364 = Hossiau — Salesianum 33 (1971) 522—524 = Estebán — ThLZ 96 (1971) 688—690 = Campenhausen, H. von

R 489 JOSSUA, J. P. (1967/68, 667): Irénikon 45 (1972) 570 = M. P.

R 490 JOUSSEN, A. (1969/70, 503): ThRu 67 (1971) 527—529 = Krause, M.

R 491 *Justinus Martyr* ed. M. VAN WINDEN (1971/72, 1541): RHE 67 (1972) 458—460 = Camelot — RiStCl 20 (1972) 431 = Verdière

R 492 KAISER, H. J. (1969/70, 797): Augustinus 16 (1971) 399—400 = Capánaga, V. — PhLit 24 (1971) 118—121 = Dalfen, J.

R 493 KARPP, H. (1969/70, 1950): ThLZ 96 (1971) 836 = Altendorf, H.-D. — FZPT 18 (1971) 518 = Studer, B. — ThZ 28 (1972) 239 = Andresen — JEcclH 22 (1971) 90 = Frend, W. H. C. — KA 72 (1972) 232 = Öberg, I. — TTK 41 (1970) 156 = Wisloff, C. Fr.

R 494 KARPP, H. (1969/70, 1951): RHPhR 51 (1971) 127 = Benoit, A. — StMon 13 (1971) 516 = Pifarré, C. M. — StudiumAv 11 (1971) 146 = Montero, J. — RThPh 21 (1971) 278 = Rordorf, W. — Communio 4 (1971) 140—141 = Burgos, M. de — EAg 6 (1971) 146 = Morán, J. — EAg 7 (1972) 687 = Herrero, Z. — REDC 27 (1971) 688 = García y García, A. — BTAM 11 (1972) 353 = Petit — HistRel 182 (1972) 102 = Dalmais, I. H. — EtThR 47 (1972) 112—114 = Roussel, B.

R 495 KAWERAU, P. (1971/72, 307): ArGran 35 (1972) 384—385 = Florez, I. — EAg 7 (1972) 720 = Mielgo, C. — RSPhTh 56 (1972) 675 = Legrand

R 496 KAWERAU, PETER (1967/68, 226): CHR 56 (1970) 218—219 = McGuire, M. R. P.

R 497 KELLY, N. D. (1967/68, 1931): NRTh 93 (1971) 550 = Lebeau

R 498 KIEFFER, R. (1967/68, 539): VigChr 26 (1972) 65—68 = Smit Sibinga — STK 46 (1970) 59—61 = Hartman, L. — ReSR 45 (1971) 169—170 = Ménard, J.

R 499 KING, A. A. (1967/68, 1787): RHR 180 (1971) 202—203 = Coquin, R.-G.

R 500 *Kirchenväterlexikon* ed. H. KRAFT (1966, 33): DTT 30 (1967) 249—250 = Lehmann, H. J. — TTK 39 (1968) 58—60 = Danbolt, L. J.

R 501 KISCH, G. (1969/70, 1917): RHDFE 49 (1971) 438—439 = Hubrecht, G.

R 502 KLAUSER, TH. (1971/72, 1817): CHR 58 (1972) 467—468 = Govert, H. — JAAR 39 (1971) 243—244 = Maeder, M. — Worship 45 (1971) 119—120 = Smits, K. — HeythropJ 12 (1971) 450 = Donovan

R 503 KLAUSER, T. (1971/72, 184): JThS 23 (1972) 492—494 = Greenslade, S. L.

R 504 KLAUSER, TH. (1971/72, 2051): ThRe 68 (1972) 461—463 = Franke

R 505 KLEIN, R. (1967/68, 1623): EAg 6 (1971) 294 = Morán, J. — Mn 25 (1972) 323 = Jonkers, E. J. — Helmántica 22 (1971) 437 = Campos, J. — CH 40 (1971) 474 = Wilken, R.

R 506 KLEIN, R. (1971/72, 311): ZKTh 94 (1972) 328—330 = Beukers — REL 50 (1972) 344—346 = Fontaine — MThZ 23 (1972) 308— 310 = Speigl, J. — BiblOr 29 (1972) 78 = Wytzes — Erasmus 24 (1972) 756—758 = Lasserre — JAC 14 (1971) 157—162 = Misgeld, W. R. — WSt 6 (1972) 255 = Smolak — HZ 215 (1972) 125 127 = Lippold REAnc 74 (1972) 322—323 = Callu, J. P.

R 507 KLEUDEL, U. (1971/72, 1101 a): Anzeiger für die Altertumswissen schaft Innsbruck 25 (1972) 359 = Lackner — L'Antiquité Classique 40 (1971) 275 = Verheijen

R 508 KNOWLES, D. (1966, 2604): HZ 212 (1971) 403—404 = Rauch

R 509 KNOWLES, D. (1969/70, 2095): CD 183 (1970) 614 = Manrique, A.

R 510 KÖNIG, H. (1966, 1168): WiWh 35 (1972) 48—54 = Senger, H. G.

R 511 KÖNIG, E. (1969/70, 799): Gn 43 (1971) 617—618 = Courcelle, P. — EAg 6 (1971) 588 = Cilleruelo, L. — ACl 41 (1972) 360 = Courtès

R 512 KOESTER, H. — ROBINSON, J. M. (1971/72, 315): ThLZ 97 (1972) 721—734 = Bartsch

R 513 KÖTTING, B. (1969/70, 2096): Burgense 13 (1972) 413—414 = Esquerda Bifet, J.

R 514 KOPPERSCHMIDT, J. (1971/72, 854): REA 18 (1972) 314

R 515 ΚΟΡΝΙΤΣΕΣΚΟΥ, K. I. (1971/72, 1466a): BLE 73 (1972) 307— 308 = Boularand, E.

R 516 KOZIK, I. S. (1967/68, 1291): CR 21 (1971) 135 = Walsh, P. G. — Mu 85 (1972) 559 = Garitte, G.

R 517 KRAFFT, P. (1966, 926): Gn 44 (1972) 722—725 = Andresen

R 518 KRAFT, H. (1969/70, 1870): FrBogotá 13 (1971) 69 = Herrera, D.

R 519 KRAGERUD, A. (1967/68, 2159): Temenos 3 (1968) 180—183 = Jansen, H. Ludin

R 520 KRANZ, G. (1967/68, 26a): ZKG 82 (1971) 94 = Kupisch, K. — Crisis 19 (1972) 109 = Merino, P. — Helmántica 23 (1972) 357 = Oroz, J. — EA 47 (1971) 523 = Engelmann, U.

R 521 KUCHAREK, C. (1971/72, 1468): Worship 46 (1972) 320—322 = Petras, D.

R 522 KUNZE, K. (1969/70, 1754): ThRe 67 (1971) 270—271 = Schauerte, H. — AB 90 (1972) 445—448 – Philippart, G. — StMon 13 (1971) 203—204 = Amengual, F.

280—283 = Brunner — TEsp 16 (1972) 286 = Velasco, A. — ArGran 34 (1971) 310 = Segovia, A. — SelLib 9 (1972) 257 = Solá, F. de P. — EA 48 (1972) 227 = Jaspert, B.

R 524 LA BONNARDIÈRE, A. M. (1969/70, 730): RBi 79 (1972) 477 = Larcher — ZAW 83 (1971) 418 = Fohrer — RBen 81 (1971) 156 = Du Roy, O.

R 525 *Lactantius* (1971/72, 1550): CD 185 (1972) 771 = Uña, O.

R 526 *Lactantius* ed. F. CORSARO (1960/70, 1407): Helmantica 22 (1971) 441 = Jimenez Delgado, J. — PalLat 42 (1972) 93—94 = Molina, M. — Sc 26 (1972) 154 = Masai

R 527 LAEPPLE, A. (1969/70, 265): RThom 71 (1971) 686—687 = J. S.

R 528 LAMINSKI, A. (1969/70, 674): Ant 46 (1971) 172 = Weijenborg — ThRe 68 (1972) 206—210 = Jorissen, H. — ThLZ 96 (1971) 836—837 = Altendorf, H.-D. — EThL 47, 1 (1971) 239 = Philips, G. — ZKG 83 (1972) 250 = Knorr, U. W. — FZPT 18 (1971) 521 = Studer, B.

R 529 LAMIRANDE, E. (1969/70, 816): RechSR 60 (1972) 474 = Kannengiesser — RET 30 (1970) 417—419 = Capánaga — RUO 41 (1971) 158 = Van Tente, M. — CD 185 (1972) 591 = Folgado Florez, S. — ArGran 35 (1972) 352 = Segovia, A. — Ang 49 (1972) 118 = Geenen, J. G. — Augustinus 16 (1971) 95 = Ortall, J. — Augustinus 16 (1971) 185—187 = Capánaga, V. — Salmant 18 (1971) 165 = González, E. — FZRT 18 (1971) 517 = Studer, B.

R 530 LANGE, D. (1967/68, 858): REA 16 (1970) 351

R 531 LATRON, P. M. (1971/72, 876): REA 18 (1972) 312—313 = Madec

R 532 *Laudes Domini* ed. P. VAN DER WEIJDEN (1967/68, 1850): JThS 23 (1972) 238 = Chadwick, H.

R 533 LAURENT, V. (1965, 145): AB 90 (1972) 196—197 = Halkin, F.

R 534 LAVENANT, R. (1967/68, 1145): OrChrP 37 (1971) 290 = Ortiz de Urbina, I. — OrChrP 38 (1972) 328 = Špidlík, T.

R 535 LEBEAU, P. (1966, 2743): ReSR 45 (1971) 93—96 = Steiner, M.

R 536 LEBON, J. (1967/68, 1455): Irénikon 44 (1971) 130—131 = M. v. P. — Mu 85 (1972) 293—295 = de Halleux — StMon 13 (1971) 462 = Lluch, A.

R 537 LEEB, H. (1967/68, 705): ThRe 68 (1972) 379—380 = Fischer

R 538 LEIPOLDT, J. (1967/68, 2137): OLZ 67 (1972) 145—148 = Weiß, H. F.

R 539 LEISEGANG, H. (1971/72, 2412): RHR 182 (1972) 204—205 = Ménard, J.-E. — ReSR 46 (1972) 175—176 = Ménard, J.

R 540 LEMAIRE, A. (1971/72, 2132): EtPh (1971) 532 = Quonian, T. — REspir 31 (1972) 133 = Guerra, A. — RaBi 32 (1971) 274 = Bierzychudek, E. — CD 185 (1972) 132 = Manrique, A. — REDC 28 (1972) 429 = García y García, A. — RBen 81 (1971)

344 = Bogaert, P.-M. — EThL 47, 1 (1971) 513 = Coppens, J.
Bibl 53 (1972) 587—590 = Best — Esprit 82 (1972) 31 =
Perron, J.

R 541 LEMERLE, P. (1971/72, 323 a): AB 90 (1972) 216—217 = Halkin, F.
— CRAI (1971) 556 = Lemerle

R 542 *Leo Magnus* ed. R. DOLLE (1969/70, 1418): NRTh 93 (1971)
660 = Martin — Clergy 55 (1970) 1000—1001 = Doyle, E. —
Esprit 81 (1971) 615—616 = Duval, Y.-M.

R 543 *Leo Magnus* ed. P. M. GARRIDO BONAÑO (1969/70, 1417): CT 98
(1971) 443 = Hernández, R.

R 544 LEONE, LUIGI (1971/72, 37): CC 122 (1971) 300—301 = Ferrua, A.

R 545 LEONI, B. (1967/68, 1879): RiAC 47 (1971) 151—155 = Saxer

R 546 LEPELLEY, C. (1969/70, 270): RThom 71 (1972) 145 = de Santo-
Tomas, J. J. — Augustinus 17 (1972) 101 = Orosio, P.

R 547 LEROY, J. (1969/70, 1657): OrChr 38 (1972) 323 = Špidlík

R 548 *Il libro della Bibbia* ed. L. MICHELINI TOCCI (1971/72, 499):
RHE 67 (1972) 707 = Ruysschaert — AB 90 (1972) 461 = Noret

R 549 LIÉBAERT, J. (1966, 2489): RHE 66 (1971) 563—564 = Kannengiesser, C.

R 550 LIÉBAERT, J. (1969/70, 1528): RSR 46 (1972) 165—168 = Ménard — ThLZ 96 (1971) 597—599 = Treu, K. — SelLib 8
(1971) 483 = Vives, J. — TTH 11 (1971) 495 = van Eupen,
Th. A. G. — StudiumAv 12 (1972) 190 = Merino, T. — RHPhR
52 (1972) 504 = Prigent, P. — JThS 22 (1971) 225—227 =
Graham, A. A. K. — RHE 66 (1971) 972 = Camelot, P.-Th. —
ScEs 23 (1971) 397—401 = Bourgeault, G.

R 551 LILLA, S. R. C. (1971/72, 1121): Greg 53 (1972) 796—797 =
Orbe, A., S. I. — OrChrP 38 (1972) 275—277 = O'Connell, P. —
TPh 34 (1972) 151 = Pattin — RHE 67 (1972) 645 = Hockey —
RBen 82 (1972) 157 = Bogaert, P.-M. — ScTh 4 (1972) 641—
644 = Gavigan, J. — SJTh 25 (1972) 482 = Frend, W. C. H. —
Theology 75 (1972) 220 = Barnard — ThSt 33 (1972) 761 =
Norris

R 552 LÖFGREN, O. (1967/68, 603): STK 48 (1972) 164—167 = Sund-
berg, W.

R 553 LOHSE, B. (1969/70, 2098): OrChrP 38 (1972) 488 = Špidlík — CHR
68 (1972) 476—478 = Musurillo — HZ 212 (1971) 639—644 =
Frank — HJ 91 (1971) 220—221 = Engelmann — ThPh 47
(1972) 294—296 = Bacht — FZPT 19 (1972) 460—462 =
Studer, B. — SZG 21 (1971) 377—378 = Rüsch, E. G. — Erasmus
23 (1971) 144—146 = Kemmer, A. — EA 47 (1971) 436—437 =
Engelmann, U.

R 554 LOI, V. (1969/70, 1411): Gn 44 (1972) 511—514 = Fontaine —
Latomus 31 (1972) 627 = Braun — RechSR 60 (1972) 478 =

Kannengiesser — CD 184 (1971) 151 = Manrique, A. — Helmántica 22 (1971) 350 = Oroz, J. — Gy 79 (1972) 93—96 = Hilder — Salmant 18 (1971) 184 = Campos, J. — StMon 13 (1971) 253 = Pifarré, C. M. — Augustinus 16 (1971) 412 = Merino, P. — Liturgia 26 (1971) 178 = Palacios, M. — MSR 29 (1972) 38 = Spanneut, M. — VigChr 26 (1972) 71—73 = Bastiaensen, A.

R 555 LOMIENTO, G. (1966, 1902): HistRel 181 (1972) 216—218 = Méhat, H.

R 556 LOMIENTO, G. (1967/68, 1098): ArGran 35 (1972) 353 = Segovia, A.

R 557 LOMIENTO, G. (1971/72, 1647): OrChr 56 (1972) 227 = Gessel — JThS 23 (1972) 326 = Chadwick — Helmántica 22 (1971) 426 = Campos, J. — Salmant 19 (1972) 465 = Domínguez del Val, U. — Maison Dieu 110 (1972) 159 = Dalmais, I.-H. — Latinitas 20 (1972) 100 = del Ton — Latomus 31 (1972) 286 = Joly, R. — RHE 67 (1972) 1051 = de Halleux — RHR 181 (1972) 216—218 = Méhat — RPh 46 (1972) 315—316 = des Places — REAnc 74 (1972) 346—347 = Courcelle, P. — CD 184 (1971) 652 = Manrique, A.

R 558 LORENZ, R. (1969/70, 273): JEcclH 23 (1972) 264 = Drewery, B. — KrS 128 (1972) 186 = Wieser, G. — CD 184 (1971) 142 = Uña, O.

R 559 LOT-BORODINE, M. (1969/70, 585): OrChrP 38 (1972) 272 = Špidlík — Kyrios 12 (1972) 243 = Madey, J. — RThPh 22 (1972) 52 = Baer, D. — RUO 42 (1972) 169 = Lamirande

R 560 LUBAC, H. DE (1969/70, 1931): RSLR 8 (1972) 645—646 = Bodrato — Studium 67 (1971) 869—870 = Siniscalco, P.

R 561 LUBAC, H. DE (1967/68, 1512): ThLZ 96 (1971) 512—514 = Kraft, H. — ThQ 151 (1971) 366 = Stockmeier, P. — EA 47 (1971) 517 = Engelmann, U.

R 562 LÜTCKE, K.-H. (1967/68, 866): ZKG 82 (1971) 265—266 = Lorenz, R. — ThZ 28 (1972) 240—242 = Schindler, A. — CR 22 (1972) 116 = Chadwick, H.

R 563 LYONNET, S. — SABOURIN, L. (1971/72, 2174a): ZKTh 94 (1972) 237—238 = Piepiorka — ThLZ 97 (1972) 204—206 = Bertinetti — JBL 91 (1972) 274—275 = Malina — TTh 12 (1972) 103 = Lascaris, A. — CBQ 34 (1972) 90—92 = Barosse, T.

R 564 MACMULLEN, R. (1969/70, 274): JAAR 39 (1971) 237—238 = Armstrong, G. T. — JEcclH 22 (1971) 59 = Frend — History 56 (1971) 81 = Barnes, T. D. — HistoryT 20 (1970) 370—371 = Birley, A.

R 565 MACNAMARA, M. A. (1969/70, 819): EAg 6 (1971) 531—532 = Morán, J. — Pal 50 (1971) 639 = Lamné

R 566 MADDALENA, A. (1969/70, 372): Gn 44 (1972) 651—658 = Cazeaux — CD 184 (1971) 152 = Manrique, A. — RSR 46 (1972) 161 = Ménard — Vichiana 1 (1972) 180 = Nazarro, A. V. — JThS 22 (1971) 217—220 = Macleod, C. W. — CR 22 (1972) 341 = Wallis, R. T. — Paideia 26 (1971) 3/4, 236—239 = Scarpat, G.

R 567 MAGOULIAS, H. J. (1971/72, 326): AmSlav 30 (1971) 378 = Charanis, P.

R 568 MANDOUZE, A. (1967/68, 870): RHE 67 (1972) 847—849 = Verheijen, L. — RSLR 5 (1969) 650—653 = Pincherle — Erasmus 23 (1971) 342—346 = Bavel, T. van

R 569 MANFERDINI, T. (1969/70, 825): EAg 7 (1972) 417—418 = Cilleruelo, L. — CD 184 (1971) 152 = Manrique, A.

R 570 MARCELIC, J. J. (1967/68, 708): ETrin 5 (1971) 180—181 = Arbizu, J. M.

R 571 MARCOCCHI, M. (1967/68, 1293): CD 184 (1971) 150 = Manrique, A.

R 572 *Marcus Diaconus* ed. C. CARTA (1971/72, 1577): EF 73 (1972) 364 = Rubí, B. de

R 573 *Marius Victorinus* ed. A. LOCHER (1971/72, 1579): Humanitas 23/24 (1971/72) 559—560 = Geraldes Freire

R 574 MARKUS, R. A. (1969/70, 831): VetChr 9 (1972) 409 — JR 52 (1972) 102 = McGinn — AugStud 2 (1971) 231—251 = Bonner — RechSR 60 (1972) 469—472 = Kannengiesser — Augustinus 17 (1972) 306—310 = Oroz — AHR 76 (1971) 1139 = Deana, H. A. — History 56 (1971) 251 = Frend, W. H. C. — SelLib 8 (1971) 507 = Pegueroles, J. — Prudentia 3 (1971) 67—79 = Minn, H. R. — SJTh 25 (1972) 116—118 = Wright, D. F. — ModCh 14 (1971) 172 = Roberts, T. A. — CD 184 (1971) 641 = Uña, A. — EAg 6 (1971) 317 = Cilleruelo, L. — ExpT 82 (1970/71) 26 = Rowe — RRel 30 (1971) 146 = Costelloe, M. — LW 19 (1972) 79 = Goulet, R. — CII 40 (1971) 205 = Reed — BiblSacr 129 (1972) 180 = Nix, W. E. — CHR 57 (1971) 466 = Russell, R. P. — DR 88 (1970) 418—420 = Murphy, G. M. H.

R 575 MARROU, H. I. (1966, 1201): Augustinus 16 (1971) 409 = Oroz, J.

R 576 MARSCHALL, W. (1971/72, 2267): REA 18 (1972) 347 = de Veer — DLZ 93 (1972) 631—634 = Händler — TTZ 81 (1972) 251 = Sauser

R 577 MARTÍN, J. P. (1971/72, 2227): Greg 53 (1972) 172 = Orbe, A. — StMon 14 (1972) 314 = Pifarré, C. M. — CD 185 (1972) 134 = Manrique, A. — ThZ 28 (1972) 368 = Hamman, A. — ArGran 35 (1972) 354 = Segovia, A.

R 578 MARTINE, F. (1967/68, 687): MuHelv 29 (1972) 295—296 = Schneider, A.

R 579 MARTINEZ SAIZ, P. (1971/72, 2035): EE 46 (1971) 140 = Llorca Vives, B. — CD 184 (1971) 277 = Iturbe, A.

R 580 *El matrimonio misterio y signo*, *I*, ed. E. SALDÓN (1971/72, 2258): REA 18 (1972) 350

R 581 MAYER, C. P. (1969/70, 834): REL 49 (1971) 453—457 = Fontaine — ThLZ 96 (1971) 201—203 = Voß, B. R. — ThRe 67 (1971) 185 = Becker, H. — CD 184 (1971) 174 = Alvarez Turienzo, S.

R 582 MEES, M. (1969/70, 1040): Irénikon 45 (1972) 433 = C. H. — ThZ 28 (1972) 286 = Künzi, M. — TEsp 16 (1972) 281—283 = Velasco, A. — Liturgia 26 (1971) 387 = Palacios — SVict 18 (1971) 109—113 = Trevijano Etcheverría, R. — Salmant 18 (1971) 407 = Campos — VigChr 25 (1971) 306—310 = Quisel, G. — NRTh 93 (1971) 551 = Martin — AST 43 (1970) 192 = O'Callaghan — Bibl 53 (1972) 253—255 = Duplacy — OrChr 56 (1972) 225 = Davids — RSR 46 (1972) 77—81 = Ménard — RaBi 32 (1971) 177 = Bierzychudek, E. — RHR 181 (1972) 95 = Méhat, A. — CBQ 33 (1971) 278 = Danker, F. W. — REB 29 (1971) 331 = Darrouzès, J. — Greg 53 (1972) 170—191 = Orbe

R 583 MEIJERING, E. P. (1967/68, 738): SJTh 24 (1971) 485—487 = Holland, J. A. B. — RHE 66 (1971) 564—566 = Kannengiesser — ThPh 46 (1971) 310 = Sieben — RSLR 6 (1970) 184—186 = Simonetti

R 584 MELANI, G. (1971/72, 2341 a): REDC 27 (1971) 702 = García y García, A.

R 585 *Melito Sardensis* ed. J. BLANK (1963, 680): TTK 39 (1968) 58— 60 = Danboldt, L. J.

R 586 *Melito Sardensis* ed. O. PERLER (1966, 1853): Helmántica 22 (1971) 459 = Nicolau, M. — NRTh 93 (1971) 709 = Lebeau, P.

R 587 MEMOLI, A. F. (1971/72, 1174): Emerita 41 (1973) 565—566 = Angel, A.

R 588 MEMOLI, A. F. (1969/70, 1178): Latinitas 19 (1971) 183 = Del Ton, G.

R 589 MÉNARD, J.-É. (1967/68, 599): JAOS 92 (1972) 188—189 = Wisse, F.

R 590 MENEGHELLI, R. (1969/70, 1047): CD 185 (1972) 758 = Manrique, A. — EAg 6 (1971) 194 = Morán, J.

R 591 MERENDINO, P. (1965, 447): JThS 23 (1972) 327 = Chadwick

R 592 MERKEL, H. (1971/72, 2475): REA 18 (1972) 305 = Madec — ThQ 152 (1972) 175 = Schelke

R 593 MESLIN, M. (1969/70, 276): BLE 72 (1971) 72—73 = Griffe, E. — StudiumAv 11 (1971) 363 = García — RThom 72 (1972) 164 = Lauzière, M.-E. — REG 84 (1971) 242 = Ducrey — RThom 72

(1972) 147 = de Santo-Tomas, J. J. — RHDFE 49 (1971) 346 = Duparc, S. — EE 47 (1972) 302 = Borrás, A. — RThPh 22 (1972) 51 = Bonnard — RSR 46 (1972) 162 = Ménard — RSLR 7 (1971) 382 = Filoramo — HistRel 181 (1972) 215—216 = Ménard, J. E. — ACR 2 (1972) 225 = Yanitelli

R 594 METZGER, B. M. (1967/68, 256): RHE 67 (1972) 348 = Rigaux — STK 44 (1968) 122—123 = Block, P.

R 595 MEYENDORFF, J. (1969/70, 2014): ThT 27 (1970) 241—244 = Barrois, G.

R 596 MICHAELIDES, D. (1969/70, 1627): ReSR 46 (1972) 170 = Ménard, J.-E.

R 597 MICHAELIDES, D. (1969/70, 1628): Gn 44 (1972) 720—722 = Evans — REA 18 (1972) 203 = Doignon — ThLZ 97 (1972) 206—208 - Altendorf, H.-D. — StMon 14 (1972) 317 = Pifarré, C. M.

R 598 MIEGGE, M. (1969/70, 2229a): Greg 52 (1971) 571—573 = Cartechini

R 599 MIKAT, P. (1969/70, 1048): ZKG 83 (1972) 247—248 = Ziegler — ThQ 151 (1971) 88 = Stockmeier — ZGesch 19, 2 (1971) 963 = Härtel, G.

R 600 *Miscelanea Liturgica ... Cardinale G. Lercaro, I.* (1966, 136): Salmant 18 (1971) 444—445 = Fernández, P.

R 601 *Miscelánea Manuel Cuervo López* (1969/70, 85): EE 46 (1971) 562 = Llorca Vives, B. — Salmant 18 (1971) 414 = Vidal, M. — CD 184 (1971) 144 = Una, O.

R 602 *Miscelánea Patrística* (1967/68, 76): REDC 27 (1971) 276—277 = Echeverría, L. de — HistRel 179 (1971) 214—217 = Reydellet, M.

R 603 MOEHLER, J. A. (1969/70, 2033): RSLR 8 (1972) 201—203 = Bolgiani

R 604 MOHLER, J. A. (1971/72, 2135a): REDC 27 (1971) 699 = García y García, A. — IC 12 (1972) 510—512 = Arias, J. — CHR 57 (1971) 463—464 - Jurgens, W. A.

R 605 MOHLER, J. A. (1971/72, 2136): RAgEsp 12 (1971) 230—231 = Fernández González, J. — RJaver 77 (1972) 198 = Neira — Stromata 27 (1971) 595

R 606 MOHLER, J. A. (1971/72, 2342): ThSt 33 (1972) 600—601 = Pennington

R 607 MOINGT, J. (1969/70, 1630): MThZ 23 (1972) 94—95 = Speigl, J.

R 608 MOLINER, J. M. (1971/72, 2177): ArGran 35 (1972) 408 = Segovia, A. — REspir 31 (1972) 256 = Pablo Maroto, D. de — Salmant 19 (1972) 691 = Barrientos, U. — CT 99 (1972) 624 = Hernández, R. — Manresa 44 (1972) 221 = Grancro, J. M. — MontCarm 79 (1971) 488—491 = Pacho, A. — NatGrac 19 (1972) 402 = González, M. — TEsp 16 (1972) 115 = Robles

Sierra, A. — EAg 7 (1972) 698 = Cilleruelo, L. — EMerced 28 (1972) 313 = Gómez, E. — Yermo 9 (1971) 16 = Gomez, I. M.

R 609 MOLLAND, E. (1969/70, 87): ThLZ 96 (1971) 835—836 = Schultz, W. — JEcclH 22 (1971) 127 = Turner — JThS 22 (1971) 604— 606 = Greenslade, S. L. — ArGran 34 (1971) 262 = Segovia, A. — StMon 13 (1971) 196 = Olivar — SrTK 47 (1971) 50 = Hägglund, B. — StudiumAv 12 (1972) 196 = García, R. — TTK 42 (1971) 152 = Trana — VigChr 26 (1972) 160 — EAg 7 (1972) 685 = Cilleruelo — HistRel 182 (1972) 97—98 = Nautin, P.

R 610 MOLTHAGEN, J. (1969/70, 278): ThLZ 96 (1971) 829—833 = Matthiae, K. — CR 22 (1972) 392—394 = Frend-MH 28 (1971) 252 = Béranger — KrS 127 (1971) 282 = Wieser — ACl 41 (1972) 409 = Brisson — RFC 100 (1972) 356—360 = Sordi — AKG 53 (1971) 387 = Ki

R 611 MONDIN, B. (1971/72, 435): NatGrac 19 (1972) 394—395 = Muñiz, V.

R 612 MONDIN, B. (1969/70, 1041): CD 184 (1971) 291 = Manrique, A. — NRTh 94 (1972) 743 = Martin — Ang 48 (1971) 243 = Vansteenkiste, C.

R 613 MONTES MOREIRA, A. (1969/70, 1550): JThS 23 (1972) 239 = Chadwick — ZKG 83 (1972) 251 = Schäferdiek — VigChr 26 (1972) 154—157 = de Clercq — REA 18 (1972) 310 — Didaskalía 1 (1971) 178—180 = Martins — ThBraga 6 (1971) 240— 242 = Freire, J. G. — Liturgia 26 (1971) 177 = Palacios, M.

R 614 MORÁN, J. (1965, 532): BTAM 11 (1971) 217 = Mathon

R 615 MORÁN, J. (1969/70, 847): Augustinus 16 (1971) 191—193 = Capánaga, V.

R 616 MOREAU, J. (1969/70, 374): StMon 14 (1972) 341—342 = Pifarré, C. M.

R 617 MORESCHINI, C. (1969/70, 850): REA 17 (1971) 335—336 = E. B.

R 618 MORESCHINI, C. (1971/72, 1765): Emerita 41 (1973) 234—235 = García de la Fuente, O.

R 619 MORINO, C. (1969/70, 631): JEcclH 22 (1971) 61—62 = Frend, W. H. C. — EAg 6 (1971) 294 = Morán

R 620 MORRISON, K. F. (1969/70, 1994): JThS 22 (1971) 256—259 = Cowdrey, H. E. J. — RHE 66 (1971) 147—150 = Congar, Y. — Manuscripta 16 (1972) 48 = Ryan — RHR 180 (1971) 106 = Jolivet — JSSR 11 (1972) 99—100 = Murvar, V. — Sp 47 (1972) 541—543 = Obermann — MA 78 (1972) 125—129 = Grégoire

R 621 MORTARI, L. (1969/70, 2055): ByZ 64 (1971) 142—144 = Winkelmann, F. — BLE 73 (1972) 296 = Martimort, A.-G. — ZKG 83 (1972) 245—247 = Gessel, W. — IC 11 (1971) 333 = Sanchez Guillén, M. D. — Ant 47 (1972) 701 = Weijenborg, R.

R 622 MOSNA, C. S. (1969/70, 1824): ZKG 82 (1971) 383—385 = Rordorf, W. — RET 31 (1971) 113 = Oroz — REDC 27 (1971) 241 = García y García, A. — RThom 72 (1972) 165 = Lauzière — JEH 23 (1972) 79 = Ashworth — CHR 58 (1972) 478 = Jurgens

R 623 MOSSAY, J. (1966, 1617): EThL 48 (1972) 631

R 624 MOULE, C. F. D. (1971/72, 2217): EtThR 47 (1972) 461 = Bouttier

R 625 MOURANT, J. A. (1969/70, 852): GM 27 (1972) 232—234 = Deregibus

R 626 MÜHLENBERG, E. (1969/70, 659): ThRe 68 (1972) 21–25 = Huebner, R. — TTK 42 (1971) 223 = Wisloff — Irénikon 44 (1971) 278 = M. v. D.

R 627 MÜHLENBERG, E. (1966, 1638): JThS 22 (1971) 237—240 = Armstrong, A. H. — TTK 39 (1968) 62—63 – Wisloff, C. Fr. — DTT 32 (1969) 225—226 = Lehmann, H. J.

R 628 MÜSING, H.-W. (1971/72, 910a): TTZ 81 (1972) 250—251 = Sauser, E.

R 629 MUNDADAN, A. M. (1971/72, 341): JES 8 (1971) 893—894 = Philip, T.

R 630 MUSSIES, G. (1971/72, 437): JBL 91 (1972) 569—571 = Goetchius

R 631 MUSURILLO, H. (1971/72, 1832): AB 90 (1972) 194—195 = Halkin, F. — HeythropJ 13 (1972) 361 = T. C. — REL 50 (1972) 440—442 = Dolbeau, F. — JBL 91 (1972) 439 = Grant — Augustinus 17 (1972) 316 = Oroz — Theology 75 (1972) 604 = Hall — Thou 47 (1972) 620 = Halton, T.

R 632 NAAMAN, P. (1971/72, 1808): BiblOr 29 (1972) 87—88 = Meinardus, O. — REDC 28 (1972) 445 = García y García — RHE 67 (1972) 347 = Gribomont

R 633 NAGEL, P. (1966, 2580): VigChr 25 (1971) 70—72 = Verheijen, L. M. J.

R 634 NAGEL, W. (1969/70, 1854): FS 53 (1971) 128 = Frank, K. S.

R 635 NASH, R. H. (1969/70, 854): WestThJ 34 (1972) 194—195 = Sanderson, J. — ModS 48 (1971) 301—303 = Fortin, E. — DR 88 (1970) 94—95 = Pontifex, M.

R 636 NEUSNER, J. (1971/72, 652): BiblOr 29 (1972) 229—230 = Quispel, B. — DTT 35 (1972) 224—227 = Andersen — RIIE 67 (1972) 711 = de Kok

R 637 NEWTON, J. T. (1969/70, 855): REA 18 (1972) 339—341 = Madec

R 638 *Nicetas Remesianensis* ed. K. GAMBER (1969/70, 1459): Erasmus 24 (1972) 776—778 = Kähler

R 639 NIELSEN, J. T. (1967/68, 1396): CD 184 (1971) 149—150 = Manrique, A.

R 640 NOCE, C. (1971/72, 2469): ThRe 68 (1972) 21 = Barbel — VetChr 9 (1972) 411 — NRTh 93 (1971) 1109 = Gilbert — RThL 3 (1972) 219 = Gilbert

R 641 NOETHLICHS, K.-L. (1971/72, 343): ZSavR 89 (1972) 457—464 = Végh, Z. — JAC 15 (1972) 206—208 = Mayer-Maly — REAnc 74 (1972) 347—349 = Courcelle — HispAlava 1 (1971) 363 = Roldán

R 642 NORPOTH, L. (1971/72, 1003): REA 18 (1972) 293—294 = Aschoff — PhLit 25 (1972) 80—82 = Ballauff, T.

R 643 NTEDIKA, J. (1971/72, 1938): REA 18 (1972) 352 = Madec — ArGran 35 (1972) 421 = Segovia — RBen 82 (1972) 351 = P. V. — EL 86 (1972) 309—311 = Pistoia, A. — EThL 48 (1972) 223 = Coppens, J.

R 644 OBERG, E. (1969/70, 648): CR 21 (1971) 137—138 = Browning, R. — Helmantica 22 (1971) 428 = Barcenilla, A.

R 645 OBERLEITNER, M. (1969/70, 856): ZKG 83 (1972) 113—124 = Mutzenbecher — REA 17 (1971) 337 = G. F. — Latomus 30 (1971) 473 = Courcelle, P.

R 646 OBOLENSKY, D. (1971/72, 344): AmSlav 31 (1972) 657—658 = Abrahamse, D.

R 647 O'BRIEN, S. F. (1969/70, 857): REA 17 (1971) 333—334 = L. B.

R 648 O'CALLAGHAN, J. (1969/70, 512): CBQ 34 (1972) 99—100 = Pierce, J. A.

R 649 O'CALLAGHAN, J. (1967/68, 442): Irénikon 45 (1972) 136 = C. H.

R 650 O'CONNELL, J. (1967/68, 888): JThS 22 (1971) 248—251 = Bonner, G. — IPhQ 11 (1971) 427—439 = Clark — Augustinus 17 (1972) 289—293 = Oroz, J.

R 651 O'CONNELL, R. J. (1969/70, 858): IPhQ 11 (1971) 427—439 = Clark, M. T. — Augustinus 17 (1972) 300—306 = Oroz, J.

R 652 O'CONNOR, D. W. (1969/70, 283): CHR 56 (1970) 216—218 = Costelloe, J. — HistRel 179 (1971) 71—76 = Tuccan, R.

R 653 O'CONNOR, W. (1963, 787): BTAM 11 (1970) 34 = Mathon

R 654 *Ökumenische Kirchengeschichte* ed. R. KOTTJE und B. MOELLER (1969/70, 148): ZRGG 24 (1972) 179—180 = Müller, G. — MThZ 23 (1972) 208—210 = Speigl, J. — TTZ 80 (1971) 126—127 = Sauser, E.

R 655 O'HAGAN, A. P. (1967/68, 2099): DLZ 91 (1970) 149—152 = Altermath — BTAM 11 (1972) 348 = Winandy

R 656 O'MALLEY, T. P. (1967/68, 1630): ThRe 67 (1971) 42—44 = Tränkle, H. — RPh 45 (1971) 119—123 = Petitmengin, P. — OrChrP 37 (1971) 251 = Ortiz de Urbina

R 657 ORBÁN, A. P. (1969/70, 415): Aevum 46 (1972) 356—361 = Lucca, M. L. C. — EAg 6 (1971) 293 = Morán, J. — CD 184 (1971) 154 = Manrique, A. — Helmantica 23 (1972) 527—529 =

Roca Melía, I. — REG 84 (1971) 249 = Courcelle, P. — StudiumAv 11 (1971) 396 = García, V. — ScTh 3 (1971) 596—598 = Mateo Seco — MSR 28 (1971) 113 = Huftier, M. — JThS 22 (1971) 585 = Wiles, M. F. — NRTh 94 (1972) 832 = Bacq, Ph. — CW 65 (1971) 25 = Musurillo — RHE 67 (1972) 710 = Grison — RSR 46 (1972) 169 = Ménard — VetChr 9 (1972) 411 — Gn 44 (1972) 676—683 = Opelt — Latomus 31 (1972) 596—599 = Braun — CaHist 17 (1972) 177—178 = Rougé, J. — ThLZ 97 (1972) 755—757 = Bertram, G.

R 658 ORBE, A. (1969/70, 1368): MSR 29 (1972) 36 = Spanneut — StMon 13 (1971) 252 = Pifarré, C. M.

R 659 ORBE, A. (1971/72, 1511): Sefarad 32 (1972) 386—388 = Marcos, N. F. — CD 185 (1972) 761 = Folgado Flórez, S. — ScTh 4 (1972) 633—636 = Mareo Seco, L. F. — Espíritu 21 (1972) 161—163 = Solá, F. de P.

R 660 *Origenes* ed. D. RUIZ BUENO (1967/68, 1480): RET 30 (1970 329—331 = Velasco — Greg 51 (1972) 404 = Orbe, A.

R 661 *Origenes* ed. E. CORSINI (1967/68, 1479): RSLR 5 (1969) 642—648 = Harl — RThPh 21 (1971) 35—37 = Junod, E.

R 662 *Origenes* ed. A. COLONNA (1971/72, 1624): Greg 53 (1972) 797 = Cartechini, A.

R 663 *Origenes* ed. M. SIMONETTI (1967/68, 1485): VigChr 25 (1971) 310 = van Winden — RThPh 21 (1971) 38—42 = Junod, E.

R 665 *Origenes* ed. C. BLANC (1966, 1884): RThPh (1971) 108 = Junod — NRTh 93 (1971) 710 = Martin

R 666 *Origenes* ed. C. BLANC (1966, 1884; 1969/70, 1471): RHR 180 (1971) 104—105 = Nautin, P. — OrChrP 37 (1971) 542 = Špidlík, T.

R 667 *Origenes* ed. C. BLANC (1969/70, 1471): Irénikon 44 (1971) 128—130 = O. R. — ReHS 48 (1972) 496—499 = Jouvenot, Ch. — RBen 81 (1971) 155 = Bogaert, P.-M. — RSR 46 (1972) 85 = Ménard — NRTh 93 (1971) 710 = Martin — RET 32 (1972) 484 = Velasco — Clergy 55 (1970) 830—832 = Butterworth, R. — HistRel 180 (1971) 104—105 = Nautin, P. — Esprit 81 (1971) 597—598 = Duval, Y.-M.

R 668 *Origenes* ed. M. BORRET (1967/68, 1481; 1482): RET 36 (1971) 116 = Velasco

R 669 *Origenes* ed. M. BORRET (1969/70, 1469): ThLZ 96 (1971) 837 = Altendorf, H.-D. — NRTh 93 (1971) 710 = Martin — VigChr 26 (1972) 303—305 = van Winden — RThPh 21 (1971) 38—42 = Junod — Sc 24 (1970) 225 = Lagarde-Lambrechts — ReHS 48 (1972) 496—499 = Jouvenot, Ch. — JThS 23 (1972) 326 = Chadwick, H. — Irénikon 44 (1971) 128—130 = O. R. — VigChr 25 (1971) 229—231 = van Winden — RSR 46 (1972) 84 = Ménard — HistRel 182 (1972) 85 = Méhat

R 670 *Origenes* ed. R. GIROD (1969/70, 1472): Irénikon 44 (1971) 128—
130 = O. R. — EE 47 (1972) 91 = Aldama — CH 41 (1972)
256 = Grant — NRTh 93 (1971) 710 = Martin, Ch. — RHEF 57
(1971) 348 — RHSpir 48 (1972) 498 = Jouvenot — RHR 181
(1971) 218—220 = Nautin — RBen 81 (1971) 155 = Bogaert —
REAnc 73 (1971) 280—284 = Courcelle — Esprit 81 (1971) 598—
599 = Duval, Y.-M.

R 671 ORLANDI, T. (1969/70, 285): Mu 84 (1971) 281—283 = Garitte, G.

R 672 ORLANDI, T. (1967/68, 685a): RHR 180 (1971) 201—202 =
Guillaumont, A.

R 673 ORTIZ DE URBINA, I. (1969/70, 1918): RET 30 (1970) 167 =
Cuéllar — ETrin 6 (1972) 370—371 = Pujana, J.

R 674 OTT, L. (1969/70, 2042): EE 46 (1971) 563 = Nicolau, M.

R 675 OTTE, K. (1967/68, 363): OLZ 66 (1971) 536—538 = Delling —
RSLR 5 (1969) 635—639 = di Fidio

R 676 *The Oxford Classical Dictionary* ed. N. G. L. HAMMOND — H. H.
SCULLARD (1971/72, 180): BiblSacr 129 (1972) 157—158 =
Hoehner, H.

R 677 PABLO, J. M. (1971/72, 2179a): RaBi 32 (1971) 365—367 =
Casá, F.

R 678 *I padri del deserto* ed. L. MORTARI (1971/72, 659): RSLR 8 (1972)
624 = Gribomont

R 679 PALERMO RAMOS, R. (1969/70, 866): Augustinus 17 (1972) 199—
200 = Capánaga, V. — CD 184 (1971) 435 = Ozeata, J. M. —
RC 17 (1971) 101 = Rodriguez, J. M.

R 680 *Palladius* ed. E. SANSEGUNDO (1969/70, 1571): HistRel 182 (1972)
101—102 = Guillaumont, A. — MontCarm 79 (1971) 178 =
Pacho, A. — ETrin 5 (1971) 181 = Arbizu — EAg 6 (1971) 160 =
Villalobos, T. — Augustinus 16 (1971) 413 = Capánaga

R 681 PAPADOPOULOU-TSANANAS, O. (1969/70, 2105): Byz 65 (1972)
81—84 = Amand de Mendieta — Mu 84 (1971) 285 = Mossay, J.
— RHE 67 (1972) 322 = Anastasiou

R 682 PAPAPETROS, K. E. (1971/72, 1192a): RHE 67 (1971) 321 =
Anastasiou

R 683 PARLATO, V. (1971/72, 2140a): REDC 28 (1972) 741—743 =
Feghali, J. — IC 11 (1971) 316 = Tejero — RSPhTh 56 (1972)
684 = Legrand

R 684 PARMA, C. (1971/72, 923): REA 18 (1972) 328 = Madec

R 685 *La parole dans la liturgie* (1969/70, 1828): RSPhTh 56 (1972) 559 =
Raffin — EThL 48 (1972) 290

R 686 PASCUAL PEREZ, A. (1971/72, 1940): AST 44 (1971) 406—407 =
Llopis, J.

R 687 *Patres Apostolici* ed. M. WHITTAKKER (1967/68, 1535): HistRel
179 (1971) 220—221 = Guillaumont, A.

R 688 *Patres Apostolici* ed. W. R. SCHOEDEL (1967/68, 1536): JThS 22 (1971) 222—225 = Graham, A. A. K.

R 689 *Patres Hispani* ed. J. CAMPOS — I. ROCA (1971/72, 1688): CT 99 (1972) 206—207 = Hernández, R. — EE 47 (1972) 102 = de Aldama — CD 185 (1972) 373—374 = Folgado Florez — ThBraga 7 (1972) 579—580 = Correia — PalLat 42 (1972) 142 = Molina, M. — RC 17 (1971) 507 = Lanza, P. — ScTh 3 (1971) 598 = Mateo Seco, L. F. — SelLib 9 (1972) 259 = Vives, J. — Stromata 28 (1972) 245—246 — Greg 53 (1972) 794 = Orbe — RThom 72 (1972) 156—157 = de Santo-Thomas, J. J.

R 690 *Patricius Hibernus* ed. L. BIELER (1971/72, 1894): DR 90 (1972) 221—224 = Watkin, E. I.

R 691 *Patrologia Cursus Completus* ed. A. HAMMAN (1967/68, 680; 1969/70, 63): JThS 22 (1971) 603—604 = Greenslade, S. I. — VigChr 25 (1971) 76—77 = Nat, P. G. van der — Greg 53 (1972) 787—788 = Orbe, A. — Emerita 39 (1971) 470 = Diaz y Diaz

R 692 *Patrologiae Cursus Completus Supplementum IV, 5* ed. A. HAMMAN (1971/72, 94): JThS 23 (1972) 494—495 = Greenslade, S. L. — ThRe 68 (1972) 290—291 = Barbel — REL 49 (1971) 403 = Fontaine — Greg 53 (1972) 787 = Orbe

R 693 *Patrologiae Cursus Completus Supplementum IV, 4* ed. A. HAMMAN (1969/70, 63): Greg 53 (1972) 787 = Orbe

R 694 PATTERSON LLOYD, G. (1967/68, 1963a): CHR 56 (1970) 327—328 = Musurillo, H.

R 695 PAVERD, F. VAN DE (1969/70, 1855): RechSR 60 (1972) 468 = Kannengiesser — Maison Dieu 110 (1972) 158 = Dalmais — TTh 11 (1971) 460 = Spiertz, F. — ArGran 34 (1971) 322 = Segovia, A. — Irénikon 45 (1972) 136 = N. E. — ByZ 64 (1971) 371—373 = Gamber, K. — JThS 22 (1971) 622—624 = Crehan, J.

R 696 PEEL, M. L. (1966/70, 2170): Interpr 26 (1972) 240—241 = Turner, J. — JAAR 40 (1972) 266—268 = Bullard, R. — HeythropJ 11 (1970) 456 = R. B.

R 697 PEGUEROLES, J. (1971/72, 929): REA 18 (1972) 333

R 698 PEGUEROLES, J. (1971/72, 928): Espíritu 21 (1972) 152—153 = Roig Gironella, J. — CD 185 (1972) 803 = Uña, A.

R 699 *Pelagius* ed. R. F. EVANS (1967/68, 1545): ZKG 82 (1971) 388— 390 = Lorenz, R. — DTT 33 (1970) 235—236 = Petersen, H.

R 700 *Pelagius* ed. R. F. EVANS (1967/68, 1546): ZKG 82 (1971) 388— 390 = Lorenz, R.

R 701 PELIKAN, J. (1971/72, 2180): RRel 31 (1972) 888 = Smith, R. — RQ 15 (1972) 221—222 = Ferguson, E. — ThSt 33 (1972) 330— 333 = Fortin, E. L. — StudiumAv 11 (1971) 566 = Fernández

Manzanedo, M. — JEcclH 23 (1972) 262 = Drewery, B. —
CH 41 (1972) 109 = Benko, S. — Interpret 26 (1972) 223—225 =
Peter, C. — JAAR 40 (1972) 500—505 = Calhoun, R. — SR 2
(1972/73) 263 = Johnston, G. — AER 166 (1972) 492—499 =
Eno, R. B. — AHR 77 (1972) 1102 = Downey, G. — BiblSacr
129 (1972) 367 = Lindsay, F. — CSR 2 (1973) 374—376 =
Hesselink, I. — EtThR 47 (1972) 481—485 = Roussel —
RSPhTh 56 (1972) 628—633 = de Durand — NYRB 17 (1971)
28—30 = Frend — JHPH 10 (1972) 251—266 = Drewery — CH 41
(1972) 440—443 = Muehlenberg
R 702 PELIKAN, J. (1971/72, 351a): JES 9 (1972) 878—891 = Hynes, W.
R 703 PELIKAN, J. (1969/70, 1973): RHR 180 (1971) 105 = Nautin, P.
R 704 PELLAND, G. (1971/72, 932): ArGran 35 (1972) 354—355 = Sego-
via, A. — NRTh 94 (1972) 837 = Dideberg, D.
R 705 PENNA, A. (1971/72, 352): HumanitasBr 27 (1972) 1067—1068 =
Prandi, C.
R 706 PERETTO, E. (1971/72, 1516): RaBi 34 (1972) 285 = Losada, D. —
Esprit 82 (1972) 554—555 = Duval, Y.-M.
R 707 PERLER, O. (1969/70, 871): ZKG 83 (1972) 111—113 = Lorenz —
AugStud 2 (1971) 219—229 = Bourke — Latomus 30 (1971) 192
= Antin — RHE 66 (1971) 157—160 = Testard — RBen 81
(1971) 157 = P. V. — HJ 92 (1972) 486 = Ziegler, A. W. —
AB 90 (1972) 197 = Dideberg — RSLR 7 (1971) 386 = Pincherle
R 708 PETERSEN, H. (1969/70, 872): REA 18 (1972) 346 = de Veer
R 709 Philostratus ed. G. W. BOWERSOCK (1969/70, 362): CW 65 (1971)
95—96 = Timothy, H. B.
R 710 PICKERING, F. P. (1967/68, 14): Augustinus 16 (1971) 400—402 =
Capánaga, V.
R 711 PIEMONTESE, F. (1964, 587): RThom 71 (1971) 190—191 = Anto-
niotti, L. M.
R 712 PINCHERLE, A. (1971/72, 39): JThS 23 (1972) 326 = Chadwick
R 713 PINELL, J. (1971/72, 1943): ScTh 4 (1972) 620—621 = García
Moreno, A.
R 714 PIZZOLATO, L. F. (1967/68, 902): Latomus 30 (1971) 751—753 =
Elamant, J. — RSLR 5 (1969) 452—460 = Bolgiani — Augusti-
nus 16 (1971) 95 = Orosio, P. — Augustinus 16 (1971) 187—189
= Capánaga — CR 21 (1971) 136 = Frend — CHR 57 (1971)
467—469 = Musurillo, H.
R 715 PIZZOLATO, L. F. (1971/72, 941): VetChr 9 (1972) 410 = Mees —
CD 185 (1972) 757 = Manrique
R 716 PLAGNIEUX, J. (1969/70, 1974): MThZ 23 (1972) 91—94 =
Scheffczyk, L. — RAgEsp 12 (1971) 244 = Fernández González —
Augustinus 17 (1972) 75—77 = Capánaga, V.
R 717 PLAGNIEUX, J. (1969/70, 1370): Esprit 81 (1971) 501 = Billet, B.

R 718 POLLARD, T. (1969/70, 2016): Bibl 52 (1971) 433—436 = Simonetti — RBi 79 (1972) 479 = Boismard — VigChr 26 (1972) 298—301 = Pearson — NRTh 93 (1971) 746 = Renwart — RSR 46 (1972) 165 = Ménard — EAg 6 (1971) 550 = Cilleruelo — ThPh 46 (1971) 306 = Sieben — EvQ (1971) 122—124 = Smalley, S. S. — CBQ 33 (1971) 453 = Elliott, J. H. — ThLZ 96 (1971) 918—920 = Holtz — SJTh 25 (1972) 363 = Barbour — StMon 13 (1971) 516 = Pifarré — Theology 74 (1971) 37 = Lindars, B. — Sob 6 (1971) 132—134 = Rae, S. — JAAR 40 (1972) 563—567 = Muehlenberg, E. — JThS 22 (1971) 610—612 = Staed — JHR 6 (1971) 385—387 = Nyman — RaBi 34 (1972) 90 = Sartor, R. — JES 8 (1971) 909 = Lazure, N. — BiblSacr 128 (1971) 165—166 = Lindsay, F. — CH 40 (1971) 203 = Winslow, D. F. — CrossCr 24 (1971) 103—104 = Viard, A. — ExpT 82 (1970/71) 153 = Evans, O. E. — RRel 30 (1971) 532 = Houdek, F. — WestThJ 34 (1971) 77—80 = Kistemaker, S. — CD 183 (1970) 592—593 = Salas, A. — AusBR 19 (1971) 77—78 = Osborn, E. F. — Colloquium 4 (1971) 133—134 = Zeisler, J. A. — HistRel 181 (1972) 213 = Nautin, P.

R 719 *Porphyrius Neoplatonicus* ed. W. POETSCHER (1971/72, 417a): CR 22 (1972) 344—345 = Wallis

R 720 POTZ, R. (1971/72, 2141): OstkiSt 21 (1972) 326—328 = Biedermann, H. M.

R 721 POWER, D. N. (1971/72, 2276): JES 8 (1971) 401—402 = Hughes, J.

R 722 PRATOLA, V. (1969/70, 877): GM 27 (1972) 404—405 = Dentone

R 723 PRESTIGE, G. (1969/70, 2003): RSLR 8 (1972) 144—148 = Samek Lodovici — RAgEsp 12 (1971) 245 = Turrado, A.

R 724 PRINZ, F. (1966, 2614): ThQ 151 (1971) 87—88 = Reinhard, R.

R 725 *Prudentius* ed. E. BOSSI (1969/70, 1555): VetChr 9 (1972) 182

R 726 *Prudentius* ed. M. P. CUNNINGHAM (1966, 1952): EF 72 (1971) 323—327 = Del Molar, N.

R 727 PRÜMM, K. (1971/72, 2427): Erasmus 24 (1972) 843—845 = Bruce — ArGran 35 (1972) 355 = Segovia, A.

R 728 PRUNET, O. (1966, 1458): Greg 51 (1972) 402—403 = Orbe, A.

R 729 ΨΕΥΤΟΓΚΑ, Β. Σ. (1971/72, 1602): BLE 73 (1972) 292 = Boularand — OrChrP 38 (1972) 329 = Špidlík — OrChrP 38 (1972) 525 = Stephanou

R 730 *Ptolomaeus Gnosticus* ed. G. QUISPEL (1966, 2688): NRTh 93 (1972) 709 = Martin, Ch.

R 731 QUACQUARELLI, A. (1971/72, 2459): RPh 46 (1972) 347 = Courcelle — EThL 48 (1972) 295 — Maison Dieu 110 (1972) 159 = Dalmais — REA 18 (1972) 314 — Burgense 13 (1972) 591 = Guerra — BLE 73 (1972) 291 = Boularand — CD 184 (1971)

651 = Manrique — ArGran 35 (1972) 356 = Segovia — Helmántica 22 (1971) 455 = Campos, J. — Salmant 19 (1972) 467 = Domínguez del Val, U.

R 732 QUECKE, H. (1971/72, 1946): RHE 67 (1972) 467—470 = Orlandi, T. — JThS 22 (1971) 624—626 = Crehan, J. — Irénikon 45 (1972) 137 = E. L. — CH 40 (1971) 502 = Carr, E.

R 733 QUÉRÉ-JAULMES, F. — DUMAS, A. (1969/70, 2115): RBen 81 (1971) 152—153 = P. V. — Esprit 81 (1971) 96 = Duval, Y.-M.

R 734 QUISPEL, G. (1971/72, 2428): EThL 48 (1972) 687

R 735 QUISPEL, G. (1967/68, 1451): DR 88 (1970) 75—77 = Baker, A.

R 736 RAHNER, H. (1969/70, 291): SDHI 37 (1971) 370—377 = Frezza, P. — EAg 6 (1971) 311 = Diez, A. — CD 185 (1972) 592 = Folgado Florez, S. — CC 122 (1971) 297 = Fois, M. — Studium 67 (1971) 319 = Brezzi, P.

R 737 RANCILLAC, Ph. (1969/70, 1330): RTom 72 (1972) 162 = de Santo-Thomas, J. J.

R 738 RANDALL, J. H. (1971/72, 419): CSR 2 (1973) 336—339 = Veatch, H. — AnglThR 54 (1972) 129—131 = Shepherd, M. H. — RRel 30 (1971) 552—553 = Costelloe, M. — Thom 36 (1972) 185—186 = Dennis, G. — CR 22 (1972) 430 = Chadwick, H.

R 739 RANDELLINI, L. (1967/68, 286): RThPh 21 (1971) 272—273 = Bovon, F.

R 740 RATZINGER, J. (1971/72, 2183): AugR 12 (1972) 192 = Folgado-Flórez

R 741 Reallexikon für Antike und Christentum ed. T. KLAUSER (1967/68, 107): JThS 22 (1971) 220—222 = Greenslade, S. L. — HistRel 179 (1971) 235—237 = Nautin, P.

R 742 Reallexikon für Antike und Christentum ed. T. KLAUSER (1969/70, 123): JThS 22 (1971) 599—602 = Greenslade, S. L. — RPh 46 (1972) 166—167 = Courcelle, P. — HistRel 181 (1972) 213—215 = Nautin, P.

R 743 RECCHIA, V. (1967/68, 1209): RSLR 5 (1969) 164—166 = Dagens

R 744 RECCHIA, V. (1971/72, 1748a): EE 47 (1972) 103—104 = Aldama, J. A. de — CD 184 (1971) 292 = Manrique, A. — Augustinus 19 (1972) 107 = Orosio — Salmant 19 (1972) 465 = Dominguez del Val, U. — CaHist 17 (1972) 181—182 = Rougé, J.

R 745 REGAMEY, P. (1971/72, 2298): Salmant 19 (1972) 697 = Nicolau, M.

R 746 REGUL, J. (1969/70, 514): Bibl 53 (1972) 267—268 = Duplacy — ZKG 83 (1972) 101—103 = Bauer — ThRe 68 (1972) 20—21 = Gnilka — RPh 45 (1971) 376 = Courcelle

R 747 REID, J. K. S. (1971/72, 583): CSR 1 (1971) 260—262 = Erickson, M. J. — RR 25 (1971) 34—35 = Eeningenburg, E. —

LuQ 23 (1971) 84—85 = Caemmerer, R. — RQ 15 (1972) 209—210 = Ferguson, E.

R 748 RENOUX, A. (1969/70, 1829): Bibl 53 (1972) 249—251 = Duplacy — EAg 6 (1971) 308 = Andrés, L.

R 749 RENTINCK, P. (1969/70, 293): JEcclH 23 (1972) 366—367 = Frend, W. H. C. — BLE 72 (1971) 143—145 = Boularand, E. — HJ 92 (1972) 248—250 = Stockmeier, P. — RThom 72 (1972) 160 = de Santo-Tomas — ArGran 34 (1971) 314 = Segovia, A. — CH 40 (1971) 476 = Wilken, R. — RHE 67 (1972) 683 = Gryson — HZ 214 (1972) 629 = Lorenz

R 750 *Repertorio de Historia de las ciencias eclesiásticas en España* (1971/72, 185): SVict 19 (1972) 118—120 = Tellechea Idígoras, J. I. — AIA 31 (1971) 589—591 = Castro, M. de — CD 185 (1972) 107—109 = Villegas, M. — EMerced 27 (1971) 333—335 = Muñoz — ETrin 6 (1972) 582—583 = Pujana, J. — LusSac 9 (1970/71) 387 = Pereira, I. da Rosa — Ant 46 (1971) 387—389 = Vázquez

R 752 RICHARDSON, P. (1969/70, 294): VigChr (1972) 148—152 = Lebram — RHE 67 (1972) 115—118 = Higgens — EBib 30 (1971) 217 = Gomá Civit — BiZ 15 (1971) 292—294 = Schneider — RaBi 32 (1971) 375 = Rivera — JES 8 (1971) 664 = De Vries — BiblSacr 128 (1971) 74 = Ryrie, C. — SR 1 (1971) 65—67 = Scobie, H. — WestThJ 34 (1971) 82 = Alden, R. — Interpr 25 (1971) 226—228 = Johnston, G.

R 753 RIEDINGER, R. (1969/70, 1015): JThS 23 (1972) 260 = Chadwick — AB 89 (1971) 216 = Halkin, F. — Sp 46 (1971) 182 = Meyendorff, J. — OrChr 55 (1971) 244—247 = Davids, A. J. M. — Sc 25 (1971) 202 = Torfs — ThLZ 96 (1971) 116—117 = Podskalsky, G.

R 754 RIST, J. M. (1969/70, 383): UToronto 40 (1970—71) 363—365 = Hunt, H.

R 755 RITTER, A.-M. (1965, 1053): DTT 32 (1969) 226—227 = Lehmann, H.

R 756 RITZER, K. (1969/70, 2116): Irénikon 45 (1972) 293 = O. R. — TEsp 15 (1971) 283 = Bernal Palacios — NZMW 28 (1972) 156 = Zürcher, J. — REDC 27 (1971) 567 = García Barberena, T. — RBen 81 (1971) 338 = P. V. — RThom 71 (1971) 116 = Latourette — RUO 41 (1971) 508 = Cloutier, G. — ArGran 34 (1971) 284 = Olivares — Augustinus 16 (1971) 103 = Orosio — EtThR 46 (1971) 182—183 = Petit, P. — Esprit 81 (1971) 367 = Oury, G.

R 757 RIUS CAMPS, J. (1969/70, 1504): AST 43 (1970) 371—379 = Rovira Belloso — ArGran 35 (1972) 357 = Segovia — EE 47 (1972) 92 = de Aldama

R 758 ROBINSON, J. M. — KOESTER, H. (1971/72, 316): CH 41 (1972) 258 = Henry, P. — Enc 33 (1972) 415—416 = Edwards, R. — Interpr 26 (1972) 212—215 = Perrin, N. — LW 19 (1972) 174—175 = Wilken, R. — ThSt 33 (1972) 134—136 = Glynn, E. — CBQ 34 (1972) 532—534 = Agnew, F. — JThS 23 (1972) 475—477 = Wilson

R 759 ROBLES, L. (1969/70, 1393): RET 32 (1972) 382—383 = Domínguez del Val, U.

R 760 ROCA PUIG, R. (1966, 2286): EF 73 (1972) 323—329 = Rebull, N.

R 761 RÖMER, F. (1969/70, 463): REA 17 (1971) 336—337 = L. B.

R 762 ROLDANUS, J. (1967/68, 1988): TTh 11 (1971) 317 = Davids, A. — SVict 18 (1971) 113—117 = Trevijano Etcheverría, R. — RHPhR 52 (1972) 222 = Benoit — HistRel 179 (1971) 89—90 = Nautin, P.

R 763 *Romanus Melodes* ed. P. MAAS u. C. A. TRYPANIS (1969/70, 1569): CR 22 (1972) 269—270 = Nicol — JHS 91 (1971) 159 = McCail — Helmántica 23 (1972) 337 = Ortall, J. — Athena 71 (1969/70) 453—456 = Tomadakis — ByZ 65 (1972) 84—90 = Grosdidier de Matons

R 764 RONCAGLIA, M. (1969/70, 296): BiblOr 28 (1971) 61—62 = Meinardus, O. — RHE 67 (1972) 346 = Garitte

R 765 RONDET, H. (1969/70, 1975): SVict 18 (1971) 119—120 = González, A.

R 766 RONDET, H. (1969/70, 1976): ETrin 5 (1971) 393—394 = Silanes, N. — FrBogotá 13 (1971) 152 = Trujillo, F. — ThPh 46 (1971) 597—599 = Neufeld

R 767 RONDET, H. (1971/72, 2184): RC 18 (1972) 601 = Red, H. de la — MontCarm 80 (1972) 674 = Pacho, A. — TEsp 16 (1972) 421 = Robles, A.

R 768 RORDORF, W. (1971/72, 2037): KrS 128 (1972) 283 = Wohler, A. — ArGran 35 (1972) 357 = Segovia — CD 185 (1972) 587 = Manrique — AusBr 18 (1970) 51 = Osborn, E. F.

R 769 RORDORF, W. (1967/68, 1869): CHR 56 (1970) 321—323 = Jurgens, W. A.

R 770 ROOVER, A. DE (1969/70, 2232): EE 46 (1971) 293 = Alonso, J. — RAgEsp 12 (1971) 480 = Morán, J. — CD 184 (1971) 147 = Manrique, A. — Esprit 81 (1971) 616 = Duval, Y.-M. — CBQ 33 (1971) 251—252 = Boucher, M. — ReSR 46 (1972) 164 = Ménard, J.

R 771 RUETHER, R. R. (1969/70, 1187): ThLZ 96 (1971) 435—436 = Schultz, W. — ThRe 67 (1971) 534 = Althaus, H. — CJ 67 (1971/72) 188 = Murray — DR 88 (1970) 77—79 = Baker, A. — StMon 13 (1971) 199 = Pifarré, C. M. — LuthRund 21 (1971) 385 = Westlund, V. R. — HeythropJ 10 (1969) 430—433 = Butterworth, R. — CHR 57 (1971) 464—466 = Dressler, H.

R 772 *Rufinus Aquileiensis* ed. F. MERLO (1971/72, 1738): ScTh 4 (1972) 621—622 = García Moreno, A.

R 773 *Rufinus Aquileiensis* ed. M. SIMONETTI, H. ROCHAIS, P. ANTIN (1967/68, 1577): NRTh 93 (1971) 722 = Martin

R 774 RUIZ JURADO, M. (1971/72, 2187): ScTh 4 (1972) 259 = Mateo Seco, L. F.

R 775 RULER, A. A. VAN (1971/72, 2461): EtThR 47 (1972) 475 = Lys

R 776 RUPPERT, F. (1971/72, 2349): RBen 82 (1972) 356 = Bogaert — ArGran 35 (1972) 410 = Segovia, A. — OstkiSt 21 (1972) 224 = Suttner, E. C.

R 777 *Sacramentum Rhenaugiense* ed. A. HAENGGI — A. SCHÖNHERR (1971/72, 1948): BLE 73 (1972) 268—269 = Martimort

R 778 ŠAGI-BUNIĆ, T. (1971/72, 1622a): Bogoslovska smotra 41 (1971) 463—464 = I. K.

R 779 SAHAS, D. J. (1971/72, 1492): OrChrP 38 (1972) 514—516 = Poggi

R 780 SALDON, E. (1971/72, 2258): IC 12 (1972) 469—471 = Sánchez Guillén, M. D. — MCom 57 (1972) 353 = Vela, L.

R 781 SALLES-DABADIE, J. M. A. (1969/70, 2182): RÉJ 129 (1970) 126 = Vajda — ReSR 45 (1971) 375—376 = Ménard, J.

R 782 *Salvianus Massiliensis* ed. G. LAGARRIGUE (1971/72, 1742): EAg 7 (1972) 177—178 = Cilleruelo, L. — StMon 14 (1972) 262 = Capó, A. — EE 47 (1972) 99—100 = Aldama, J. A. de — NRTh 94 (1972) 828 = Martin — Irénikon 45 (1972) 135 = O. R. — VS 126 (1972) 773—775 = Dalmais, I.-H. — ReSR 46 (1972) 277 = Munier, C. — Esprit 82 (1972) 556—557 = Duval, Y.-M.

R 783 *Salvianus Massiliensis* ed. G. LARRIGUE (1971/72, 1742): BLE 73 (1972) 302—304 = Boularand, E.

R 784 SALVONI, F. (1969/70, 2056): EAg 6 (1971) 300—301 = Andrés, I. — Bibl 53 (1972) 463—466 = Zerwick

R 785 SANDMEL, S. (1969/70, 305): JAAR 39 (1971) 234—236 = Brown, R. — TTh 11 (1971) 85 = Valk — REJ 131 (1972) 422 = Tonati, C. — CBQ 33 (1971) 606 = Plastares — HeythropJ 11 (1970) 185—186 = Butterworth, R.

R 786 *Santos Padres Españoles, I: Ildefonsus Toletanus* ed. V. BLANCO — J. CAMPOS (1971/72, 1446): CT 99 (1972) 206—207 = Hernández, R. — CD 185 (1972) 373—374 = Folgado Florez, S. — RC 17 (1972) 505—506 = Langa, P. — EJos (1972) 117—118 = García, M. — Espíritu 21 (1972) 94—97 = Solá, F. de P. — EE 47 (1972) 102—103 = Aldama, J. A. de — EAg 6 (1971) 532 = Andrés, L. — TEsp 15 (1971) 435—437 = Robles Sierra, A. — ThBraga 7 (1972) 577—579 – Correia, F. C. — ScTh 3 (1971) 598—599 = Mateo Seco, L. F. — SelLib 9 (1972) 259 = Vives, J.

— Greg 53 (1972) 794 = Orbe — RThom 72 (1972) 155—156 = de Santo-Thomas, J. — Stromata 28 (1972) 245—246

R 787 SANTOS OTERO, A. DE (1967/68, 2197a): SVict 18 (1971) 106—109 = Trevijano Etcheverria, R. — JThS 22 (1971) 619 = Chadwick — OLZ 67 (1972) 252—254 = Dummer, J.

R 788 SAWICKI, J. TH. (1967/68, 40): BTh 11 (1971) 202 = van Babelghe

R 789 SAXER, V. (1969/70, 1066): ThZ 27 (1971) 295 = Hamman — RBen 81 (1971) 164 = P. V. — Augustinus 16 (1971) 411 = Capánaga — IC 11 (1971) 330 = Munier, Ch.

R 790 SCARPAT, G. (1971/72, 1792): Paideia 26 (1971) 327—334

R 791 SCAZZOSO, P. (1969/70, 957): StMon 13 (1971) 461—462 = Olivar, A.

R 792 SCAZZOSO, P. (1967/68, 1142): OLZ 67 (1972) 148—150 = Paschke, F. — JHS 89 (1969) 154—155 = Frendo, J. D.

R 793 SEGAL, J. B. (1969/70, 320): ThLZ 96 (1971) 833—834 = Wiefel, W. — History 21 (1971) 145 = Brandon — Syria 49 (1972) 475—480 = Leroy — RBi 78 (1971) 473 = Wilkinson, J. — Orientalia 40 (1971) 361—366 = Köbert, R. — JThS 22 (1971) 606—609 = Brock, S. — JES 9 (1972) 888 = Kreilkamp — AB 90 (1972) 430—433 = Devos, P. — History 56 (1971) 250 = Browning, R. — CW 64 (1971) 242 = Seaver

R 794 SELLIER, P. (1969/70, 899): JThS 22 (1971) 658—659 = Abercrombie, N. — Augustinus 16 (1971) 402—405 = Capánaga — StMon 14 (1972) 583 = Pifarré, C. M. — HistRel 181 (1972) 231—233 = Orcibal, J.

R 795 Atti della Settimana Agostiniana Pavese (1971/72, 99): Augustinus 17 (1972) 311—312 = Oroz, J. — RAgEsp 13 (1972) 262 = Morán, C.

R 796 SHAHĪD, I. (1971/72, 1889): MUSJ 47 (1972) 292—297 = Novotny

R 797 SHEREGHY, B. (1971/72, 1476): Worship 46 (1972) 120—121 = Petras, D.

R 798 SHIEL, J. (1971/72, 422): RQ 13 (1970) 125—126 = Ferguson, E.

R 799 SIDER, R. D. (1971/72, 1793): REL 50 (1972) 424—426 = Fontaine — RHE 67 (1972) 287 = Hockey — JThS 23 (1972) 496—499 = Barnes — TAik, TT 77 (1972) 264 = Toiviainen, Kalevi — RPh 46 (1972) 346 = Courcelle, P. — CH 41 (1972) 112 = Groh

R 800 Sidonius Apollinaris ed. A. LOYEN (1969/70, 1590): ACR 1 (1971) 138 = Walton — REAnc 74 (1972) 352—353 = Thomas, F. — RiStCl 20 (1972) 289—291 = d'Agostino

R 801 SIERRA BRAVO, R. (1967/68, 2091): RechSR 60 (1972) 478 = Kannengiesser — RThPh 21 (1971) 274 = Margot — SelLib 9 (1972) 215—216 = Suñer, P. — MCom 55 (1971) 346 = Valero, J. B.

R 802 SIMAN, E.-P. (1971/72, 2229): ArSR 34 (1972) 252—253 = Lion,
A. — OstkiSt 21 (1972) 328—331 = Biedermann, H. M. — CD
185 (1972) 133 = Manrique — TTh 12 (1972) 469 = Verhees, J.
— ThRe 68 (1972) 227 = Krüger, P. — StudiumAv 12 (1972)
205 = García, R. — ArGran 35 (1972) 392 = Segovia, A. —
Maison Dieu 110 (1972) 148 = Dalmais — StMon 14 (1972)
584 = Pifarré, C. M. — Esprit 82 (1972) 670—672 = Pintard, J.

R 803 SIMON, M. — BENOIT, A. (1967/68, 310): RThom 72 (1972) 164 =
Lauzière, M.-E. — ReSR 45 (1971) 180 = Ménard, J.

R 804 SIMONE, R. J. DE (1969/70, 1466): ArGran 34 (1971) 260 = Segovia, A. — EAg 6 (1971) 295 = Morán, J. — RBen 81 (1971)
331 = Verbraken, P.

R 805 SIMONETTI, M. (1969/70, 598): RFC 100 (1972) 202—207 =
Pincherle, A.

R 806 SIMONETTI, M. (1969/70, 2188): ReSR 46 (1972) 177 = Ménard, J.

R 807 SIMONETTI, M. (1967/68, 1945): VigChr 26 (1972) 73—76 =
Clerco, V. C. de

R 808 SIMONETTI, M. (1969/70, 31): JThS 22 (1971) 619 = Chadwick,
H. — Augustinus 16 (1971) 418 = Orosio, P. — Helmántica 22
(1971) 188 = Guillén, J. — REL 49 (1971) 504 = Reydellet —
AugR 12 (1972) 192 = di Bernardino RFC 100 (1972) 202 =
Pincherle — RSLR 8 (1972) 185 = Malingrey

R 809 SIMONETTI, M. (1969/70, 1343; 1344): VigChr 26 (1972) 73—76 =
Clerco, V. C. de

R 810 SIMONIS, W. (1969/70, 2036): Ang 49 (1972) 119—120 = Ban-
dera, A. — CD 184 (1971) 434 = Ozeata — CT 99 (1972) 196 =
Osuna, A. — Helmántica 23 (1972) 181—183 = Oroz. J. —
RBen 81 (1971) 345 = P. V. — TTh 12 (1972) 469 = Wegman, H.
— ThLZ 97 (1972) 129 = Altendorf — RechSR 60 (1972)
472—474 = Kannengiesser — AugR 12 (1972) 193 = Folgado
Flórez — ThSt 33 (1972) 338 = Nemec, L. — ThRe 67 (1971)
447 449 = Camelot, P. T. — ThZ 27 (1971) 440 = May —
ArGran 34 (1971) 263 = Segovia, A. — EAg 6 (1971) 316 =
Cilleruelo — Augustinus 17 (1972) 193—197 = Capánaga, V. —
EThL 48, 1 (1972) 228 = Philips — FZPT 19 (1972) 453—455 =
Studer, B. — Ant 45 (1973) 137—139 = Weijenborg, R. —
ThPh 46 (1971) 444 — Congar

R 811 SINISCALCO, P. (1966, 2006): Greg 51 (1952) 403 = Orbe, A.

R 812 SINISCALCO, P. (1971/72, 2463): RBen 82 (1972) 355 = Verbraken

R 813 SMITH, M. A. (1971/72, 377): ReExp 69 (1972) 531 = Hinson, E.
— EvQ 94 (1972) 188 = Bruce, F. F.

R 814 SMIT, J. W. (1971/72, 1154): MAev 41 (1972) 243—244 = Winter-
bottom — RBen 82 (1972) 160 = Verbraken — RHE 67 (1972)
711 = Silvestre — REL 49 (1971) 509—514 = Kerlouegan —

Latomus 31 (1972) 896—901 = Biéler — ACl 41 (1972) 361 = Verheijen

R 815 SMITH, J. H. (1971/72, 376): RRel 30 (1971) 1142—1143 = Houdek, F. — Thou 47 (1972) 476—477 = Powers, J. — CW 65 (1971) 136—137 = Dahmus, J. — Byzan 42 (1972) 269—272 = Thomas — JEcclH 23 (1972) 254 = Drewery

R 816 SOTO, E. (1971/72, 973): EAg 7 (1972) 429—430 = Campo del Pozo, F.

R 817 SPANNEUT, M. (1957, 964): RPFE 162 (1972) 65—66 = Schuhl

R 818 SPANNEUT, M. (1969/70, 1640): RSR 46 (1972) 83 = Ménard — RET 31 (1971) 380 = Barroso — REA 17 (1971) 187 = Brix, L. — RS 92 (1971) 313 = Margolin — RHPhR 51 (1971) 234 = Allenbach, J. — ScTh 3 (1971) 193 = Mateo Seco — NRTh 94 (1972) 195 = Bacq, Ph. — ThBraga 6 (1971) 133 = Arieiro, J. — ThRE 67 (1971) 363 = Speyer — BulBudé (1971) 136 = Langlois, P. — Ant 47 (1972) 700 = Weijenborg, R. — FZPT 18 (1971) 522 = Studer, B. — ScEs 23 (1971) 128—129 = Bourgeault, G. — Laval 27 (1971) 308—310 = Gagné, H.

R 819 SPEIGL, J. (1969/70, 328): CCH 19 (1971) 438—439 = Burian, J. — MThZ 22 (1971) 322—324 = Instinsky — ThPh 47 (1972) 445— 447 = Schatz, Kl. — TTZ 81 (1972) 253 = Sauser, E. — RHE 66 (1971) 146 = Stockmeier, P. — Gn 44 (1972) 415—417 = Frend — AB 90 (1972) 461 = Halkin

R 820 SPEYER, W. (1969/70, 129): RiStCl 19 (1971) 81—82 = D'Agostino, V.

R 821 SPEYER, W. (1969/70, 1168): RiStCl 20 (1972) 105—106 = D'Agostino, V.

R 822 SPEYER, W. (1969/70, 130): RiStCl 20 (1972) 105 = D'Agostino, V.

R 823 SPEYER, W. (1971/72, 585): JAC 15 (1972) 194—196 = Courcelle, P. — ArGran 35 (1972) 411 = Segovia, A. — MH 29 (1972) 296 = Schäublin, C.

R 824 ŠPIDLÍK, T. (1971/72, 1323): JThS 23 (1972) 245—246 = Sykes, D. — ACl 41 (1972) 354—356 = Amand de Mendieta — ThPh 47 (1972) 630 = Podaslky — ThRe 67 (1971) 444—446 = Althaus, H. — TTh 12 (1972) 104 = Verhees, J. — RAM 47 (1971) 219—221 = Jouvenot, Ch. — KA 71 (1971) 208—213 = Klostermann, R. A. — BysLav 33 (1972) 73 = Ivánka — EE 47 (1972) 95 = Aldama — VS 126 (1972) 768 = Dalmais

R 825 SCHÄFERDIEK, KNUT (1967/68, 297): CHR 56 (1970) 335—336 = Colbert, E. P.

R 826 SCHENDEL, E. (1971/72, 2482): ThLZ 97 (1972) 843—844 = Wiefel — JBL 91 (1972) 281 = Musurillo — RHE 67 (1972) 539 =

de Halleux — VetChr 9 (1972) 105—107 = Studer — Erasmus 24 (1972) 465 = Bruce

R 827 SCHINDLER, A. (1965, 555): Latomus 30 (1971) 1240 = Hadot, P.

R 828 SCHLIER, H. — MUSSNER, F. (1971/72, 2237a): EAg 6 (1971) 539—540 = Morán, C.

R 829 SCHNEIDER, C. (1971/72, 370a): EAg 6 (1971) 150—151 = Morán, J. — CD 185 (1972) 120—122 = Uña, A. — RBPh 50 (1972) 466—468 = Courcelle

R 830 SCHNITZLER, F. (1967/68, 928): ThRe 67 (1971) 113—114 = Scheffczyk, L. — ThQ 152 (1972) 294 = Rief, J.

R 831 SCHÖPF, A. (1969/70, 895): CD 184 (1971) 663 = Uña, A.

R 832 SCHOEPS, H. J. (1969/70, 315): Salmant 19 (1972) 455—456 = García Cordero, M

R 833 SCHOEPS, H. J. (1969/70, 316): Liturgia 26 (1971) 181 = Palacios, M. — RAgEsp 12 (1971) 214 = Valesco, A.

R 834 SCHOLER, D. M. (1971/72, 87): WestThJ 35 (1972) 107—109 = McComisky, T. — EtThR 47 (1972) 241 = Lys, D.

R 835 SCHRIMPF, G. (1966, 1421): MLatJB 6 (1970) 286—297 = Bormann

R 836 SCHWANZ, P. (1969/70, 2073): ThLZ 96 (1971) 515—517 = Lohmann, T. — ThZ 28 (1972) 267 = Hamman

R 837 SCHWARK, J. (1969/70, 1745): AB 90 (1972) 208—212 = Noret

R 838 SCHWARTE, K. H. (1966, 1301): Gn 45 (1973) 40—45 = Andresen, C.

R 839 STAM, J. E. (1969/70, 1276): ScTh 3 (1971) 191—193 = Mendoza, F. — EAg 6 (1971) 305 = Martínez, F.

R 840 STEINMANN, J. (1967/68, 1636): EAg 6 (1971) 533 = Morán, C. — EF 72 (1971) 142 = Ben Gès, F. J. R.

R 841 STENEKER, H. (1967/68, 1075): VigChr 25 (1971) 150—151 = Winden, M. van — NRTh 93 (1971) 552 = Martin

R 842 STIERNON, D. (1969/70, 1908): EF 73 (1972) 144—146 = Vidal, R. — ETrin 6 (1972) 370—371 = Pujana, J. — Burgense 12 (1971) 438 = Pacho — AIA 32 (1972) 295 = Pazos, M. R. — Espíritu 20 (1971) 170—172 = Solá — EE 46 (1971) 440 = Santos — MCom 57 (1972) 349 — Rodriguez, F.

R 843 STONE, M. E. (1969/70, 551): ZAW 83 (1971) 313

R 844 STORY, C. I. K. (1971/72, 1549): RHE 67 (1972) 460—461 = Camelot

R 845 STRAETEN, J. VAN DER (1971/72, 1852): AB 90 (1972) 171 = Philippart

R 846 STRAUSS, R. (1967/68, 937): RSLR 5 (1969) 185—186 = Pizzolato

R 847 STRUNK, G. (1969/70, 1694): Latomus 31 (1972) 556—560 = Fontaine — MLatJB 7 (1972) 279—281 = Werner

R 848 STUDER, B. (1971/72, 975): ZKTh 94 (1972) 484—485 = Jungmann — REA 18 (1972) 311 = Madec — Latomus 31 (1972) 941 = Courcelle, P.

R 849 SUERBAUM, W. (1969/70, 417): RPh 46 (1972) 167 = Hellegouarch — RIFD 49 (1972) 447—448

R 850 *Sulpicius Severus* ed. J. FONTAINE (1967/68, 1591; 1592): NRTh 93 (1971) 720—722 = Martin — Sc 25 (1971) 223 = Manning — Helmantica 22 (1971) 443—444 = Jimenez Delgado, J. — VS 126 (1972) 770 = Rouillard, Ph.

R 851 *Sulpicius Severus* ed. J. FONTAINE (1969/70, 1593): Helmantica 22 (1971) 443—444 = Jimenez Delgado, J. — Sc 25 (1971) 223 = Manning — MH 29 (1972) 295 = Schneider

R 852 *Symeon Stylites* ed. P. VAN DER VEN (1969/70, 1779): OrChrP 38 (1972) 283 = Špidlík — ByZ 65 (1972) 90—92 = Riedinger

R 853 *Synesius Cyrenensis* ed. A. CASINI (1969/70, 1599): RiStCl 20 (1972) 299—300 = D'Agostino, V. — CC 122 (1971) 309 = Caprile, G.

R 854 *Synesius Cyrenensis* ed. A. DELL'ERA (1969/70, 1598): Humanitas 21—22 (1969/70) 504—505 = Ribeiro Ferreira — REAnc 74 (1972) 349—350 = Thiriet, F.

R 855 TARVAINEN, O. (1967/68, 1339): ThRe 68 (1972) 105—106 = Fischer

R 856 *Teología del Sacerdocio II* (1969/70, 99): RAgEsp 12 (1971) 228—229 = Fernández González, J. — SelLib 8 (1971) 184 = Tortras, A. M. — EE 46 (1971) 437—439 = Salaverri, J.

R 857 *Teología del sacerdocio, IV* (1971/72, 154): EThL 48 (1972) 656

R 858 *Tertullianus* ed. E. EVANS (1971/72, 1766): ThSt 33 (1972) 599—600 = Burghardt, W. J.

R 859 *Tertullianus* ed. E. MORESCHINI (1971/72, 1765): ACl 41 (1972) 356—359 = Knecht

R 860 *Tertullianus* ed. E. BRÜHL (1966, 1986): Gy 79 (1972) 339—342 = Bungarten, H.

R 861 *Tertullianus* ed. J. FONTAINE (1966, 1987): VigChr 26 (1972) 227—231 = Thierry, J. J.

R 862 *Tertullianus* ed. A. MARASTONI (1971/72, 1767): Greg 53 (1972) 793 = Orbe, A. — EAg 7 (1972) 666 = Cilleruelo, L.

R 863 *Tertullianus* ed. A. SCHNEIDER (1967/68, 1633): JEcclH 22 (1971) 252—253 = Drewery, B. — Gn 44 (1972) 575—582 = Tränkle — JThS 22 (1971) 602 = Greenslade, S. L.

R 864 *Tertullianus* ed. M. TURCAN (1971/72, 1771): Latomus 31 (1972) 885—887 = Braun — ACl 41 (1972) 695 = Verheijen — EE 47 (1972) 94 = de Aldama — NRTh 94 (1972) 826 = Martin — VS 126 (1972) 769—770 = Dalmais, — RBPh 50 (1972) 870—872 = Cousin, J. — RBen 82 (1972) 341 = P. V. —

RHEF 58 (1972) 398 = Palanque, J.-R. — Irénikon 45 (1972) 432 = E. L. — Clergy 57 (1972) 567 = Hockey — Esprit 82 (1972) 554 = Duval, Y.-M.

R 865 *Tertullianus* ed. W. KANIA — W. MYSZOR (1971/72, 1772): RBen 81 (1971) 330 = Verbraken, P.

R 866 TE SELLE, E. (1969/70, 907): JThS 23 (1972) 250—253 = Bonner — AugStud 2 (1971) 253—272 = Fortin — HeythropJ 12 (1971) 77—82 = Butterworth, R. — DunR 11 (1971) 222—225 = Beckes, J. — RRel 30 (1971) 137 = Houdek, F. — ThT 27 (1971) 483—485 = Evans, R. — Clergy 55 (1970) 579—581 = Hackett, M. B.

R 867 TESTA, E. (1969/70, 604): VetChr 9 (1972) 410 — RHE 67 (1972) 119—121 = Camelot — CC 122 (1971) 185 = Ferrua, A. — Bogoslovska smotra 41,2—3 (1971) 320—322 = C. T.

R 868 TESTA, E. (1967/68, 1839): EBib 30 (1971) 123—124 = Gomá Civit

R 869 TESTARD, M. (1969/70, 1253): CR 22 (1972) 115—116 = Frend — ACl 41 (1972) 361 = Courtès — EAg 6 (1971) 150 = Morán, J. — REA 17 (1971) 191 = Bleuzen, E. — RPh 45 (1971) 181 = Langlois, P. — JRS 61 (1971) 312 — Markus, R. A. — GiorFil 23 (1971) 115 = Cavalcanti, E. — Emerita 39 (1971) 495 = Castillo, M. — Gy 78 (1971) 487—488 = Hörmann

R 870 *Testi gnostici cristiani* ed. M. SIMONETTI (1969/70, 2188): Aevum 46 (1972) 571—573 = Cacitti — RSR 46 (1972) 177 = Ménard — JThS 23 (1972) 325 = Chadwick — Greg 53 (1972) 169 = Orbe — EAg 6 (1971) 533 = Morán, J. — ArGran 35 (1972) 358 = Segovia, A.

R 871 TESTUZ, M. (1960, 660): TTK 39 (1968) 58—60 = Danbolt, L. J.

R 872 *Theophilus Antiochenus* ed. R. M. GRANT (1969/70, 1661): JThS 23 (1972) 235—236 = Whittaker, M. — ThPh 46 (1971) 596 = Sieben — SJTh 25 (1972) 375—377 = Frend, W. H. C. — HeythropJ 12 (1971) 425—430 = Butterworth, R. — Augustinus 17 (1972) 205 = Orosio, P. — TTh 12 (1972) 104 = Verhees, J. — Theology 74 (1971) 488 = Hall — NRTh 93 (1971) 708 = Martin, Ch. — JEcclH 22 (1971) 356 = Barnard, L. W. — CH 41 (1972) 112 = Ferguson, E. — CW 65 (1971) 94 = Pascal, C. — JBL 91 (1972) 126—128 = Kraft — NRTh 93 (1971) 708 = Martin — RHE 67 (1972) 645 = Dauphin

R 873 THUNBERG, L. (1965, 828): TAik 72 (1967) 314—316 = Wilhelms, E. — TTK 39 (1968) 63 = Wisloff, C. Fr.

R 874 TIBILETTI, C. (1969/70, 2107): VigChr 25 (1971) 151—153 = Hamman

R 875 TIMMERMANN, J. (1967/68, 375): VigChr 25 (1971) 147 = Barnard

R 876 TOYNBEE, A. (1971/72, 388a): HistRel 179 (1971) 219—220 — Nautin, P.

R 877 *Tradition und Glaube* ed. G. JEREMIAS (1971/72, 156): ZAW 84 (1972) 287—288

R 878 TREVIJANO ETCHEVERRÍA, R. (1967/68, 1525): ZKG 83 (1972) 248—250 = de Santos Otero — EBib 31 (1972) 120—122 = Villapadierna — BTAM 11 (1972) 347 = Winandy

R 879 TROEGER, K. W. (1971/72, 2442): DLZ 93 (1972) 376—378 = Pokorný

R 880 TRUMMER, P. (1969/70, 2239): ThRe 67 (1971) 442—443 = Weiß, B.

R 881 TSANTSANOGLOU, K. (1967/68, 18): Mn 25 (1972) 93—94 = Bakker

R 882 TURBESSI, G. (1965, 600): GeiLeb 44 (1971) 399—400 = Switek, G.

R 883 TURRADO, A. (1971/72, 981): Pentecostés 10 (1972) 58—59 = Cárceles, M. — CD 185 (1972) 131 = Manrique, A.

R 884 *I Vangeli apocrifi* ed. M. CRAVERI (1969/70, 530): RSLR 8 (1972) 406—408 = Guillaumont

R 884 VAZ, A. L. (1971/72, 1959): AST 45 (1972) 197 = Vives, J.

R 885 VECCHIOTTI, I. (1969/70, 1643): AtPavia 50 (1972) 466—468 = Frassinetti — RSH (1972) 301 = Spanneut — FZPT 19 (1972)

V. — Vichiana 1 (1972) 185—187 = Nazzaro, A. V. — RiFil 63 (1972) 268 = Paschetto — StMon 14 (1972) 316 = Pifarré, C. M. — HistRel 182 (1972) 99—100 = Nautin, P.

R 886 VEN, P. VAN DEN (1969/70, 1779): Sp 46 (1971) 546 = Downy, G.

R 887 VEN, P. VAN DEN (1969/70, 1779): ByZ 65 (1972) 90—92 = Riedinger, R. — OrChrP 38 (1972) 283 = Špidlík, T. — REB 29 (1971) 326 = Darrouzès, J.

R 888 VERBEKE, G. (1971/72, 1611): FZPT 19 (1972) 456 = Studer, B.

R 889 VERBRAKEN, P. (1969/70, 604a): RHE 67 (1972) 255 = Gryson — RThom 72 (1972) 144 = de Santo-Tomas, J. J. — RAgEsp 13 (1972) 183 = Estrada, L. — RBen 81 (1971) 152 = N.S.D. — StMon 13 (1971) 461 = Pifarré — EAg 6 (1971) 296 = Morán, J. — CD 185 (1972) 136—137 = Manrique, A. — Didaskalia 2 (1972) 430 = Vilele, A. — EtThR 46 (1971) 465—466 = Roussel, B. — Esprit 81 (1971) 616 = Duval, Y.-M.

R 890 VERGÉS, S. (1971/72, 985a): REA 18 (1972) 345 = Madec

R 891 VERHEES, J. J. (1967/68, 1966): RBen 81 (1971) 158—159 = Verbraken, P.

R 892 VERHEIJEN, L. (1967/68, 957): MAev 39 (1970) 328—332 = Colledge, E.

R 893 VERICAT NÚÑEZ, J. F. (1971/72, 988a): RET 32 (1972) 245 = Merino, P. — RechAug 17 (1971) 380 = Madec

R 894 *Vie des Pères du Jura* ed. F. MARTINE (1967/68, 687): NRTh 93 (1972) 661 = Martin — RSLR 5 (1969) 166 = Pizzolato — MuHelv 29 (1972) 295—296 = Schneider, A.

R 895 *Vie de Théodore de Sykéon* ed. A. FESTUGIÈRE (1969/70, 1781): REB 30 (1972) 345 = Darrouzès — Mu 85 (1972) 289—292 = Drescher — Hell 25 (1972) 234—237 = Tsolakis

R 896 VIEILLEFOND, J. R. (1971/72, 1540): RFC 100 (1972) 213—219 = Timpanaro — BulBudé (1971) 282—284 = André, J. — CR 22 (1972) 210 = Chacmers — ACl 41 (1972) 284—286 = Laserre

R 897 VILELA, A. (1971/72, 2278): TTh 12 (1972) 252 = Lescrauwaet, J. — ArGran 35 (1972) 413 = Segovia, A. — BLE 73 (1972) 297 = Boularand — Phase 12 (1972) 478 = Tena, P. — CD 185 (1972) 134 = Manrique, A. — RHEF 58 (1972) 133 = Palanque, J. R. — Irénikon 44 (1971) 580 = O. R. — AnglThR 54 (1972) 371—373 = Weil, L. — RechSR 60 (1972) 465 = Kannengiesser — EThL 48 (1972) 285 — RSR 46 (1972) 276 = Faivre — VetChr 9 (1972) 108—115 = Saxer

R 898 VIVES, J. (1971/72, 2200): StMon 14 (1972) 581—582 = Ribera, R. — StLeg 13 (1972) 391 = García y García — Salmant 19 (1972) 222 = Tellechea Idigoras, J. I. — StudiumAv 12 (1972) 210 = González, G. — CD 185 (1972) 136 = Manrique, A. — CT 99 (1972) 203 = Hernández, R. — Augustinus 17 (1972) 422 = Bretón, R. — FrBogotá 14 (1972) 226 = Galeano, A. — ArGran 35 (1972) 359 = Segovia, A. — ETrin 6 (1972) 355 = Silanes, N. — EAg 7 (1972) 207 = Aparicio, T. — Seminarios 46 (1972) 204 = Cirujano, A. — ThBraga 7 (1972) 118 = Correia, F. C. — TEsp 15 (1971) 437 = Robles Sierra, A. — RThom 72 (1972) 155 = de Santo-Tomas, J. J. — RF 185 (1972) 415 = Guillén, A. — RET 32 (1972) 483 = Matute, A. — RC 18 (1972) 433 = Arias, L. — RAgEsp 13 (1972) 494 = Morán, C. — Pentecostés 10 (1972) 154 = Cárceles, M. — MHisp 22 (1972) 259 = Merino, M. — Manresa 44 (1972) 91 = Arias, D.

R 899 VLASTO, A. (1971/72, 392): RHPhR 52 (1972) 224—226 = Thiriet — OrChrP 38 (1972) 283—285 = Olšr — Sp 47 (1972) 816— 818 = Odlozilik — RRel 30 (1971) 1150 = Schlafly — AmSlav 30 (1971) 876 — Majeska, G.

R 900 VÖLKER, W. (1967/68, 1378a): Irénikon 45 (1972) 288 = M. v. P. — ThPh 46 (1971) 625—626 = Bacht — EAg 6 (1971) 192 = Morán

R 901 VOGEL, C. (1966, 2523): STV 9 (1971) 441—442 = Sikorski, T. — Burgense 12 (1971) 417 = López Martínez, N. — IC 11 (1971) 498 = Arias, J.

R 902 VOGT, H. J. (1967/68, 1478): ZKG 83 (1972) 103—106 = Grasmück — ThZ 27 (1971) 374—376 = May, G. — TTh 11 (1971)

459 = Davids — AHP 9 (1971) 422—424 = Orbe, A. — BLE 72 (1971) 142 = Boularand, E. — ThRe 67 (1971) 44—45 = Althaus, H.

R 903 Voss, B. (1969/70, 404): REA 17 (1971) 342—343 = G. M. — JAC 15 (1972) 201—206 = Speyer, W. — EAg 6 (1971) 565 = Cilleruelo, L. — ThPh 46 (1971) 307 = Sudbrack, J. — Latomus 31 (1972) 553—556 = Fontaine, J. — Gy 79 (1972) 121 = Reynene — MuHelv 29 (1972) 295 = Schäublin, C.

R 904 Wacht, M. (1969/70, 609): VigChr 26 (1972) 308—310 = Winden, M. van — Maia 23 (1971) 180 = Guazzoni, V. F.

R 905 Wallace-Hadrill, D. S. (1967/68, 1974): Mn 25 (1972) 92 = van Winden — Broteria 94 (1972) 659 = Morão, A. — RiStCl 20 (1972) 124 = D'Agostino — HeythropJ 10 (1969) 340—341 = Butterworth, R.

R 906 Warmington, B. H. (1969/70, 343a): VigChr 26 (1972) 297—298 = Stibbe, C. M. — Gy 78 (1971) 262—263 = Volkmann

R 907 Warners, J. D. F. (1971/72, 991): REA 18 (1972) 366 = Brix

R 907 *Wegzeichen. Festgabe Biedermann* ed. E. C. Suttner — C. Patock (1971/72, 161): OrChrP 38 (1972) 516 = Schultze — ArGran 35 (1972) 359 = Segovia, A.

R 908 Weijenborg, R. (1969/70, 1269): HistRel 182 (1972) 98 = Nautin, P.

R 909 Weijenborg, R. (1969/70, 1289): SJTh 24 (1971) 347—349 = Woollcombe, K. — ThRe 67 (1971) 531 = Barbel, J. — Ant 47 (1972) 197 — JThS 22 (1971) 227—229 = Amand de Mendieta, E. — OrChrP 37 (1971) 500 = Ortiz de Urbina — RHPhR 52 (1972) 220 = Prigent — RThom 72 (1972) 154 = de Santo-Tomas, J. J. — RBen 81 (1971) 154 = Bogaert, P.-M. — Greg 53 (1972) 169—170 = Orbe — FS 53 (1971) 285 = Seidensticker, Ph.

R 910 Wells, G. A. (1971/72, 2202): EHR 87 (1972) 345—348 = Frend — JHS 92 (1972) 223—225 = Witt — Theology 75 (1972) 45 = Lee

R 911 Wengst, K. (1971/72, 1014): ThRe 68 (1972) 378—379 = Knoch — RBen 82 (1972) 355 = Bogaert — ArGran 35 (1972) 360 = Segovia — JEH 23 (1972) 345—347 = Barnard — EAg 7 (1972) 173 = Cilleruelo, L. — RaBi 34 (1972) 286 = Losada, D. — JEcclH 23 (1972) 345—347 = Barnard, L. W. — RHE 67 (1972) 843—847 = Pycke — RHPhR 52 (1972) 221 = Prigent, P.

R 912 Whitaker, E. C. (1971/72, 2007a): JThS 22 (1971) 622s = Crehan, J. H. — NatGrac 19 (1972) 399 = Arias, I. — JEcclH 23 (1972) 67 = George, A. R.

R 913 Wickert, U. (1971/72, 1183): RBen 82 (1972) 356 = Verbraken — HeythropJ 13 (1972) 202—204 = Bévenot, M. — TTh 12 (1972) 468 = Wegmann, H. — TTZ 81 (1972) 254 = Sauser, E. —

AugR 12 (1972) 195 = Folgado Flórez — CH 41 (1972) 400 = Rusch — JBL 91 (1972) 582—583 = Fahey — JThS 23 (1972) 500 = Santer, M.

R 914 WIFSTRAND, A. (1967/68, 334): Augustinus 16 (1971) 415—416 = Capánaga — Helmantica 22 (1971) 192 = Oroz, J.

R 915 WILES, M. (1967/68, 1947): VigChr 25 (1971) 225—226 = van Winden, J. C. M.

R 916 WILKEN, R. L. (1971/72, 1194): CH 41 (1972) 113—114 = Shepherd — NYRB 17, 3 (1971) 28—30 = Frend — RSPhTh 56 (1972) 553 = de Durand — CBQ 33 (1971) 623 = Eno — JES 8 (1971) 888 = Golstein, V. M. — HeythropJ 13 (1972) 205—208 = Meredith, A. — Thought 47 (1972) 148 = Musurillo

R 917 WILLIS, G. G. (1967/68, 1803): HeythropJ 10 (1969) 435—436 = Ashworth, H. — ModCh 13 (1969/70) 218—219 = Cowly, P.

R 918 WILSON, R. MCL. (1967/68, 2211): ReSR 45 (1971) 97—98 = Ménard, J.

R 919 WINDEN, J. C. M. VAN (1971/72, 1541): SelLib 9 (1972) 471 = Vives, J. — RHE 67 (1972) 458—460 = Camelot, P.-Th.

R 920 WINKELMANN, F. (1966, 1592): Irénikon 44 (1971) 279 = M. v. D.
R 921 WINNINGER, P. (1966, 124): OrLab 17 (1971) 68 = Oliveira, A. de
R 922 WLOSOK, A. (1969/70, 352): CW 64 (1971) 172—173 = Seaver, J. E. — Maia 23 (1971) 165—170 = Valgiglio, E. — CR 22 (1972) 284 = Frend — Latomus 31 (1972) 649 = Braun, R. — HZ 212 (1971) 636 = Speyer — ZRGG 24 (1972) 176 = Rommel

R 923 WOHLFART, K. A. (1969/70, 925): SelLib 8 (1971) 509 = Pegueroles, J.

R 924 WOLFSON, H. A. (1969/70, 1983): ThSt 32 (1971) 138—139 = Musurillo, H. — EAg 6 (1971) 531 = Morán, J. — CH 40 (1971) 477 = Jackson, B.

R 925 YAMAUCHI, E. M. (1969/70, 2203): Mu 85 (1972) 297—299 = Janssens — JThS 23 (1972) 234 = Wilson, R. McL. — JBL 91 (1971) 281 = Grant, R. M.

R 926 YANNARAS, CH. (1971/72, 1221a): Esprit 81 (1971) 429—430 = Jay, P. — ZThK 94 (1972) 100 = De Aniz

R 927 YARNOLD, E. (1971/72, 2310): Thom 36 (1972) 702 = Hughes, L.
R 928 ZAPHIRIS, G. (1969/70, 1046): RSR 46 (1972) 78—81 = Ménard — NRTh 94 (1972) 1095 = Jacques, X.

R 929 Zeichen des Glaubens ed. H. AUF DER MAUR — B. KLEINHEYER (1971/72, 162): EThL 48 (1972) 601—602 = Janssen

R 930 ZEMP, P. (1969/70, 1221): NRTh 93 (1971) 554 = Martin — RET 32 (1972) 381 = Vives, J. — ArGran 34 (1971) 263 = Aldama, J. A. de — EAg 6 (1971) 534 = Morán, C. — ThRe 67 (1971) 446 = Daniélou, J. — TTh 11 (1971) 460 = Verhees, J.

R 931　Ziegler, J. (1969/70, 357): REL 50 (1972) 400—403 = Chastagnol
　　　　— JRS 62 (1972) 200—201 = Barnes — RPh 46 (1972) 358—359
　　　　= Callu — CR 22 (1972) 290 = Frend

R 932　Zissis, Th. N. (1971/72, 1480a): OrChrP 38 (1972) 273 = Špidlík
　　　　— BLE 73 (1972) 307 = Boularand, E.

R 933　Zumkeller, A. (1967/68, 965): ThPh 46 (1971) 601—602 = Bacht
　　　　— JEcclH 22 (1971) 357 = Bonner, G.

R 934　Zuntz, G. (1971/72, 163): RiStCl 20 (1972) 456—457 = D'Agos-
　　　　tino, V.

Register

Bourgeault, G.   2311, 2312, R 124, R 550, R 818

Bourguet, P. du   59

Bourke, V. J.   764, 2312 a, R 6, R 125, R 126, R 442, R 707

Bournakas, A.   1335

Bousset, W.   R 127

Bouttier, M.   R 412, R 624

Bouyer, L.   1916, 2371

Bovini, G.   216

Bovon, F.   R 739

Bowersock, G. W.   R 709

Bowman, J.   R 128

Boyer, C.   765, 766, R 129, R 130

Brabant, O.   767, 768, R 131

Bram, J. R.   1280

Brambillasca, G.   1106

Brandon   R 793

Brandt, M.   2387, 2388

Brannan   R 36

Brauer, J. C.   172

Braun   R 657, R 864

Braun, R.   1776, 1777, R 239, R 275, R 488, R 554, R 922

Brechtken, J.   R 132

Breckenridge, J.   1697

Bréhier, L.   289

Brekelmans, A. J.   R 396

Brenzoni, M.   1830

Bretón, R.   R 898

Breymayer, R.   6

Brezzi, P.   R 736

Brightman, R.   R 152

Brightman, R. S.   7

Brioso, M.   535, R 203

Briosco Sanchez, M.   2014

Brisson   R 610

Brix, L.   R 47, R 48, R 131, R 192, R 224, R 239, R 317, R 326, R 335, R 818, R 907

Brock   R 268, R 381

Brock, S.   450, 536, 537, 1211, 1617, R 134, R 793

Brock, S. B.   1983, 1984

Brockelmann, C.   28

Broek, R. van den   562, R 135

Bromiley, G. W.   2461

Brontesi, A.   1107

Broudéhoux, J.-P.   R 136

Brounts   R 277

Brown, P.   217, 769, 770, 771, 772, 773, R 137, R 138, R 139, R 140, R 141

Brown, R.   R 374, R 785

Brown, S.   R 127

Browne, G. M.   683, R 142

Browning, R.   218, R 143, R 209, R 644, R 793

Brox, N.   145, 219, 220, 1704, 1705, 2207, R 144

Bruce   R 727, R 826

Bruce, E. F.   R 306

Bruce, F. F.   2210, R 145, R 159, R 374, R 813

Bruce-Mitford, R. L. S.   451

Brühl, E.   R 860

Bruehl, L.   1631

Brummer, G.   1098

Bruni, V.   1917

Brunn, E. zum   774, R 146

Brunner   R 523

Brunner, F.   R 393

Brunner, G.   1139

Bruns, J. E.   1184

Bruun, N. W.   714

Bryer, A.   221

Buchem, L. A. van   1270, R 147

Buchheit, V.   1717

Buckenmeyer, R. E.   775

Budriesi, R.   R 148

Büttner, H.   R 149

Bullard, R. A.   R 150, R 696

Bultot, R.   R 409

Buonaiuti, E.   1770

Bumpus, H. B.   1140

Bungarten, H.   R 860

Burger, Ch.   669

Burghardt, W. J.   R 858

Burgos, M. de   R 494

Burian, J.   222, R 819

Burke, J. B.   223, R 151

Burkill, T. A.   2156, R 152

Butler, C.   R 153

Butterworth, R.   R 77, R 310, R 328, R 393, R 452, R 667, R 771, R 785, R 866, R 872, R 905

Buzdugan, C.   776

Gheorghescu, Ch. 1489
Giamberardini R 202, R 437
Giannini, G. 831
Gibbons, J. A. 2399
Gibin, M. 1414, R 441
Giblet R 271
Gibson, E. 2117, R 358
Γιεβτιτς, A. 1504
Giet, S. R 359, R 360
Gigon, O. R 116, R 361
Gil, J. 122, 1076
Gil de las Heras, F. R 14
Gilbert R 640
Giordano, O. 1536
Giovanni, A. de R 362
Girardet, M. 2171
Girod, R. R 670
Giroudot, A. M. 2226
Gladyszewski, G. 610
Gloria Novak, M. da 600
Glorie, F. 1269, R 55, R 300
Glynn, E. R 758
Gnilka, Chr. 1389, 2317, R 746
Gnilka, J. R 364
Godfrey, J. 264 b, R 367
Godlewski, W. 1891
Goetchius R 630
Goeters, J. F. G. 1643 a
Goffinet, E. 430
Gołda, A. 1621
Golstein, V. M. R 916
Goltz, H. 1217
Golub, I. 2303
Gomá Civit R 752, R 868
Gómez, I. M. R 608
Gomez, I. M. 123, 124
Gomez de Mier, V. 832
Gomez-Mas, R. A. 265, 2118, 2164
González, A. R 401, R 765
González, E. R 529
González, G. R 898
González, J. F. 833, R 369
González, J. L. 2165, R 368, R 370
González, M. R 608
González, R. R 263
Gonzalez del Valle, J. M. 1992, R 255
González de Carrea, S. R 372
González Faus, J. R 371, R 372

Goodman, A. E. 1613
Goppelt, L. 265 a, R 373
Gorazd, A. 1588
Gorce, D. 2336
Gordan, P. 1057
Gordini, G. D. 205
Gottardi, G. R 433
Gouillard, J. 2412
Goulet, R. R 574
Goulon, A. 2304
Govert, H. R 502
Grabar, A. 2048
Grabar, B. 542
Graffin, F. R 291
Graffin, J. 1464
Graham, A. R 141, R 374, R 550, R 688
Granata, A. R 246
Granc, L. 834, 1544
Granero, J. M. R 14, R 401, R 608
Granfield, P. R 523
Grant R 2, R 36, R 203, R 469, R 631, R 670
Grant, F. C. R 158
Grant, M. 179, R 26
Grant, R. M. 267, 268, 269, 270, 271, 272, 456, 559, 1255, 1637, 2119, 2166, 2213a, 2226, R 328, R 374, R 375, R 376, R 377, R 488, R 872, R 925
Grasmück, E. L. R 102, R 902
Grasso, D. R 248
Grasso, N. 1720
Grayston, K. 497
Greco, G. R 231
Greely, D. 1465
Green, H. 1694, R 380
Green, M. R 379
Green, M. R. 273
Green, W. M. 712, R 51, R 52
Greenen, J. G. R 171
Greenslade, S. L. R 236, R 306, R 503, R 609, R 691, R 692, R 741, R 742, R 863
Greenwood, D. R 472
Grégoire, R. 1928, R 620
Gregory, T. E. 274, R 486
Grelot, P. 2484
Greschat, M. 1643 a
Greshake, G. 1700

Mielgo, C.   R 15, R 88, R 150, R 158, R 495
Mier, A. de   R 487
Mignon, J.   2312a
Mihail, P.   1679
Mikat, P.   R 599
Milik, J. T.   1654
Millar, F.   338, R 308
Miller, R. H.   1936
Minn, H. R.   R 139, R 574
Miquel, P.   1062
Mir, G. M.   434
Mircea, I.   2176
Misgeld, W. R.   R 506
Mitre Fernández   R 330
Mitsakis, K.   2019
Mittmann, S.   1260
Młotek, A.   2135
Modalski, O.   R 321
Modrzejewski, J.   1366
Möhler, J. A.   38, 693, R 603
Moeller, B.   R 654
Möller, W. O.   1844, 2230
Mönnich, C. W.   1723
Moffatt, A.   1028
Mohler, J. A.   2135a, 2136, 2342, R 604, R 605, R 606
Moingt, J.   R 607
Molar, N. del   R 291, R 458, R 726
Molina, M.   R 82, R 526, R 689
Moliner, J. M.   2177, R 608
Molitor, J.   508, 509, 1761
Molland, E.   137, 1151, R 609
Molnár, A.   R 3
Mols, R.   R 38
Molthagen, J.   R 610
Momigliano, A.   339
Monachino, V.   2272
Monaco, G.   1103
Monagle, J. F.   903
Monasta, A.   205
Mondésert, C.   R 203
Mondin, B.   435, R 130, R 611, R 612
Montalverne, J.   575
Montanari, G.   605, 606
Montero, J.   R 488, R 494
Montesino, A.   730
Montes Moreira, A.   R 613

Monteverde   R 68
Montserrat Torrents, J.   2137
Moral, T.   138, 139, 2178
Moraldi, L.   523
Morales, F.   R 62
Morán   R 900
Morán, C.   R 42, R 56, R 86, R 99, R 488, R 619, R 795, R 828, R 840, R 898, R 930
Morán, J.   904, 905, 906, 907, R 30, R64, R 76, R 95, R 136, R 167, R 189, R 239, R 365, R 451, R 474, R 494, R 505, R 565, R 590, R 614, R 615, R 657, R 770, R 804, R 829, R 869, R 870, R 889, R 924
Morani, M.   1609, 1610
Morão, A.   R 159, R 905
Morato, N.   R 86
Moreau, J.   340, R 616
Morel, F.   173, R 265
Moreschini, C.   15, 908, 1175, 1424, 1765, 2286, R 617, R 618
Moreschini, E.   R 859
Moreton   R 258
Morino, C.   R 619
Morler, M.   R 376
Morris, J.   1261, R 485
Morris, L.   2378
Morrison, J. L.   909
Morrison, K. F.   R 620
Mørstad, E.   1147
Mortari, L.   659, R 621, R 678
Mortley, R.   1024
Mosiek, U.   130
Mosna, C. S.   R 622
Mossay, J.   436, 1317, R 103, R 623, R 681
Mosshammer, A. A.   1262
Moule, C. F. D.   2217, R 624
Mountain, W. J.   R 55
Mourant, J. A.   910, R 625
Moutsoulas, E.   576, 577, 1239
Mühlenberg, E.   717, 1357, 2419, R 626, R 627, R 701, R 718
Müller   R 128
Müller, G.   R 654
Müller, I.   1869, R 149
Müller, M. M.   1078

Walter de Gruyter
Berlin · New York

Patristische Texte und Studien

Im Auftrag der Patristischen Kommission der Akademien
der Wissenschaften zu Göttingen, Heidelberg, München und
der Akademie der Wissenschaften und der Literatur zu Mainz
herausgegeben von Kurt Aland und Wilhelm Schneemelcher.
Groß-Oktav, Ganzleinen

P. B. Kotter
(Hrsg.)

Die Schriften des Johannes von Damaskos

Herausgegeben vom Byzantinischen Institut der Abtei
Scheyern, besorgt von P. Bonifatius Kotter. Etwa 8 Bände.
Band I: Institutio elementaris. Capita philosophica (Dialectica).
Als Anhang: Die philosophischen Stücke aus Cod. Oxon.
Bodl. Auc. T. I. 6.
XVI, 198 Seiten. 1969. DM 48,– (Band 7)
Band II: Expositio Fidei.
LX, 291 Seiten. 1973. DM 128,– Band 12)
Band III: Contra imaginum calumniatores orationes tres.
XVI, 229 Seiten. 1975. DM 128,– (Band 17)

D. Hagedorn
(Hrsg.)

Der Hiobkommentar des Arianers Julian

Erstmals herausgegeben von Dieter Hagedorn.
XC, 409 Seiten. 1973. DM 92,– (Band 14)

E. Mühlenberg

Psalmenkommentare aus der Katenenüberlieferung

Band I.
XXXIII, 375 Seiten. 1975. DM 118,– (Band 15)
Band II.
XXXIV, 398 Seiten. 1977. DM 142,– (Band 16)
Band III: Untersuchungen zu den Psalmenkatenen.
XII, 293 Seiten. 1978. DM 98,– (Band 19)

K. Aland
(Hrsg.)

Repertorium der griechischen christlichen Papyri

Band I: Biblische Papyri.
XIV, 473 Seiten. 1976. DM 158,– (Band 18)

A. de Santos Otero

Die handschriftliche Überlieferung der altslavischen Apokryphen

Band I.
XL, 227 Seiten, 2 Tafeln. 1978. DM 108,– (Band 20)

Preisänderungen vorbehalten.